当代法治视域下的藏传佛教

莫世健　主编

DANGDAI FAZHI
SHIYUXIA
DE ZANGCHUAN FOJIAO

中国政法大学出版社

2021·北京

澳门大学藏传佛教宗教财产法律权属问题研究阶段性成果

前　言

宗教事务治理法治化是当前国家治理工作之重。2017 年 6 月 14 日，国务院常务会议通过了最新修订的《宗教事务条例》（下文简称《条例》），该条例于 2018 年 2 月 1 日起正式实施执行。新修订的《条例》以党中央的宗教工作要求为指导，积极推动宗教工作的法治化进程，在保障公民宗教信仰自由权利，依法管理宗教事务等方面将会发挥更加积极的作用。在十九大会议上，习近平总书记对宗教工作的报告中指出："全面贯彻党的宗教工作基本方针，坚持我国宗教的中国化方向，积极引导宗教与社会主义社会相适应。"中国化的宗教建设重要的一个方面就是积极提高宗教工作的法治化水平，并且结合中国宗教的现状和特点健全宗教事务的管理机制。习近平总书记还指出："积极发展社会主义民主政治，推进全面依法治国，党的领导人、人民当家作主、依法治国有机统一的制度建设全面加强，党的领导机制不断完善，社会主义民主不断发展，党内民主更加广泛，社会主义协商民主全面展开，爱国统一战线巩固发展，民族宗教工作创新推进。"

在法治中国、依法治国的语境之中，宗教治理的问题已经从依法管理向宗教治理法治化的方向转型，如何理解宗教法治化及其路径是极为关键的问题。宗教法治化涉及了宗教财产、宗教法人、宗教仪式、宗教团体等诸多方面的问题。此论文集是围绕当代藏传佛教展开的讨论，书中共收录了 15 篇相关学术论文。学者们以各自不同的视角作为切入点，讨论了当代法治化社会中藏传佛教的载体即寺院法治化的关键问题。学者们针对当前藏传佛教寺院功能的演变、寺院管理模式的现代转型、寺院财产的规范化管理以及历史和当地社会环境中藏传佛教与法律间的关系等进行了详细论述，为我们了解当前藏传佛教寺院组织的管理以及法治化的路径提供了极为丰富的资料。

本书是一个跨学科合作研究的成果。参加这次写作的有我国著名的研究宗教学和民族学的专家，也有研究宗教法律的专家。他们都从各自关注的角度对于藏传佛教相关的法治问题展开讨论。有实证研究，也有理论探讨。增加了我国藏传佛教法治问题研究文献的厚度。同时，不少学者也开创性地提出了自己对一些问题的见解，从而希望能够为推动我国藏传佛教法治问题研究做出积极贡献。

对宗教管理制度和法人制度，特别是藏传佛教寺院的法人制度展开深入研究是本书的一个特点。沈桂萍教授和仲崇玉教授是国内学术界研究宗教治理的专家。在本书中沈桂萍教授对国家关于藏传佛教事务的相关法律法规进行了介绍和分析。沈教授分别从国家治理藏传佛教事务的法制建设以及相关法律规制的内容两方面，对各级行政机关对于藏传佛教的寺院、佛教活动以及僧人管理方面的法规进行了介绍；而沈教授与李德成研究员合著的《藏传佛教寺庙法人制度建设研究》和仲崇玉教授所著《宗教法人制度的若干问题研究》两篇文章，是在当前国家治理宗教事务法治化的背景下，对宗教法人登记以及相关的财产法律权属等焦点问题进行的探讨。仲崇玉教授进一步从宗教法人制度建设的必要性、宗教组织的边界问题、宗教法人的类型、宗教法人的登记几个方面对当前我国宗教法人制度的建设提供了很好的建议。豆格才让研究员所著《藏传佛教寺院内部管理体制的演变》，对藏传佛教寺院的管理制度进行了详细分析，同时亦涉及了现代藏传佛教寺院与政府共同探寻民主管理机制合作的契机。从当前我国宗教组织的管理层面来说，完善相关的法律规制，积极建设法治化治理机制，也必须结合藏传佛教的实际状况，因地制宜地建设和完善相关法律法规。

以藏传佛教寺院的经济和财产管理方式为切入点分析宗教团体的法治化治理之道是本书的特色。华热·多杰教授在其《藏传佛教寺院的财产关系及其规范化管理》一文中，以曲桑寺和色科寺的寺院管理机制及财产关系为例，将寺院财产分为个人拥有、家庭拥有、寺院拥有三种财产所有制，以此来分析寺院财产管理所面临的问题。他还结合藏传佛教和寺院实际，提出明晰寺院财产关系以及确定宗教法人制度的必要性；苏发祥教授、嘎·达哇才仁研究员、袁晓文研究员以及沈桂萍教授、姜娜等学者通过历史研究和实地调查的方式，分别对历史上藏传佛教寺院财产构成和管理方式，以及当代藏传佛教寺院财产管理等问题进行了研究。嘎·达哇才仁研究员在研究拉章经济的文章中指出：拉章财产是历辈转世活佛积累的财富，其中有历辈活佛修建的拉章建筑，也有历辈活佛积累的拉章固定资产，因而拉章财产属于历辈活佛转世系统，而并非属于某时期某个体活佛，拉章实际上是该活佛转世系统的法人代表。苏发祥教授以"六世班禅和札什伦布寺的个案"为例，解释到藏传佛教活佛转世制度的发明的主要目的就是解决寺院权力和财产的继承与分配问题。寺院"溪卡"、香火钱、仪式费等都应该算作寺院公共财产，属于历代寺主所有，但不能由归寺主任何家庭成员支配。袁晓文研究员通过实地调研的数据详细地分析了寺院的经济收入和支出，并对寺院财政管理机制所面临的问题提出了相关建议。目前藏传佛教寺院经济的独特性决定了其财产所属权以及寺院管理机制的独特性。在解决寺院财产问题的过程中，应当认清藏传佛教宗教社会和世俗社会的高度结合的特点，并应看到财产问题这一敏感的话题。他认为将寺院财产问题作为一个法律现实研究与窥探藏传佛教隐私有根本区别。由于藏传佛教本身发展的需要，世俗的财产法律不可能全面适用于藏传佛教寺院和僧侣。如果藏传佛教期望世俗社会理解和尊重佛教群体内部的习惯法，它也必须接受世俗社会对藏传佛教习惯和习惯法的认知和研究。

除上述关于藏传佛教寺院法治化等问题的研究外，书中还包括李哲教授关于藏族习惯法以及藏族牧区刑事纠纷解决的相关研究。目前藏族牧区的刑事纠纷解决仍然严重依赖传统的藏族习惯法，尤其是"赔命价""赔血价"等纠纷解决方式。李哲教授还指出：从目前情况看，如果仅仅将现行的"赔命价""赔血价"制度纳入刑事和解的渠道，还不足以解决目前存在的习惯法优先适用并架空国家法的问题。单纯适用刑罚减轻的条款，对于支付了"命价""血价"的被告人予以刑罚上的减免，也无法满足藏民对实体结果的期待。此外，宋素培所著《藏传佛教僧人学经制度的演变》以及胡芮的《藏传佛教寺院管理模式的现代转型》两篇文章皆结合藏传佛教的文化背景，将寺院管理制度归还到藏传佛教的背景里进行了探讨。为我们了解藏传佛教寺院特殊的学经制度以及管理方式提供了参考。

本书的主要特色在于主题具有较强的现实意义。学者们从各自不同的主题客观地论述了当代法治视域下藏传佛教的相关议题。当代藏传佛教寺院的学经制度、宗教功能、财产管理等都避免不了与现代法律进行协调，这是宗教管理法治化过程中的关键内容。本书不仅补充了学术界对于当代藏传佛教寺院法治化以及相关学术研究的空白，而且对藏传佛教在现代化转型以及宗教管理法治化实践过程中所面临的问题进行了详细的讨论。

莫世健

2020 年 12 月 15 日

目录
CONTENTS

国家关于藏传佛教事务的法律规制

沈桂萍 *

【摘　要】　本文介绍了改革开放后中国各级立法和行政机关关于藏传佛教事务的法律规制，内容涉及藏传佛教团体、寺院、佛事活动、僧人管理等方面。这些法律规制以"政治统一、信教自由、政教分离"和各教派在宗教上"互不干涉"为指导，以引导藏传佛教与社会主义社会相适应为目标，以改革传统藏传佛教在藏区政治、经济、文化教育等方面的特殊权力为特点，将藏传佛教整合到国家对宗教事务治理的总体框架内，在此基础上，建构藏传佛教与政治、经济、社会、文化教育等方面的新型关系。这些制度化建设型塑了今天藏传佛教的面貌。研究这些法律规制和实践，对认识今天的藏传佛教具有重要意义。

【关键词】　藏传佛教　事务　法律规制

一、引言

藏传佛教是中国佛教三大体系之一。公元 7 世纪左右，佛教从印度和汉族地区分别传入西藏，经过与传统苯教的长期冲突、融合，逐步形成了具有民族特色的藏传佛教。藏传佛教在形成发展过程中经历了初传、中兴、鼎盛、走向世界四个阶段。在西藏地方势力的支持下，藏传佛教先后形成宁玛、萨迦、噶举、格鲁等众多派别，其中格鲁派是在 15 世纪初，由宗喀巴大师创建的，是藏传佛教中形成最晚的一个教派，因该派僧侣戴黄色的僧帽，故又称之为黄教。从 1642 年开始，格鲁派逐渐取得了西藏地方世俗统治地位，成为藏族社会势力最大、影响

---

　* 沈桂萍，女，民族学博士，中央社会主义学院统战理论教研部主任、教授、博士生导师，主要从事政治学视野中的民族问题和宗教问题研究。

最广的教派。清朝控制蒙藏等地区后，采取"兴黄教以安众蒙古"的统治政策，把格鲁派放在藏传佛教各派中的首要位置加以扶持，分封五世达赖，建立政教合一的地方政府，从而使内外蒙古和藏区形成格鲁派独占天下的局面。

中华人民共和国成立后，于20世纪50年代开始在藏区进行民主改革。1959年3月，西藏上层发动武装叛乱，"政教合一"首领十四世达赖率部分僧俗官员和民众前往印度，藏传佛教开始在印度、尼泊尔等南亚地区传播。20世纪中叶开始，藏传佛教从南亚走向世界，在短短半个世纪里，藏传佛教在西欧、北美等西方国家形成了遍地开花的兴盛局面。今天，藏传佛教正逐步由国内多民族的信仰，发展成为波及全球的国际性宗教。

现在中国大陆藏区藏传佛教共有僧尼约13多万人，活佛1700余人，寺院3550余座，其中，格鲁派占总数的1/2，约有1460座寺院。[1]格鲁派发展壮大过程中，先后在拉萨兴建了甘丹寺、哲蚌寺和色拉寺，俗称拉萨三大寺，在后藏日喀则兴建扎什伦布寺，加上青海的塔尔寺和甘肃的拉卜楞寺，统称为格鲁派六大寺庙。这些寺院规模庞大，组织严密，采取活佛转世制度，注重教育，僧人学经制度规范，不仅成为格鲁派势力的代表，而且也成为藏传佛教的代表。

藏传佛教主要在藏族中被信奉，根据2010年中国大陆第六次人口普查数据显示，大陆现有藏族人口约628万，占全国总人口的0.47%，主要聚居在西藏自治区以及四川、青海、甘肃、云南四省，其中西藏自治区有藏族人口271.64万，占人口总数的90.48%；四川藏族人口120多万，主要居住在甘孜藏族自治州、阿坝藏族羌族自治州、凉山彝族自治州等地；青海省藏族人口137.51万，占全省人口总数的24.44%，主要分布在海南、海北、黄南、玉树、果洛等5个藏族自治州、海西蒙古族藏族哈萨克族自治州；甘肃共有藏族人口40多万，主要居住在甘南藏族自治州和武威地区的天祝藏族自治县；云南有藏族人口15万，主要居住在迪庆藏族自治州，丽江、大理、怒江等地也有散居。[2]

除了藏族以外，蒙古族、土族、裕固族、珞巴族、门巴族、纳西族、普米族和少数汉族也信奉藏传佛教。据估计，现在侨居海外的藏族侨胞10余万人，在世界各地一些藏族聚居地藏传佛教也有活动和传播，其影响已扩散到非藏族人口

---

〔1〕 参见曾传辉："藏区宗教现状概述——藏区宗教现状考察报告之一"，载《世界宗教研究》2003年第4期。

〔2〕 参见国家统计局和就业统计司、国家民族事务委员会经济发展司：《中国2010年人口普查分民族人口资料》，民族出版社2013年版。

中，尤其在北美、欧洲及中国台湾地区，藏传佛教的活动与影响持续受到大众传媒和学术界的关注。藏传佛教在历史上还传入了不丹、尼泊尔、蒙古和俄罗斯的布里亚特共和国等地。

　　传统上，藏族社会以藏传佛教为主导意识形态，藏传佛教对藏族社会文化具有深刻的影响。藏传佛教是以佛教基本教义与藏族传统文化结合形成的教义信仰为主要内容，以各种仪式为外在表达形式，以活佛转世等为主要组织体制的宗教教义体系和宗教行为体系，既是一种思想文化体系，也是社会组织和社会行为体系，寺院、僧尼（包括活佛）和佛事活动是其主要表征。西藏自治区现有登记开放的寺院1700多座，僧尼34 000余人，活佛350多名。拉萨市是藏传佛教的中心，有较大型寺院145座，在编僧人6000多名。除西藏三大寺外，日喀则地区是两大活佛系统之一班禅活佛的传教区。在藏传佛教中的地位仅次于拉萨，有较大型寺庙269座（包括51座觉姆寺），其中宁玛派108座，萨迦派39座，格鲁派110座，噶举派42座，布敦教3座，苯教7座，觉囊派1座，僧尼5000多人。[1]四川省藏区是全国第二大藏区，也是藏族康巴文化（甘孜）和安多文化（阿坝）的中心之一。截至2002年，四川省藏区经政府批准开放的藏传佛教寺庙共785座，有藏传佛教教职人员56 438人［包括活佛526人，喇嘛8875人，扎巴（比丘僧）44 000人，觉姆（比丘尼）3037人］，[2]共约占全省藏族总人口的5%。

　　青海省藏传佛教寺院655座，僧尼近3万余名。教派主要有宁玛派、萨迦派、噶举派、格鲁派和觉囊派。宁玛派主要分布在黄南、果洛、玉树藏族自治州等地，现有寺院170座，僧人5885名，仅次于格鲁派。云南的藏传佛教主要是噶举派、宁玛派和少量萨迦派，现有僧尼约5000人，活佛约200人，寺庙230座。甘肃省藏区属安多区，著名寺院除拉卜楞寺外，还有卓尼县禅定寺，夏河县合作寺（黑错寺）、沙沟寺（堆隆寺）、阿木去乎寺、博拉寺、碌曲县郎木寺、西仓寺，天祝县天堂寺，永登县妙音寺，肃南裕固族自治县马蹄寺等。到2002年时，甘肃藏传佛教共开放寺院270余座，僧尼1.6万人，活佛150多名。[3]

〔1〕参见曾传辉："藏区宗教现状概述——藏区宗教现状考察报告之一"，载《世界宗教研究》2003年第4期。

〔2〕"四川藏区藏传佛教的基本特点及影响"，载百度文库，http://wenku.baidu.com/view/1cb7578752d380eb63946d77.html? from = search，最后访问时间：2015年9月8日。

〔3〕参见曾传辉："藏区宗教现状概述——藏区宗教现状考察报告之一"，载《世界宗教研究》2003年第4期。

中国共产党在藏区的宗教治理经历了民主改革、"文化大革命"和改革开放几个阶段。在西藏和平解放初期，中国共产党提出"尊重西藏信教群众的信仰、保护藏传佛教寺庙、维持原有宗教制度"的宗教政策；民主改革时期确定了"废除宗教封建特权和剥削压迫制度，推翻政教合一的封建农奴制度，实现政教分离"的政策；改革开放以后实践"贯彻落实宗教信仰自由的政策和积极引导宗教与社会主义社会相适应"的政策。与这一政策实践相伴而生，藏传佛教逐步去政治化、去经济化、去教育化，走向信众精神生活领域，在道德和民俗层面发挥作用。

宗教事务通常包括两类，一类是宗教团体的内部事务，一类是具有社会公共性质的外部事务。宗教不仅仅是个人信仰问题，而且是具有社会组织（宗教团体）、社会设施（寺观教堂）和社会活动（有信众参与的宗教活动或其他活动）的社会实体。这种社会实体与社会整体之间必然产生若干事务。《宪法》第36条规定，公民宗教信仰自由，宗教不得干预立法、行政、司法、教育等。按照这一原则，宗教事务的法制建设任务有二：一方面要对社会公共生活涉及宗教界权益的关系和行为进行法律规范，保证公民宗教信仰自由权利的落实；另一方面要按照政教分离原则，规范宗教方面涉及国家、社会公共利益的关系和行为，保证宗教不得干预立法、行政、司法、教育等。

当代境外达赖集团对藏区的多种影响，藏传佛教与中国政府对藏区政治、经济、文化等方面的治理产生了诸多张力，使得藏传佛教事务治理具有特殊复杂性。中国共产党在藏区极力推行"政治统一、信教自由、政教分离"和各教派在宗教上"互不干涉"的原则，以消除达赖集团干扰，引导藏传佛教与社会主义社会相适应。经过1959年以来藏区一系列民主改革，藏传佛教事务治理已经完全整合到国家治理宗教事务的总体框架中，形成以各种规章制度建设为主要特点，以中国共产党各级党委和政府宗教事务部门为管理主体，以各级佛教团体管理为辅，以寺院民主管理体制建设为主要形式的藏传佛教事务治理。其中最为显著的事件是改革开放后国家关于藏传佛教事务管理的各种规章制度的建设。

二、国家关于藏传佛教事务治理的法制建设

与中国社会快速变迁的过程相一致，中国政府对宗教管理方式也从政策主导逐渐走上了法律、制度规制之路。藏传佛教事务治理是在中国宗教治理总格局下通过宗教事务治理法制来实现的，这些法制化建设一定程度上型塑了今天藏传佛

教的面貌。

（一）国家关于宗教事务治理的法制建设

虽然《宪法》第 36 条规定，公民宗教信仰自由，但中国并没有一部系统的综合性宗教法。涉及宗教事务的管理，除了宪法及部分法规中有关或适用于宗教事务的条款外，主要是依据执政党颁布的宗教政策，宪法规定了中国共产党对国家的领导地位，因而党的宗教政策是指导各级党和政府宗教工作的权威规定。其中最主要的指导性文件是：《关于我国社会主义时期宗教问题的基本观点和基本政策》（1982 年 19 号文件）、《中共中央　国务院关于进一步做好宗教工作若干问题的通知》（1991 年 6 号文件）、《中共中央　国务院关于加强宗教工作的决定》（2002 年 3 号文件）以及 2016 年全国宗教工作会议文件。这些文件阐释了执政党对宗教问题的立场与态度，是中国共产党和政府认识和处理宗教问题的主要政策规定。不过，党的政策不能等同国家的法律，因为法律具有国家强制性，违法者将受到法律的制裁。对于不按政策文件办事者，便不可能诉诸法律，因而有必要将这些政策精神上升为法律规范。

1982 年的 19 号文件在强调恢复宗教信仰自由政策的同时，指出要制定切实可行的宗教法规。[1]文件颁布后，各级党和政府宗教管理部门逐步恢复工作，被官方认可的各级宗教团体陆续恢复活动，宗教活动场所相继开放，宗教教职人员陆续回归宗教活动场所，各宗教传统的宗教活动相继恢复。与此同时，国家在宗教法制建设方面开始了探索。理论上说，宗教事务管理法制建设应涉及四个层次：一是全国人大或其常委会颁布的有关宗教的基本法律，从整体上调整宗教与社会其他方面的关系，保障公民宗教信仰自由权利，维护宗教组织合法权益，保障宗教活动健康有序。二是国务院制定行政法规，调整涉及各宗教共同性问题，在政府管辖权限内对宗教场所、教职人员、外国人在华宗教活动、宗教音像制品等问题依法管理解决。三是制定部门规章，调整涉及范围不大、政策性较强以及属于部门内部管理范围的问题。四是由地方人大或政府根据当地实际，自行制定地方性宗教法规或地方性政府规章。

20 世纪 80～90 年代中国国家立法机关陆续修订的《宪法》《刑法》《民族区域自治法》《民法》《教育法》等有关法律对宗教信仰自由进行了一般性规定，

---

〔1〕 "关于我国社会主义时期宗教问题的基本观点和基本政策"，载中国民族宗教网，http://www. mzb. com. cn/html/Home/report/21266-1. htm，最后访问时间：2007 年 5 月 14 日。

强调政教分离原则，要求宗教不得干预行政、司法、教育等。但由于诸多复杂因素，虽然各界有呼声，有关方面也曾有过努力，但中国立法机关并没有进行宗教法的立法工作，而是在国务院宗教事务部门的推动下，通过行政综合法规、行政部门单行法规和地方综合法规、地方政府单行法规的建设来进行宗教事务的法律建设。换句话说，中国宗教立法走的是一条从地方性法规、政府规章到行政法规；从单项法规到综合性法规的道路。1986 年，国务院宗教事务局（后易名为国家宗教事务局，简称国家宗教局）在工作要点中提出，有条件的省区，应结合当地具体情况，制定出地方性宗教法规，由地方颁布试行。1988 年 3 月，广东省政府率先出台《广东省宗教活动场所行政管理规定》，开辟了地方制定宗教法规的先河。此后，新疆维吾尔自治区（1988 年）等地相继颁布了针对宗教事务或宗教活动场所的综合性及单项性的政府规章。[1]

1991 年 6 号文件再次提出"要加快宗教立法工作"，提出要在"依法对宗教事务进行管理"的名义下制定宗教行政法规以及各地颁布的宗教事务法规。[2]根据这一目标任务，国务院 1994 年颁布《宗教活动场所管理条例》和《中华人民共和国境内外国人宗教活动管理规定》；1996 年颁布《宗教活动场所年度检查办法》等，在此基础上，1999 年，国家宗教局着手起草综合性法规《宗教事务条例》，该法规于 2005 年 3 月开始实施，这是迄今为止中国在宪法之下由国务院颁布的有关宗教的第一部综合性行政法规。2005 年以后国家宗教局先后制定发布了《宗教活动场所设立审批和登记办法》《宗教教职人员备案办法》《宗教活动场所主要教职任职备案办法》《宗教院校设立办法》等部门规章，还会同有关部门制定发布了《藏传佛教活佛转世管理办法》等部门规章。[3]与此同时，《宗教事务条例》颁布后，按照法制统一的原则，各省、

---

[1]《广州市宗教事务行政管理暂行规定》(1987)、《广东省宗教活动场所行政管理规定》(1988)、《新疆维吾尔自治区宗教活动场所管理暂行规则》(1988) 便属于地方政府颁布的行政规章。广州市由于针对的范围较广，故属综合性宗教规章，而广东省及新疆则只针对宗教活动场所的管理，故属于单项性宗教规章。

[2] 参见马劲："我国地方宗教立法的实践"，载《中国宗教》2002 年第 6 期。

[3] 现行的宗教事务方面行政法规有 2 部：《宗教事务条例》和《中华人民共和国境内外国人宗教活动管理规定》。现行的国家宗教事务局部门规章有 11 部：《宗教院校聘用外籍专业人员办法》《中华人民共和国境内外国人宗教活动管理规定实施细则》《宗教活动场所设立审批和登记办法》《宗教教职人员备案办法》《宗教活动场所主要教职任职备案办法》《藏传佛教活佛转世管理办法》《宗教院校设立办法》《宗教活动场所财务监督管理办法（试行）》和《藏传佛教寺庙管理办法》等。

自治区、直辖市开始修订或制定本地区的地方性宗教法规或政府规章。截至目前，全国已经有 31 个省、自治区、直辖市颁布了 60 多个宗教事务方面的地方性法规或政府规章。[1]

同时，国家宗教局还推动、指导各全国性宗教团体加强与《宗教事务条例》配套的制度建设。新中国成立以来，在中国共产党和政府的指导下，中国五大宗教先后成立了全国性和地方性的团体组织机构，全国性的宗教团体主要是中国基督教三自革新运动筹委会（1951 年成立，1954 年改为中国基督教三自爱国运动委员会）、中国佛教协会（1953 年）、中国伊斯兰教协会（1953 年）、中国天主教爱国会（1957 年）、中国道教协会（1957 年）。上述爱国宗教团体在业务上从属于各级党委统战部和政府宗教事务部门指导，其中一项重要的指导就是党政有关部门推动和支持宗教团体、寺观教堂结合各自特点，在《宗教事务条例》框架下制定内部的管理章程、制度。目前，五大宗教全国性团体已经制定《宗教教职人员备案办法》《宗教活动场所主要教职任职备案办法》等。大部分宗教团体、宗教活动场所的制度化建设，虽然不能算作宗教立法，但都是在党和政府有关部门的直接推动、指导下进行的，对规范宗教内部秩序、宗教与社会关系发挥了重要作用。以佛教为例，国务院《宗教事务条例》颁布后，中国佛教协会先后制定或修订了三大语系佛教教职人员资格认定办法和《藏传佛教寺庙主要教职任职办法》《藏传佛教寺庙经师资格评定和聘任办法》《南传佛教寺院住持任职办法》等，与《宗教事务条例》要求相衔接。国家宗教局颁发《宗教院校教师资格认定、职称评审聘任办法（试行）》和《宗教院校学位授予办法（试行）》后，中国佛教协会还制定了《全国汉传佛教院校教师资格认定和职称评审细则（试行）》《全国汉传佛教院校学位授予细则（试行）》和《全国佛教院校职称学位工作小组工作细则（试行）》，宗教团体这些工作客观上推动中国宗教治理向多元主体参与的法治化方向过渡。

总之，通过 20 世纪 90 年代到现在 20 多年来的努力，中国大陆初步形成依法管理宗教事务的法律法规体系，虽然这些法制建设还存在诸多不足，各界褒贬不一，但宗教事务的法律规范意识符合宪政国家建设的方向，有助于推动国家依

---

[1] 参见国家宗教事务局党组理论学习中心组编：《中国特色社会主义宗教理论学习读本》，宗教文化出版社 2013 年版。

法管理宗教事务。[1]其中《宗教事务条例》的颁布是一个标志性的事件，它将宗教团体、宗教活动场所、宗教院校、信教公民（含宗教教职人员）的权利、义务，以法规的形式确立了下来，并按照依法行政、建设法治政府的要求，规范了政府有关部门的行政行为，成为宗教事务管理的主要依据。在此基础上，"以宪法为核心，其他法律为支持，《宗教事务条例》是主体，其他行政法规和规章是补充"[2]的管理框架初步确立。同时，《宗教事务条例》与一系列配套规章和规范性文件，各省、自治区、直辖市出台的地方性宗教法规和规章，全国性宗教团体制定的规章制度，以及县、乡、村三级宗教工作管理网络和乡、村两级宗教工作责任制，共同组成了现代化宗教法治管理和基层管理体制，推动中国宗教事务在法治的框架内依法管理。

（二）藏区藏传佛教事务治理的法制建设

与国家宗教事务治理法制建设进程相一致，藏区（西藏、四川、青海、甘肃、云南）在藏传佛教事务治理的制度化、规范化方面开始了同步建设。这些法制建设围绕两个任务，一是在藏区落实国家关于宗教治理的总体指导思想和政策目标，即政教分离，宗教信仰成为公民个人自由选择的私事，引导宗教与社会主义社会相适应。相适应的最低要求是世俗法律高于宗教戒律，要求宗教界人士和信众遵纪守法，最高要求是宗教活动服从和服务于国家最高利益。二是依法管理，重点是加强寺庙民主管理制度化建设和藏传佛教事务治理综合法规及其配套的单行法规建设。在西藏，藏传佛教事务法制化建设的主体是自治区立法机关和党政有关部门，在其他藏区，除省一级政府和立法机关制定相关条例外，各藏族

---

〔1〕 有学者认为中国现行的宗教法律位阶较低，从而影响了法律的实施。李成在"宗教信仰的自由与宗教立法"一文中认为，中国至今没有宗教基本法，而是以行政法规、地方性法规和宗教政策来管理宗教事务，这容易使不同层次的宗教规范在适用上产生冲突和矛盾，而且宗教政策的不确定性和地方性宗教法规的缺乏系统性都会影响法的权威。刘澎在"加强宗教立法，构建和谐社会"一文中也认为，宪法不能作为庭审依据。宪法之下只有国务院的行政法规、地方性法规和规章，这样，对宪法中公民宗教信仰自由权利的解释与保障就必须由这些相应的行政法规、地方性法规和规章来完成，是用低位阶的法律替代正式的宗教立法，这只能导致该领域的法律调控缺乏相应的法律依据，不能适应国家处理宗教问题的需要。此外，廖瑞芳在"法治视野中的宗教立法"一文认为中国的宗教立法存在以下问题：一是地方性的宗教立法严重趋同，影响实际效用；二是在结构、内容、概念和措辞等立法技术方面还不够成熟，如有的法规内容过于简单，甚至缺少法律责任等重要章节条款，如程序法规缺乏实际操作造成了法律的虚置，以及对宗教等一些基本概念缺乏科学界定，这都在一定程度上影响了法的具体操作。参见李五星、李士菊："关于宗教法制建设研究情况的综述"，载《河北省社会主义学院学报》2008 年第 4 期。

〔2〕 参见何虎生："依法治国与依法管理宗教事务理念的确立"，载《中国宗教》2014 年第 12 期。

自治州立法机关和行政机关都颁布涉及藏传佛教事务的综合性法规和单行法规以及部门规章。

在西藏，1982 年 5 月 15 日，中共西藏自治区党委发出贯彻《关于我国社会主义时期宗教问题的基本观点和基本政策》（19 号文件）的通知，要求各级党委按照中央文件要求，恢复宗教信仰自由政策，把宗教工作逐步纳入正常轨道。按照这一精神，西藏自治区清退"文革"查抄的部分寺院财物，为"文革"中宗教界爱国人士的冤假错案平反；先后把 600 多名著名宗教界人士安排在各级人大、政府、政协、佛协中；恢复了自治区宗教事务委员会，先后成立了各地（市）、县的宗教工作部门；恢复了中国佛教协会西藏分会，并相继成立了各地区佛协。1983 年，创办了西藏佛学院，专门培养宗教教职人员，1986 年恢复了拉萨传召祈愿大法会。其他藏传佛教四省区也陆续开展了类似工作。

自 1980 年以后，各大藏区藏传佛教快速发展，一方面，"文革"中受到迫害和遣送还俗的一部分年老僧人陆续回到寺院，要求出家的年轻人也日益增多，僧人数量激增，另一方面，寺庙数量和宗教活动激增，既有传统寺庙恢复活动，也有新建寺庙开展的各种佛事活动，宗教活动内容、活动规模日益增多，社会影响力日益增大。与此同时，藏传佛教内部已经废除的寺庙之间的隶属关系、僧侣等级关系、僧侣封建特权、达赖影响增大等问题开始出现，藏传佛教传统规制与社会法制的冲突情形也开始增多，包括宗教权威认同高于世俗法律认同，以宗教教义向世俗社会提要求，等等。以西藏为例，1985 ~ 1987 年短短的两年里，西藏恢复开放的寺庙超过千余座，另外还有一大批自选开放的寺庙，僧人达到数万人。尽管当时西藏自治区官方多次下发关于寺庙和宗教事务管理的文件，但对恢复什么样的寺庙、招收多少僧人入寺、佛事活动如何规范、如何建立寺庙管理体制机制等问题，政策并不清晰。在藏区寺庙、僧众快速发展，社会影响力日益增大的过程中，开始出现佛教活动、僧人干扰社会秩序的事件。1987 年 9 月，拉萨一座寺庙发生骚乱，此后的 1988、1989 年，骚乱事件不断发生、升级，拉萨先后有 11 座寺庙、4 座经堂、1 座佛学院的 400 多名僧尼参与骚乱。[1]

在这种形势下，中国官方开始思考如何改革传统藏传佛教政教合一的模式，使之在社会主导意识形态是无神论、世俗法律制度超越各宗教的新社会体系中获得适应性发展。早在 1960 年西藏民主改革以后，十世班禅就提出了宪法进寺庙

---

〔1〕 参见克珠群佩："党的宗教政策在西藏的贯彻执行"，载《中国藏学》2005 年第 3 期。

的问题。20 世纪 80 年代初期，邓小平约见班禅额尔德尼·确吉坚赞时，提出"对于宗教，不能用行政命令办法，但宗教方面也不能搞狂热，否则同社会主义、与人民利益相冲突"[1]，实际上提出藏传佛教如何与社会主义的政治经济文化相协调的问题。

　　在这一背景下，从 1985 年开始，藏传佛教领袖十世班禅在扎什伦布寺开展寺庙民主管理试点工作，试点工作到 1987 年秋结束。在试点工作中，扎什伦布寺创建了寺庙民主管理委员会（简称寺管会），寺管会成员在全体僧众中民主选举产生；扎什伦布寺还将世俗社会组织管理模式引入寺庙，寺管会是寺庙最高机构，下设不同小组，设立寺管会主任、各小组组长，明确各岗位职责，提出集体领导、分工负责的原则，并将这些原则、职责分工等进行了制度化规定。寺庙在教规教法、管理体制、日常佛事活动与生活方式等方面建立起一套新的制度。1987 年十世班禅将《关于在扎什伦布寺进行社会主义条件下寺庙管理试点的总结》（以下简称《总结》）上交中央。特别强调，寺庙管理机构必须管理好寺庙和住寺僧尼的各项活动，"寺庙僧尼人数应当从自养能力出发实行定员；应根据寺庙本身的实际，制定寺庙管理规章；对违反寺庙规章纪律的僧尼，首先要进行教育、劝告和警告，对屡教不改者，可以宣布除名；对流散到社会上的僧尼也要进行有效的管理。应由政府宗教事务部门协同佛教协会配合基层政权，对流散在社会上的僧尼进行登记和考核，并依据本人意愿，指定其归属于一定寺庙，虽然不作为住寺僧尼定员数额，但其活动必须受所属寺庙民管会管理；对国内其他省区来西藏寺庙学经深造的僧尼，按照历史传统习惯，应予允许，但必须持有当地县级以上人民政府宗教事务部门的证明，并带上临时户口关系等相关材料，经其所要去的寺庙民主管理委员会审查同意并报请当地政府宗教事务部门批准备案。对外国僧尼来西藏学经或从事佛学研究的，应指定一两个大的寺庙，先吸收少数或个别人，大体上参照我国一些大学接受外国留学生的政策和办法予以处理"[2]。"寺庙的宗教活动和原有的宗教仪式需要进行必要的革新。在这一过程中，西藏自治区佛教协会应在调查研究的基础上，同各教派充分协商，提出革新措施，经广大僧众充分酝酿讨论，在完全自愿的基础上，付诸实施，并在实践中

---

〔1〕　参见王作安、胡绍皆："邓小平对新时期宗教工作的重大贡献"，载 http://www.mzzjw.cn/html/report/291099-1.htm，最后访问时间：2012 年 3 月 31 日。

〔2〕　参见班禅·确吉坚赞："关于在扎什伦布寺进行社会主义条件下寺庙管理试点的总结"，载《中国藏学》1988 年第 1 期。

不断总结经验，加以完善。"[1]

《总结》受到中共中央领导的肯定和称赞。1987年11月，西藏自治区根据扎什伦布寺试点工作经验，颁发《西藏自治区寺庙民主管理章程（试行）》（简称《章程》）。1988年3月国家宗教局将此章程转发给了四川、青海、云南、甘肃、内蒙古、新疆等省区的宗教事务部门，要求各地根据实际情况，参考扎什伦布寺试点工作经验，做好寺庙管理工作。《章程》共分7章，即总则、寺庙民主管理机构、民管会（组）的基本任务、寺庙的管理体制、寺庙实行自养、住寺僧尼和附则，对藏传佛教寺庙的社会属性和寺庙民主管理的各个方面进行了具体的规定，核心内容是推动寺庙走向民主管理、自我管理。在这个过程中，各藏区党政有关部门开始举办各种寺庙僧尼管理层培训班，培训藏传佛教教职人员民主管理能力。此《章程》的颁布和试行大大推动了藏传佛教寺庙民主管理机制建设，为后来的寺庙民主管理体制建设和藏传佛教事务法规建设奠定了重要的基础。

1987~1989年连续3年骚乱，当局认为，寺庙是西藏局势不稳定的主要因素，藏传佛教是境外达赖集团对境内进行分裂破坏的主要工具。根据这一判断，西藏自治区政府于1989年9月21日发出《关于加强寺庙管理，进行寺庙整顿的意见》（以下简称《意见》）。《意见》决定组成工作组进驻寺庙，对全区开放的寺庙进行清理整顿，在对僧尼进行爱国主义、反对分裂和普法教育的同时，帮助寺庙建立健全教务、僧尼、财务、治安、文物等方面的规章制度，越来越多的寺庙进行了类似的整顿。在此基础上，1991年12月9日，西藏自治区政府颁布《西藏自治区宗教事务管理暂行办法》（以下简称《办法》），《办法》对宗教活动场所、寺庙僧尼数量、自治区与外省区之间宗教职业人员往来活动、境外藏胞中的宗教职业人员回国探亲旅游间的宗教活动、宗教场所的以寺养寺和僧尼生活、佛教协会的权利和义务、宗教团体的对外交往以及坚决打击利用宗教进行的违法犯罪等方面进行诸多限制性规定。

1994年国家宗教局颁布了《宗教活动场所管理条例》，同年制定印发了《宗教活动场所登记办法》，对宗教活动场所的设立、登记、合法权益和基本管理体制等作了原则规定。围绕落实以上相关《条例》和《办法》，有的藏区成立地市

---

[1]　参见班禅·确吉坚赞："关于在扎什伦布寺进行社会主义条件下寺庙管理试点的总结"，载《中国藏学》1988年第1期。

级宗教活动场所登记领导小组，开展藏传佛教宗教活动场所登记工作。西藏自治区 1995 年 5 月公布了《关于我区开展宗教活动场所登记工作的实施意见》，还结合藏传佛教的实际情况，起草、制定了《西藏自治区宗教活动场所管理实施办法》。与西藏自治区类似，其他藏区先后开展了针对藏传佛教寺庙和僧人管理的法规建设。青海省人大于 1992 年通过了两个单项地方性法规：《青海省宗教活动场所管理规定》和《青海省宗教教职人员管理规定》。2008 年拉萨及部分藏区发生骚乱后，其他藏区加快了针对藏传佛教寺庙和僧人管理的法规建设。四川省先后出台《四川省藏传佛教寺庙管理办法实施细则》《四川省藏传佛教寺庙接纳教职人员入寺规定》和《四川省藏传佛教寺庙民主管理委员会考评办法》等。在这期间，活佛转世开始出现诸多乱象，特别是 1989 年十世班禅圆寂后，转世灵童寻访工作受到境外达赖集团的干扰，进展不是很顺利。1996 年十世班禅转世工作完成后，西藏自治区政府于 1999 年 10 月印发了《关于藏传佛教转世管理暂行规定》，规范活佛转世工作。2007 年国家宗教局吸收西藏自治区关于藏传佛教活佛转世管理的相关规定，颁布《藏传佛教活佛转世管理办法》，以此规范所有藏区藏传佛教活佛转世工作。与此同时，国家宗教局还吸收各地藏区藏传佛教寺庙管理经验，于 2010 年颁布《藏传佛教寺庙管理办法》，其确立了寺庙民主管理体制、寺庙监督制度、寺庙教职人员管理体制、学经班管理体制、寺庙举行大型宗教活动管理等一些重要规制。可以看出这一时期从中央到地方，藏传佛教事务治理法制建设主要围绕寺庙（社会设施、社会组织、集团活动）管理和活佛（人）管理规范化、制度化。

2005 年国务院颁布实施《宗教事务条例》后，藏传佛教事务法制建设逐渐从主要规制寺庙和教职人员（包括活佛转世工作）进入到藏传佛教事务综合法制规范阶段。西藏自治区政府于 2006 年颁布《西藏自治区实施〈宗教事务条例〉办法（试行）》（以下简称《办法》），自 2007 年 1 月 1 日起执行。与此同时，1991 年颁布的《西藏自治区宗教事务管理暂行办法》自行废止。2007 年《办法》作为政府规章，分为总则、宗教团体和宗教活动场所、宗教教职人员、法律责任、附则共 5 章 56 条，内容涉及对宗教团体、宗教活动场所、宗教教职人员的管理，大多是结合西藏自治区实际，对国务院《宗教事务条例》相关规定进行的补充和细化。近年来各地藏区根据《宗教事务条例》的精神，修订、完善和制定符合本地实际的藏传佛教场所、寺办佛学教育场所、寺管会班子、僧尼、活佛、佛事活动及宗教活动场所财务监管、藏传佛教学术交流等方面管理体制。西藏自治区陆续出台《西藏自治区大型宗教活动管理办法》《〈西藏自治区藏传佛教活佛转世管理办法〉实施细则》《宗教活动场所维修审批管理的通知》《西藏自治区藏传佛教寺庙定员僧尼吸收补充暂行办法》等。其他部分藏区省、地州也开展相应地方立法和行政法规建设。

2009年，青海省人大审议通过了《青海省宗教事务条例》（以下简称《条例》），这是青海省第一部管理宗教事务的综合性地方法规，它以保护宗教信仰自由、规范宗教事务管理为目的，根据国务院《宗教事务条例》，结合青海省实际，对依法管理宗教事务的措施作了细化。《条例》共8章54条，对宗教团体、宗教活动场所、宗教教职人员、宗教活动、宗教财产、法律责任都作了规定。继《青海省宗教事务条例》颁布之后，其下辖的几个藏族自治州也相继出台了藏传佛教事务条例，分别是2009年颁布的《海南藏族自治州藏传佛教事务条例》《黄南藏族自治州藏传佛教事务条例》，2010年颁布的《青海省海北藏族自治州藏传佛教事务条例》《海西蒙古族藏族自治州藏传佛教事务条例》《果洛藏族自治州藏传佛教事务条例》。四川省甘孜藏族自治州从2009年开始制定了《甘孜藏族自治州藏传佛教事务条例》，2011年12月1日正式颁布实施，之后又相继制定了《〈甘孜藏族自治州藏传佛教事务条例〉实施细则》《寺庙基础设施建设管理办法》以及《关于加强僧尼出国境管理工作的意见》《关于进一步加强非法出境回流僧尼管理工作的意见》《关于切实做好藏传佛教工作的意见》等地方和部门单行法规。

进入21世纪以后，藏传佛教事务的法制建设有两条主线，一方面，各地藏区进一步建立健全贯彻《藏传佛教事务条例》的单行规章和实施细则，修订和制定了涉及藏传佛教场所、寺办佛学教育场所、寺管会班子、僧尼、活佛、佛事活动以及寺庙财务监督、寺庙僧尼收受布施、藏传佛教学术交流、天葬台、寺庙旅游景点秩序等方面的管理办法和意见。另一方面，从中央到地方开展藏传佛教学经制度的法制建设，2012年国家宗教局推动中国佛教协会出台《藏传佛教寺庙经师资格评定和聘任办法》，2015年国家宗教局颁布《藏传佛教学衔授予办法（试行）》。由此，国家对藏传佛教治理从中央到地方基本形成了以《宗教事务条例》为依据，以《藏传佛教寺庙管理办法》为基础，以众多相关行政法规、部门规章、地方性法规为补充的藏传佛教事务治理法治化模式，初步建构了涉及藏传佛教事务以下基本法律规制：《藏传佛教团体登记管理制度》《藏传佛教宗教活动场所登记制度》《藏传佛教寺庙民主管理制度》《藏传佛教宗教活动管理制度》《藏传佛教宗教教职人员管理制度》《藏传佛教活佛转世管理制度》《藏传佛教涉外事务管理制度》等。这些法制建设覆盖的范围越来越广，涉及内容越来越多，管理的程度越来越深入，成为中国各级党和政府依法管理藏传佛教事务的重要法制规范。

三、藏传佛教事务法律规制的主要内容

根据国务院、各级地方立法机关以及相关部门规章、中国佛教协会出台的相关条例、办法和实施细则，藏传佛教事务法律规制的主要内容有以下几个方面。

（一）藏传佛教协会管理制度

主要内容如下：协会的成立、变更和注销，应当依照国务院《社会团体登记管理条例》和国家宗教局《宗教社会团体登记管理实施办法》的规定办理。根据以上规定，中国现有主要藏传佛教团体是中国佛教协会西藏分会、四川分会、甘肃分会和青海分会。中国佛教协会西藏分会成立于 1956 年 10 月，目前是第十届理事会。第十届理事会共有 303 名理事、83 名常务理事、21 名正副会长。帕巴拉·格列朗杰活佛为名誉会长。西藏佛教分会下设办公室、综合研究室、教务处、《西藏佛教》编辑部，中国佛教协会西藏分会还下设拉萨木如寺印经院，全区 7 市地都设有藏传佛教协会分会。

协会依照章程开展活动，依法接受所在地人民政府宗教事务部门的业务监督和民政部门的登记管理。依照有关规定，藏传佛教协会应当维护藏传佛教界的合法权益，指导、监督寺院组织建设和内部管理；认定、取消僧尼资格，颁发教职人员证书；指导或者主持活佛转世灵童寻访、坐床等活动，开展对僧尼的教育培养；指导佛学院或者学经班教学活动，组织开展僧尼考核评定、学衔晋升等工作；协调、指导、监督或者承办临时性跨地区大型佛事活动。此外，藏传佛教协会还开展藏传佛教文化学术研究、交流和对外交往活动；可兴办以社会公益慈善事业和自养为目的的经济实体，按照国家有关规定享受税收优惠政策等。目前，各地藏传佛教团体主要根据这些规制开展相应工作。

（二）寺院审批登记制度

藏传佛教宗教活动场所主要指寺庙（或寺院，指部分藏传佛教经学院），是僧人从事宗教活动，为信众提供宗教礼仪服务的社会公共活动场所。藏传佛教宗教活动场所登记制度包括两部分：一是已有的宗教活动场所要登记，二是新建、扩建的宗教活动场所需经宗教团体申请，报有关政府部门批准后方可修建。根据 2005 年国务院《宗教事务条例》和各藏区相关实施细则，藏传佛教宗教活动场

所经政府宗教事务部门登记，取得《宗教活动场所登记证》后，方可从事宗教活动。筹备设立宗教活动场所，由宗教团体向拟设立的宗教活动场所所在地的县级人民政府宗教事务部门提出申请。申请登记的宗教活动场所大体要符合以下几个条件：当地信教公民有经常进行集体宗教活动的需要，有拟主持宗教活动的宗教教职人员或者符合本宗教规定的其他人员，有必要的资金，布局合理，不妨碍周围单位和居民的正常生产、生活。

寺庙合并、分立、终止或者变更登记内容的，由寺庙向所在地县佛教协会提出申请，县佛教协会到原登记管理机关办理相应的变更登记手续。改建、扩建、修复、迁建寺庙应征得原登记机关同意后按法律和相关程序履行报批手续，一般由县级佛协向拟设立寺庙所在地县级人民政府宗教事务部门提出申请，同意后，报请所在地的地区（市）行署（人民政府）宗教事务部门审批，地区（市）行署（人民政府）宗教事务部门应当自收到报告之日起 30 日内，作出是否批准的决定，拟同意的，报省自治区人民政府宗教事务部门审批，未经批准，任何组织和个人不得擅自设立寺庙。

寺庙改建和迁建等申请获准后，应当按照当地人民政府城乡建设规划，向县级以上人民政府规划建设、国土、环保等部门提出申请，经批准并依法办理相关手续后，方可开工建设。寺庙改建、扩建、修复和迁建一律不得超出原寺庙占地及建构筑物总规模。新建寺庙竣工验收后，经县级以上宗教事务部门批准，颁发《宗教活动场所登记证》。改建和迁建的寺庙属于文物保护单位的，应当按照相关规定报经文物主管部门同意。这些规制形成后，近年来，各地藏区政府有关职能部门按照这些规制，规范藏传佛教新建、修建寺庙，也完成了寺庙登记审批、备案工作，目前各地登记备案的藏传佛教寺庙 3550 余座。

（三）寺院民主管理制度

藏传佛教寺庙不仅是宗教活动场所，同时又是基层社会单位。作为宗教活动场所，藏传佛教寺庙承担满足信教公民宗教需求，传承藏传佛教文化的功能。作为社会基层单位，藏传佛教寺庙承担推动经济发展、社会和谐稳定、民族团结以及维护国家主权等社会责任。无论是履行宗教职能还是社会职能，都需建立适应现代社会的管理体制。

根据 2010 年国家宗教局颁布的《藏传佛教寺庙管理办法》以及各地相关细则，寺庙需通过协商成立民主管理组织（有的地方叫寺庙民主管理委员会，简称民管会或寺管会）。管理组织的成员一般由本寺庙的教职人员组成，也可以吸收所在地信教公民代表、当地村委会（居委会）代表、政府工作人员参加。

寺管会在属地乡镇人民政府监督指导下，由县佛教协会主持，经过全体僧人民主推荐提出候选人，报县宗教事务部门审查后选举产生，报所在地县人民政府宗教事务部门备案。寺管会接受各级佛教协会的指导和县以上人民政府宗教事务部门的管理。四川省《甘孜州藏传佛教事务条例实施细则》对此的补充规定如下：实行寺院管理委员会（局）管理模式的，由僧尼和政府工作人员共同组建管理委员会班子；僧尼成员由寺院内部民主协商推选产生，政府工作人员由政府委派；寺院管理委员会（局）为县政府派出机构，受县政府委托，行使相应宗教事务管理执法权，业务上接受同级宗教工作部门的指导和监督。寺院僧尼人数在300人以内的，寺管会班子由7人组成，设主任1名、副主任1名、成员5名；寺院僧尼人数在300~500人的，寺管会班子由9人组成，设主任1名、副主任2名、成员6名；寺院僧尼人数在500人以上的，寺管会班子成员由11人组成，设主任1名、副主任3名、成员7名。[1]

寺庙管理组织成员需具备：拥护宪法，遵守国家法律、法规、规章，拥护祖国统一、反对民族分裂，维护宗教和睦与社会和谐；品德良好，在信教公民中有一定威望；有较强的组织协调和管理能力，能热心为信教公民服务等条件。寺庙管理组织需履行：制定并组织实施本寺庙的管理体制；组织本寺庙教务活动，维护宗教活动正常秩序；管理本寺庙教职人员和其他工作人员，组织学习国家有关的法律、法规、规章以及国家的民族、宗教政策，加强民族团结宣传教育，组织开展对教职人员的教育培训；教育引导信教公民遵守国家有关的法律、法规、规章；管理本寺庙财产和文物，组织开展寺庙自养产业和社会公益慈善事业；维护本寺庙治安秩序、消防安全和环境卫生；协调本寺庙与社会其他方面的关系，维护本寺庙和教职人员的合法权益等职责。为履行这些职能，寺庙管理组织可下设办公室、财务科、佛事科等不同职能的相关机构，建立健全教务活动、人员、财务、会计、治安、消防、文物、环境保护、卫生防疫等管理体制等，重大事项由寺庙管理组织成员集体讨论、民主协商确定，寺庙管理组织成员要有考核制度，对不称职的成员要及时进行调整等。相关规制还明确寺庙内部不得恢复已被废除

---

[1] 参见《〈甘孜藏族自治州藏传佛教事务条例〉实施细则（试行）》（甘孜藏族自治州人民政府令第31号）（2014年1月26日审议通过），载《甘孜日报》，http://paper.kbcmw.com/html/2014-07/04/content_45287.htm，最后访问时间：2014年7月4日。

的宗教封建特权和压迫剥削制度，不得恢复寺庙之间的隶属关系，寺庙事务不受境外任何组织和个人的干涉和支配。

按照以上规制，近年来各藏区在藏传佛教寺庙建立了村委会与僧人共同组成的寺庙民主管理模式、政府派驻机构和干部入驻寺庙与僧人组成寺庙民主管理模式以及僧人自主管理寺庙等多种寺庙民主管理体制。[1]在寺庙民主管理制度化建设中政府相继推动各寺庙建立并完善了教务、财务、僧人管理、学习、安全、消防、文物保护、卫生防疫、佛事活动等管理制度。比如，西藏自治区各地寺庙均已经建立僧人请销假制度、佛事活动制度、财务管理制度、僧人学习制度等。僧人学习制度要求寺管会不定期组织僧尼学习，学习内容涉及宗教政策、僧尼权益、法律与时政以及藏传佛教经典等。

寺庙民主管理制度建设还包括寺院设立群众监督评议委员会。在青海省的海南、海北等州的相关条例专门规定设立"群众监督评议委员会"或"寺院管理评议委员会"。监评会是由寺院所在地村民委员会成员和教职人员、信教公民代表组成的监督、评议民管会工作和对寺院事务管理实行监督评议的群众组织。监委会在乡（镇）人民政府的指导下选聘产生，监委会由主任、副主任、委员3~7人组成，每届任期5年。同时对监委会的职责、权利和义务作了详细规定。

涉及寺院与社区建设方面的规制，各地的相关实施细则大体涉及以下内容：寺庙属地乡（镇）按照辖区居住人口管理办法对僧人进行管理；公安机关依法负责对本辖区内寺庙治安进行管理；寺庙建立安全责任制，落实责任人，安全事件或者事故发生时，需要及时报告所属地乡（镇）人民政府；寺庙内未经批准不得设立诊疗服务机构，不得擅自开展任何形式的诊断、治疗和药品制售；寺庙不得保存、复制、销售非法出版和非法入境的宗教出版物，严禁张挂、散发、传播反动宣传品；寺庙的道路、饮水、用电、通信、广播电视等基础设施建设，需由乡（镇）、县人民政府纳入新农村建设或城镇发展总体规划，各级政府行政管理、部门行业服务应当覆盖到寺庙，农牧民享受的社会保障和利民惠民政策应当覆盖到僧人等。"民管会的成立，是将现代民主管理体制进入藏传佛教寺院的大胆创新。民主选举产生的民管会，打破了传统上层僧人对寺院管理的垄断，让下层僧人享受当家做主的权利，双向互动式的选举、管理模式同时也增添了管理机

---

〔1〕 参见朱晓明："在实践中构建藏传佛教寺庙管理长效机制"，载《当代中国民族宗教问题研究》2009年第5期。

构的权威。"〔1〕

(四)佛事活动管理制度

藏传佛教的宗教活动内容丰富，形式多样，带有很强的民俗性。以西藏为例，20世纪80年代以来，西藏陆续恢复了各种类型宗教节日40余个，信众每年要花大量时间参加萨噶达瓦节、雪顿节等各种各样的宗教活动，西藏随处可见悬挂的经幡、刻有佛教经文的玛尼堆以及从事宗教活动的信众。信众家中普遍设有经堂或佛龛，经常进行转经、朝佛，请寺庙僧尼做法事等宗教活动。〔2〕藏传佛教各教派每天都有固定的念经拜佛仪轨，所不同的是有的教派僧侣在寺院，有的则在家里，除此之外，每年都有一些例行的佛事、法会。各教派、各寺院的这类活动在时间、名称和形式上虽不尽相同，但宗教意义是一致的，基本内容也大体相类似，主要反映在这几个方面：祈求佛保佑地方太平祥和、农牧业生产增产丰收、人口增长健康长寿；作法消灾、驱邪降魔、超度亡灵；纪念佛祖和菩萨、各教派祖师、历史上的高僧大德等。

法律规范意义上所指的藏传佛教佛事活动，主要指各级佛教协会、寺院、僧尼、信教公民按照藏传佛教教义教规仪轨和传统习惯进行的祈祷、诵经、讲经、辩经、说法、灌顶、开光、坐床等活动。关于藏传佛教佛事活动的相关规制，主要有两部分，一是传统上在寺庙里举办的一般性活动，二是寺庙外举行的群体性佛事活动，主要是大型宗教活动。关于藏传佛教宗教活动的法律规制，主要内容有：信仰藏传佛教公民的集体性佛事活动，应当在经登记的寺院内或者经县级以上人民政府宗教事务部门批准的场地举行，由寺院或者佛教协会组织具备资格的僧尼主持。团体或寺院按照国家有关法律、法规和政策规定开展的一般性教务活动，不得干预和妨碍国家行政、司法、教育制度，不得发生破坏民族团结、影响社会稳定、违反宗教禁忌、伤害信教群众宗教感情的事件；严禁举办无传统惯例的各种宗教活动；历史上曾经举办、现已自然中断或取缔的宗教活动不得恢复；各寺院举办宗教活动，一般由本寺院教职人员主持，邀请其他场所教职人员参加或主持活动，需要申报，批准后方可；佛教协会、寺院以外的组织及个人不得修建大型露天宗教造像。

---

〔1〕参见郑堆："探索藏传佛教寺院管理的新模式——从萨迦'模式'看寺院管理向民主化的过渡"，载《中国藏学》2002年第3期。

〔2〕《西藏文化的保护与发展》(白皮书)，载人民网，http://www.people.com.cn/GB/channel4/987/20000622/113821.html，最后访问时间：2000年6月22日。

佛事活动由佛教协会或者寺管会主办，坚持"谁主办、谁负责"和"属地管理"的原则，实行申报审批制和备案制。寺院次年度常规佛事活动，由寺管会在年底前报县佛教协会和县人民政府宗教事务部门备案，逐级汇总上报省或自治区宗教事务部门，没有历史惯例的不得申报备案。寺院按照传统惯例在本场所内举办的，仅限于本场所教职人员参加的佛事活动，由该场所管理组织负责管理，宗教事务部门按照有关规定进行监管。

大型宗教活动，是指在传统宗教活动地点，信教公民自发形成或由合法登记的宗教活动场所、宗教团体举办的，符合国家法律法规和宗教仪轨、有历史惯例、信教公民参与的，且预计人数达到一定规模的宗教活动。西藏自治区相关规定是：合法登记的宗教活动场所或宗教团体举办具有一定规模的信教公民参与的传统惯例宗教活动，由该宗教活动场所管理组织或宗教团体负责申请和实施。履行下列审批程序：根据往年情况预计参与人数（含僧尼，下同）在 500 人以下的，由所在地乡（镇）人民政府审批；预计参与人数在 500 人以上、5000 人以下的，由所在地县（市、区）人民政府审批；预计参与人数在 5000 人以上、10 000 人以下的，由所在地地区行署（市人民政府）审批；预计参与人数在 10 000 人以上的，由自治区人民政府审批。

四川甘孜州的相关规定是，跨乡（镇）举办的佛事活动，参与人数 2000 人以内的，应当经所在县人民政府宗教事务部门同意；参与人数 2000 人以上的，应当经州人民政府宗教事务部门同意。跨县举办的佛事活动，应当分别经所在地县人民政府宗教事务部门报州人民政府宗教事务部门批准；跨自治州举办的佛事活动，应当逐级报省人民政府宗教事务部门批准。经批准举办的大型宗教活动，由所在地相关部门严格按照批准的活动方案进行现场指导和管理，严禁超出活动实施方案范围。举办宗教活动不得向信众摊派，不得影响社会秩序、生产秩序、生活秩序，不得损坏公民身体健康，不得违反国家相关规定。经批准举办各类宗教活动的管理组织和宗教团体，不得以发布通知或广告等形式向其他宗教活动场所及信教公民进行宣传推广。

各宗教活动场所邀请本场所以外的宗教教职人员到该场所从事宗教活动的，需要履行审批手续。西藏自治区规定，邀请对象属于本县的，由所在地县级人民政府宗教事务部门审批；邀请对象超出本县、属于本地（市）的，经所涉及的两个县（市、区）人民政府宗教事务部门审核后，报请所在地的地（市）行署（人民政府）宗教事务部门审批；邀请对象属于区内其他地（市）的，经所涉及的两个地（市）行署（人民政府）宗教事务部门审核后，报请自治区宗教事务部门审批；邀请对象属于外省（自治区、直辖市）人员的，依照《西藏自治区实施〈宗教事务条例办法〉（试行）》第42条有关规定办理审批手续。近年来，西藏自治区根据相关规制，加强了对传统宗教活动管理与审批，各级宗教主管部门每年审批举办400余场（次）大型宗教活动。[1]

（五）教职人员（以下简称僧尼）管理制度

宗教教职人员，一般是对各宗教专门从事教务活动人员的通称。藏传佛教教职人员主要指的是按照藏传佛教教义教规，从事教务活动的僧尼（含活佛），主要有活佛、喇嘛、扎巴、觉姆等。涉及藏传佛教僧尼管理的法规和办法较多，2009年中国佛教协会下发的《藏传佛教教职人员资格认定办法》和2010年国家宗教局下发的《藏传佛教寺庙管理办法》都对藏传佛教教职人员作出了具体规定，各藏区根据以上相关规定对本地区藏传佛教教职人员资格认定、备案、主要教职任职以及教职人员的权利、义务等作了相应规定。比如，西藏自治区先后颁布了《教职人员登记管理办法》《民俗类宗教活动人员管理办法》《修行人员管理办法》等。综合各地关于僧尼的相关规制，大体内容如下：

僧尼资格需要认定、备案。《宗教事务条例》规定："宗教教职人员经宗教团体认定，报县级以上人民政府宗教事务部门备案，可以从事宗教教务活动。"未经宗教团体认定，政府备案，不能以教职人员身份从事宗教教务活动，这是宗教教职人员取得法律上合法性的必经程序。

寺院吸收僧尼的规制主要是：寺院实行僧尼定员管理制度，寺院定员数额由该寺院管理组织向所在地佛教协会提出申请，审核同意后，报所在地县级人民政府宗教事务部门，由县级人民政府宗教事务部门逐级报省级人民政府宗教事务部门备案。寺院不得超过定员数吸纳僧尼；现已超员的寺院应当坚持只出不进、自然减员的原则，逐步把僧尼人数减员至定员数以内；驻寺僧尼应当持有《藏传佛教教职人员证》，凡未持有《藏传佛教教职人员证》的驻寺人员应当清退；未经县级以上宗教事务部门批准，寺院一律不得擅自吸收地市（自治州）籍以外人员入寺院为僧尼；寺院接收学经人员或者僧尼，不得违反《中华人民共和国义务教育法》和《中华人民共和国未成年人保护法》的规定；寺院不得接受九年义

---

[1] "西藏加强和创新寺庙管理工作，促进宗教和睦"，载《西藏日报》，http://xz.people.com.cn/n/2014/1224/c138901 - 23327803.html，最后访问时间：2014年12月24日。

务教育阶段的适龄儿童、少年入寺，活佛转世灵童除外。[1]寺院管理组织应将住寺僧尼登记造册，分别于每年的1月底和7月底前报所在地县级以上人民政府宗教事务部门备案。

僧尼取得藏传佛教教职人员资格一般需履行以下手续：本人自愿向拟申请入寺的寺院提交申请书（应含有本人基本简历、家庭主要成员情况）及本人受教育情况证明、所在地乡（镇）人民政府或街道办事处出具本人表现情况说明、本人身份证明复印件。寺管会提出意见后，报该寺院所在地佛教协会。佛教协会按照教职人员应具备的基本条件进行审核，在听取所在地县级人民政府宗教事务部门意见后，同意的，准予入寺接受1年的预备考核；不同意的，不予接受入寺。预备考核期满，由所在寺院寺管会提出意见，报所在地佛教协会认定，符合条件的，报所在地人民政府宗教事务部门备案，并申领《藏传佛教教职人员证》，不符合条件的应当清退。完成备案后，由认定其教职人员资格的佛教协会发给《藏传佛教教职人员证书》（由中国佛教协会统一制定式样），僧尼取得《藏传佛教教职人员证》后，方可从事佛事活动。

僧尼进入寺庙后一般享有以下权利：寺管会成员的选举权和被选举权，参与寺院的民主管理；根据教义教规从事佛事活动；接受和开展佛学教育，从事佛教经典、资料的整理、翻译和佛教学术研究交流；依法享有社会保障待遇；接受自愿捐赠的布施；法律、法规规定享有的其他权利。僧尼应当履行以下义务：自觉遵守国家法律、法规，维护国家统一、民族团结和社会稳定；自觉接受当地政府、政府宗教事务部门、佛教协会及寺管会的管理，遵守寺院的各项管理制度；参加各级人民政府宗教事务部门和佛教协会组织的会议、培训，接受爱国主义、社会主义和国家法律、法规及方针政策教育；受寺院寺管会委派，为信教群众提供佛教礼仪性服务；支持当地经济社会发展；法律、法规规定的其他义务。僧尼不得传看、收听、收看和传播破坏民族团结、危害国家安全的书籍、图片、资料、广播、影视片、信息等，不得从事违禁活动。

住寺僧尼具备较高佛学造诣、为人正派等条件后，经寺院僧众民主选举，并经所在地的（县、区、旗）佛教协会审核后报上一级佛协批准，报所在地县级以上人民政府宗教事务部门备案后，可以担任赤巴、堪布、经师、翁则、格贵等

---

[1] 传统藏传佛教7~70多岁都可入寺。但《义务教育法》规定，公民必须接受9年义务制教育。这样，公民必须完成初中阶段学习后，才可能进入寺庙。

教职人员，主持相应的藏传佛教教务活动。

关于僧尼跨行政区域从事佛事活动的规制，一般是由本人向所属寺院提出申请，经寺管会签署意见，向寺院所在地佛教协会提出申请，由该佛教协会商拟前往寺院寺管会和佛教协会同意，寺院所在地县级以上人民政府宗教事务部门审核同意，并获得佛事活动所在地相应的人民政府宗教事务部门同意后，方可前往。未经许可，不得擅自跨行政区域从事佛事活动。因僧尼去世、主动放弃或者其他原因丧失僧尼身份的，由寺管会报相应的佛教协会办理注销手续，报相应的人民政府宗教事务部门备案。

（六）活佛管理制度

根据国家宗教局颁布的《藏传佛教活佛转世管理办法》（以下简称《办法》）和各藏区相关实施细则，大体来说，关于活佛转世的规制主要内容如下：

第一，活佛转世条件。《办法》规定活佛转世必须具备三个条件，即：当地多数信教公民和寺庙管理组织要求转世；转世系统真实并传承至今；申请活佛转世的寺庙系拟转世活佛僧籍所在寺，并为依法登记的藏传佛教活动场所，且具备培养和供养转世活佛的能力。

第二，活佛转世应当履行申请报批手续。《办法》规定，根据活佛影响的大小，转世活佛的审批权限分四级，即省、自治区人民政府宗教事务部门；省、自治区人民政府；国家宗教局；国务院。未经相应的人民政府或宗教事务部门审批的所谓转世活佛，都是非法的和无效的。《办法》对宗教仪轨和历史定制予以尊重，其中规定，转世灵童由省、自治区佛教协会或者中国佛教协会根据宗教仪轨和历史定制认定，任何团体或者个人不得擅自开展有关活佛转世灵童的寻访及认定活动。历史上经金瓶掣签认定的活佛，其转世灵童认定实行金瓶掣签。请求免予金瓶掣签的，由省、自治区人民政府宗教事务部门报国家宗教事务局批准，有特别重大影响的，报国务院批准。从2010年开始，中国佛教协会统一为按照宗教仪轨和历史定制认定、经政府审批的活佛颁发"藏传佛教活佛证"。

第三，藏传佛教团体主要负责这些工作。《办法》规定，佛教团体在活佛转世事宜中主要有以下职责：地方佛教团体对转世活佛的审核批准提出意见，活佛转世申请获批准后，由相应佛教团体指导灵童寻访，由拟转世活佛僧籍所在寺庙管理组织或相应佛教团体组建转世灵童寻访小组，实施寻访事宜，转世灵童由省、自治区佛教团体或者中国佛教协会根据宗教仪轨和历史定制认定，转世活佛继位时，由相应的佛教团体颁发活佛证书；当地佛教团体负责审核转世活佛继位后的培养计划和经师人选。

根据这一条，青海《果洛藏族自治州藏传佛教事务条例》规定，活佛转世灵童的寻访、认定、坐床，在佛教协会指导下，由所在活动场所按《藏传佛教活佛转世管理办法》和《青海省藏传佛教活佛转世管理办法实施细则》的有关规定，依照佛教仪轨和历史定制办理，未经相应人民政府或者宗教事务部门批准，任何组织或者个人不得擅自开展藏传佛教活佛传承继位的有关活动，藏传佛教活佛传承继位，不受境外任何组织、个人的干涉和支配。各地实施细则还对活佛兼职以及活佛受邀到自治州以外讲经等作了相应规定。

（七）寺院学经制度

寺院举办学经班是藏传佛教的传统宗教事务。关于这方面的相关规制主要涉及寺院举办学经班的条件、审批程序、经师资格认定、聘任以及学员管理等方面。寺院举办学经班的条件主要有：寺院有举办学经班的传统和明确的办学宗旨，有固定的学经场所和其他基础设施，有具备资格的经师，有完备的学经管理体制及合法的经费来源。举办学经班的，由寺庙管理组织提出意见，经所在地佛教协会审核同意后，报所在地县级人民政府宗教事务部门，县级人民政府宗教事务部门逐级报省级人民政府宗教事务部门备案。

学经班经师必须持有经师资格证，并由寺庙管理组织聘任。经师资格认定和聘任办法由中国佛教协会制定，报国家宗教局备案。2012年中国佛教协会颁布的《藏传佛教寺庙经师资格评定和聘任办法》规定，经师是指寺院中专门从事传授佛教教义教规、经典和文化知识的藏传佛教教职人员。经师实行聘任制，聘任为经师的，应当具有经师资格。取得经师资格最重要的条件是取得国内佛教院校授予的佛学学衔或考取传统的佛学学位，或具有同等佛学造诣，具有传授佛教教义教规、经典和文化知识的能力和水平。寺庙管理组织推荐拟评定经师资格人选，报该寺院所在地的县（市、区、旗）佛教协会提出审核意见，报设区的（地、州、盟）佛教协会，此级佛教协会组织经师资格考评委员会对拟评定经师资格的人员进行考核，考核情况报省、自治区、直辖市佛教协会，此级佛教协会做出评定决定，并对获得经师资格的人员颁发藏传佛教寺庙经师资格证书，这一过程须征求同级人民政府宗教事务部门意见。寺院聘任经师，须经县以上佛协批准，经师聘期一般为5年。

寺庙学经班招收学员最主要的条件是年龄，一般应当在18周岁以上；受过沙弥、沙弥尼以上戒。举办学经班的寺庙可以接受其他寺庙教职人员学习，除学经人员本人申请外,寺庙组织要报所在地佛协,并报所在地县级以上人民政府宗教事务部门备案,县级以上人民政府宗教事务部门进行审核,并征求申请人所在地乡镇人民政府(街道办事处)的意见后,同意备案的给申请人出具书面证明,申请人持此证明向举办学经班的寺庙报名,举办学经班的寺庙管理组织组织统一考试,按照考试成绩确定拟录取人员名单,寺庙管理组织将拟录取人员名单报所在地佛教协会审核同意后,向所在地县级以上人民政府宗教事务部门备案,学经班学员学习期满后,须及时返回本人所在寺庙。

(八)宗教财产管理制度

藏传佛教财产,一般是指佛教协会、寺院合法所有或者管理、使用的房屋、土地、草场、构筑物、设施、法器、文物、宗教收入、各类捐赠以及其他合法财产、收益(以下简称佛教财产)。结合《宗教事务条例》关于宗教财产的规制以及各藏区相关规制,藏传佛教宗教财产的法律规制主要内容有:佛教协会、寺院合法所有的房屋和使用的土地等,由寺管会依法向县人民政府土地、房产管理部门申请登记,办理国有土地使用权证、房屋所有权证。变更权属的,应当征得人民政府宗教事务部门的同意,并在相关部门办理手续。

佛教协会、寺院合法所有的房屋、构筑物、设施和合法使用的土地,以及其他合法财产、合法收益受法律保护,任何组织和个人不得侵占、私分、挪用、损毁或者非法查封、扣押、冻结、没收、处分;寺院提供给僧尼的房屋等设施和用品归寺院所有,僧尼可以使用,但应当妥善管理。不得私自转让、抵押或者出售;僧尼去世后,按藏传佛教教规和习惯属于个人的财产,可以依法继承;佛教协会、寺院按照藏传佛教习惯接受公民的捐献,但不得摊派或者变相摊派。寺院在集体性佛事活动中所得布施,应当用于与佛教协会或者寺院宗旨相符的活动。寺院应当遵守《宗教活动场所财务监督管理办法(试行)》[1]的规定,寺院发生的经济业务事项,应当在依法设置的会计账簿上统一登记、核算,并保证其真实、完整;寺院年度财务会计报告至少应当于年度终了后4个月内向县人民政府宗教事务部门报告。如果寺院被要求对外提供中期财务会计报告的,应当在规定的时间内对外提供;寺院应当对政府性投入资金主动接受审计监督。

(九)藏传佛教涉外事务制度

关于藏传佛教涉外事务的规制主要是关于僧尼出入境宗教交往和境外捐赠的

---

〔1〕 参见《宗教活动场所财务监督管理办法(试行)》(国家宗教事务局令第7号),载 http://www.gov.cn/flfg/2010-03/03/content_1546579.htm,最后访问时间:2010年3月3日。

限制性规定，立法原则是藏传佛教事务不受境外势力支配。独立自办是中国政府对各宗教的基本要求。在藏区，相关规制重点是有效防止不法分子利用藏传佛教进行违法犯罪活动，抵制境外敌对势力利用藏传佛教进行分裂、渗透、破坏活动。各地相关规制的内容主要有：佛教协会、寺院、僧尼同境外宗教组织或者宗教人士进行交往和学术交流，应当坚持独立自主自办原则，平等友好、相互尊重、互不干涉。僧尼应邀出国（境）参加访问、进行宗教文化学术交流或者出国留学等，应当依照《中华人民共和国出境入境管理法》、国务院《宗教事务条例》等法律、法规的规定办理，不得非法出境。佛教协会、寺院和僧尼应当按照国家有关政策及地方相关规定，接受境外组织和个人的捐赠。接受的境外捐赠，由佛教协会、寺院自主支配使用，并接受宗教、外事、银监等部门的监督。

四、余论

以上关于藏传佛教事务法律规制的相关介绍，侧重于从中央到地方执行的较为成型的规制。此外，近年来国家宗教局、中国佛教协会等机构颁布诸如藏传佛教院校制度、学衔制度等相关规制，由于还处于发布初期，各地的实施方案还不是很成熟，本文未多涉及。宗教是在与社会其他要素诸如政治、经济、教育、文化、科学等互动中发展变迁的。社会制度变革和社会生活的变化必然带来信仰模式的变化，国家关于藏传佛教事务的法律规制，首要功能是按照政治统一、信仰自由、政教分离、积极引导宗教与社会主义社会相适应原则，建构藏传佛教与政治、经济、社会、教育、文化等方面的新型关系。僧尼首先是公民，其次才是宗教职业人员，公民身份是第一位的，公民权利一律平等的原则要求寺院作为人的聚合，必须废除传统的等级制、人身依附制，建设人人平等的管理模式。同时，作为僧尼的公民，必须履行遵纪守法的社会责任。佛教团体作为现代社会团体，在享有社团自治的同时，也要在社团内部管理上规范化、制度化，同时，社团作为社会肌体的一部分，必须履行维护社会和谐稳定、健康发展等职责。藏传佛教佛事活动既是公民个体活动，也是群体社会活动，无论是个体活动还是集体活动，均须与社会公共秩序协调一致。寺院作为公共活动场所，是现代社会的基层社区单位，其自身建设必然与寺院所在地的城乡基础设施建设、通信建设、经济生活、社会文化生活等同频共振。如此，国家关于藏传佛教的法律规制和实践，就必然推动传统藏传佛教去政治化、去经济化、去教育化，使之逐渐在信众个体精神生活层面和社会道德建设层面发挥功能，国家相关法律规制的落实，也是藏传佛教从全能化走向道德化的过程，在这一过程中，传统藏传佛教逐渐实现向现代转型。

　　与此同时，法制建设作为依法治国的重要任务，也是对执法者的规制，目的是依法管理、保护信仰自由，避免执法者对信众公民权利的侵害。藏传佛教的法律规制是否较好地实现以上两个方面的目标，还有待观察。

藏传佛教寺院内部管理体制的演变

豆格才让 *

【摘　要】　本文介绍了藏传佛教寺院内部管理从传统到现代发展演变过程中形成的四种模式：堪布负责制、教派主管理、活佛管理和现代民主管理，阐述了四种模式形成的历史背景、表现和主要特点，重点介绍了当今世俗社会条件下，各地政府管理部门与藏传佛教界共同探索的具有时代特色、区域特色、教派特色的寺院民主管理模式。

【关键词】　藏传佛教　寺院内部　管理体制　演变

一、寺院内部管理体制的产生

藏传佛教寺院管理体制形态，离不开藏传佛教寺院的功能和社会历史文化环境，藏传佛教寺院是僧人修行、学经的地方，是培养藏传佛教人才的地方，是研究藏传佛教经典、传承藏传佛教文化的地方，也是组织藏传佛教佛事活动的地方。因此，笔者认为寺院管理体制的形成离不开四个条件，即僧团、戒律、寺院和法律（国法和习俗法），其中僧团的形成、寺院的建立是寺院管理体制产生的前提和基础。

（一）寺院内部管理产生的历史背景

据古印度佛教史料记载，出家修行的习俗或制度并不是佛教所独创，产生于佛教以前或同时代的印度其他宗教都有这种习俗。[1] 佛教创始人释迦牟尼得道以后，为了说法传道，普度众生，首先想到的是曾随自己一同苦修的乔陈如等 5人，于是他去迦尸国都城婆罗奈弘法。当时鹿野苑住着许多修行人和沙门，那里

---

　　* 豆格才让，男，西藏佛学院原副书记、副院长、中国藏学研究中心宗教所副所长、研究员。主要从事敦煌古藏文文献研究、藏传佛教历史与寺院管理制度研究。

〔1〕 参见吕澂：《印度佛学源流略讲》，上海人民出版社 2005 年版。

还放牧着许多鹿群，鹿野苑因此而得名，佛陀首先向他们宣讲佛法，乔陈如等人皈依佛教，这可以看作是佛教僧团的雏形，佛教历史上第一次具备了通常所说的"佛、法、僧"三宝。随后，佛陀带领弟子进入摩揭陀国首都王舍城传播佛法，国王频毗婆罗皈依佛教成为居士，并在城郊选迦兰陀竹园建立精舍，取名为竹林精舍，作为佛陀和他的弟子居住生活的地方，这是最早的佛教寺院。熟悉佛教史的人都知道，在古代印度，特别是佛教传播初期，出家修行者，皆过着居无定所的游方生活，仅在雨季来临时才搭建住处共同生活和清静修行之所，古印度语叫"阿兰若"，意为空间处，就是在村外空隙的地方建立的住所。随着佛陀僧伽队伍不断扩大，僧团与宗教活动场所需求的矛盾日益突出，出家人定居修行成为一种发展趋势，因而佛教僧团开始主动参与建设精舍。如印度北方拘萨罗国首都舍卫城有个大商人叫须达多此皈依佛教后，与释迦牟尼合作修建"祇园精舍"。精舍规模庞大，据记载能容纳千人以上，形成了以祇园精舍、竹林精舍、大林精舍等为中心的寺院。这一时期以祇园精舍为代表的佛教寺院大有佛塔和房屋，房屋有佛堂、讲堂、说戒堂、僧房和其他多种生活用房。佛塔和佛堂用于僧徒礼拜，讲堂用于高僧讲解教义和戒律，僧徒也在这里诵经。说经堂主要用来集会，僧徒定期忏悔和自我检讨，僧房用于起居。其他生活用房有伙房、食堂、库房、病房等。

随着寺院日益扩大，宗教活动逐渐丰富并细化，寺院内部逐步产生了不同的机构，寺院管理体制随之产生。最早的寺院即伽蓝，管理方式是寺中一切事务要由全体僧众集会来共同决定，凡事必须取得一致意见，其日常事务也由全体僧众推选"知事僧"负责处理。这是最初管理僧众杂事的职务，梵语为"羯磨陀那"。羯磨意为事务，陀那意为授予或悦众，后来根据实际需要僧团内部确立了大和尚制度，由他们管理和教导新比丘的礼节仪式，组织全寺宗教活动。僧团采取全体成员参加并一致通过的形式（经过提问、辩论、调和）制定各种管理规章。管理规章严格按照佛陀的教义理论和戒律来制定，并随着佛教的发展和寺院组织管理的需要不断完善，同时遵守国家法律，不违背政权权威，成为寺院管理的前提。这种以佛教教义、戒律为指导，以民主辩论方式随社会发展变化修订、完善寺院管理体制的佛教传统，显示出佛教寺院管理民主、开放和包容的特点，这也是佛教能够适应不同社会历史环境，并在不同政治制度和文化背景下生存和发展的重要原因，也为佛教发展为世界性宗教奠定了重要基础。

（二）藏传佛教寺院内部管理的产生

公元 7 世纪初，吐蕃王朝第三十二代松赞干布统一了青藏高原各部落，建立了吐蕃中央集权制王朝。他先后迎娶尼泊尔王国赤尊公主和唐朝文成公主为王妃，佛教也因此从尼泊尔、印度、唐朝等几路正式传入西藏。据《吐蕃王朝世系明鉴》等史书记载：两位公主都是虔诚的佛教徒，她们入藏时带来了许多佛像、经籍和法器及一部分日常供奉佛像的僧人，赞普下令建造了大昭、小昭二寺和十二神殿等供奉佛像的建筑和设施。因这些神殿无常住僧人，故没有成为佛、法、僧"三宝"必全的真正意义上的寺院，只是王室成员敬佛供神的"拉康"。

公元754年，吐蕃著名的赞普赤松德赞执政后，为巩固王室政权，增强王朝的凝聚力，学习松赞干布时期的敬佛弘法运动，决定在吐蕃王朝境内兴佛修寺，并派专人赴印度迎请佛教高僧大德。吐蕃赞普特使将当时印度著名佛学大师、瑜伽中观派创始人、时任那兰陀寺院首座（主持）希瓦措和印度著名密宗大师莲花生及随从迎请到吐蕃的札玛止桑，为这些高僧修建了桑耶寺，桑耶寺具备佛、法、僧"三宝"的特征，藏传佛教僧伽组织开始出现，藏传佛教寺院管理体制和组织体系随之发展起来。桑耶寺是藏传佛教历史上第一座正规寺院，其主要创建者被后世敬称为"师君三尊"。

早期桑耶寺的主要职能是举行祭神、敬佛、求平安为主要内容的佛事活动，开展学经、修行为主要内容的培养本地弘扬佛法人才（僧伽组织）的佛学教育，对佛教经典进行翻译、解读以及传播和发展佛教的佛学理论建设工作。这是藏传佛教寺院的主要宗教功能，其他功能都是在这三大功能基础上派生出来的，"因此可以通俗地说最初的寺院是图书馆、研究院、学校和神庙的集合体"[1]。这是藏传佛教"前弘期"[2]到"后弘期"[3]西藏产生"政教合一"制度前所有寺院的基本特征。

二、寺院内部管理体制的发展

寺院作为传播藏传佛教的基地，联系信教民众的中心纽带，在藏族历史上是个融政治、经济、文化、教育、医疗等多种社会功能为一体的社会实体，曾经有社会学家给予了这样的评价："这样大而多方面的组织，这样多而深入到社会多部门的功用，在今中外未曾见有一个团体可以与之比较"[4]，这也从另一个侧面反映出藏传佛教寺院管理体制历史悠久以及复杂的发展演变过程。毫无疑问，藏

---

〔1〕 参见何周德、索朗旺堆编著：《桑耶寺简志》，西藏人民出版社1987版。

〔2〕 "前弘期"，主要指公元7~9世纪，与吐蕃时期同时代。

〔3〕 "后弘期"，主要指公元10~20世纪中叶。

〔4〕 参见徐国宝："藏文化的特点及其所蕴涵的中华母文化的共性"，载《中国藏学》2002年第3期。

传佛教首先是个信仰体系，佛教教义理论、戒律和哲学体系便成为信仰及其活动的核心内容。同时，与其他任何宗教一样，藏传佛教也具有其基本信仰所外化的物质外壳——宗教实体。寺院组织和管理体制体系就是藏传佛教的社会实体。不同历史时期藏传佛教各大寺院管理模式虽有所不同，但都大体经历了从堪布负责制管理、教派主管理、活佛管理，到现代民主管理四个历史发展阶段。

（一）堪布负责制的管理体制

藏传佛教第一座寺院桑耶寺建成开光后，吐蕃上层贵族"七觉士"响应赞普号召，率先出家为僧，建立僧伽组织，赞普给予了很高的荣誉和物质待遇，引起整个社会的注意，上层贵族弟子和平民纷纷效仿，踊跃出家为僧，就连王室成员赤松德赞之妃卓萨·赤杰莫赞及苏赞莫杰也带头率30多名贵族妇女步入空门，成为吐蕃第一代比丘尼，不久到桑耶寺出家的僧人达到300多众。[1]同时，来自印度、中原、尼泊尔、克什米尔等地的高僧大德和班智达会聚桑耶寺，开展了大规模的译经和注释工作，该寺很快成为吐蕃最大的佛经翻译中心和远近闻名的宗教活动及文化中心，其影响覆盖整个吐蕃势力范围。随着僧伽组织的不断扩大和学经修炼的进一步专业化，藏传佛教寺院堪布负责制管理模式逐渐形成。

堪布负责制管理体制，并不是佛教传到藏区后的发明创造，而是引进了印度的佛教寺院管理体制，桑耶寺达到一定规模后，形成了以总堪布为总领导，比丘部、比丘尼部、各学经部和翻译部各部负责人分工合作的堪布负责制寺院管理体系。后来逐渐建立的各寺院，大都实行堪布负责制。总堪布没有任期，基本上是终身制，其管理下的寺院组织按不同专业设置不同的分工负责制度，有学经导师制、禅修部堪布制、翻译部大译师制以及仓库保管制度等。[2]

与印度不同的是吐蕃王朝的寺院堪布，面对着更复杂的政治环境，肩负着更艰巨的传教和管理任务。藏传佛教寺院管理体制形成初期，桑耶寺的总堪布，同时自然成为吐蕃各寺院权力最高、宗教最权威的堪布，他的主要职责从管理桑耶寺发展到协助赞普管理全吐蕃寺院的宗教事务，印度佛教开始藏地化，佛教寺院管理模式开始吐蕃化。据藏传佛教史料和敦煌出土的藏文文献记载，吐蕃王朝时期桑耶寺总堪布共有7任，总堪布是宗教领袖，享有很高的政治待遇和经济权

---

〔1〕 参见李卫："西藏第一座正规寺庙——桑耶寺"，载《百科知识》1998年第4期。

〔2〕 参见马明忠、张科："藏传佛教寺院治理的历史演进及当代启示"，载《青海民族研究》2016年第27卷第2期。

力，成为吐蕃最显赫的少数权贵之一，万人仰慕。[1]围绕这一权力和权威的争夺也由此发生，藏传佛教时常陷入残酷的政治斗争和教权争夺之中，这与印度佛教出世性有所不同。

吐蕃王朝时期，藏传佛教寺院堪布负责制有如下主要特点：

1. 外来性

藏地佛教寺院堪布管理形式以及传承方式基本保持印度佛教的风格。在藏传佛教前弘期和后弘期初期，佛教的传播以外来典籍的翻译和移入为主，未能完全改变外来文化的特征，其管理体系的设置和传法的继承也基本上采用了印度和中原佛教的体制和方法，即循法缘关系收徒授法，师徒相续，一代堪布或导师生前将法衣器钵传授某一高足，其高足就成了本系合法的堪布或导师。

2. 赞普任命

堪布的传承在宗教上虽然是师徒相传，但在政治上需要得到赞普的任命，如第二任堪布拔·耶喜旺布得到导师希瓦措堪布的亲授传承，还得到赞普赤松德赞的任命。[2]堪布管理的寺院虽然有独立的管理体系和制度，堪布在政治上有很高的地位，吐蕃末期有些堪布安排在大尚伦的前面，但始终处在王室的直接管制之下，未能独立发展。[3]

3. 王室供养

从吐蕃第一座寺院和第一个僧伽组织产生起，赞普王室一直是经济上最大的施主即物资供养的保障者，寺院没有也无需参与经济活动。

4. 总堪布加称大和尚

随着佛教在吐蕃的传播，寺院数量的增加，寺院规模日趋扩大，寺院内部管理机构和职位越来越多，可能因为堪布称呼的泛滥，所以吐蕃末期有些堪布姓氏前要加大和尚的称呼。

5. 堪布权威很高

堪布为宗教的最高管理者，都是在最优秀的高僧大德中选任，他们是王国的精神领袖和导师，特别是吐蕃堪布们自认为拥有佛陀真正的传承，因为首任堪布

---

〔1〕 7任堪布依次为：希瓦措（寂护）、拔·耶喜旺布、拔·贝央、额兰·曲吉央、郭邦·多杰加布、姜·赛热仁布切、娘·钦热勋尼。

〔2〕 参见拔塞囊：《拔协》，四川民族出版社1990年版。

〔3〕 参见端智嘉、佐戈·卡尔："吐蕃时期的行政区划与官僚制度"，载《西北民族大学学报（哲学社会科学版）》2005年第6期。

希瓦措相传是佛陀主要弟子舍利弗（佛祖亲自认定的佛教第一位堪布）的最后一位传承堪布。

（二）教派主寺院管理体制

公元 10 世纪晚期，藏传佛教进入后弘期，佛教在西藏传播再度兴盛，一些著名的寺院得到维修、恢复活动。这一时期的寺院管理虽然承袭吐蕃时期的堪布管理模式，但仅限于形式，实际情况非常混乱，教理杂乱无章，学者随意解释，传承五花八门，特别是戒律松弛，寺院组织涣散。当时，一些有识之士为改变这种局面，不畏艰难拜师学佛，勤奋译释佛教经典，作品相继问世，一场大的宗教和社会革新开始酝酿。公元 11 世纪后，藏传佛教逐渐在西藏历史舞台占据重要位置，各种教派开始形成，各教派为了生存和发展，与地方割据势力相结合。藏传佛教宗派势力与地方家族势力结成一体的教派主寺院管理模式逐渐形成。这种模式的主要特点是：

（1）教派创始人或其继承人是本教派最高管理者。

（2）虽然寺院都有堪布职位，而且相当重要，但不再是总负责人和精神领袖。

（3）本教派内寺院有隶属关系，小的寺院管理受母寺或大寺的领导和支配。

（4）开始形成规范化的寺院教育制度和体系。

（5）各教派借助外部力量巩固和扩大自己的影响，特别是各教派首领纷纷到内地寻求政治上的支持，扩大经济实力和势力范围。

（三）藏传佛教活佛管理体制

活佛转世制度是政教上层势力在宗教制度上采取的一种特殊措施，有其深刻的社会文化和历史背景。活佛转世制产生的时代，正是西藏社会由封建领主割据势力统治过渡到封建农奴制社会的转型时期。此时藏传佛教各主要教派已经形成，各自势力范围基本确定，若要开拓发展空间，使本教派有所作为，就必须在政治和宗教方面采取新的措施，进行前所未有的重大改革和制度创新。公元 13世纪，藏传佛教噶玛噶举派在这方面进行了大胆的尝试，并取得了成功。他们与外部力量结盟，争取政治上的支持，以扩大影响，宗教上建立了宝塔式的人才结构培养方式，大力建设格西精英队伍，树立本教派在宗教上的权威，特别是在领导层的培养和交接问题上，巧妙地运用佛教"灵魂转世"的观念，创建了活佛转世制度。萨迦派等其他教派随后纷纷效仿，尤其是格鲁派采取活佛转世制后，活佛转世制度逐渐成为藏传佛教寺院管理的主要形式。明清之际藏传佛教活佛转世并管理寺院的模式逐步发展成达赖班禅为最高级、其下分别是各大呼图克图为一级，有若干属寺的寺主活佛为一级，一般小寺庙活佛为一级的管理网络体制。寺院的最高机构是达赖喇嘛领导的西藏"政教合一"政权，这个政权一方面沿袭过去各地方势力行政体制，另一方面积极吸收格鲁派寺院管理体制，并结合当时社会特点建立了一套比较完善的政府机构。活佛管理模式较之以前的寺院管理模式，在机构设置、等级制、部门协作等制度化建设方面更加科学和完善。噶厦政府译仓是最高管理机构，拉萨三大寺的活佛管理模式最为典型，也是藏传佛教寺院活佛管理体制得于生存发展的基础力量。活佛管理寺院制度有其鲜明的特征，近来研究著书也较多，为大家所熟知，故这里不再赘述。

三、现代寺院内部民主管理体制的诞生

藏传佛教寺院发展到近代，虽然对佛教藏传化、寺院管理制度化等方面做出了很大的贡献，自身也从无到有、从小到大，从外来文化到本土文化，逐渐发展成为一股主宰藏族社会的政治力量和精神信仰中心。但"政教合一"制度下的寺院内部管理组织，既是宗教和寺院集团自身的管理者和统治者，又是藏区社会的主要管理者和统治者，同时也是维护宗教特权，巩固封建农奴制度的最坚定群体、最强大的社会政治组织和精神力量。活佛管理体制带有严格的等级制，虽然在具体管理形式和一般管理岗位的选举方面带有一定的民主色彩，但在本质上所有重大决定权全部掌握在少数上层喇嘛、活佛、贵族和政府官员（包括土司、部落头人）手中。20世纪50年代西藏和其他藏区陆续进行民主改革，历史揭开了新的一页，藏传佛教寺院进入到社会主义制度下的新型寺院管理阶段，即寺院内部民主管理时期。从1959年藏传佛教寺院进行民主改革到当代，藏传佛教寺院内部民主管理大体经历三个阶段的发展演变。

（一）第一阶段（1959～1978年）

这段时期主要是根据《寺庙民主管理试行章程》的要求，各大寺庙纷纷废除封建压迫剥削制度、等级制度，建立新型的民主管理体制。按照1951年西藏地方政府与中央人民政府签署的和平解放西藏的《十七条协议》[1]，中国政府不干预寺院内部管理和宗教活动，传统宗教活动和宗教秩序得以传承。1953年4月，由各教派组成的西藏佛教代表团，赴京出席中国佛教协会成立大会，代表团

---

〔1〕 参见《中央人民政府和西藏地方政府关于和平解放西藏办法的协议》（简称十七条协议），载西藏在线，http://www.tibetol.cn/html/2013/gongheguo_0410/421.html，最后访问时间：2013年4月10日。

团长功德林·晋美吉村被选为中国佛教协会副会长，其他成员被选为常务理事和理事，中国历史上第一个由汉传佛教、藏传佛教和南传佛教三大佛教体系统一的组织机构得以产生。在这一组织协调指导下，中国各派佛教开始形成社会主义条件下的内部管理组织。1956年中国佛教协会西藏分会在拉萨成立，西藏各教派统一进入到这一组织，西藏各教派之间团结协作由此发生。随着民众要求改革政教合一封建农奴制度的呼声日益高涨，西藏上层贵族和宗教上层于1959年3月10日发动武装叛乱，抵制改革，中央政府在平息叛乱后，对西藏政教合一的制度进行民主改革。

西藏自治区筹备委员会发布的《关于西藏全区进行民主改革的决议》规定，保护宗教信仰自由，保护爱国守法寺庙和有历史意义的寺院与文物古迹；同时在寺院中开展坚决反对叛乱，反对封建特权，反对封建剥削的"三反运动"，坚持《宪法》进寺庙，实行政治统一，政教分离；没收叛乱寺院的土地、牲畜、农具，分给农奴和奴隶。对爱国寺院的土地和其他生产资料，与农区的民主改革一样实行赎买。经过改革，废除了寺院的各种封建特权，包括寺院委派地方官员、管理市政、私设法庭、监牢、刑罚、私藏武器、没收财产、流放人民、干涉诉讼、干涉婚姻自由、干涉文化教育和卫生、向群众摊派乌拉差役、对群众进行人身奴役等封建特权，等等，禁止寺院强迫群众当喇嘛。

1959年9月2日中共西藏工委发出了《中共西藏工委关于三大寺若干问题的处理意见》（以下简称《意见》），《意见》实际上宣布了中央政府对藏区所有寺庙进行民主改革的基本原则、基本政策和总体目标。[1]1959年9月，中共西藏工委出台了全区《寺庙民主管理试行章程》，共有5章27条。章程确定了寺庙民主管理的总则、僧人公民权利的保障、民主管理委员会的组成和职责，宗教活动、财务和学经班的管理等细则，社会主义制度下的新型藏传佛教寺院内部民主管理体制开始诞生，60年代藏区寺庙民主改革大体按照这一原则推进。

1963年在班禅大师主持下，中国佛教协会西藏分会第三届代表会议协商制定了《寺庙民主管理试行章程》（以下简称《章程》），西藏自治区筹备委员会第五十四次会议通过了这一《章程》，这是一份影响深远的文件，它对藏传佛教寺庙的组织、机构制度等方方面面都作了详细的规定，对现代藏区寺庙制度有塑造性的影响。该《章程》规定在寺院中建立民主管理委员会，对寺院进行民主管

---

〔1〕 参见姚兆麟：《西藏的民主改革》，五洲传播出版社1999年版，第138页。

理。第 10 条规定："寺庙民主管理委员会（组）由住持僧尼民主选举产生，在人民政府领导下，管理本寺庙的内部事务。"第 12 条第 1 款规定："民管会由委员若干人组成，并根据工作需要，设主任一人、副主任若干人。民管会委员由住寺僧尼民主选举产生。主任和副主任在委员中推选。民管会主任、副主任、委员需报经直接管理各该寺庙的人民政府批准。"

民主改革以后，藏区寺庙普遍设立了新的管理机构，有的地方叫寺庙管理委员会，有的地方叫民主管理委员会，取代原有的措钦会议成为寺院内部最高权力机构。在民主改革期间各级地方政府向重要的寺院派驻了工作组，以指导贯彻执行政府的方针政策；此间民管会主要依靠原来的下层贫苦喇嘛组成，同时团结一批爱国的寺院上层人士加入。

藏区寺庙内部管理体制改革是否违背佛教主张的平等、慈悲，普度众生的基本教义精神？十世班禅大师在 1961 年 6 月 28 日召开的西藏自治区筹备委员会第二次会议上说："我们宗教的教旨就是普度众生，众生就是人民大众，凡是有害于人民大众的东西，按宗教教义是完全可以改革和应该改革的。"[1]从这段话可以看出，当时藏区主流思想还是认同改革的。与西藏民主改革同步进行的寺院民主改革是西藏社会历史变革的重要组成部分，这场变革废除了政教合一制度，实行政教分离，宗教不得干涉行政、司法、教育等非宗教领域，取消了西藏各个寺院之间的上下隶属关系，每座寺院内部采取独立自主的民主管理。在藏族地区实现政教分离的社会政治制度之后，不仅使藏区众多寺院脱离政治影响，从事纯宗教性活动，而且使宗教信仰完全成为藏族老百姓的个人私事，这是藏传佛教史上发生的一次历史性转机。民主改革前，西藏自治区境内共有 2711 座藏传佛教寺院和 114 103 名僧尼。经过民主改革，无论寺院还是僧尼数量大幅度减少。根据 1965 年的统计，当时在西藏自治区境内只保留了 553 座寺院和 6913 名僧尼。[2]

1966～1976 年"文化大革命"期间，藏区同全国其他地区一样，宗教信仰自由政策遭到了破坏，藏传佛教宗教活动场所及设施也遭到破坏，除极少数僧人外，大部分僧人离开寺院。寺院宗教活动基本停止。

（二）第二阶段（1978～2008 年）

改革开放以后，西藏与全国其他地方一起进入了建设中国特色社会主义的新

---

〔1〕 参见徐长菊："新旧西藏宗教信仰自由状况对比研究"，载《西藏大学学报（社会科学版）》2013 年第 4 期。

〔2〕 参见尕藏加："藏传佛教寺院内部管理体制的演进"，载《世界宗教研究》2007 年第 2 期。

时期。从 1985 年 11 月开始，十世班禅大师在扎什伦布寺进行了历时 20 个月的社会主义条件下寺庙民主管理工作的试点。借鉴这次试点经验，加之对其他有关寺庙的试点探索，西藏自治区政府于 1987 年 8 月下发了第三份《西藏自治区佛教寺庙民主管理章程（试行）》。[1]由于受拉萨骚乱的影响，该章程也没有得到认真贯彻实施。

自 1987 年 9 月 27 日至 1988 年 9 月，在拉萨市发生了多次骚乱闹事事件，拉萨附近的许多寺庙和僧人参与这些事件，寺庙成为西藏不安定的主要因素。根据中共中央领导的批示和西藏自治区党委发布的《关于对拉萨市参与骚乱事件的僧尼进行政治清理的指示》的精神，西藏自治区党委从各部门和拉萨市抽人组成政治清理办公室和工作组，于 1988 年 8 月下旬开始进驻寺庙，对参与骚乱闹事的僧尼进行政治清理。

1993 年后，由僧尼带头、群众参与的游行闹事事件仍时有发生，寺庙参与破坏社会秩序的活动与日俱增，1996 年 5 月，西藏自治区党委决定对全区寺庙进行爱国主义教育，整顿寺庙混乱的秩序，清理僧尼队伍，建立正常秩序的工作。

寺庙爱国主义教育运动在 1996 年 5 月提出时，其全称为"在寺庙开展爱国主义教育和建立正常秩序工作"。1997 年 6 月后，改称"在藏传佛教寺庙开展爱国主义教育，依法加强管理"，通称"寺教"。这次寺庙爱国主义教育，是在 20 世纪 80 年代末对一些寺庙进行政治清理和对重点寺庙进行整顿以后，在西藏寺庙开展的一次范围很广的教育活动，是政教双方一次重大的交锋。

与寺庙清理整顿相伴而行的是各藏区推进《宗教事务条例》的贯彻和执行。2004 年底国务院颁布《宗教事务条例》，围绕贯彻这一条例，各藏区相继出台了宗教事务管理政策文件，要求寺庙建立民主管理制度。2006 年西藏自治区人民政府正式出台了《西藏自治区实施〈宗教事务条例办法〉（试行）》（以下简称《办法》）。[2]《办法》由总则、宗教团体和宗教活动场所、宗教教职人员、法律责任、负责等 5 个章程构成。有关寺庙民主管理的内容集中在第二章中的第 8～28 条。

（三）第三阶段（2008 年至今）

2008 年拉萨及部分藏区发生"3.14 事件"后，由于达赖在境内外的影响日

---

〔1〕 参见克珠群佩："党的宗教政策在西藏的贯彻执行"，载《中国藏学》2005 年第 3 期。

〔2〕 参见《西藏自治区实施〈宗教事务条例〉办法（试行）》，载中国民族宗教网，http://www.mzb.com.cn/html/report/27854 - 1.htm，最后访问时间：2008 年 2 月 22 日。

益增大，藏传佛教政治化日益突出。在 2008 年 4 月 9 日国务院新闻发布会上，时任西藏自治区主席向巴平措指出，"3.14"暴力事件从寺庙开始，寺庙里面绝大多数人没有参与打砸抢烧暴力犯罪活动，但是确实有一部分人不仅参与了，而且挑头闹事。寺庙没有像佛教要求的那样，不是清净之地了，而成为社会动乱的一个策源地；喇嘛也没有潜心修学，成为争强好斗的一个群体。这是不符合教规教义的，也不符合法律要求。现在对一些寺庙，我们还要进行法制宣传教育。他们还是有一些祖国的观念的，要增强他们的国家意识、法律意识、公民意识和政府意识。他们既能够潜心修学，也能够遵守国家的法律政策，这是我们对寺庙喇嘛的基本要求。至于说参与打砸抢烧犯罪活动，寺庙里的喇嘛作为中华人民共和国的公民，也要依法受到法律的追究。[1]

政府认为，寺庙存在的主要问题是：一些寺庙的管理组织和规章制度不健全，管理不规范，未能真正履行职责；少数教职人员爱国守法的意识淡薄，受境内外分裂势力的影响，与党和政府离心离德；有的寺庙盲目发展，超出了自身容纳限度以及自给自养能力，给当地信教群众造成了较大的经济负担……这些问题"严重影响了藏传佛教宗教活动的正常秩序，扰乱了藏传佛教寺庙开展的正常教务活动，使信教群众的宗教生活受到影响"。[2]因此，要建立健全藏传佛教寺庙民主管理长效机制，使寺院实现科学化、民主化管理，增强民管会的责任感、使命感。

2010 年 11 月 1 日国家宗教局颁布《藏传佛教寺庙管理办法》（以下简称《办法》）后，各地纷纷出台贯彻《办法》的实施细则，有些藏区还就如何加强寺庙民主管理进行进一步部署。大体来讲，这些部署主要是：要求所有藏传佛教寺庙都要建立民主管理组织，根据民主管理工作需要，设置机构，逐步形成层级分明、职责明确的寺院民主管理机制，实现传统制度和现代管理的有效衔接。采取民主选举方式选出僧众代表，僧众代表向民管会实事求是地反映僧众的意愿和其最关心的寺内重要事项。同时要加强对民管会及内部管理人员的任岗培训，加强对其学识和戒律的教育。举办各种培训班，开展各类公益活动，帮助僧人切实

---

〔1〕 参见"西藏自治区主席向巴平措等就西藏问题答问"，载 http://news.cctv.com/china/20080409/102532_3.shtml，最后访问时间：2008 年 4 月 9 日。

〔2〕 参见米广弘："加强寺庙民主管理　创建平安和谐寺庙——藏传佛教寺庙民主管理工作经验与对策"，载《中国民族报》2011 年 3 月 15 日，第 6 版。

了解世情、国情，提高政治素养和宗教学识，增强守法意识，等等。[1]

根据这一部署，西藏和四省藏区集中开展藏传佛教寺庙法制宣传教育，开展"平安寺庙建设"，推行寺庙社会管理，探索寺庙管理长效机制。青海省下发了《关于依法加强和改进藏传佛教寺庙社会管理的指导意见》等系列文件，西藏自治区下发了《关于创建平安寺庙的意见（试行）》，制定创建平安寺庙的指导思想、总体目标和创建平安寺庙达标的要求、基本措施、组织领导等。适应这一政策环境的要求，藏传佛教寺庙民主管理建设迈向新的阶段。经过近几年来的探索实践，寺院逐步建立新的管理模式。新模式的重要特点是官方以法律规制形式对寺庙民主管理提出目标要求，各藏区党和政府强力主导并推进，以寺庙民主管理组织建设为核心，以建立健全各项内部规章制度为重点，推动寺庙内部管理转入规范化。

从以上三个历史阶段寺院民主管理改革进程可以看出，寺院民主管理与国家法治进程同频共振，形成诸多时代特色。目前，藏传佛教所有寺院都建立了民主管理组织，特别在对寺院进行爱国主义教育之后，各地寺院遵照《宗教事务条例》和政府有关法规，在政府宗教部门和佛协的帮助指导下，根据实际情况制定了各自的民主管理制度，如入寺申报制度、住僧登记制度、僧人考核制度、日常宗教活动制度、学经制度、政治文化学习制度、财务分配制度、文物保护制度、治安保卫制度等，寺院各项活动逐步有法可依，有章可循，国家逐步走向依法治教，寺院走向依法管理的轨道。

四、当代寺院内部民主管理模式的探索与建构

（一）世俗政权对寺庙内部民主管理的探索与建构

藏区各地进行的寺庙民主管理的探索与建构，是由西藏和四省藏区中共各级党委和政府主导的，致力于维护藏区宗教与社会关系和谐稳定，抵制境外达赖集团影响，探索与社会主义民主法治发展进程相一致的寺庙管理长效机制。由于各藏区寺院的数量、规模、所属教派等不同，藏区各地寺庙对该地区社会稳定发展的影响也有所不同，因此，各地党政主导的寺庙管理改革秉承"一寺一策"、分类管理的原则进行，主要围绕落实属地管理、强化寺庙自我管理等方面展开。围绕以上原则，各地总结出了不同的管理模式，具有代表性的有以下三种主要

---

[1] 参见米广弘："加强寺庙民主管理 创建平安和谐寺庙——藏传佛教寺庙民主管理工作经验与对策"，载《中国民族报》2011年3月15日，第6版。

模式：

1. 干部参与式管理模式

即政府委派官员参与寺庙内部管理。这种形式并非西藏民主改革后在社会主义条件下寺庙民主管理体制的创新，历史上为确保寺庙处于政府的控制之下，西藏地方政府就有派员参与和监督寺庙事务的传统。在旧西藏，拉萨三大寺（哲蚌寺、色拉寺、甘丹寺）、楚布寺、桑耶寺等都有地方政府委派官员或派代表参与寺庙管理的情况，色拉寺森康第巴制度最为典型。森康第巴原是色拉寺措钦大殿楼上达赖喇嘛寝室的管理人员，在参与寺庙管理过程中，逐渐演变成噶厦地方政府住寺代表，从聂巴成为第巴，是色拉寺最显赫的行政官员，与噶厦政府副孜仲同级。森康第巴一职不经过推荐或选举，在贵族家庭、官员世家或大活佛家里出家的僧人候选人中，噶厦政府直接任命，其主要职责是代表地方政府，与寺庙的"协俄"[1]一起处理全寺行政事务，维持寺内程序，如各扎仓发生较严重的违纪事件，各扎仓有责任将肇事者送到森康第巴处，森康第巴与协俄共同审理，视情节自行处理或送交地方政府司法部门处理。森康第巴任期一般为3年。[2]

现代世俗官员参与寺庙内部管理，肇始于西藏民主改革时期。当时中共西藏工委、西藏军区联合组成三个军管代表（工作队），分别进驻参与叛乱的哲蚌寺、色拉寺、甘丹寺，搜捕叛乱分子，清查武器和反动文件，发动群众开展"三反"运动，组织以贫苦僧人为骨干的寺庙民主管理委员会。这是为平息寺庙参与组织武装叛乱和对寺庙进行民主改革的需要而采取的一种特殊措施，对藏传佛教寺庙进行民主改革，宪法进入寺庙，在社会主义条件下建立寺庙自我民主管理体制起到了不可代替的作用。中共十一届三中全会以后，藏区各大寺庙重建，并相继开放，寺庙宗教活动相继恢复，50年代确定的寺庙民主管理组织形式上恢复，但由于僧人文化素质普遍较低，传统管理和寺规戒律因为"文化大革命"的冲击没有较好地承续，加上境外势力干扰，导致许多寺庙民主管理组织软弱涣散，寺庙内部佛事活动、人、财、物等管理混乱无序，这些寺院内部问题延伸到社会不同层面，不仅冲击社会法律、秩序，影响藏区社会发展，而且冲击基层政权对社会治理的合法性、有效性。从1996年开始，根据中央的统一部署，西藏和四

---

〔1〕 协俄，又称夏奥、协勠，是负责执行寺院里规定的各项清规戒律的高级执法僧官。这一僧官还有特权审理寺院所属百姓的纠纷案件等。参见尕藏加："藏传佛教寺院内部管理体制的演进"，载《世界宗教研究》2007年第2期。

〔2〕 参见宋赞良："色拉寺调查"，载《中国藏学》1991年第2期。

川、青海、甘肃、云南等省的藏区党政部门先后在藏传佛教寺庙开展了爱国主义教育，大批世俗官员组成的工作组进驻寺庙，宣传方针政策和法律法规，整顿寺庙秩序，帮助寺庙建章立制，在这一过程中，逐步建立了寺庙自主管理的民主管理委员会（简称寺管会）、干部参与管理的寺管会以及寺庙行政管理机构。干部参与式管理的民主管理模式，主要做法是干部参与寺委会（有时也称作管委会），和宗教界人士共同管理寺庙。这是一种基层政权属地管理和寺庙自我管理相结合的模式。

西藏自治区根据"一寺一策、区别对待"的原则，进一步发展出政府派驻干部担任寺管会第一主任或主任直接领导、政府设立寺庙行政管理单位直接管理、政府派出干部担任常务主任参与管理、爱国僧尼组成民管会自主管理等多种寺庙管理模式。

2. 寺庙设行政机构的管理模式

即政府直属机构进驻寺庙，干部长期入住寺庙，对寺庙、景区、社区实行三位一体的管理。对藏传佛教寺庙设立行政管理机构是 1996 年在中央的统一部署下，由西藏自治区开始试点推广的藏传佛教寺庙爱国主义教育活动中探索出来的一种管理模式，主要适用于寺庙规模大、僧尼人数多、区域性影响大，以及管理混乱、曾发生不稳定事件或存在重大不稳定隐患等的寺庙。最初在拉萨三大寺进行试点，现在主要在云南省迪庆松赞林寺、西藏自治区拉萨市大昭寺，四川省甘孜亚青寺、喇荣五明佛学院等寺庙设立管理局，其中云南省迪庆的寺庙设局管理较为典型。2006 年，迪庆藏族自治州香格里拉县成立松赞林寺景区管理局，管理局是政府直属的一级行政机构，县级有关部门确立管理局的职能、内设机构、人员编制和领导职数。管理局下设松赞林寺景区管理委员会和松赞林寺民主管理委员会，管理局局长由州政协副主席、松赞林寺寺管会主任布主活佛兼任，管理局下设两名副局长，一名副局长兼任景区管理委员会主任和寺管会副主任，另一名副局长由寺管会副主任兼任。

松赞林寺民主管理委员会，由寺庙僧众民主选举产生，报经县宗教局审批同意。主要职责是对寺庙进行民主管理，保证各项规章制度的实施，保证宗教活动的正常开展，管理全寺僧侣，此外，对景区管理委员会的行政管理工作进行民主监督。松赞林寺景区管理委员会主要负责向僧尼宣传党的路线、方针、政策和党委政府的决定、指示，负责辖区内的行政及经营管理事务，松赞林寺的建设、经营、协调等重大事务。换句话说，松赞林寺民主管理委员会主要负责寺内宗教事务，包括佛事活动、僧人学习、修行生活的管理等；松赞林寺景区管理委员会主要负责松赞林寺与社会发生的公共事务。两个委员会在管理局的领导下既分工又合作。寺院设局管理这一模式在藏传佛教寺院管理规范工作中做出了突出的贡献。这一模式对国家管理大型重点或景区寺庙起到了很好的启示作用。[1]

3. 寺庙社区管理模式

这是一种属地管理模式，即对藏传佛教寺院实行县、乡镇分级管理，大型寺院由县政府直接管理，中小寺院由县政府指定乡镇政府管理。县级人民政府主要负责对全县宗教事务的管理，及时掌握寺院情况和动态，建立重要问题请示报告制度和信息反馈制度，把握工作的主动权。同时，指导乡镇政府加强对寺院的管理，使乡镇（街道办事处）成为寺院社会管理的基本力量和主体，及时协调好有关部门共同做好寺院管理工作。其次，乡镇（街道办事处）政府把中小寺院的管理纳入整体工作部署，统筹安排，以做好教职人员和宗教活动的经常化管理工作。例如：拉萨市尼木县对寺庙实行社区管理，寺庙管理有条不紊，宗教活动井然有序，在 2008 年"3.14 事件"中，全县无一座寺庙、无一名僧尼参与。2008 年尼木县被西藏自治区授予平安县、2009 年又荣获"全国治安综合治理先进集体"荣誉称号。

尼木县对寺庙实行社区管理的具体做法是：坚持把"村委会主任兼任寺庙民管会主任"作为寺庙管理的基本模式，牢牢掌握寺庙的财产管理权和僧尼管理权。针对本县寺庙数量较多、规模较小、收入较低、比较分散、管理难度较大等特点，尼木县有关管理部门认为，寺庙管理的难点和焦点集中在僧尼管理和财产管理这两个方面，抓住了这两个方面的领导权就抓住了寺庙的主导权。因此，尼木县把选派和委任寺庙民管会主任作为有效解决这两个问题的突破口，把寺庙看作一个社会单位，作为一个自然村行使管理权，把民管会作为一个基层组织来对待。由村委会全面参与寺庙的日常性管理，村委会主任、副主任、成员对属地寺庙僧尼实行点对点的联系、面对面的管理。民管会主任的工作职责主要是把握好整个寺庙的政治方向。为确保这一目标的实现，县里规定，民管会主任必须掌握寺庙财务的运行情况，每半年清查并公布一次，每天要巡视一次寺庙，敏感日期和佛事活动期间组织本村民 24 小时不间断地进行巡逻。尼木县官方认为，实践证明，村委会主任兼任民管会主任，破解了基层组织管理寺庙的难题。首先，村

---

〔1〕 参见松丽芬："论噶丹·松赞林寺寺院经济的历史演变"，云南大学 2014 年硕士学位论文。

民委员会主任均由村民选出，在当地威信较高，由他们对寺庙进行管理，党和政府放心，村民、僧尼信得过；其次，便于就近管理，有效堵塞党委、政府有关部门管理上的漏洞；再次，可以牢牢把握寺庙的掌控权，村委会主任兼任民管会主任后，掌管寺庙财权和僧尼管理权，同时对民管会副主任和成员有任免建议权，能够实现对寺庙的有效掌控；最后，广大僧尼有了归属感，过去寺庙、僧尼一直游离于社会管理之外，村委会主任兼任民管会主任后，实施有效管理，广大僧尼的归属感进一步增强，有利于对僧尼实施人性化管理。

尼木县的另一个做法是，建立村委会、民管会、家长与僧尼"3+1"教育管理模式，实现从"管住"到"管好"的目标。民管会对僧尼的管理主要体现在制度创新和日常管理方面。县里为各寺统一建立了9项管理制度，民管会按照这9项制度严格管理寺庙的人、财、物和佛事活动；把具备初中以上文化程度作为吸收新僧尼的必要条件，即破解了未成年人入寺为僧的难题，又提高了新僧尼的素质；坚持每半年对僧尼化缘、布施、捐赠、念经等收入进行财务清查，并及时向僧尼公布清查结果；民管会加强自身学习，保证每个月组织成员学习不少于2次，加强对僧尼学习情况的检查，丰富学习素材，确保学习有内容，人人有笔记，个个有收获；民管会严格执行请销假制度，把好僧尼请假"第一道关"。[1]这些模式和案例各具特点，在实践中不断丰富发展。

（二）宗教界自身对寺院民主管理的探索和实践

民主改革以来，宗教界内部对寺院民主管理进行了艰难的探索。

1. 西藏扎什伦布寺自主管理模式

扎什伦布寺作为班禅转世系统的驻锡地，很早就开始探索适应社会主义社会的寺庙民主管理模式。在十世班禅大师的指导和关心下，扎什伦布寺于1960年成立了寺庙民主管理委员会，这是藏传佛教最早主动建立自主民主管理的大型重点寺庙，成为爱国爱教寺庙的旗手和探索寺庙民主管理的先行者。但在20世纪70年代末80年代初寺庙重新开放后，由于宗教热的出现，一些地方寺庙管理失控，混乱无序，扎什伦布寺的民主管理也受到不同程度的冲击。

为了解决寺庙这些问题，1985年班禅大师在扎什伦布寺开始民主管理试点工作。试点工作从调整、充实民管会起步，先将民管会成员的任职条件向全体僧众公布，这些条件是：①既懂政治，又懂宗教，爱国守法，虔诚爱教；②能维护祖国统一和民族团结；③能正确贯彻执行党的宗教政策和其他各项政策；④对寺庙工作热心积极，有管理才能，办事公道，僧众信任。全体僧众认真讨论了这些条件，并对照这些条件以无记名投票方式提出了民管会成员候选人名单。经过集中平衡，然后交给全寺僧众无记名投票选举。对于被选掉的原民管会领导成员，不是采取简单的办法抛弃他们，而是安排其担任其他工作，享受民管会负责人的待遇，团结他们，发挥他们的作用。这样，经过由下而上，由上而下，反复酝酿讨论选举出新的民管会成员组成新的民管会组织。新的民管会着手建立了不同职能小组，任命了各组负责人，逐步制定了各项制度，在集体领导、分工负责的原则下，各职能小组按照各自的职责范围和权限开展工作。在 1 年零 8 个月的工作中，民管会和各职能小组都本着有所革新、有所创造、有所前进的精神，团结和带领全体僧众，开展佛事、政治学习和经济管理等各项工作，主要取得了四个方面的工作成绩。

一是有选择地恢复了历次政治运动中被错误地废除的一些纯宗教仪轨和规章，以及必要的宗教活动。二是加强了制度建设，建立和健全了各项必要的规章制度。民主管理制度化建设主要是建立了民管会主任办公会制度、民管会全体成员会议制度、民管会下属各职能小组的工作制度、会议制度和请示报告制度，全寺僧众大会制度，财务管理体制，文物保护制度，寺庙安全保卫制度，生产管理和分配制度，等等。学习方面的制度化包括学习佛教经典与时事政治、学习时间、考核方式等规定，特别是组织僧众进行法制学习和有关时事政策学习，使得不少僧人能比较自觉地维护祖国统一，抵制分裂活动。通过这些制度的实际执行，强化了驻寺僧人的纪律观念和制度观念，寺庙民主管理建设取得了初步经验。三是坚持"以寺养寺"的原则，开始寺庙的农林牧副业生产，初步实行了联产承包超产奖励的生产责任制。四是加强了寺庙的文物保管和安全保卫制度化建设，加强了对国内外游客和香客的导游接待等制度化建设。

从 20 世纪 80 年代至今，扎什伦布寺经过几届民管会班子的努力，破除了以"拉让"[1]统领寺庙内外事务，措钦大格贵总管宗教事务和"扎仓""米参"管

---

[1] 拉让，又译作拉章，藏语之音译，意为"活佛私邸"。为活佛及其侍从之住处，亦为其私有财产之管理机构。所属产业由活佛委派专人管理，独立于寺院财产之外。组织规模之大小，依活佛地位之高低而定。

理僧人的旧制度，逐步建立并完善了以人、财、事、物为主要管理内容，以民主选举为主要形式的民管会统一领导、全面负责的新型寺院管理形式。

扎什伦布寺民主管理组织共分四个层次。民管会为第一级组织，下设的二级组织共6个，分别是：政治学习组、佛事组、治保组、财务组、文保组、生产组；三级组织也是6个，分别是：密宗院、显宗院、孜南加院、香灯组、老年组、综合组；四级组织若干，主要是根据人员、任务的多少，在三级组织下面设若干个生产小组和学习小组，进一步细化任务，分工协作。

民管会为扎什伦布寺的决策层，负责制定管理目标和实施计划，对下级组织下达指示和任务，有处理寺庙内外事务的决定权。二级组织为协调层，按管理事务内容划分，负责民管会的决策、计划的部署和管理监督。三级组织为执行层，按僧人类型划分，直接组织并落实计划、任务。四级组织为操作层，按劳动分工划分，主要是以开展自养活动的单位组成，从事具体生产、经营、学习活动。

从上至下的四级管理组织职责明确，同一管理层的不同部门之间，既有分工，也有协作，管理覆盖了寺庙所有事务。

人事管理有四个重要内容：一是分类管理。依据僧人入寺考试成绩和综合表现，全寺僧人分三种类型，即学经型、教务型和事务型。民管会掌握僧人的岗位分配权和安置权。二是考核管理。各类型僧人（除老僧外）都要参加寺庙组织的政治、文化、宗教考试，严格执行考勤制度，每年通过考试考核，掌握僧人的思想状况和文化、宗教水平。对表现突出的僧人年终进行表彰，对考试不合格的僧人进行教育引导。考试考核成绩装入本人档案，作为今后在寺庙安排和使用的依据，民管会全面掌握僧人的培养教育和使用权。三是寺规戒律管理。制定并严格执行《僧人守则》19条和《附则》16条，规范僧人言行，把政治问题和男女关系问题作为底线，一旦发现，只要证据确凿，坚决开除寺籍。对一般违规犯戒的，以教育挽救为主，视情节给予适当方式处理。情节较重的，除了相应惩戒外，还要向所在小组和民管会作出书面检讨。同时对寺庙门卫、户籍、僧人着装等管理也作出严格规定。四是教育引导管理。注重寺庙爱国主义教育和法制宣传教育，坚持每周两个半天的政治学习，做到人员、时间、内容、措施、效果到位，形成了寺庙经常性教育机制。在重要敏感时段，及时组织僧人开展有针对性的教育，帮助他们澄清疑惑、提高认识。

财务管理重点是财务管理权掌握在民管会手中。一是统一管理，制定了较为完善的财务管理制度，把生产收入、经堂收入、布施收入和门票收入全部纳入寺庙财务统一管理范围，与各生产单位和创收部门建立收支明细账目。财务组每季度向民管会汇报一次财务收支情况，主动接受民管会的领导和管理。二是财务公开，财务组每年向全体僧众公布上一年寺庙财务收支情况，对下一年寺庙支出预算广泛征求意见，经民管会全体会议通过后，严格执行。三是收入分配，把按需分配和按劳分配相结合，建立15级生活补助标准，并根据寺庙收入情况每年适度递增。僧人外出念经收入的70%上缴财务，其余自留。与寺庙签订经营目标责任书的经营单位，实行自负盈亏，除生产经营单位的僧人外，严格禁止其他僧人从事经营活动。

佛事活动管理的重点：一是制订佛事活动计划。佛事组对寺庙年度佛事活动作出全面安排，经民管会同意后纳入财务支出预算。举行大型佛事活动，由民管会牵头，成立佛事活动领导小组，全面负责组织佛事活动。各院需要举行计划外佛事活动的，首先向佛事组提出申请，由佛事组提出意见，报经民管会同意后方可举行。二是发挥执事人员的作用。在教务管理中，结合传统的管理方式，充分发挥各院和大经堂堪布、格贵、翁则等执事人员的作用，赋予他们组织各类佛事活动、维持佛事活动秩序的职责。三是层层监督检查。由各院组长协助本院宗教执事加强对佛事活动的监督和管理。

学经班管理的主要任务：一是政教分离管理。显宗院是学经僧人集中的场所，实行行政教务分离的管理模式。行政事务部分由显宗院组长、副组长负责管理；学经辩经佛事等教务部分由本院堪布、格贵负责组织，接受本院组长、副组长和寺庙佛事组的双重监督；具体讲经教经由经师负责，学僧按规定时间到指定地点学经，组长、副组长和格贵巡回督促检查，做到学经内容、时间、人员到位。这种管理模式，凸显了"人由组长管、经由经师教"的特点。二是严格经师管理。对经师的选聘，由老经师提名推荐，佛事组提出意见后报经民管会确定。按照民管会要求，经师不仅要履行传经带僧的职责，还要承担对学僧思想品德教育的责任。民管会每年不定期单独召集经师开展思想教育，引导他们教好经、带好僧。三是统一教学大纲。按照传统，开设宗喀巴显宗五部大论课程，以历代扎寺高僧注释为基本依据，统一教学内容和大纲。学僧进入显宗院后，以18年为限安排每学年的学经内容。

院落僧舍管理的制度规定主要有：一是统筹管理。扎寺所有新旧院落由民管会统一管理和分配。需要大面积维修或处于危房的院落僧舍，生产组、财务组和治保组联合实地察看，由寺庙集体出资维修。小型维护，由院落僧人自行承担。

二是严格制度。制定《院落僧舍管理若干规定》，各院落推选一名房管员，主要负责管理本院落僧舍并监督使用情况。经过拉萨"3.14事件"的检验，扎什伦布寺现行的管理模式是有效的、值得借鉴的。

2. 甘肃拉卜楞寺等实行的寺庙僧人代表会议模式

拉卜楞寺寺管会主任嘉木样活佛把现代管理经验与寺庙管理传统有机地结合起来，于20世纪90年代初创造性地提出了成立僧人代表大会的主张，其后不断改进完善。目前，拉卜楞寺僧人代表大会由50名代表组成，分别由6个扎仓选出。每季度召开一次代表会议。其职能一方面是监督寺管会工作，另一方面是充分反映僧人的意见。僧人代表大会在加强寺庙管理、严格寺庙财务、规范僧舍建设、搞好寺庙自养等方面，都提出过许多建设性意见，为促进寺庙管理民主科学起到了积极作用。

僧人代表大会这一模式在甘南藏族自治州得到全面推广。从2008年10月开始，甘南州各藏传佛教寺庙相继召开了僧人代表大会，对寺庙民主管理委员会班子进行了选举。选举产生了一批政治上靠得住、宗教上有造诣、品德上能服众，能表达广大僧众意见，积极履行义务和责任心强的僧尼进入寺管会班子。通过这种方式，僧人代表在寺管会班子建设方面发挥了重要的作用。

僧人代表大会制在实施过程中，逐步完善了其性质、职责、产生办法、具备的条件和应发挥的作用。

(1) 僧代会的性质：僧人代表大会是寺管会统一领导下由寺庙僧人选举出僧人代表，民主监督寺管会工作，代表广大僧众的基层僧众组织团体。

(2) 僧代会的主要职责：监督寺管会的工作，听取并审议寺管会一年一度的工作报告；听取、审议寺管会一年一度的财务支出和预、决算；对寺管会工作提出批评、意见和建议，反映广大僧人的诉求；研究决定寺庙的重大事项；选举寺管会班子成员。

(3) 僧代会成员的产生和管理：根据各寺庙的规模大小、僧人人数多少等情况，规模小的寺庙僧人按8%的比例分扎仓选举产生，或由各学院及寺庙所属其他组织机构民主选举产生；寺庙总法台、夏傲、格西，各扎仓格贵、翁则直接当选为僧人代表；每届僧人代表任期3年或5年，代表可以连选连任，届满应当征得政府宗教事务部门和当地乡政府同意后进行换届选举，换届时由上届代表主持工作。僧代会代表若违反规章制度、佛教戒律、触犯法律者，可视其情节给予批评教育或终止代表资格或追究其法律责任。僧人代表会议设主席和副主席职位，主席、副主席不兼寺管会领导班子任何职位。同时，寺管会成员不能当选僧代会代表，但要参加会议和有关活动。僧人代表会议每年召开一次，由寺管会召集，根据具体情况，可召开全体代表会议，也可召开扩大会议、部分代表会议、寺管会联席会议等；日常会议由僧代会主任组织召开，也可指定副主任组织召开。在僧代会召开期间，由僧代会协商，寺管会批准，推荐正、副组长、工作人员，主持僧代会日常事务，报乡政府和县宗教局备案；僧人大会换届选举不得无故提前或延期召开，需提前或延期召开，应征得政府宗教事务部门及所在地乡政府同意后决定。

（4）僧代会成员具备的条件：坚决拥护中国共产党的领导，拥护社会主义制度；坚决维护法律尊严，维护人民利益，维护民族团结，维护祖国统一，反对分裂；爱国爱教，作风正派，品德良好；严守戒律、奉行教义。

（5）僧代会的作用：自觉地服从寺庙所在地乡党委的领导，认真贯彻落实属地管理原则；在加强自身建设的基础上，依法接受当地政府及其相关部门的指导检查，帮助广大僧人成为爱国爱教的合法公民；积极发挥寺庙在社会生活中的特殊作用，并与乡政府形成优势互补机制；积极为广大僧人搞好服务，办理寺庙内部的宗教事务、公共事务和公益事业，遇到大事要向在寺活佛请示汇报，或者僧人代表大会研究决定；选举出一批政治上靠得住、宗教上有造诣、品德上能服众的僧尼进入寺管会班子，保证寺庙领导权牢牢掌握在爱国爱教的僧人手中，把寺管会建设成为爱国爱教好、民主管理好、促进和谐好、服务社会好、安全稳定好的"五好班子"。[1]

3. 青海塔尔寺自我管理模式

塔尔寺从寺管会的产生，到寺庙管理组织组成方式、制度建设、实施措施、各种责任制的确立等方面都建立了一套切实可行的自我管理机制。一是规范了寺管会的产生、任期和职责。寺管会成员经民主协商，推举爱国爱教、遵经守戒、有宗教学识、有威信、热心寺庙管理的僧人为候选人，经僧人代表投票，得票超过半数者当选。寺管会成员任期5年。凡重要事项，均由寺管会讨论决定。具体事宜由各中层机构负责人负责。二是健全了寺庙的组织架构。寺管会下设教务、

---

〔1〕"吴泽刚在阿坝县调研时强调：坚决有力抓稳定，毫不松懈抓发展，用心用情抓民生"，载中国阿坝州门户网，http://www.abazhou.gov.cn/jrab/tpbd/201111/t20111105_425116.html，最后访问时间：2011年11月5日。

总务、财务、公务、治安等办公室。全寺752名僧人按区域划分，分为12个组集中居住，各有1名组长负责管理。三是把依法管理与自我管理结合起来。寺管会既强调依法管理，又通过各种方式激发僧人的内在自律性，并不断修改完善相关制度。四是主动与政府加强沟通，积极服务社会。平时，塔尔寺协助政府做了大量工作，在拉萨及部分藏区"3.14事件"中，塔尔寺寺管会在维护寺庙稳定工作中发挥了积极作用。[1]

4. 四川省藏传佛教界组织"教规戒律宣讲团"模式

在寺庙开展的宣传教育中，四川省藏区分别组织由高僧大德组成的"教规戒律宣讲团"，深入各教派寺庙开展巡回宣讲活动，探索了提高僧尼素质、加强寺庙管理的新路子和新方式。

"教规戒律宣讲团"由甘孜藏族自治州、阿坝藏族羌族自治州、凉山彝族州佛教协会为主体，在各州寺庙法制宣传教育领导小组负责指导下具体组织实施，各州佛协都成立了以佛教协会会长为组长，副会长、秘书长为副组长，藏传佛教界爱国爱教、德高望重、宗教造诣高的代表人士为成员的宣讲团，分小组、分教派赴各寺庙开展宣讲活动。甘孜州先后邀请州内爱国爱教的高僧大德组成寺庙宣讲团，赴宗教工作重点县、重点寺庙积极开展巡回宣讲活动。各县佛协也先后组织本县高僧大德对辖区内的寺庙僧尼进行法制宣传教育。据不完全统计，自2008年以来，甘孜州各县已分别邀请321名高僧大德深入寺庙宣讲482次，共有30 238人次参加听课；阿坝州已开展宣讲活动1360次，受教育人数21 950人次。阿坝州及时制定了《藏传佛教寺庙开展教规戒律巡回宣讲实施方案》，州县佛协深入寺庙开展教规戒律宣讲。松潘县组织两个宣讲团在全县19座藏传佛教寺庙开展宣讲活动；红原县组织高僧大德，在全县10座藏传佛教寺庙进行教规戒律及法制教育巡回宣传；黑水县采取僧尼乐于接受的形式做好宣传活动。凉山州由州佛协，木里县政协组织活佛和木里大寺寺管会主任、木里康坞大寺寺管会主任组成教规戒律宣讲团，分别到木里县、盐源县17座寺庙进行巡回演讲。

"教规戒律宣讲团"用他们自己的方式和语言深入各重点寺庙宣讲教规戒律，将遵纪守法等要求融入教规戒律中进行宣讲教育。宣讲活动从教规、教义角度，正确阐释有利于民族团结、社会进步、和谐稳定的内容，要求每位佛家弟子

---

〔1〕 参见朱晓明主编：《建立健全藏传佛教寺庙管理长效机制专题研究》，中国藏学研究中心2010年版。

用教规、教义来规范自己的言行，作为公民，应当自觉遵守中华人民共和国的宪法和法律法规，增强公民意识、国家意识、法律意识。讲清佛教教义的本质精神是慈悲、和平、中道、利他的，是不走极端、不主张暴力的，这也是藏传佛教1000多年以来兴盛不衰的优良道风所在，要求每位僧人要自觉维护祖国统一、民族团结，坚决反对一切分裂活动。

为充分发挥高僧大德的前台引领作用，甘孜州先后邀请州内外爱国爱教的高僧大德，比如州政协副主席、州佛协会长甲登活佛，中国藏语系高级佛学院副院长那仓活佛和西藏的扎呷活佛组成宣讲团，赴宗教工作重点县、重点寺庙积极开展巡回宣讲。宣讲团主动登门拜访有影响的宗教上层人士，认真听取寺管会开展法制宣传教育和依法从事宗教活动的情况汇报及相关意见、建议，在此基础上有针对性地深化教育引导工作。通过召开僧尼大会、举行佛事活动等方式，宣讲中国共产党的民族宗教政策、法律法规和佛教教义，在广大僧尼中产生了积极的影响。[1]

五、结束语

藏传佛教寺院内部现代民主管理体制的产生是藏传佛教1000多年发展的历史结果，是藏传佛教走上与社会主义社会相适应道路的前提，更是藏传佛教寺院内部管理的发展方向。但我们也要看到藏传佛教寺院内部管理方面还存在许多困难和问题，如防止境外分裂集团在政治上和宗教上的渗透与破坏，提高寺院管理委员会成员素质，处理好政府依法管理与寺院自我民主管理的关系等。对于这些问题，笔者认为除了达赖分裂集团的干扰和破坏这个政治因素以外，其他问题应放在藏传佛教历史发展变化的时代进程中进行考察。当代藏区经历的社会变革是中国共产党和政府主导，以无神论为主流意识形态，以政教分离为核心内容的社会变革，藏传佛教正在经历跨越式的历史变革，在这一历史变革中，藏传佛教寺院僧侣集团正在经历政治上从过去的统治者变为现代社会一个普通公民，经济上从享有特权的剥削者和绝大部分生产资料占有者变为靠布施和自养为主的普通劳动者。对于这样一种新的社会地位和身份转型，自然需要藏传佛教寺院僧侣集团有个磨合、适应和认同的过程。在磨合过程中，寺院管理有个从无序到有序、从无规则到有规则、从人治到法治的发展过程。怎样把握好这个过程，引导这个过

---

〔1〕 参见朱晓明主编：《建立健全藏传佛教寺庙管理长效机制专题研究》，中国藏学研究中心2010年版。

程，使它走向与社会主义社会相适应的道路才是最关键的，也是摆在宗教管理部门和研究者面前的重要课题。

中央第六次西藏工作座谈会上提出"依法治藏、长期建藏、争取人心、夯实基础"的治藏方略，这里，依法管理宗教事务，是宗教工作的原则，也是目标。在巩固和完善藏传佛教正常秩序、健全寺院内部管理体制上强调依法管理，可以认为有两层内容和意义。第一层为国法进寺院，寺院是社会基层单位，僧尼是国家普通公民，对社会基层单位进行依法管理是政府的职责，接受政府依法管理是基层单位和每个公民的义务，是硬管理。第二层为佛法即戒律规制，寺院是佛教修行场所，僧尼是宗教职业者和佛法研修之人，寺院和僧尼接受佛教教规戒律约束是基本原则。寺院、僧尼如何在遵守戒律这一基本原则的同时，履行好公民遵纪守法的基本义务？除了需要传统教规根据国家法律要求作出相应调适外，也需要国家在一般性法律法规规制前提下，允许宗教教规在宗教活动场所内发挥特殊规制的作用。总之，遵守国法是公民的政治生命，遵守戒律是僧尼的信仰生命，对寺院和僧尼来讲国法和佛法是相辅相成、内在统一的法宝，是维护藏传佛教正常秩序的有力武器，更是修正无上佛果的金色梯阶。

藏传佛教僧人学经制度的演变

宋素培 *

【摘　要】　藏传佛教寺院僧人学经生活是藏传佛教宗教生活中最有活力的部分，学经制度也是藏传佛教诸多制度中最有特色的部分。传统上，藏传佛教六大教派各有其不同的学经制度，而格鲁派的学经制度以其完备而规范的教学内容、学位制度、教学方式等成为传统经院式教育制度的代表。随着传统经院式学经制度向现代教育方式的转变，僧人的学经内容、方式等也发生了诸多改变。本文分别对传统学经制度及现代学经制度加以介绍，并对二者进行比较分析。

【关键词】　藏传佛教　僧人　学经制度　演变

藏传佛教僧人学经制度是僧侣寺庙生活中的重要组成部分，也是藏传佛教宗教传承的主要方式。随着中国社会快速变迁，藏区传统社会不断变化，藏传佛教也被裹挟到这一变迁中，其僧人学经制度由传统的经院式教育模式逐渐向现代教育模式转变。前人关于这方面的研究主要涉及：学位制度包括传统格西学位及现代"拓然巴"高级学衔制度的描述，辩经考试制度评估包括对辩经考试的内容、意义、启示的分析，以及对藏传佛教现代教育制度与传统寺院教育的比较研究，其中周润年关于藏传佛教宁玛、噶当、萨迦、噶举、格鲁五大教派不同的寺院教育模式的研究较为全面。[1]此外，还有少量学者关注藏传佛教寺院教育的经师培养、发展历程等问题。本文的研究主要根据以上学者的相关成果为依据。

---

* 宋素培，女，山东大学政治学与公共管理学院博士生，主要从事民族政治、宗教问题研究。
〔1〕 参见周润年："藏传佛教五大教派寺院教育综述"，载《西藏大学学报》（汉文版）2007年第3期。

一、藏传佛教传统学经制度

（一）历史变迁

藏传佛教传统寺院教育始于公元 8 世纪左右，赤松德赞时期，寂护与莲花生大师入藏，建立藏传佛教史上第一座佛法僧俱全的桑耶寺，为僧人学经提供了专门的场所，僧人剃度出家，翻译大量佛经，为藏传佛教在雪域高原的发展奠定了坚实的基础，这也开创了寺院教育的传统。经过牟尼赞普、赤德松赞到赤祖德赞（热巴巾）时期，弘佛进入鼎盛时期。由于赤祖德赞的倡佛行为严重损害了传统贵族及相关团体的利益，后者设计谋害赤祖德赞并拥立朗达玛为赞普，开启了朗达玛灭佛时期，大量禁佛运动对寺院、僧人的迫害使藏传佛教寺院教育被迫中断。约公元 10 世纪后半叶，藏传佛教发展进入后弘期，其发展主要有两条路径，分别是从下部多康地区向上弘扬到卫藏，从阿里上部向下弘扬到雪域腹心。在此期间，众多高僧诸如喇钦·贡巴绕赛、仁钦桑布、阿底峡、俄勒贝喜饶等对弘扬佛法做出了突出贡献。1073 年，俄勒贝喜饶建立桑浦寺，注重弘扬因明学及辩经，成为后弘期藏传佛教寺院教育的中心。15 世纪初，宗喀巴在噶当派教义基础上对藏传佛教现状进行改革，创立格鲁派，并于 1409 年建立甘丹寺。格鲁派是藏传佛教寺院教育发展中的重要教派，宗喀巴大师倡导先显后密、循序渐进的修行原则，严守佛教戒律，建立完备的教学体制，使格鲁派的寺院教育制度与其他教派相比最为成熟。

（二）藏传佛教传统寺院僧人学经制度

学经是僧侣日常生活中最主要的部分，学经制度也是藏传佛教寺院最重要的一项内容。前弘期的宁玛派没有显著的学修风气，到后弘期噶当派始创学修风气。萨迦派的学修制度，将学修过程分为六个阶段，按道果资质将僧人分为五等，依次是静虑师、瑜伽师、小成就者、中成就者、大成就者，学习的经典经书主要是二十五经，另有工巧、医方两明。格鲁派讲究先显后密、循序渐进的学修次第，注重闻、思、修和讲、诵、辩的教学方式，其学经制度发展最为成熟，并且以甘丹寺、哲蚌寺、色拉寺、扎什伦布寺、塔尔寺和拉卜楞寺最具代表性。

1. 寺庙教育组织

以拉萨三大寺为例，其寺庙僧侣的教育组织是由拉吉、扎仓、康村组成的三级机构，其他格鲁派寺院的组织机构大致与其相仿。拉吉是全寺最高管理机构，由各扎仓堪布和堪苏组成，设赤巴堪布 1 人、吉索 2～4 人、协教 1 人、磋钦钦摩 1 人。

拉吉之下的扎仓，是负责寺院僧人学经制度、教学管理的核心机构，也是藏传佛教寺院中最重要的教育单位。扎仓设堪布 1 人，负责管理本扎仓的一切事物，哲蚌寺堪布任期 6 年，色拉寺、甘丹寺堪布任期 7 年，可连任，并有权代表三大寺参加噶厦政府的重要会议。其下设拉让强佐 1 人、强佐若干、格贵 1 人、翁则 1 人、雄赖巴 1 人。按照宗教分科原则，扎仓分为显宗扎仓和密宗扎仓。甘丹寺设夏孜、降孜两个显宗扎仓，哲蚌寺设洛色林、贡玛、德央 3 个显宗扎仓和 1 个阿巴密宗扎仓，色拉寺设歇、麦 2 个显宗扎仓和 1 个阿巴密宗扎仓。扎什伦布寺设夏仔、吉康、脱塞林 3 个显宗扎仓和 1 个昂巴密宗扎仓。塔尔寺有显宗学院（夏周林扎仓）和密宗学院（昂巴扎仓）。

康村是三大寺基层组织，扎仓内按僧人籍贯将僧人划分到不同的康村进行管理。康村内设执行委员会，由吉根、欧涅、拉岗、卡太格根负责管理。僧人入寺学习经论，或学习某种专门的知识技术，一般有三种情况：其一，先入显宗学院学习，毕业取得格西学位后，转入密宗学院学习，两宗均学；其二，选入任何密宗学院学习，包括医药学院、时轮学院等，以后不得转入显宗学院；其三，在显宗学院学习，不再入密宗学院学习。

2. 学习过程

格鲁派学经系统分为显宗和密宗两种，倡导显密兼修、先显后密。显宗学制分为 13 级和 15 级两种，甘丹寺、色拉寺为 13 级，哲蚌寺为 15 级。每年的学习时间各寺院情况不一，与本寺院的各种法会相关。一般分作上下学期，即每年阴历正月、二月开始至六月，中间坐夏，下半年自八月开始至年底。僧人入寺要经过三方面严格审查，选一位 11 级以上的功德者为经师，通过审查后以"扎巴"的身份编入预备班。[1]预备班相当于小学教育，约 6 年时间，主要学习语文、文法、经文背诵等知识，掌握基本识字能力和背诵能力。待僧人完成预备班学习并能够在辩经台上完成《曲热那卡颂》《东比纳卡解》《曲觉饶色》背诵后，由经师推荐，便可以"贝恰瓦"身份转入正式班学习显宗五部大论和宗喀巴及其弟

---

〔1〕 入寺学经僧人要经过三个方面的审查：①不是违背父母之命而擅自逃出者；非出家而后曾经还俗者；非他寺开除的；没有犯过淫、盗、杀、酗酒等罪者；不怀疑正法者；有好戒师而能勤于经教者；敬信正教而愿长住寺院一定年限者；年龄在 7 岁以上者。②必须具备受戒僧人应具备的一应服饰，且做到好则不显奢侈，差则不伤威仪。还有其他器具等。严禁佩戴刀剑，以及僧帽无缝子，斗篷没有面子，背心或裙子太破烂伤大雅等。③寻找一位达到第 11 级以上，且有功德者为师，如果这位老师愿意接受其为徒，则由老师领导其徒去拜见总法台，总法台发给入寺证，然后再拜见僧官、总管注册登记。

子的著述等辅助教材。各寺院的学习年限虽存在差异，但五部大论的学习次序不得随意变更，依次为：因明论，学习法称的《释量论》，约5年5级；般若论，学习慈氏的《现观庄严论》，约4年4级；中观论，学习月称的《入中论》，约2年2级；俱舍论，学习世亲的《俱舍论》，约4年1级；戒律论，学习功德光的《戒律本论》，时间不定。总的来说，学完五部大论大约需要15～20年。

学完显宗之后，僧人可进入密宗学院学习。除甘丹寺外，格鲁派六大寺中其余五大寺均设有密宗学院，拉萨上、下密院名义上即为甘丹寺的密宗学院。格鲁派密宗学院戒律十分严格，主要按照宗喀巴《密宗道次第》所指示的学修规制学习四部密续，教学内容主要有《事续》《行续》《瑜伽续》《无上瑜伽续》，以及《密集》《胜乐》《大威德》等密宗经典。

3. 考试及学位制度

辩经是藏传佛教寺院僧人学经的主要教学方式，每个扎仓均设有辩场。辩论分为"对辩"和"立宗答辩"两种方式。其考试主要采取背诵经典考试和辩经考试两种形式，通过考核的僧人可以获得相应的格西学位。格西是各等级学位的总称，意为善知识。拉萨三大寺的显宗学位从低到高依次是多然巴、林赛、措然巴、拉然巴4个。拉卜楞寺有然坚巴、噶仁巴、多仁巴3个，塔尔寺有然坚巴、噶然巴、噶居巴3个，扎什伦布寺有噶钦、噶久2个。

能够达到对五部大论精通一两部的僧人，得到学院住持和经师的许可推荐，即可参加多然巴和林赛格西的考试。多然巴格西，是指在寺院佛殿门前石阶上经过辩论问难考取的格西。凡是具备条件的寺院均可授予此学位。其名额一般为各寺每个显宗扎仓每年1名，每年考取的总数不得超过三大寺一等格西总数的一半。林赛格西是三大寺内通过立宗答辩考取的学位，每年每寺名额在5～8名不等，由本寺院自行授予。

措然巴格西的获取需经过3次考试。能够达到精通五部大论中三四部的僧人首先要在三大寺内部进行初试，合格后可被推荐参与措然巴格西的考试，限额10人。终考时间在二月法会期间，在二月法会复试的前一年夏季，这10名考僧需前往罗布林卡立宗答辩，接受达赖喇嘛的面试。到二月法会期间，由甘丹寺法台主持考试，藏历2月20日开始，考场设在大昭寺内。考僧立宗，与三大寺推选出的僧人代表进行辩论，通过后即可获得学位。

拉然巴格西则要经过四次考试，要求考僧精通五部大论中的每一部，每年限额16人。第一次考试一般在每年春季三月法会，在扎仓内部，由扎仓堪布等负责主持考试，由 5 位高僧大德就五部大论对考僧进行问难，每部大论只考一个问题，并于次日宣布结果。第二次考试在冬季法会，每个扎仓中获得拉然巴和措然巴考试资格的考生都要在全寺高僧面前立宗答辩。第三次考试于次年的五月或六月，由政府组织召开，在罗布林卡和布达拉宫举行，由甘丹赤巴任主考官，达赖喇嘛及政府官员均需参加。16 名考僧需就每部大论立宗 3 次，通过考试后便有资格参加第二年正月拉萨传召大法会期间的第四次考试。由于考试只取前 7 名，且需是在正月十五日之前参加考试的考僧，正月十五日之后的考僧一律不排名次，所以在此次考试前考僧会通过抓阄决定考试日程和顺序。考僧需 1 天内立宗 3 次，一般是上午就因明论立宗，中午就般若论和中观论立宗，晚上就俱舍论和戒律论立宗。考试结束后，由甘丹赤巴根据每位考僧的情况确定名次。传召法会结束后，召开拉然巴格西学位授予仪式。

密宗扎仓一般不设学位，但拉萨上、下密院设有佐然巴格西学位，拉卜楞寺的续部下院、续部上院分别设有阿仁巴格西学位，塔尔寺的密宗学院设有欧然巴格西学位。获取密宗学位十分困难，人数也较少。取得密宗学位后即可到各寺院任堪布、法台、住持，或在密宗学院任格贵、翁则、堪布、夏孜、绛孜等，直至升任甘丹赤巴，成为格鲁派寺院的领袖。

4. 传统学经制度中的经师

藏传佛教传统教育以师授为主，经师在僧人的学经生涯中具有举足轻重的作用。学僧入寺首先需要一位同乡的僧人"几典格根"为其作保。几典格根要向康村格根和吉根报告，对学僧进行审查，最后上报至堪布，由堪布为其剃度和受戒等。学僧要选择一位戒学兼优的老师"贝恰格根"作为自己的经师（或称上师）。

降贡衮珠在其《论师生关系，如何跟随上师，如何教授和聆听佛法》中，将上师分为普通人、菩萨、佛的化身、佛的报身四种类型。由于后三种境界较难达到，这样的上师也不易寻觅，因此，学僧所拜的经师多为精通佛学教义的普通人。[1]根据所受戒律及知识内容的不同，可将经师分为解脱规范师、菩萨规范师、密宗规范师三种类型。解脱规范师须做到"持守戒律通仪轨，怜悯病人随从净，勤于法财利众生，应时而教为上师"（释迦光《三百颂》）。菩萨规范师应满足"柔顺寂止愚昧灭，博识精进富经教，证悟空性善说法，大悲怜悯无忧劳"

---

〔1〕 参见苏发祥、普华才让："论藏族传统寺院教育中的师生关系及其对现代教育的启发"，载《西北民族大学学报（哲学社会科学版）》2006 年第 5 期。

（《经庄严论》）。而密宗规范师，《上师五十颂》指出，其有稳健、柔顺、智慧、无怒、无伪、正直共普通六相和通晓四业六边等密乘教理、精通普通学问、有恻隐之心、至十空性之边、虔诚供养、善于灌顶及绘画坛城、擅长依照根器层次和接受能力传授密乘仪轨的殊胜九相。由此可见，传统寺院中的经师，不仅需要拥有较高的佛学素养、文化技能，还要具备高尚的品质。

（三）案例：拉卜楞寺的学经制度

位于甘肃省夏河县的拉卜楞寺，始建于1709年，是藏传佛教格鲁派六大寺院之一。经过几百年的发展，形成了一套完整的教学体系。

1. 组织机构

嘉木样活佛地位最高，直接管辖寺庙一切事务，下设拉章组织掌管行政事务，磋钦赤巴掌管宗教事务。磋钦赤巴主持寺内最高权力机关磋钦会议，内设协敖、巧达玛、磋钦翁则、磋钦吉哇、郭聂钦布、磋钦根巴负责相应的具体事务。磋钦会议之下设六大扎仓（学院），即脱赛林扎仓、季多扎仓、居多巴扎仓、居麦巴扎仓、曼巴扎仓、丁科扎仓。各扎仓设扎仓赤唯，下设扎仓吉哇、扎仓格贵、扎仓翁则、扎仓根巴。僧人日常学经主要是在扎仓内进行。

2. 六大学院

按照显密分科原则，寺内设闻思学院、续部下学院、时轮学院、医药学院、喜金刚学院、续部上学院共六大学院。

闻思学院是显宗学院，教学内容以五部大论为主，同时学习格鲁派宗喀巴等大师的著述。采取学位制，共13个学级，升级考试设在每年的农历十一月十九日，一般需要15年以上的时间完成全部学习。一年共分为9个学期，2月、5月、8月、11月为30日，3月、9月为20日，4月、7月、10月为15日。僧人入寺过程与上述格鲁派教学过程相同，先被编入预备班，在经师指导下学习语文、背诵等知识，待完成预备班学习后经推荐进入正式班学习。学僧日常主要有两种学习活动，一种是集体学习，每天早、中、晚3次，又分为错禾（诵经聚会）和曲惹（研究性学习聚会）。另一种是个别拜师学习。依照由浅入深、循序渐进的学经原则，五部大论的学习次序是：因明论，5年5级，学员称为"都扎瓦"，意为集类论士；般若论，4年4级，学员称为"帕钦巴"，意为般若论士；中观论，2年2级，学员称为"乌玛巴"，意为中观论士；俱舍论，4年1级，学员称为"左巴瓦"，意为俱舍论士；戒律论，共1个年级，学时不定，学员称为"噶仁巴"，意为经硕士。学习方法倡导诵、辩、专、勤，辩论是僧人日常学经和考试的主要方式。辩论分为三种，即在讲经院的辩论、由嘉木样大师主持的辩论（每年4月19~24日）、七月法会期间在大经堂的辩论。闻思学院全年共有9期讲辩法会，春夏秋冬四季各一大期、一小期，以及七月法会。

续部下学院、续部上学院和喜金刚学院是三个密宗学院，均分为低、中、高三级，学习期限不定。密宗学院的僧人，有一出家就开始学的，也有从显宗学院中途或毕业后开始学习的。初级修"生起次第"，中级修"大自在自入经"，高级修"圆满次第"。续部下学院主要按照宗喀巴《密宗道次第广轮》的修密原则，学习事续、行续、瑜伽续、无上瑜伽续。续部上学院的教学设置与续部下学院相近。喜金刚学院主要学习喜金刚本尊的生起与圆满次第之道，同时兼学法舞、天文历算等。

医药学院主要学习《四部医典》《晶珠本草》《月王药诊》等藏医药经典，分初、中、高三级。时轮学院设低、中、高三级，主要以《时轮历算精要》为基本教材，研究密宗大乘、天文历算、声明文法等。

3. 学位制度

自1718年拉卜楞寺获得了考核授予学位的资格。其显宗学位有然坚巴、噶仁巴、多仁巴三等。凡学完因明及般若论的学僧，经法台同意便可报考然坚巴学位，名额不限，考试内容主要是因明、般若两部大论，考试及格即可获得学位。学完俱舍部四年学业的学僧可报考然坚巴学位，每年有两次考试，第一次在正月祈愿法会，第二次在七月辩经法会，每次限额4~8名。考僧要在讲经场立宗答辩，接受全寺格西的提问。学完五部大论的僧人可报考多仁巴学位，每年限额2人，需在大经堂前的石板广场通过答辩考核方可获得，每年两次考试的时间与然坚巴学位相同。考僧需自备银圆供应格西每日茶点，还需寻一施主在大经堂供茶和酥油。若要考取拉然巴学位，则需到拉萨三大寺学习。密宗学位为阿仁巴学位。完成密宗学院初、中、高三级学业的学僧，可于每年农历2月17~21日参加密宗辩论考试，取得阿仁巴学位，每年限额1人。此外，在医药学院，学完规定学业且成绩优异者，通过考核后可获得曼仁巴学位。

二、藏传佛教现代学经制度的建立

藏传佛教现代学经制度主要包含两部分内容：一是传统寺院扎仓内部的学经班教育，二是现代佛学院教育。这两种模式都是在改革开放后随着社会发展变迁逐渐发展起来的。

（一）对传统寺庙学经制度的变革

民主改革前的藏区寺庙传统学经制度存在着许多诸如招生条件不明确、管理教学机制不完善、与社会对接困难等问题，与政治绑定的宗教失去了应有的纯洁性，僧人也难以潜心学经、弘扬佛法。20世纪50年代藏区寺院陆续进行的民主改革旨在剥夺僧人各项政治经济特权，承认宗教职业人员在传承藏传佛教方面的宗教地位和特殊作用。

早在20世纪50年代，国家就在国民教育系统中的中学内开设有喇嘛班，以教授僧尼文化知识。[1]1961年毛主席会见十世班禅额尔德尼时，十世班禅提出了建立寺庙学经班的意见。[2]根据这一建议，从1961年下半年开始，中央批准了在扎什伦布寺、昌珠寺、孝登寺、萨迦寺、拉萨三大寺（联合）建立5个佛学经典研究班，以培养宗教人才。[3]1962年的《关于继续贯彻执行宗教信仰自由政策的几项规定》提出，"积极进行正式建立继承一切宗教文化传统的各教派的专门念经喇嘛的工作，专门念经喇嘛的总人数在西藏地区定为3000~5000人"。[4]各寺庙按照这一标准，保留一定数量的僧人，并为他们陆续建立专门学经班。1964年，藏区逐步进入"文化大革命"，寺庙传统宗教活动陆续停止，念经班等传统学经活动也相继停止，与此同时，寺庙开展了"三大教育"运动，即在寺庙中开展阶级斗争教育、爱国主义教育和社会主义前途教育。此后直到改革开放后相当长的时期，寺庙传统学经教育活动基本停止。

1982年后，藏区各地寺庙传统宗教活动陆续恢复，僧人回归寺庙，开始学修生活，现代寺庙在废除原来具有隶属关系的"堪布负责制"的基础上，建立寺庙民主管理委员会，负责管理寺庙僧人学修相关事务。在恢复传统寺院教育的过程，各寺庙继承了传统师授模式，同时，借鉴现代学校教育的班级管理体制，在扎仓内部开设学经班。中国佛协西藏分会在西藏各地、各教派的主要寺庙中陆续举办学经班，组织僧尼集中研习藏传佛教经典、文化知识及国家政策方针等，培养爱国爱教的优秀僧人。2010年《藏传佛教寺庙管理办法》对寺庙开办学经

〔1〕 参见刘小芳："党的宗教政策在西藏实践的回顾与思考"，载《西藏民族学院学报（哲学社会科学版）》2003年第2期。
〔2〕 参见中共中央文献研究室、中共西藏自治区委员会、中国藏学研究中心选编：《毛泽东西藏工作文选》，中央文献出版社、中国藏学出版社2001年版，第216页。
〔3〕 参见吕其俊："中国藏传佛教研究60年"，载《佛学》2010年第28期。
〔4〕 参见李德成：《藏传佛教史研究·当代卷》，中国藏学出版社2014年版，第124页。

班的条件、程序、招生等给出了法律规制。

现代寺庙的学经制度保留了传统学经制度的大部分内容，增设了文化课和政治课的学习。为了应对新时期藏传佛教寺庙管理方面的一些新问题，自 20 世纪 90 年代以来，根据有关方面要求，藏区各地寺庙及佛学院举办的学经班开设爱国主义教育和法制宣传教育。爱国主义教育，主要是进行历史教育、反对分裂教育等内容，法制教育主要是对僧尼进行法制综合知识教育，包括《宪法》《刑法》《治安管理处罚法》《集会游行示威法》《民族区域自治法》《宗教事务条例》《藏传佛教活佛转世管理办法》等内容。

以贡嘎曲德寺为例，该寺位于西藏自治区山南地区贡嘎县，属于萨迦派。该寺现有贡桑孜、仁钦岗、洛林贡堂、扎西哲蚌四个扎仓。其中贡桑孜扎仓设学经班，分初级和中级，学制为 6～11 年。初级班主要学习藏文文法和《菩萨行》《佛子行》《般若经》《摄类学》等佛教入门基础知识；中级班主要学习般若、中观、释量、戒律、俱舍等 5 部经典以及萨迦派 6 大类 18 大巨著（即律学类 2 部、因明学 4 部、俱舍类 2 部、般若类 6 部、中观类 3 部、三律仪 1 部）等内容。具体的教学安排，如下表所示：[1]

表 1：贡嘎曲德寺教学安排情况表

时间	学习班级及其课程内容	
早晨	6：30～8：30	闭关诵经时间
上午	9：30～10：30	中级班由堪布讲解五部经典的正文，初级班自学
上午	11：30～12：30	初级班、中级班一起由助教带领学习《摄类学》
下午	14：30～15：00	初级班由助教带领学习《摄类学》，中级班自学
下午	15：00～16：00	初级、中级班一起辩经
下午	17：00～18：00	初级班学习藏文文法以及各种告诫格言，中级班复习当天第一节课的内容
下午	18：30～19：30	初级、中级班一起辩经
晚上	20：30～22：30	闭关诵经

（二）现代高级佛学院的建设

改革开放以来，特别是 20 世纪 80 年代末和 90 年代以来藏区各大寺庙陆续

---

[1] 参见卓玛次仁："贡嘎曲德寺历史探究"，西藏大学 2016 年硕士学位论文。

出现僧人冲击社会秩序的事件，有关方面认为培养一批爱国爱教的藏传佛教教职人员队伍，对于促进藏传佛教在当代社会健康发展意义重大。在党和政府的推动下，藏传佛教界开始探索在继承传统寺庙学经模式的基础上，借鉴现代学校教育制度的优势，将传统学经制度与现代教育制度相结合的新式佛教教育。

1. 建设现代佛学院

1982 年以后各地藏传佛教在恢复寺院学经制度的同时，也在探索建设现代宗教院校。1983 年西藏佛学院建立，紧随其后，四川藏语佛学院（1984 年）、甘肃省佛学院（1985 年）、青海省藏语佛学院（1986 年）、中国藏语系高级佛学院（1987 年）以及云南省佛学院迪庆藏传佛教分院（1997 年）陆续成立，以上 6 所省级佛学院为培养现代藏传佛教僧才提供了重要的保障。

现在，除了上述 6 所佛学院外，北京及五省藏区还有许多佛学院。例如，北京市的雍和宫佛学院；西藏自治区的萨迦佛学院、瓦拉五明佛学院；青海省的禅古寺佛学院、玉树州佛学院、龙什加寺五明佛学院、夏琼寺佛学院、公雅寺佛学院、觉拉康乃寺佛学院；云南省的玉珠佛学院；四川省的色达五明佛学院、夏扎佛学院、阿日扎五明佛学院、江玛佛学院、明珠佛学院。各佛学院在继承传统学经制度的同时，借鉴现代教育制度和管理模式，将传统经院教育纳入现代院校教育体制之中，形成了传统与现代相结合的僧才培养模式，为藏传佛教学经制度在当代的发展注入了新鲜血液。

2004 年《宗教事务条例》、2007 年《宗教活动场所设立审批和登记办法》和《藏传佛教活佛转世管理办法》、2009 年《藏传佛教教职人员资格认定办法》、2010 年《藏传佛教寺庙管理办法》、2011 年《藏传佛教寺庙主要教职任职办法》、2012 年《藏传佛教寺庙经师资格评定和聘任办法》等一系列政策法规相继出台，这些法规从不同侧面涉及藏传佛教学经制度的规制。其中，中国藏语系高级佛学院的成立，以及 2015 年通过的《藏传佛教学衔授予办法（试行）》，标志着藏传佛教学经制度已经实现从传统经院式教育向现代教育高等院校人才培养模式转变。

2. 佛学院的教学内容及考试制度

各地佛学院学习和借鉴中国藏语系高级佛学院的办学经验，陆续将传统经院式学经制度和现代学院式相结合，各地佛学院结合自身实际情况，形成了各自的教学模式。大体而言，在教学内容上，各地佛学院基本上是佛学、文化、政治 3 门主要课程，只是在学制、科目比例上有所差异。以藏区 5 个省级佛学院为例，西藏佛学院设显宗、密宗、活佛 3 个教学部，学制分别为 2 年、3 年和 2～4 年，按照 2∶2∶2 的比例开设法制、文化、佛学 3 门主要学科。甘肃省佛学院以宗教教学为主，按照 7∶2∶1 的比例开设宗教、文化、政治 3 门课程，学院设 2 个佛教哲学班和 2 个佛教理论班，学制 4 年，每年招生 1 个班，毕业 1 个班。同时开设青年活佛班，分文化学习班、进修班和培训班三种类型，学制分别为 4～6 年、2 年、2 年。青海省藏语佛学院主要开设 3 年制大专班、4 年制本科班、2 年制中级学衔及短期培训班、新转世活佛大专班、活佛函授班、寺管会负责人培训班。按照 7∶2∶1 的比例开设宗教课、文化课和政治课，具体设有波罗蜜多经、因明学、入菩萨行、菩提道炬论、地道论、般若七十论、教派源流、藏文语法、诗学概论、汉语文、政治、计算机应用基础等 12 门课程。四川省藏语佛学院主要开设 4 年制培训班、预科班及培训各县佛协成员和寺管会负责人的短期班。云南佛学院迪庆藏传佛教分院设 3 个教学班，设置藏文、汉语、佛学理论、时政、英语、计算机等主要课程，以宗教课为主课，佛学理论、藏语文占 70%，英语、汉语文、数学等占 30%。

各地佛学院的考试制度也在继承传统辩经制度的基础上，借鉴现代学校教育中的考试制度。考试形式多为考试、考察两种，毕业学衔考试多为讲经、辩经和论文答辩。

3. 现代学衔制度

现代学位制度包括两部分内容，一是传统格西制度。2003 年颁布的《西藏自治区藏传佛教僧人学经晋升格西拉让巴学位管理暂行办法》对其加以规范化。以此办法，2004 年拉萨大昭寺内举办夏季拉然巴格西学位考试，藏传佛教传统格西学位制度正式恢复。二是涵盖各个教派的拓然巴高级学衔制度。2015 年《藏传佛教学衔授予办法（试行）》（以下简称《办法》）将藏传佛教学衔分为初、中、高三级，依次为禅然巴、智然巴、拓然巴，并规定禅然巴、智然巴学衔由中国省、自治区佛教团体举办的藏传佛教院校授予，拓然巴学衔由中国藏语系高级佛学院授予，一个继承传统、融合现代的由省级和高级佛学院为支撑的三级学衔授予体系也随之初步形成。该学衔制度与现代教育中的学位制度相对接，禅然巴学衔相当于学士学位，智然巴相当于硕士学位，拓然巴相当于博士学位。

《办法》规定，由藏传佛教学衔工作指导委员会负责相关工作，各院校设立学衔评定委员会，学僧需向相应授予单位提交《藏传佛教学衔申请表》，申请相应学衔。学衔申请人首先必须政治思想正确，品行端正，具备相应的佛学知识和讲经说法能力，完成相应教学内容并且成绩合格，较好地掌握因明、般若、中观、俱舍四部大论，初步具备从事佛教研究能力和教务活动能力的学僧可申请禅然巴学衔。申请智然巴学衔的学僧，需系统掌握五部大论，具备从事佛教研究和教务活动能力，并能够运用国家通用语言文字进行简单交流和阅读。申请拓然巴学衔的学僧，需系统深入掌握五部大论，具备独立研究能力，较熟练地运用国家通用语言文字进行交流和阅读。

4. 现代学经制度中的经师

与传统学经制度相同，经师在现代学经制度中仍然具有十分重要的地位，担负着传道解惑的责任。因此，规范现代寺庙经师聘任考核制度，培养一批政治素养及佛学理论兼优的经师队伍，历来受到国家及藏传佛教界人士的广泛关注。2010 年《藏传佛教寺庙管理办法》规定，"学经班经师必须持有经师资格证，并由寺庙管理组织聘任。经师资格认定和聘任办法由中国佛教协会制定，报国家宗教事务局备案"。2012 年《藏传佛教寺庙经师资格评定和聘任办法》（以下简称《办法》）对藏传佛教的经师作了进一步详细的规定。该《办法》所称经师，指"在依法登记的藏传佛教活动场所（本办法称寺庙）中专门从事传授佛教教义教规、经典和文化知识的藏传佛教教职人员"。[1]实行聘任制，任期一般不超过 5 年，可续聘。寺庙聘任经师也要经过民主协商提出申请，并经各级佛协考核备案。被聘经师应具备经师资格，取得经师资格需满足六项条件，并经过寺庙、县（市、区、旗）佛协以及省、自治区、直辖市佛协的层层考核，具体由经师考评委员会负责相关工作。经师需履行传授佛学及文化知识、研习和阐释教规教义、配合寺庙管理机构做好僧人管理工作、宣传国家政策法规等四项职责。同时，《办法》还对经师的责罚、跨区聘任经师等作出了相应的规定。

5. 藏传佛教教育的对外交流

传统社会中寺院垄断了一切教育活动，各寺庙自成体系，僧人在寺庙中集体学习或者一个人到封闭的山林里闭关学习，这就使传统僧人学经制度具有封闭性，缺乏各派系之间、与其他佛教支系乃至与其他佛教国家之间的交流。

然而，佛教是世界性宗教，在世界范围内有很多国家信仰汉传佛教、南传佛教或藏传佛教。自改革开放以来，随着中国对外开放和交往的进一步深入，国家

---

〔1〕 参见国家宗教事务局政法司：《藏传佛教寺庙经师资格评定和聘任办法》，载 http://www.sara.gov.cn/zcfg/qgxzjttxgjgzd/18114.htm，最后访问时间：2012 年 12 月 3 日。

也更加重视宗教学术文化的对外交流。在这种时代背景下，藏传佛教团体通过组织学僧和经师等参与世界佛教徒联谊会、中韩日三国佛教友好交流会、世界与传统宗教领袖代表大会、世界佛教论坛等活动积极开展对外教育交流。同时，随着科学技术的进步和网络全球通信技术的发展，藏传佛教网站不仅成为人民大众了解藏传佛教知识的平台，而且成为寺院和高级佛学院之间、不同信仰之间相互学习和交流的重要平台。通过国际国内宗教教育、学术交流活动，不仅加深了藏传佛教与世界各国佛教间的相互学习和进步，也推动了藏传佛教传统教育制度进一步现代化。

（三）现代学经制度的典型：中国藏语系高级佛学院

中国藏语系高级佛学院采用现代教育制度，培养藏传佛教爱国爱教高级人才，是藏传佛教最高学府，设有高级学衔班、中级学衔班以及佛学大专班和各种培训班。

1. 招生条件

中国藏语系高级佛学院面向各个教派招生。高级学衔班每年招收"拥护中国共产党的领导，热爱社会主义制度，维护祖国统一、民族团结，遵纪守法，戒律清净，学完《释量论》《般若论》《中观论》和《俱舍论》，具备相应的文化水平和写作能力，年龄在35岁以上，身体健康的在籍僧人"。[1]中级学衔班每年招收"拥护中国共产党的领导，热爱社会主义制度，维护祖国统一、民族团结，遵纪守法，戒律清净，学完《释量论》《般若论》《中观论》三部经典，具有一定的文化基础和写作基础，年龄25以上，身体健康的在籍僧人"。[2]报考中国藏语系高级佛学院的考僧，需持有当地县级以上（含县级）统战或宗教部门的核准手续、各自寺庙的推荐信、居民身份证和教职人员证书（活佛证）。

2. 学制和教学方式

中级学衔班学制2年，高级学衔班学制3年，每年招收1届。教学方式注重讲、辩、著。学院自成立之初，便将成为藏传佛教教学和研究两个高等中心作为自己的奋斗目标，在传统经院式教育基础上，注重僧人著书撰文和科研能力的培养。

---

〔1〕 参见《中国藏语系高级佛学院高级学衔招生条件》，载 http://gjfxy. tibet. cn/zspy/gjxx/201310/t20131021_1942372. html，最后访问时间：2013 年 10 月 21 日。

〔2〕 参见《中国藏语系高级佛学院中级学衔招生条件》，载 http://gjfxy. tibet. cn/zspy/zjxx/201310/t20131019_1942072. html，最后访问时间：2013 年 10 月 19 日。

3. 办学方针和教学目标

中国藏语系高级佛学院以"维护祖国统一，加强民族团结，发扬藏传佛教，培养懂国家法律和政策、精通佛学的爱国爱教的高级宗教人才"为办学方针。[1]以"培养学员成为爱国守法，爱教清净，有知识有能力，能持、理、弘扬佛的法慧大宝，能讲、辩、阐扬广博似海的显密二宗理论，能闻、思、修深远广大的三藏经典，能依三乘道次修持的贤正善良的藏传佛教的弘传者；成为懂得现代科学文化知识，适应时代突飞猛进的知识潮流的藏传佛教研究人才的骨干力量，国际佛学交流人才，佛学专业教学人才和寺庙高级管理人才"为教学目标。[2]

4. 教学内容

高级学衔班主要包括佛学、政治和文化三项内容，各占60%、35%和5%。政治课为必修课，学员需完成共245个教学单元，通过阅读、讲座、观看影像资料、参观等方式，学习中国历史、政策理论、法律法规、国际知识和时事政治等内容。佛学课主要通过集体朗诵、经师授课、课外辅导、辩经等方式进行学习，目的在于提高学员的佛学修养和讲、辩、着能力。第一学年学习《戒律论》及论文写作，完成开题报告，毕业论文应围绕五部大论的相关议题。第二学年在经师指导下复习《中观论》和《俱舍论》，进行论文修改。文化课为选修课，主要包括汉语文、电脑操作和藏文书法等内容，学预员必须选择至少1门选修课程，采取集中授课方式，每周1个教学单元，汉语文必须有期中、期末考试和成绩记录，电脑和书法课要求有测试。中级学衔班教学内容与高级学衔班大致相同，佛学课以《中观论》《俱舍论》为主，串讲《释量论》《般若论》。法律法规与社会常识课主要以《宪法》、《民族区域自治法》、宗教方面的法律法规和我国经济、社会发展状况、近现代历史等为内容。文化科学知识课主要包括汉语、计算机运用、藏文书法和论文写作等。

5. 考试方式

平时各科目考试采取现代学校教育模式，分为考试和考察两种，包括笔试、口试、开卷、闭卷、平时成绩等多种方式。而毕业学衔考试则包括辩经考试、讲经考试和论文答辩三部分，由藏传佛教学衔工作指导委员会、高级学衔评审委员

---

〔1〕 参见米广弘："中国藏语系高级佛学院——藏传佛教最高学府"，载《教育与职业》2011年第7期。
〔2〕 参见班禅："班禅大师在中国藏语系高级佛学院首届大专班毕业典礼上的讲话"，载《法音》1988年第8期。

会和中级学衔评审委员会负责。

6. 学位制度

自 2004 年起，高级佛学院便承担起了建立和实施藏传佛教高级学衔制度的重任。高级学衔班每年招收 12～13 名，实行末位淘汰制，每年授予 11 位拓然巴学位，未获得学位的学员可参加下一年的学位考试。授予条件为高级学衔班毕业学员中学习成绩和综合成绩优秀，学衔辩经、答辩合格者。中级学衔班学员完成学业，经学衔辩经考试和论文答辩成绩合格者，可获"智然巴"中级学衔。2004年 9 月，首届高级学衔班开学典礼在京举行。2005 年 10 月，11 位高僧顺利取得拓然巴高级学衔。

7. 经师评聘

高级佛学院历来重视经师的考评聘任工作。经过多年努力，于 2011 年发布并实施《中国藏语系高级佛学院经师评聘办法（试行）》（以下简称《办法》）。该《办法》所称经师是指取得本佛学院宗教教学资格的老师，由经师资格评审委员会负责考评工作。经师资格评审委员会原则上由高级学衔评审委员会成员组成，也可根据实际情况作相应调整。

目前，高级佛学院经师共分 4 个级别，从低到高依次为三级经师、二级经师、一级经师和特级经师。特级经师实行聘请制，每两年一次，由考评委员会推荐，经佛学院提名，得到提名人所在省、自治区党委统战部、政府宗教事务部门和佛教协会同意即可聘请。除此之外的其他三级经师的聘任均需履行相应的程序，并且通过考试合格后方能聘任。

经师不仅需要政治素养过硬、佛学知识扎实，还要满足相应的条件，三级经师必须能够承担中级学衔班的宗教教学工作，具备获得藏传佛教智然巴以上学衔或同等格西学位的资格。二级经师要有能力承担中级学衔班及部分高级学衔班的课程，具备获得禅然巴或同等格西学位的资格。一级经师应精通本教派经典著作，有能力承担高级学衔班的教学工作。特级经师应是一位显密圆通、具有深厚的传统文化造诣、对传承和弘扬藏传佛教爱国爱教优良传统具有突出贡献且德高望重的领袖人物。

三、传统与现代的比较分析

（一）传统经院式学经制度在一定时期发挥了主渠道作用，但也存在不足

藏传佛教传统经院式学经制度在藏传佛教培养僧人，弘扬藏传佛教事业中发挥了重要的作用。其一，形成了一套完整的僧人学经制度，主要在教育管理机

制、教学方式、学经体系、教学内容、学位晋升等方面形成了一套较为规范的制度。其二，发挥了学校教育的功能，僧人学修内容除传统佛学知识外，还涵盖语言、历史、地理、逻辑、医药学、天文历算学等多个方面。其三，为藏族地区培养了众多优秀人才，为推动藏区发展、民族团结做出了重要贡献。例如，民间文学方面较为知名的仓央嘉措、木雅·坚赞贝桑在天文历算学方面的贡献，玉妥·云丹贡布在医药学方面的贡献等。其四，注重讲、诵、辩的教学方式，充分开发僧人背诵和逻辑思辨、口才辩论等能力。其五，通过这套学习制度，大量涉及西藏历史文化、自然、人文和社会科学等方面的典籍得以保护并传承发展。

然而，随着社会的发展，传统经院式学经制度的弊端也日益突显出来。

第一，招生门槛低。传统经院式学经制度对僧人的入寺条件没有严格限制，凡有意愿入寺学经者均可加入。由于僧源水平良莠不齐，僧人的学经质量、佛教造诣等难以得到保证。

第二，学经仅是僧人的个人行为，缺乏常规的教学机制。虽然各个寺庙均设有一定的管理机构，例如格鲁派的寺庙均设有拉吉、扎仓和康村三个教育机构，但是僧人入寺后自己择师学经，并没有类似于现代学校教育的相应教学机制对其学经行为加以规范和管理。

第三，教学内容多注重佛学知识等人文学科教育，且教材固定不变，没有开设适应时代发展的自然、社会学科，学经生活、习得知识逐渐脱离实际社会。

第四，各教派学经制度发展水平参差不齐。以藏传佛教六大派来说，仅格鲁派学经制度最为成熟和完备，而宁玛、萨迦、噶举、噶当、觉囊派则没有显著而完备的学经制度。僧人学经水平的高低会直接影响到教派的发展情况。

第五，各教派学位制度不统一。传统格西学位与社会接轨困难，不仅各教派的学位制度不如格鲁派完善，而且以格鲁派格西学位来说，其拉然巴、措然巴、林赛、多然巴格西学位虽然能够代表僧人学经成就的等级，但却无法与现代社会中的学士、硕士、博士等学位对接。将僧人的学历水平放在现代教育中衡量，大多是小学、初中学历水平。

因此，鉴于传统经院式学经制度在现代社会发展过程中日益显露出的诸多问题，积极推动藏传佛教传统经院式学经制度向现代教育制度转型便成为一种必然。

（二）现代学经制度弥补了传统学经制度的不足

在继承传统经院式学经制度的基础上，现代学经制度弥补了以往的一些不足：

第一，招生条件更加明确，避免了传统学经制度招生的随意性。传统学经制度注重弘扬佛法、广纳学僧，凡虔诚修佛者，无论年龄大小，只要家人同意并通过寺庙审核即可纳入预备班学习。现代寺庙的学经班及各级佛学院对招生均作出明确规定。《藏传佛教寺庙管理办法》（2010年9月30日）第27条规定，寺庙学经班招收的学员应符合三项条件，即年龄一般应当在18周岁以上；爱国爱教，遵守国家的法律、法规、规章；受过沙弥、沙弥尼以上戒。现代佛学院在年龄、政治思想、宗教知识、基本文化和写作能力等方面提出了更高的招生要求。

第二，教学内容更加全面，符合社会要求。传统学经制度多以佛学知识为主，现代学经制度将教学内容定为佛学、政治、文化3门主要学科，还开设语文、数学、英语、计算机、书法等多种选修课程。同时，各个寺庙及佛学院均开设爱国主义和法制教育，不仅注重僧人讲经、背诵和辩经能力的培养，而且更加注重僧人科研能力的培养，僧人毕业均需撰写毕业论文并通过答辩。

第三，教学方式更加多样，避免了从师学经的单一性。传统学经制度注重师承，学僧经过经师讲授后，通过背诵和辩论掌握知识，教学方式较为单一。现代学经制度采用班级授课制，借助电化教育形式，以讲授、辅导、学生独立作业为基本教学模式，学僧可以通过教师传授、相互之间的学习交流、计算机网络等多种渠道获得知识。

第四，教学管理更加具有针对性，避免了传统教育组织的松散性。传统学经制度以扎仓为单位，管理较为松散，缺乏直接性和针对性。现代学经制度均设有专门的教育管理机构，其职责针对性更强，各项规章制度规范，教育管理部门齐全。

第五，教学体制更加规范，形成了学制限制、升级考核和高级学衔制度。传统学经制度的学制多为13级，学完显宗五部大论至少需要15年时间，学制规定不是十分明确，升级考试制度也不够严格。现代学经制度对各种教学班的学制年数、升级考试制度均有明确规定。同时，高级学衔制度不仅涵盖各个教派，体现教派平等，而且设有专门机构负责学衔评审，评审程序严格规范，与现代社会学位制度接轨，禅然巴相当于本科学位，智然巴相当于硕士学位，拓然巴相当于博士学位。

第六，注重对外交流，避免了传统学经制度的封闭性。现代学经制度注重藏传佛教内外双向交流。对内来说，为藏传佛教各个教派的僧人提供一个广阔的学习交流平台，使僧人在学习自己教派经典的同时，能够了解其他教派知识，集他派之所长。对外学习交流方面，藏传佛教学术交流远及日本、韩国、泰国、印度、尼泊尔、缅甸等众多国家，这些交流有利于提高藏传佛教教育水平。

（三）现代学经制度并非内生于传统学经制度，其发展仍然面临许多问题

传统学经制度向现代转变是以1987年中国藏语系高级佛学院的建立为标志，到目前为止仍处于过渡阶段，现代学经制度发展时间尚短，各方面还不够成熟，仍面临一些问题。

第一，与传统的对接问题。现代学经制度并非内生于传统寺院教育之中，现代寺庙学经班及各级佛学院的建设，均是为了适应现代社会发展需要，由外力嵌入的结果。这就使其在与传统对接方面存在问题。如何更好地吸收传统学经制度的精髓，借鉴现代教育制度的有益经验，使传统学经制度与现代学经制度自然过渡，更好地促进藏传佛教教育发展，是当今藏传佛教界需要认真研究的问题。

第二，缺乏高层次经师。造成这一现状的原因，一是由于历史原因人才培养断档。主要是由于民主改革、上层叛乱以及"文革"等带来的寺庙教育中断，虽然自20世纪80年代开始恢复传统寺庙学经制度以及格西学位制度，但师资极其缺乏，尤其是缺乏精通佛学的大师。二是由于学僧入寺的年龄限制。传统学经制度规定僧人要学完很多佛学知识后，才能获取格西学位，一个僧人要成为一个佛学大师必须从小进入寺院，付出艰辛努力，且经历较长学习阶段才能学有所成。现代学经制度要求学僧满18岁之后再入寺学经，这就使其学经起步晚，佛学有成更加困难。三是由于现代年轻僧人不如以前学僧看重传统佛学知识，也不够刻苦努力。

第三，现代佛学院建设还没有形成规范的网络和体系。现代佛学院多依托传统寺庙而建设，各个佛学院的发展水平参差不齐。面对现代学经制度所存在的诸多问题，一方面需要国家宗教事务部门的引导和促进，另一方面需要藏传佛教界人士的积极探索和努力，有必要将各级各类藏传佛教佛学院的教学资源进行整合，统一规划，促进其相互之间的互帮互助、共同发展，也要注重继承传统学经制度的精华，使之有效融入现代教育体系，同时注重借鉴其他佛教支系、其他国家佛教的有益经验。

四、结语

藏传佛教现代学经制度在继承传统的基础上，形成了以现代佛学院及传统寺庙学经班为依托、招生条件明晰、教学内容多样、组织管理责权规范、学位制度

覆盖广泛、经师评聘管理严格、注重对外交流等为表现的新型佛教教育体系。但如何建立一种学修兼备的机制，使藏传佛教传统的教义精髓能结合时代需要阐发、弘扬，特别是使佛教的慈悲、利益众生等理念得以弘扬，仍是藏传佛教教育要思考的问题。相信在国家、政府、藏传佛教界人士以及众多从事宗教研究的学者们的共同努力下，藏传佛教学经制度会更加健康、规范、有序、完善。

浅析塔尔寺寺院功能的发展演变

宋素培[*]   徐　燕^{**}

【摘　要】　塔尔寺是藏传佛教格鲁派六大寺院之一，因是宗喀巴大师的诞生地而享誉中外。自建寺以来，其寺院规模从最初一座莲聚宝塔发展成为藏传佛教信徒争相朝拜的佛教圣地，寺院功能也从传统的政治、经济、宗教中心转变为现今集宗教场所、佛教文化中心、宗教文化旅游胜地及社会基层组织等诸多功能于一体的综合性社会实体。本文对塔尔寺宗教功能和社会功能的变迁进行描述，分析演变的原因。

【关键词】　塔尔寺　寺庙功能　发展演变

"宗喀"，是青海历史上的藏语古地名，为青海境内"宗拉让莫"[1]与"宗喀杰日"[2]二神山的合称，约始于唐吐蕃时代，一直沿用至今。被誉为"第二蓝毗尼园"的塔尔寺就建于宗喀莲花山间，藏语中称之为"衮本贤巴林"。自建寺以来，塔尔寺已由最初的一座小塔发展成为现今占地45万平方公里的藏汉结合建筑群。学界关于塔尔寺的研究多侧重于描述寺院建筑、艺术三绝、四大扎仓、与六族的供施关系等内容。[3]本文就塔尔寺发展历程中寺院宗教功能和社会功能的演变进行描述，分析该过程所包含的社会历史因素及发展所表露出的问题。

---

　　*　宋素培，女，山东大学政治学与公共管理学院博士生，主要从事民族政治、宗教问题研究。

　**　徐燕，女，中央民族大学民族学硕士，主要研究方向为社会与文化。

〔1〕宗拉让莫，即拉吉雪山。

〔2〕宗喀杰日，即小积石山。

〔3〕基于笔者对发表于 CNKI 有关塔尔寺的研究论文的整理分析，发现学界目前关于塔尔寺的研究主要集中于以上议题。

一、塔尔寺的传统寺院功能

（一）塔尔寺发展历程

塔尔寺建于明嘉靖三十九年（公元 1560 年），位于宗喀莲花山间，其建立发展与宗喀巴大师密切相关。宗喀巴[1]，原名罗桑智华，于藏历第六饶迥阴火鸡年[2]生于今塔尔寺所在地。他一生改革宗教，创建新派，收徒传法，著书立作，在创立拉萨三大寺、建立寺院学经制度、弘扬藏传佛教佛法等方面做出了重大贡献。据说，宗喀巴 16 岁入藏未归，22 岁时收到母亲的信望他回家探望。但宗喀巴一心向佛，只寄回一封信，并随信寄去自己的一幅自画像和一尊狮子吼佛像。信中提及，若母亲能在他出生的地方，以十万尊狮子吼佛像及菩提树为胎建一座佛塔，就如同见到他本人一样。[3]次年母亲便在当地信众的资助下，于宗喀莲花山间砌石而建一座莲聚塔。[4]莲聚塔是塔尔寺最早的宗教建筑，因先建塔，后修寺，得名"塔尔寺"。由于宗喀巴大师被后世尊为"第二佛陀"或"杰仁宝且"（藏语意为宝贝佛或佛主），所以塔尔寺被视为"第二蓝毗尼园"。

作为宗喀巴大师的诞生地，塔尔寺一经建立就备受高僧大德与甘青地区信众的膜拜。由于其所在的宗喀地区是藏汉金桥的重要枢纽，塔尔寺不仅成为诸多高僧驻锡的地方，也成为蒙藏统治者入京的必经之地，受到历代朝廷及上层人士的高度重视。例如，三世、四世、五世、七世、十三世、十四世达赖喇嘛和六世、九世、十世班禅等一些高僧大德，凡进京觐见皇帝或往来蒙藏地区途经青海时，均在塔尔寺驻锡。同时，它也受到历代中央王朝的高度重视。根据记载，从清康熙以来，朝廷向塔尔寺多次赐赠，有匾额、法器、佛像、经卷、佛塔等。该寺的阿嘉、赛赤、拉科、色多、香萨、西纳、却西等活佛系统，清时被封为呼图克图或诺们汗。其中，阿嘉、赛赤、拉科为驻京呼图克图，有的还当过北京雍和宫和山西五台山的掌印喇嘛。正是因为这些特殊原因，塔尔寺迅速发展，规模越来越大，成为藏传佛教格鲁派蜚声国内外的六大寺院之一。

现存塔尔寺总建筑 9300 余间，占地 40 余公顷，殿堂 25 座，主要为大金瓦殿、大经堂、九间殿、小金瓦殿、花寺、大拉让、弥勒佛殿、释迦佛殿、依怙殿

---

[1] 宗喀巴，意为湟水滨人，是信徒对他的尊称。

[2] 藏历第六饶迥阴火鸡年，即元顺帝至正十七年，公元 1357 年。

[3] 菩提树，这里指宗喀巴出生处的那株白旃檀树。

[4] 莲聚宝塔，即今大金瓦殿内之大灵塔，是依据释迦牟尼诞生后向四面各行走 7 步，每步开一朵莲花的传说而建。

等。由于历史积累，该寺文物极为丰富，富丽堂皇的建筑、琳琅满目的法器、千姿百态的佛像和浩瀚的文献藏书，使寺院成为一座艺术的宝库。特别是该寺的绘画、堆绣、酥油花，被称为"艺术三绝"，驰名中外。目前有宗教职业人员 697 人，其中本寺活佛 15 人，各扎仓、医院 503 名僧人，艺僧 25 人，60 岁以上老人 58 人，五明学校学生 96 人。

在各扎仓僧人中有学经的外地活佛 10 名以及一部分没有加入僧籍的外来学经僧（贝恰巴）。[1]

（二）传统寺院内部管理机构

格鲁派寺院的管理机构大体相同，包括行政机构和宗教机构两部分。塔尔寺最盛时有僧侣 3600 多人，新中国成立初期尚有 1983 人。[2]塔尔寺行政上由寺主负责，但具体事宜由总法台掌管。全体僧人经堂会议是寺院最高权力机构，由大法台负责。但提交全体僧人经堂会议讨论商议的事情必须先经噶尔克会议研究决定。噶尔克会议由总法台、大襄佐、大僧官、六族干巴组成，握有寺院实权。吉锁（又称大吉哇）是寺院最高执行机构，包括大老爷（总管全寺内部事务）、二老爷（负责对外联系）、三老爷（管理财务）、四老爷（杂务）及藏、汉文秘书共 6 人。

大法台负责组织宗教活动、僧人培养教育管理等宗教事务，主要以大经堂为中心进行管理。具体事宜则由协敖（大僧官）、翁则（总引经师）负责，二者均由六族干巴提名，由总法台批准方可任职。大经堂下设四大扎仓，即参尼扎仓（显宗学院）、居巴扎仓（密宗学院）、曼巴扎仓（医学学院）、丁科扎仓（时轮学院），每个扎仓设有格贵（僧官）、翁则（引经师）、叶日哇（总务）、过尼（经堂管家）负责扎仓的具体事务。除四大扎仓外，塔尔寺还有欠巴扎仓（跳神院）、上下花院（艺术学院）、小经堂（小经堂）。僧人在这些机构研习佛学和藏族语言、文字、天文、历算、医药、舞蹈、雕塑、绘画、建筑等各方面的知识，清道光七年（公元 1827 年），该寺印经院成立，所印藏文经典及各种著述，畅销藏区各地。

（三）传统寺院功能

塔尔寺作为青海地区最具影响力的佛教圣地，其传统寺庙功能主要包括举办

---

〔1〕 总体来说，各地寺院僧人的数量是政府与寺院双方面根据寺院规模、传统驻寺僧人的数量等因素共同协商后确定，是相对稳定的，但由于僧人有流动性，所以各个寺院僧人的数量也因时因地有变化。这里提供的数字来源于普日哇、圈启章、完玛冷智发表在《宗教与世界》2005 年第 2 期的"塔尔寺与社会主义社会相适应的经验"一文。

〔2〕 参见佛学宝藏："璀璨的青海宝藏之塔尔寺"，载《青海科技》2014 年第 5 期。

各种佛事活动、寺庙僧人的教育培养以及开展各种经济活动三部分。

1. 举办佛事活动

塔尔寺是安多藏区最大的宗教活动中心，多位达赖、班禅大师曾在此为僧众讲经说法，从事宗教活动。该寺每年有 7 次大型的集体念经活动时间，藏语称之为"去安"，集体念经期间僧人自带炒面、碗，大经堂供应茶水。

自公元 1612 年建立显宗学院起，创立讲经法会，于每年正月、四月、六月、九月举行 4 次大型法会。正月法会，又称"显神通法会"，传说是释迦牟尼佛大显神通、降伏群魔的月份。除举行隆重的诵经仪式外，还有舞神、陈列酥油花等盛会。四月法会以"朝佛"（俗称晒大佛）活动为主要内容，相传是佛陀降生、成道、涅槃的斋月，仪式十分隆重。僧人们凌晨从九间殿内抬出大佛画像，一路祷颂，将佛像迎请至寺院东南隅小山坡上舒展开，供前来朝拜的信徒隐仰。六月法会以"绕佛"（俗称转金佛）为主要内容，是纪念佛陀初转法轮而定的斋月。僧人们将一乘供奉弥勒佛像的带轮小轿，扶推绕寺一转，前有乐队，后有伞盖，簇拥而行。九月法会主要举行诵经和舞神等活动，相传 9 月 22 日是佛降凡吉日。舞神，当地人称为"社火"，几十名舞僧头戴各种假面具，身穿霞被理路，逐鼓钱之音而起舞，舞神时的姿态，在宗教上有一定的象征意义。

此外，还有两次小型法会，即燃灯节（纪念宗喀巴圆寂）和年终祈祷法会。前者自农历十月二十二日开始共举行 9 天，僧众诵经表达对宗喀巴的赞颂和祈祷，从农历十月二十五日开始，全寺房顶连续点酥油灯 5 天，僧众在屋顶高声诵经并奏长号。后者自农历十二月十三至二十七日举行，意在辞旧迎新，祝福来年吉祥如意。

2. 开展寺院教育

塔尔寺的寺院教育既有宗教教育也有技能教育。在宗教教育方面，与格鲁派其他寺院大致相同，都倡导先显后密、显密圆通的原则。参尼扎仓主要学修显宗五部大论，内设 13 级，需学 20 年，从低到高依次是卡斗、丁长、德欠、乐仁、洛柔、容赛、计增尕东无、贡芒尕东无、尕日哇、欧玛、左若、德普哇、尕仁。容赛之前（包括容赛）均为 1 级 1 年，之后均为 1 级 2 年。参尼扎仓的学位包括"多仁巴"和"噶举巴"两种，但无论是否考取显宗学位均可进入居巴扎仓学习。居巴扎仓设"俄仁巴"学位，每年考取 1 名，主要研习密宗经典。曼巴扎仓主要学习《四部医典》等医药学知识，设"曼仁巴"学位。丁科扎仓主要学习藏历、天文、时轮、测算以及时轮金刚仪轨等知识，设"泽仁巴"学位。此外，欠巴扎仓和上下花院（艺术学院）也为传播宗教艺术培养了许多专业人才。

3. 从事经济活动

民主改革前，塔尔寺的传统经济活动主要包括布施、租地、经商、放债四种，支出则多用于寺院的各种法事活动及僧人布施。

第一，布施是塔尔寺寺院收入的主要来源。由于塔尔寺既是宗喀巴大师的诞生地、格鲁派六大佛教圣地之一，又是汉藏金桥通道中的重要一环，多位班禅、达赖等高僧大德到过此处，因而受到周边信众的虔诚信奉，布施收入十分丰富。布施收入包括两种形式，一是信众的无偿捐赠，二是僧人外出念经作法的收入。据记载，总法台外出念经一次 100 银圆，居巴扎仓法台 50 银圆，丁科扎仓法台 30 银圆，曼巴扎仓法台 25 银圆，一般僧人则较少，大致是 3～5 银圆不等。[1]

第二，租地收入。格鲁派传统寺院均具有政府给予的经济、政治特权，占有很多的土地、房屋和面铺。塔尔寺所拥有的土地数量，据 1957 年的资料记载，有耕地 6821.4 公顷，按当时全寺有僧人 1600 多人计算，平均每个僧人占有耕地 3 余公顷。[2]寺院将占有的土地房屋等出租所得收入是塔尔寺收入的一项重要来源，其租地有佃户、租粮、营粮、大粮、包口、让租地几种形式，租金参差不等。一般 1/15 公顷地一年的租金是 14.19 千克青稞，1/5 公顷以上需另加 50 克酥油，5 公顷以上另加 0.25 千克羊毛、10 千克草。[3]每年秋收季节，寺院吉锁的二老爷会带僧人到各租户家收租。

第三，寺院的经商收入主要是指寺院的商铺店面收入和僧人到各地做买卖的收入。专门做买卖的僧人被称为寺院里的"生意通"，寺院里握有商业资本的僧人或将资本投资于各类商号，或者贷给生意通。他们借宗教活动之名到四处经商，经营贵重药材麝香、鹿茸、藏红花、畜产品和英印物资（手表、毛料、金笔）等商品，获取丰厚的利润。

放债的种类有银圆、粮食、酥油、布匹等，借贷时需写借据，有保人担保，利率一般为月息 2～5 分。寺院上层喇嘛以 2 分利息从寺院贷出，然后以 5 分利息贷给群众，以此从中获利。例如，1949 年以前，吉锁的二老爷放一次债就能

---

〔1〕 参见梅进才主编：《中国当代藏族寺院经济发展战略研究》，甘肃人民出版社 2000 年版，第 10 页。

〔2〕 参见青海省社会科学院塔尔寺藏族历史文献研究所编：《塔尔寺概况》，青海人民出版社 1987 年版，第 144 页。

〔3〕 参见王册："塔尔寺概述"，载《西藏研究》1983 年第 1 期。

获得高达 3 万多元的利息、白银 2 万多两。[1]若借方无法到期偿还，则需抵押物品，抵押物品归寺院所有。

寺院财产的占有方式主要有寺院所有、活佛所有和僧众所有三种。寺院所有包括以寺院名义获取的各种布施、租金收入，实际受惠的则是上层僧人。活佛所有是以活佛名义占有的财产，由活佛的昂欠管家或活佛本人管理，财产的处分权和受益权均为活佛本人控制。僧众所有是指僧人以僧侣家庭为组织共同所有的财产，包括僧人在寺院所分得的糌粑、酥油、茶叶等生活资料以及布施津贴等。

塔尔寺传统的管理机构中设有负责管理财务的机构和人员。吉锁管理全寺的资金、债款、租粮、布施等收入，制定分配原则，负责全寺僧人口粮的供应、各佛殿香火及人员的调配，代表塔尔寺对外联络，与官府交涉、接待施主、收取布施、放债取息等。吉锁的三老爷主要办理财务、会计、总务等事务，任期 3 年，从任过僧官的喇嘛中选任，较大事务则要向总法台汇报。[2]寺院下属各个扎仓也设有特定组织管理财务。扎仓的堪布、襄佐、格贵、吉哇老爷组成喇吉会议，其执行机构负责扎仓的财务收支和对外联络。

以上是塔尔寺传统的宗教和社会功能，此外，新中国成立前，塔尔寺实行政教合一的封建农奴制，作为三大领主之一的寺院还对周围的六族社区民众发挥政治方面的强制性影响，百姓往往是只知有寺院活佛，不知有县政府。

二、塔尔寺寺院功能的演变

改革开放以来，国内有关宗教的研究范式可分为两大类：第一类源自韦伯关于新教伦理与资本主义精神的分析及涂尔干有关"宗教构成社会团结"这一观点的论述，主要研究方式是对信教群体和不信教群体、信仰不同宗教的群体之间，以及信仰同一宗教的群体内部在社会态度或者社会行为方面的一系列表现进行比较分析。第二类研究范式是从宏观的视角出发，对宗教在当代社会的处境及不同宗教之间的关系进行分析。其中影响力较大的有宗教世俗化理论、宗教市场论、宗教生态论和宗教场域论。笔者基于对几种研究范式的理解和把握，采用宗教场域论分析塔尔寺的发展演变。

---

〔1〕 参见湟中县县情调查组编：《中国国情丛书——百县市经济社会调查·湟中卷》，中国大百科全书出版社 1996 年版，第 517 页。

〔2〕 参见斗改："浅谈藏传佛教寺院的组织机构及其社会功能——以青海塔尔寺为例"，载《康定民族师范高等专科学校学报》2008 年第 4 期。

宗教场域论是布迪厄在1971年发表的《宗教领域的起源和结构》所阐述的理论范式，按照这一理论范式观察塔尔寺，可以看到，塔尔寺及周边区域构成了相对独立的发展区域，围绕各种资本形成了一定的社会结构，其总体即为"宗教场域"。追溯塔尔寺的整个发展演变轨迹，塔尔寺在发展进程中恪守自身宗教属性的同时，也根据社会的发展变迁不断变革，衍生出多种社会属性，目的是适应社会环境，实现自身更好地生存与发展。

（一）寺院民主管理机制的建设

塔尔寺从建寺至今的寺院功能演变轨迹，折射出不同时代社会环境因素的影响，其中世俗政权对宗教的态度是关键性的社会因素。如前所述，塔尔寺作为格鲁派圣地，从建立之初便受到了上层统治阶层的大力扶持，拥有着大量的金银财富和土地。随着寺院规模的不断扩大，僧团与世俗权贵势力间的关系日益紧密，逐渐形成政教合一的局面。寺院实际上垄断了周围藏区的政治、经济、文化特权，塔尔寺周围的信众供养寺院僧人的衣食住行，负责寺院兴建修缮以及各种宗教活动费用等，寺院由此成为藏区实力最为雄厚的政治经济实体。

格鲁派的寺院都有着严密的组织机构和管理制度，塔尔寺作为藏传佛教格鲁派圣地也不例外。新中国成立初期，塔尔寺仍以《塔尔寺德佑钦莫·取舍明鉴公证生悦》为基础，通过实施"法台负责制"对寺院进行管理，凭借其权力地位对周边信众发挥重大影响。1958年青海藏区实施宗教改革后，塔尔寺借鉴十世班禅在扎什伦布寺推行的寺院民主管理办法，继承传统的同时，对部分陈规旧习进行改革与优化，逐步建立健全内部民主管理体制。改革开放后中国社会治理现代化进程加速，藏区社会治理现代化要求也随之提出，尤其是2008年拉萨及部分藏区发生骚乱后，当地官方对寺院民主改革提出一系列新要求，按照这些新要求，塔尔寺进一步建立健全寺庙民主管理组织，建立并完善了寺院内部的民主管理制度。

寺庙民主管理委员会是一个僧众自我推选组建的管理组织。目前，塔尔寺寺庙民主管理委员会由16人组成，设办公室及教务、治安、总务、公务、财务6个职能机构。在基层，改变以往按僧源籍贯划分的康村组织，按寺僧居住小区划分12个小组。[1] 寺庙民主管理组织的运行，完全不同于法系相承的宗派组织，

---

〔1〕 参见普日哇、圈启章、完玛冷智："塔尔寺与社会主义社会相适应的经验"，载《宗教与世界》2005年第2期。

也不同于政府组建的僧司，一定程度上剔除了传统宗教组织的封建性、宗法性和地方性，打破了原本按法台次序、僧职高低组成的内部严密系统，扭转了法台、寺主或当地老僧等少数利益集团代表独揽政教大权的局面。与此同时，在寺庙管理中施行民主管理、集体决策；取消等级制，对佛事收入进行同等分配；改庙官终身制为轮流选举制；一切法事供养由寺院统一安排；要求财务公开透明；制定了详细的寺规僧约、工作条例、僧人户籍管理办法等一系列行之有效的规章制度，并定期对僧侣进行考核评比；明确了各部门的职责与分工；进一步完善奖惩监督机制；等等。这些新制度的确立实现了管理民主化、机构协调化、工作程序化、寺务公开化和利益群体化。

（二）寺院自养模式的确立

传统上，塔尔寺与周围的湟中、西宁四区及平安、贵德部分地区形成稳定、持久的"供施关系"。新中国成立初期进行土地改革时，塔尔寺土地的所有权未有变动，仍由原来的佃户租种交租。1952年进行查户评产后，湟中县政府、佃户代表和寺院代表达成协议，此后每年从每50千克粮食中抽3.5千克给寺院，剩下的部分交给政府作公粮，如遇灾情可以适当减免。[1]20世纪50年代末，在新政权的要求下，青海各地藏区寺院开展的民主改革废除了寺院所拥有的一切特权及无偿劳役等剥削制度，并要求凡是能够行动的宗教人员都参加体力劳动，原本建立在封建土地所有制基础上的剥削式经济不复存在，僧人被改造成自食其力的劳动者。"文革"后期，遭到空前冲击的塔尔寺僧侣人员，为了维持生存，在履行宗教职务的形式下进行着许多服务性劳动和社会公益方面的工作，例如维护寺观教堂和宗教文物，从事农业耕作和造林护林等。

1982年中共中央在颁发的《关于我国社会主义时期宗教问题的基本观点和基本政策》指出，宗教组织要"自己解决自己的问题"，实行"自办自养"。"为了妥善解决各种宗教实行自办自养的所需经费，还必须认真落实有关各种宗教的房产和房租收入的政策规定。至于教徒的捐献和布施，凡属自愿少量相助的，不必加以干涉，但是应当说服宗教职业人员不得私人占有寺观教堂的宗教收入，景区禁止任何摊派勒捐的行为。"[2]根据这一要求，塔尔寺与周围社区传统的供养

---

〔1〕 参见赵桐华："塔尔寺寺院经济之演变"，西北民族大学2005年硕士学位论文。

〔2〕《关于我国社会主义时期宗教问题的基本观点和基本政策》，载中国民族宗教网，http://www.mzb.com.cn/html/Home/report/21266 - 1.htm，最后访问时间：2007年5月14日。

模式彻底瓦解，被迫走上以寺养寺的发展道路。现在，在塔尔寺周围社区，人们对寺院供养不像过去那样受寺院上层的摊派，寺院维修或举办法会等所需经费和劳力也不完全依靠社区信众，而是寺院以争取项目资金、增加旅游自养及宗教收入等方式自行解决。

（三）寺院向多元化方向发展

改革开放后，随着市场经济和社会生活的快速发展，塔尔寺"以寺养寺"经济模式也获得成功。在此基础上，塔尔寺与时俱进，将自身发展目标确定为"在社会主义条件下，既是藏传佛教圣地、佛教文化中心及宗教精英培养场所，也是旅游胜地和参与各种社会事务的基层组织"。[1]按照这一发展目标，塔尔寺开始向宗教实体建设为主，宗教经济和宗教文化多功能并行发展的社会实体转变，一个开放性、现代型宗教文化场所的雏形逐步形成。

第一，打造宗教文化品牌，发展旅游经济。作为宗喀巴大师的诞生地和格鲁派的六大丛林之一，塔尔寺所拥有的文物古迹、建筑、藏药、工艺等，都是不可多得的宗教文化资源。尤其是堪称经典的"三绝艺术"，更是誉满四海，名扬五湖。再加上塔尔寺优越的地理区位，很容易发展"食住行游购娱"一体化的旅游经济。近年来，随着藏传佛教旅游业的兴起，塔尔寺开始借助自身优势吸引游客和信众，大力发展旅游业。寺院每年农历正月、四月、六月、九月举行的"四大观经"大型法会，以及农历十月下旬为纪念宗喀巴大师圆寂而举行的"燃灯五供节"、年终的送瘟神活动等，规模盛大，热闹非凡，吸引着全国各地的信众、游客前来祈福、参观。除出售门票外，寺院往往还提供僧人导游、酒店、餐饮、旅游纪念品、宗教文化用品等配套服务，从而获得大量经济收入，这些经济收入，不仅维持了塔尔寺的日常开支，而且还使寺院积聚大量财产。

第二，变通宗教仪轨，推动宗教符号大众化。以往由于"政教合一"的制度，僧人备受尊重，愿意出家为僧的人很多。20世纪80年代以来，随着中国经济体制改革和经济社会生活快速发展，传统农牧业社会逐步向工业社会转型，塔尔寺周边地区毫不例外地卷入了现代化、商业化、世俗化、理性化的潮流，其周边信众越来越关注经济、商业等方面的活动，留给宗教生活的时间、空间大大减少，出现了宗教私人化、参加宗教活动频率下降、宗教信仰度减低等现象，导致

---

〔1〕 参见普日哇、圈启章、完玛冷智："塔尔寺与社会主义社会相适应的经验"，载《宗教与世界》2005年第2期。

寺院获得的外在支持日益减少，这就使得寺院不得不主动顺应这一时代脉搏进行相应的调适。

如今的塔尔寺，活动范围与影响区域已不仅仅局限于六族社区等附近地区，而是辐射到全国各地。寺院的各种法事活动也不再仅仅局限于信众，一些非信仰者也可参与其中。为了进一步拓宽自身发展渠道，塔尔寺在宗教、学术、经贸等方面与社会各界建立广泛的联系，从而更好地实现了寺院与社会的融合，使塔尔寺成为社会主义文化建设的重要组成部分。值得注意的一个现象是宗教仪轨和宗教节日的民俗化，比如，塔尔寺新年祈愿法会结束时的酥油花灯节等节日虽然还保留着宗教的内容，但是，更多的人已将其视为地方民俗，原先的宗教圣地也已成为当地各族民众的休闲娱乐、贸易互市的场所。

市场经济的无形之手迫使藏传佛教不得不改变它的许多仪轨和禁忌。塔尔寺寺管会一位负责人称昔日藏历六月是藏传佛教的坐夏日，全部僧人要闭观修行，俗人一律不准进入寺院，而现在农历六月份正值旅游黄金季节，塔尔寺又是旅游胜地，坐夏仪轨无法坚持，同时，藏传佛教规定寺院内在某些特定的日期、特定的场所禁止女性进入，现在也无法严格遵守。伴随着一系列变化，僧人们的观念和生活方式也发生改变。与过去相比，塔尔寺僧人们"闭关苦行"式的生活状态被打破，在信仰至上的前提下，有关僧人们衣、食、住、行、言、思方面的戒律教条不再像过去那么严苛，而是随着活佛、僧侣们伦理观、价值观的变化趋于缓和，很多僧人都开始自觉放宽衣食住行方面的规约，接受现代化的生活方式。

第三，实施新式教育，提升僧侣综合素质。随着基础教育的推广，塔尔寺已不再是藏区的教育中心。为了适应社会的发展，提升寺院僧侣的整体素质，塔尔寺因势利导，以佛学教育为基础，同时进行外语、专业技能等方面的培训，以实现寺院教育的多元化。在佛学教育方面，塔尔寺不仅恢复了学衔晋升制度，还开设"五明哺育院"，鼓励和推广藏文化的学习。除了接受佛学教育之外，僧人们还可以根据自己的兴趣爱好，选择外语、电脑、藏药、宗教艺术等方面的培训来充实自己。一些僧人还创办了内刊杂志，以丰富寺院生活。

第四，积极参与社会事务，扩大社会影响。塔尔寺的活佛和僧侣，在通过各种渠道弘扬寺院宗教影响力的同时，还积极参与各项社会事务，努力扩大社会影响。例如，塔尔寺每年都会举办诸多的学术研讨和经济贸易交流活动，从而与社会各界保持广泛的联系。面对地震雪灾等一些突发性状况，寺院活佛、僧侣组织捐款、开展医疗救助，积极投身于抗灾救灾的前线等。另外，寺院每年都会组织植树造林、济困助学等公益性活动，在实践佛教行善积德理念的同时，也提供了优质的社会服务。在投身社会事务过程中，塔尔寺作为基层社会公益组织的特色日益突出。

总之，受经济、社会效益的双重驱动，塔尔寺"寺院追求一种近似于综合院校或企业集团的运作模式，僧人的行为、生活、观念趋向现代化，佛事收入则有按劳分配、奖罚结合、照顾弱势、总体均衡相结合的特点，一个开放性、现代型宗教文化场所的雏形逐步形成"[1]。

三、塔尔寺现代寺庙的主要功能

当今的塔尔寺，除具有原来的举办佛事活动和僧人教育功能外，还具有传播宗教文化、进行观光旅游、发展经济、履行基层社会组织等功能。

（一）举行宗教活动

现在塔尔寺的宗教活动内容大体与传统一致，并且更加地规范。每年有7次集体念经活动、4次大型法会和2次小型法会，以4次大型法会最为隆重和盛大。根据青海华远国际旅行社公布的供游人了解的佛事活动信息，四大法会期间的佛事活动安排大致如下表所示：[2]

表2：塔尔寺法会期间佛事安排表

法会名称	时间	活动内容
正月祈愿法会	农历正月十四　午间	跳金刚怖畏护法舞
	农历正月十五　上午	举行浴佛（酥油花展）
	农历正月十五　晚间	大型酥油花灯展览
内容简介	农历正月初八到十八举行，农历正月十四午间跳金刚怖畏护法舞，农历正月十五上午浴佛，农历正月十五晚间举办大型酥油花展览。	
四月法会	农历四月十四	午间　跳金刚怖畏护法舞
	农历四月十五	上午　晒大佛
	农历四月十五	下午　跳马首金刚护法舞
内容简介	农历四月初八至十五举行，是纪念释迦牟尼诞生、出家、涅槃的法会，农历四月十四午间跳金刚怖畏护法舞，农历四月十五上午晒大佛，农历四月十五下午跳马首金刚怖畏护法舞。	

---

〔1〕 参见普日哇、圈启章、完玛冷智："塔尔寺典型模式研究报告——兼析藏传佛教与社会主义社会相适应"，载《中国藏学》2006年第2期。

〔2〕 参见青海华远国际旅行社："塔尔寺法会时间安排"，载http://www.51766.com/xinwen/11013/1101317521.html，最后访问时间：2013年4月17日。

法会名称	时间	活动内容
六月法会	农历六月初七	上午　晒大佛
	农历六月初七	下午　跳金刚怖畏护法舞
	农历六月初八	上午　转经佛（转寺院外围一周）
	农历六月初八	下午　跳马首金刚护法舞
	农历六月初八	下午　跳马首金刚护法舞
内容简介	农历初三至初九举行，是纪念释迦牟尼"三转法轮"的大法会，农历六月初七上午晒大佛，农历六月初七下午跳马头明王护法舞，农历六月初八上午转经佛（转寺院外围一周），下午跳马头明王护法舞。	
九月法会	农历九月二十二	全天　开放所有佛殿拜佛
	农历九月二十三	午间　跳马首金刚护法舞
内容简介	农历九月二十至二十六举行，是纪念释迦牟尼降凡的大法会，有跳桑坚、拜佛等活动，其中农历九月二十二全天开放所有佛殿拜佛，农历九月二十三午间跳马首金刚护法舞。	

（二）传承宗教文化

塔尔寺有"三绝"，即酥油花、壁画（唐卡）和堆绣，这"三绝"是塔尔寺宗教文化的最显著体现，备受国内外游客的喜爱。每年农历正月十五，塔尔寺会举行酥油花展。酥油花是用酥油彩塑，以佛神天神、花草树木、各式人物画像为主题，以金箔点缀装饰而成。相传公元641年，文成公主与松赞干布联姻时，文成公主从唐都长安带去释迦佛像一尊，信徒为了表示敬意，在佛像前供奉了酥油花一束，从此成了藏族人民的习俗。酥油花使原本没有生命的酥油变成具有生命力的艺术品，向人们展示佛教文化。塔尔寺现有专门寺院供奉酥油花精品。

目前塔尔寺仍保留着多幅400年前的壁画。壁画是各殿宇墙壁上的绘画，大多绘于布幔上，也有的直接绘于墙壁或栋梁上，颜料采用石质矿物，色泽鲜艳，经久不变。塔尔寺的壁画古朴典雅，内容多取材于佛经，篇幅从约17厘米到高达5层楼大小均有，一般以1.3～1.7米居多。

堆绣是塔尔寺独创的艺术品之一，是用不同颜色的绸缎剪成各种形状，以羊毛或棉花等填充，绣在巾幔上，由于中间凸起因而有明显的立体感，包括刺绣和剪堆两种类型，内容多取材于佛教故事及宗教生活。塔尔寺内的大经堂、小金瓦殿、参尼扎仓除外的三大扎仓殿宇，均挂有堆绣。

（三）开展寺院经济

现今的塔尔寺已经是青海地区的旅游旺地，享誉国内外的 5A 级旅游景区，每年的 2 月酥油花展开始至 10 月是旅游旺季。1961 年塔尔寺被授予国家重点文物保护单位，湟中县县委、县政府利用塔尔寺突出的宗教地位、独特的建筑景观、丰富的文化艺术及显著的社会价值，将塔尔寺的发展目标定位成建设国际5A 级旅游景区，并投入大量资金。政府委托北京中科景元城乡规划设计院编制《塔尔寺旅游区创建国家 5A 级旅游景区方案》和《塔尔寺旅游景区创建国家 5A级旅游景区调整方案》。同时，加强宣传力度，拍摄多部宣传片，在多个卫视进行宣传。

青海塔尔寺旅游服务有限公司，负责塔尔寺旅游策划。塔尔寺景区按照"一轴、两心、五区、七组团"的空间发展规划，建设以文化旅游为轴线，以景区服务和管理为中心，以人口服务区、塔尔寺文化旅游区、城市商业休闲旅游区、八瓣莲花休闲旅游区及山地生态保护区，陈家滩旅游产业组团、莲花湖滨水游乐组团、河湟文化藏文化博览组团、河湟文化特色商业组团、塔尔寺宗教旅游组团、商业旅游组团、刘琦庙旅游组团，形成了"吃、住、行、游、购、娱"六要素功能齐全、服务完善的特色文化旅游景区，其中以佛光路为轴线，在沿线规划了景观廊道、香巴林卡酒店及演艺厅、河湟文化体验园、藏文化博物馆、莲花湖徒步、山地自行车健身休闲旅游主题公园、"八瓣莲花"民间工艺品展示体验中心等 18 个重点文化旅游服务项目。

目前，塔尔寺的经济收入来源主要包括旅游收入、布施和商业经营收入，其中比重最大的是旅游收入。塔尔寺的旅游收入包括门票和旅游产品两部分。由于到塔尔寺旅游的人越来越多，其门票价格也在不断上涨，可谓是一年一个价，从公元 2000 年的 20 元已增长到 2015 年的 80 元。仅 2015 年十一黄金周 6 天时间，塔尔寺就接待游客 17 020 人次，旅游收入 347.21 万元，门票收入 95.31 万元。[1]塔尔寺旁有两条商业街，一是银铜器步行街，二是藏饰商贸街，藏族人民的特色手工艺品一直备受游人喜爱，所以旅游产品收入也是一项重要的收入来源。其次是布施收入。除了上文已介绍的传统塔尔寺的布施和僧人外出念经收入外，如今塔尔寺的布施形式有了一定变化，数额也逐渐增加。塔尔寺的各大殿均

---

〔1〕 参见"外地游客最钟情青海湖塔尔寺"，载青海新闻网，http://www.qhnews.com/newscenter/system/2015/10/08/011835463.shtml，最后访问时间：2015 年 10 月 8 日。

设有芒加、千灯、百灯，几百元到上千元不等，游人和信众除了向这些宗教用品布施，还要给每个僧人一定数额的布施，有些游客还会捐赠大笔钱物。商业经营收入主要是指塔尔寺的印经院、藏医院、商店、照相馆、停车场、塔尔寺古建筑工程公司等的经营所得。

寺院的经济支出主要用于僧人生活、宗教活动、慈善捐款、寺院水电维修管理各种杂费等。塔尔寺绝大多数的僧人都依靠寺院供养。按照《塔尔寺僧人管理制度》规定，塔尔寺的驻寺僧人实行定员管理，在各扎仓的 500 多名僧人，每位僧人平均每年发放 2000 元，加上布施份子约为 3000 元。[1]60 岁以上的僧人多采用居寺养老模式，不仅每月发放布施份子，还要有基本的生活费。此外，僧人学经的费用一般也由寺院承担。其次是宗教活动支出，主要是用于佛事活动以及一些临时性支出。每年 4 次大型法会和 2 次小型法会期间的各项费用，都需寺院负担。再有，慈善捐款支出。佛教倡导乐善好施，塔尔寺成立了红十字会，遇到一些重大灾情或者周边贫苦群众有需要，寺院均会积极联系并捐助善款。同时，塔尔寺也通过跟国际上一些慈善机构的友好交往，带动这些机构加入到慈善捐款的行列。此外还有用于寺院水电、管理、维修等的固定性支出。

在财务管理方面，塔尔寺设有专门的财务室，设有财务主管数人，总监 1 人，会计 1 人，出纳 1 人，负责寺院的财产物资核算、利润核算等工作。财务的上报审核等皆依据《塔尔寺财务管理制度》规定办理。对寺院财产的占有方式等也作出了明确的规定。这些经营和财务管理具有企业化色彩。

总之，从 20 世纪 50 年代末期开始，塔尔寺开始实行民主改革，废除寺院封建农奴制度和政治经济特权，开始了与社会主义制度的适应性变革。改革开放后，随着寺院内部民主管理体制的建立和完善，寺庙全面对外开放，传统寺院功能迅速发生新变化，从一个格鲁派宗教圣地发展成集佛事活动、僧人培养、传播宗教文化、旅游胜地等多种功能于一身的社会实体。特别是寺院作为经济实体的特色日益突出，其经济活动不仅有传统的布施收入、租金收入，僧人提供宗教服务的宗教收入，也有僧人直接参与社会经济事务，或直接组建公司开展经营活动。与此同时，作为社会设施，塔尔寺社区也吸收了现代公共管理内容。

（四）塔尔寺寺院功能演变过程中显露的问题

伴随着塔尔寺由传统模式向现代模式的发展转型，其收获诸多成果的同时，

---

〔1〕 参见赵桐华："塔尔寺寺院经济之演变"，西北民族大学 2005 年硕士学位论文。

也暴露出许多的问题。

第一，现今的塔尔寺不仅实现了自给自足的经济发展模式，而且经济收入逐渐增多，寺院财富数额日益增大，寺院的发展具有了浓厚的企业化气息。如何处理好作为青海地区格鲁派第一大圣地的宗教定位与商业化的矛盾是塔尔寺发展要解决的矛盾之一。

第二，面对着日益增多的经济收入和日益增多的宗教财产，宗教财产作为公共财产的监管问题日益突出，信众对寺院财务管理规范化要求日益迫切，如何使得寺院经济活动、财产管理做到更加规范、透明，收入来源及支出皆有账可查、有据可寻，也是寺院发展需要解决的问题。

第三，塔尔寺与周边其他组织的利益冲突日益突出。塔尔寺在开展以宗教旅游为主题的经济活动中，与相关利益部门发生诸多利益冲突，这些冲突涉及开发商与寺院僧侣、寺院与当地居民、寺院与文物保护单位、寺院与旅游部门等多个层面。2011年，塔尔寺全体僧众及周边信众就针对塔尔寺旅游业发展过程中产生的诸多问题曾致信国务院及省市县级有关部门，说明多边矛盾已很尖锐。[1]

第四，在商业化、市场化、世俗化的现代化大潮中，僧人的生活与世俗更加接近，如何使僧人潜心修佛也是一项挑战。据笔者走访资料显示，年长的僧人们多认为现代文明的产物会扰乱僧人们内心的平静，会影响修佛的境界。例如，经书规定寺院要建在至少距离村庄3千米以外的地方，使僧人和村庄里的人们保持一定的距离，不被俗人、俗事打扰，静心修佛，而手机打破了这种距离，对于出家人来说，手机是不利的，特别是对于那些年轻的僧人，他们有了手机之后，心里的事情变多了，无心修佛，甚至还会选择还俗。[2]塔尔寺以前是教育中心，僧人们是最有学问的人，但现在好多人都把孩子送到学校，不再热衷于学习佛教知识，而且好多年轻僧童来寺院也不好好学习、遵守戒律，整天玩手机、听音乐，有些时候还趁晚上去酒吧、KTV，这给寺院和其他僧人都带来了不好的影响。[3]

由此可以看到，塔尔寺寺院功能从传统向现代转型的过程中，确实产生了一些问题。面对这些问题，如何实现各方利益均衡、实现"居游共享"等相关议题是今后发展规划必须考虑的范畴。同时，也要认识到，这些问题和所有发展带

---

〔1〕参见凤凰博报·歌那东扎的博客："塔尔寺全体僧众及周边信教群众的亟待呼吁书"，载 http://blog.ifeng.com/article/12416423.html，最后访问时间：2011年7月17日。

〔2〕访谈对象：塔尔寺僧人阿旺（化名），藏族，75岁；访谈时间：2015年10月25日。

〔3〕访谈对象：塔尔寺僧人丹增（化名），藏族，60岁；访谈时间：2015年10月25日。

来的益处，都是社会发展变迁过程的一部分，是变革转型要面对的"必然"，是动态性的历史文化本身。我们需要理性对待和冷静处理，而不是因噎废食，故步自封。

四、结语

最初的塔尔寺发展模式是因佛而圣，倚政发展，随着政策环境的改变和现代化浪潮的席卷，塔尔寺对其自身发展模式进行了整饬与调适，通过宗教改革、大力发展旅游业、实施新式教育、参与社会事务等一系列调适，塔尔寺从一个国内外佛教徒顶礼膜拜的格鲁派宗教圣地，发展为一个兼有藏传佛教圣地、佛教文化中心、旅游胜地及社会基层组织等诸多功能于一体的综合性社会实体，从而顺应了社会的发展变迁轨迹，实现了自身的持续稳定发展。以塔尔寺为中心辐射开来的宗教场域中，各种经济、文化、社会与象征资本之间的相互作用，形成了人与人、人与社会、人与宗教、宗教与社会等微观、中观、宏观各层面盘根错节的互动关系，这些因素之间有对垒也有对话，有交锋也有交集，有显性边界也有模糊地带，彼此制衡、相互作用，使得这个以人神互构为过程、圣俗交织为特色的宗教场域在维持平衡的同时，实现着发展与变迁。塔尔寺的发展变迁，是一种长期历史进程的必然结果，宣告了一个可以适应社会变化的新的宗教时代的到来，也说明了每一种宗教，面对着瞬息万变的社会环境，要想获得更多的生存发展空间，就必须与时俱进，不断进行自我调整与自我扬弃，不断从更新中获得生机。

藏传佛教寺院管理模式的现代转型

——松赞林寺与雍和宫的比较研究

胡 芮*

【摘 要】 本文以雍和宫和松赞林寺为例，分析两寺在组织与人员设置、制度建设、财务、佛事活动、僧人五方面的管理内容，归纳出两寺在寺院管理模式上传统模式与现代模式并行、"以寺养寺"要求下发展寺院景区、僧人学经内容形式多样化的三个相似点，分析出松赞林寺民管会康参互选、雍和宫财务管理制度的公开与透明和松赞林寺"三位一体"管理方式的管理创新。总结出两寺为适应现代社会的变革作出的三个转变：由传统的"人治"向"法治"转变，从"以神为本"向"以人为本"的转变，从"集权统治"向"民主治理"的转变。最后提出在现代转型过程中藏传佛教寺院管理模式的启示：政府依法管理，寺院自主调试，即以宗教法规、规章为准绳，实现寺院管理制度的自主调试；与政府进行良性互动，协调管理过程中的各项资源；"以人为本"理念进入寺院，推动寺院、僧人、信众建立民主的多向互动关系。

【关键词】 藏传佛教 雍和宫 松赞林寺 管理模式

传统上藏传佛教不仅在青藏高原有很大影响，而且辐射蒙古高原及其周边地区，信众不仅有藏族还有蒙古族、土族、羌族、裕固族、纳西族以及部分汉族等。云南藏区藏传佛教寺院和北京藏传佛教寺院代表了藏传佛教从西藏向内地辐射的两种不同路向。作为藏传佛教格鲁派的著名寺院，北京的雍和宫和云南迪庆的松赞林寺从古至今，在地理区位、社会定位、寺院管理等多个方面表现出了藏传佛教寺院的共性和各自鲜明的特色。

---

* 胡芮，女，法学硕士，贵州大学教师，主要从事民族政治、宗教问题研究。

一、雍和宫寺院管理概述

位于北京东北方的雍和宫是清代著名的皇家寺院，同时也是北京保存较为完好的藏传佛教格鲁派寺院。自1744年改寺以来，雍和宫不仅成为藏区高僧大德向往的藏传佛教圣地，同时也是清廷治理蒙古、西藏地区宗教事务的核心——理藩院的所在地，雍和宫随即成为中央与藏区联系的重要政治枢纽。新中国成立以来，雍和宫在中央政府前后三次拨款修缮之后得以对外开放。在不断地摸索与探究之后，雍和宫不仅成为享誉海内外的佛教艺术圣地，同时也形成了宗教事务与行政事务分离且并行的双轨制寺院管理模式。

（一）雍和宫历史回顾

雍和宫改寺距今已有270年的历史，其前身是明朝时期太监们居住的官房，清廷定都北京之后将该地划归内务府管辖。康熙三十二年（公元1693年），皇四子胤禛（雍正皇帝）获封贝勒，按照皇家规制，康熙皇帝将内务府用房赐予胤禛，取名"禛贝勒府"。康熙四十八年（公元1709年），胤禛获封"和硕雍亲王"，禛贝勒府随即升为"雍亲王府"。1722年，雍正皇帝继位后迁入皇宫，同年将雍亲王府改为自己的行宫，并赐名"雍和宫"。改为行宫之后的雍和宫并未进行大规模的修缮和扩建。雍正十三年（公元1735年），雍正皇帝驾崩，乾隆皇帝继位。在乾隆继位的前10年时间里，雍和宫永佑殿常年供奉着雍正皇帝的影像，宫内大部分的殿堂常年有格鲁派的喇嘛诵经。

乾隆九年（公元1744年），乾隆皇帝将雍和宫正式改建为藏传佛教寺院，改建工程由内务府总理工程处承办，负责修建工程及办买材料，并于乾隆九年（公元1744年）二月正式开工，乾隆十年（公元1745年）八月落成。改建后雍和宫的主体建筑，包括三座精致牌坊、天王殿、雍和宫殿、永佑殿、法轮殿、万福阁等五进宏伟大殿组成，还另有东西配殿、四学殿和戒台楼、班禅楼。[1]雍和宫的第一任堪布是在蒙古地区颇有影响的大活佛——三世章嘉·若比多吉。三世章嘉活佛不仅促成了雍和宫行宫改寺的历史转折，同时在担任雍和宫堪布期间协助乾隆皇帝管理蒙、藏地区的事务。雍和宫作为胤禛（即后来的雍正皇帝）的贝勒府、亲王府以及雍正皇帝的行宫、影堂，存在了约半个世纪。在整个清朝时期，尤其是清朝前期，它有显赫的历史地位。雍和宫不仅因为是帝王的出生地而受到关注，同时还作为宗教信仰、文化交流与民族团结的窗口而在藏传佛教寺庙历史

---

〔1〕 参见塔娜："雍和宫寺院教育研究"，中央民族大学2013年博士学位论文。

上显得尤为重要。[1]

新中国成立以后，中央政府先后于 1950、1952、1979 年投入 4 亿元（旧币）、84 亿元（旧币）和 200 万元对雍和宫进行修葺。[2]1981 年，雍和宫对外开放，迎接世界各地的游客。新时期雍和宫的功能已经从传统上的皇家寺院和藏传佛教寺院拓展为集文化、旅游、教育功能于一身的宗教场所。

（二）历史上雍和宫的寺院管理模式

1. 管理组织与人员设置

1744 年，雍和宫正式改为藏传佛教寺院之后，清朝当廷就在这里设置了一个规格很高的管理机构——理藩院，负责管理全国蒙藏的事务。理藩院设"领雍和宫事务大臣"1 名，从亲王中选派，其下设有"总理雍和宫东书院事务大臣"数名，从王公和一、二品文武官员中选送。雍和宫还设有文案房、经坛房、造办房三房，负责雍和宫日常的文书、僧人、佛像造办等事宜。

此外，在宗教事务管理方面，雍和宫还设有"总管驻京喇嘛印务处"（以下简称"印务处"）和专门负责雍和宫内部宗教管理的机构。"印务处"的主要负责人是正、副掌印扎萨克达喇嘛。"印务处"主要负责管理北京、东西陵、热河、五台山等地的喇嘛寺院的工作。扎萨克达喇嘛下设 4 名"苏拉喇嘛"，苏拉喇嘛下还设有"德木奇"和"格斯贵"各 2 名，他们主要负责管理寺院内的勤杂事务；而寺院的学经事务则由"教习苏拉喇嘛"负责。总的来说，雍和宫内部事务的管理机构则十分复杂，分为七级，分别管理院内喇嘛的生活和学习。[3]

与此同时，按照藏传佛教密宗的四续部理论，雍和宫还设置了显、密、时轮、医学四大扎仓，扎仓内设置堪布、教习喇嘛、格斯贵等人数不等的职位。各扎仓的堪布由西藏各大寺院选派，僧员从蒙古四十九旗、喀尔喀七部及汉藏地区聪明的青少年中选送。

2. 财务管理

清朝时期，雍和宫的经济来源主要由皇帝赏赐、信众捐赠、香灯地地租等组成。以固定资产来说，当时雍和宫的建筑、佛尊、唐卡、匾额、碑刻、楹联等文物多为皇帝赏赐以及各活佛往来间的馈赠，这是雍和宫财产的重要组成部分。在

---

[1] 参见常少如主编：《藏传佛教古寺雍和宫》，北京燕山出版社 1996 年版，第 15 页。

[2] 本文中涉及的数据，除专门标注外均为此次调研所得数据。

[3] 参见牛颂主编：《雍和宫》，当代中国出版社 2002 年版，第 154 页。

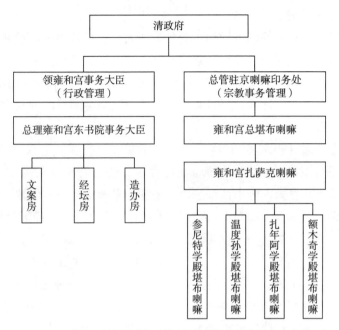

图1：新中国成立以前雍和宫的组织机构图

地租收缴方面，资料显示，乾隆年间，雍和宫的香灯地遍及北京周围 29 个县，年地租一项收入就达白银近万两。

此外，清朝政府对雍和宫僧人的待遇也是相当优厚。除政府每月通过广储司国库定时支付僧人的开销之外，对于堪布、呼图克图等上层高僧、大德，政府还会加发"驻京喇嘛钱粮"，封给他们庙产、牧场还有牛羊，等等。据史料记载，三世章嘉·呼图克图在任雍和宫总堪布期间，拥有十多座大中型寺院及庙产，外加亲王俸缎一份，月特赏 500 余两。[1]

在给予雍和宫众多财富的同时，当朝政府对雍和宫的财务管理也是十分的严格。据史料记载：乾隆四十年（公元 1775 年）七月，内务府在对雍和宫的账目进行审查的过程中发现院内副内管理伯文在香灯钱数目上存在作假行为，因此严厉地处罚了伯文，将其降级调用，并责令其填补账目所缺的银两，涉及该事的多罗履郡王因监察不善，被罚俸 3 个月。尝鼎一脔，通过该故事可了解到当时清廷对于雍和宫的财务管理是多么的严格。

---

〔1〕 参见牛颂主编：《雍和宫》，当代中国出版社 2002 年版，第 157 页。

3. 佛事活动管理

清朝时期，雍和宫的佛事活动主要分为两大类：日常佛事活动和节庆佛事活动。日常佛事活动主要是诵经、皇家供品制作以及佛教音乐的修习。诵经活动分为"本课""内课"和"随营"。"本课"指的是在雍和宫本寺内的讲经、密宗、时轮、药师四个扎仓内诵经，每月某个固定的时间都会到对应的扎仓里诵相应的经文，以法轮殿为例，每月初十，诵《刚宋经》；三月初一、四月初三、七月初一、十二月十三诵《根本经》；四月十三至十五诵《发菩提心仪轨会经》；六月十五至三十诵《罗汉经》，全年的诵经过程中，还会有定期的考试。[1] "内课"即为僧人到皇宫和皇家御园中诵经。由于清朝的皇帝十分崇尚佛教，僧人的"内课"任务可谓十分繁重：每日 20 人在皇宫中正殿前殿诵《吉祥天母经》，9 人在后殿诵《无量寿佛经》，3 人在东殿诵《龙王水经》；每月初一、初五、初七、初八、十三、十五、十七、二十三、二十五在慈宁宫诵《无量寿佛经》；每月初一、初八、十三、十五、三十派人在香山静宜园诵《金刚经》《药师经》，等等。[2] "随营"主要是在皇帝御驾亲征、围场狩猎、亲王出征的时候，派札萨克喇嘛带着 4 名喇嘛在要安营的地方诵《曼陀罗净坛咒》，在安营结束后围绕皇帝或亲王的营帐诵经，以驱除浊祟。

雍和宫的僧人日常除诵经以外，还会为繁复的皇家法事制作面制供品以供使用。面制供品一般做成茯苓、灵芝、仙桃、石榴、佛手等形状，供奉于皇宫内的佛殿、佛堂内。在日常的法事活动中，必不可少的就是宗教的唱诵和乐器演奏，佛教"五明"之一的声明指的就是经文的唱诵。雍和宫的唱诵分为诵经音乐和仪礼音乐，是藏传佛教音乐和汉传佛教音乐的融合。在诵乐过程中还会演奏大铜号、海螺、饶、钹、金刚铃等乐器。佛教节庆活动经过长期的历史演变，已经与民俗相结合演变成了佛教寺院历代传习的定制。雍和宫的主要节庆活动有：喜迎新年大法会、大愿祈祷法会、大威德金刚坛城法会、宗喀巴上师供法会，等等。这些法会上，僧人会在指定的殿堂诵经，跳"金刚驱魔神舞"，等等，不同的节庆诵的经文不同，具体的仪轨也各不相同。

4. 僧人管理

第一，僧人的收入和财产。清朝时期，雍和宫内学艺喇嘛的开销由其所送的

---

〔1〕 参见牛颂主编：《雍和宫》，当代中国出版社 2002 年版，第 518～522 页。

〔2〕 参见牛颂主编：《雍和宫》，当代中国出版社 2002 年版，第 514～518 页。

旗按月交纳，其余的喇嘛的开销按照不同级别由政府统一发放。一般僧人的待遇每人每月粮米七斗五升以及数量不等的银钱，每人有进宫念经时穿戴的黄蟒袍等法衣 14 套，另有各种特赏、布施。级别较高的呼图克图、堪布，除了这些钱粮，清廷还会赏赐他们寺院及庙产、牧场、牛羊、白银、金玉珠宝、古玩字画，等等，这些都是他们个人所有。因此当时还有"驻京喇嘛不亚于王爷"这样的说法。[1]

第二，僧人的学经。最初的藏传佛教寺院教育主要是全面灌输和传授藏传佛教教义和宗教仪轨。曾经的寺院教育在藏族传统教育史上占有特殊而重要的地位，甚至可以断言，经院教育曾在藏族历史上完全垄断过藏族社会的整个文化教育。[2]承袭藏传佛教寺院的教育传统，雍和宫改寺之初就设立了数学殿、药师殿、显宗殿和密宗殿四大扎仓。在数学殿，学徒共分为 4 级，要先后学习藏文、佛经、历算等功课，完成学业后才能考取更高一级的喇嘛职衔；药师殿主要学习药师经和四种医学经，学习同样分为 4 级，每级 3 年；显宗殿共有 13 级，每级 3 年，主要学习显宗经典；密宗殿共分为 5 级，每级 3 年，主要学习秘密金刚、大威德金刚等经典。[3]每个扎仓的学习安排由学经师傅规定，学员按照学经师傅的安排进行相应的学习。

（三）雍和宫的寺院管理现状

1. 管理组织与人员设置

雍和宫内设有庙管会和管理处，庙管会内设主持 1 名、副主持 1 名、管家 1 名、副管家 2 名、正副格斯贵 2 名、文赞 2 名，另外还有数名庙管会委员和负责讲学的经师，庙管会的主要职责是管理庙内的宗教事务，看护殿堂，接待工作和全体僧人的学习、工作和生活事宜，庙管会受佛协领导；管理处是北京市市政府和市宗教事务局的派出机构，负责雍和宫的行政管理工作，内设主任、副主任及文物办公室、业务办公室、总务办公室、研究室等职能科室。此外，雍和宫还有一个旅游服务公司履行雍和宫的景区职能。[4]

2. 制度建设

雍和宫建寺以来已经有 270 多年的历史，其身份也从最初的皇家寺院和藏传佛教寺院扩展成为兼具历史、宗教、艺术、文化等色彩的全国著名的宗教活动场

---

〔1〕 参见牛颂主编：《雍和宫》，当代中国出版社 2002 年版，第 157 页。

〔2〕 参见牛颂主编：《雍和宫》，当代中国出版社 2002 年版，第 134 页。

〔3〕 参见牛颂主编：《雍和宫》，当代中国出版社 2002 年版，第 155 页。

〔4〕 参见牛颂主编：《雍和宫》，当代中国出版社 2002 年版，第 160、531 页。

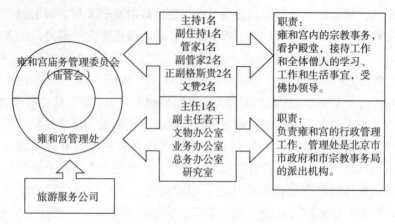

图 2：雍和宫组织机构现状与职责图

所、文化旅游景点和藏传佛教艺术宝库。为了适应自身全方位的发展以及寺院规范化、制度化的管理需要，该寺的庙务管理委员会制定了包括接待、僧舍会客、考勤、探亲、置装着装、会议、殿堂展室管理、上殿念经、宗教活动办公室、开光室、财会管理、开放补贴发放、总务管理、医疗、经学班教师职责、经学班学生守则、食堂卫生管理、食堂管理、招待所住宿、档案管理在内共计 20 项规章制度，并将这些制度修订成册，供院内成员和院外考察人员学习。

第一，考勤制度。雍和宫庙管会为了确保院内各项工作的正常运行，实行严格的考勤制度。具体规定如下：①教务人员要遵守庙内作息时间，不得出现迟到、早退现象；②教务人员每月休息 3 天，鉴于雍和宫对外开放的特点，其中 2 天不能连休；③每次休息前一日要告知庙管会负责看殿调配人员，根据工作情况合理安排休息；④"五一""十一""元旦""春节"等节日不休息，按国家有关规定给予节日补贴，遇有特殊情况需要请假者，按日工资两倍扣生活费；⑤因特殊情况，每月休假超过 3 天的，要扣双倍开放补贴；⑥庙管会每年利用暑期组织全体僧人分期分批外出参观学习，此期间不休息，庙内僧人坚持工作。笔者通过调研得知：雍和宫的僧人日常需要参加早课、站殿、晚课等规定事项，这些事项有的属于个人活动，有的属于集体活动，因此对于考勤方面的要求寺院的规定是比较严格的。同时，作为宗教活动场所，雍和宫除每月初一、初十、十五以及月底的两天要进行例行法会以外，还会每年定期举行"大愿祈祷法会"（农历正月二十三至二月初一）、"浴佛节"（农历四月十三至四月十五）、"大威德金刚坛城法会"（阳历九月二十四至九月三十）、"释迦牟尼佛重返人间"法会（农历九月二十二)、"宗喀巴大师上师供"法会（农历十月二十五)、"腊八节"舍粥活动（农历十二月初八）等宗教活动，几乎所有僧人都要参与其中，各司其职。同时，作为全国著名的旅游胜地和佛教艺术博物馆，自1981年对外开放以来，雍和宫共接待了66个国家的贵宾，另外还有一些国际组织、联合国及其部分机构，欧洲共同体、奥委会等贵宾，共计接待外国游客达百万人次。[1]近几年雍和宫年接待国内游客数接近200万人次，且这一数字还在增长当中。面对着来自海内外数量庞大的游客，寺院内的僧人每天除了参加早课和晚课，还有额外的站殿服务任务，因此合理、科学的考勤成了一种必需。

第二，开放补贴发放制度。雍和宫的僧人除每月寺院发放的补助之外还有额外的开放补贴，对于这部分的补贴庙管会也作了详细的规定，具体如下：①严格遵守劳动法和国家法律、法规。每人每月的开放补贴基数根据管理处奖金提取办法发放；②开放补贴的数额按照岗位责任、工龄、职务等方面制定；③病假每月如不超6天，扣当日开放补贴，超过6天者，扣发当月全部开放补贴；④迟到、早退2次者（月累计），扣除半月奖金；⑤无故旷工者，要根据情节、天数扣除其奖金；⑥发生内部争吵或与游客争吵、打架者，根据情节轻重扣除奖金或辞退；⑦违反外事纪律及其他有损国家形象、民族宗教政策，有损民族团结者，要进行教育、处罚、辞退；⑧看护殿堂时空岗、串岗、扎堆聊天、看书报、打瞌睡、擅离职守者视情节轻重进行处罚；⑨发生火灾、失窃、破坏及其他事故，根据其造成损失的情况，追究责任；⑩捡拾物品交公，为雍和宫争得荣誉的，给予奖励。笔者通过调研了解到：雍和宫每月会给每位僧人发放2000元左右的生活补助，这笔钱直接发放到僧人个人手中，以维持僧人的日常生活开销。除此以外，为了应对雍和宫旅游接待、文化传播等功能的不断拓展与僧人日常任务的日益增加，雍和宫还会给每位僧人发放额外的开放补贴。这个补贴因职务、岗位而异，且严格按照《中华人民共和国劳动法》的规定严格执行。

此外，在探亲假规定上雍和宫实行探亲卡使用制度，每人每年有12张探亲卡，当年有效，一年一次性使用；会议制度方面，雍和宫庙管会委员每月定期召开一次学习会，学习政府的有关法律、政策、法规和相关文件，加强寺内人员的法律意识，增强法治观念；在招待住宿方面，雍和宫实行住宿卡管理，每人每年定额发放15张住宿卡，可以给僧人的父母免费住宿15天、兄弟姐妹住宿7天或者旁系亲属

---

〔1〕 参见牛颂主编：《雍和宫》，当代中国出版社2002年版，第595页。

在收取管理费的情况下免费住宿；在总务管理方面，雍和宫日常的佛事活动物品、办公用品还有僧人的劳保用品的使用都要进行严格的计划、预算、审核，做到既保障供应又避免浪费；此外，在文书档案管理方面，雍和宫庙管会就文书档案的收集、立卷及归档、保管和借阅、保管期限、鉴定和销毁、统计以及工作人员岗位职责等方面作了十分详细的规定，为寺院文书档案管理的规范化树立了典范。

3. 财务管理

1981年雍和宫对外开放以来，同样坚持着在财会管理方面严格管理的传统。早在寺院开放之前，已经对雍和宫的文物进行了全面的清点，包括佛尊、法物、法器、瓷器、木器、唐卡、经书数件文物已清点成册且全数归国家所有，雍和宫庙管会和管理处在国家授权的情况下对部分物品进行使用，并且履行保护文物的义务。在财务管理体制设置方面，庙管会对寺院的财务管理作出如下9项规定，规范财会人员和寺院其他人员的行为：①财会人员要严格遵守国家的财务政策和规定，对各项经费开支严密计划，开支有据，账据相符；②财会人员要按时上报各项财会经费决算，按季度分析收支情况，及时为领导提供经济收支数据；③对于每日收入的布施款要严格管理，坚持日清日结，把好收支关；④报销单据要经经手人、主管负责人签字，财务人员要严格审查报销单据，对于手续不符的不予报销；⑤使用现金在100元以上的，原则上使用转账支票结算；⑥转账支票要认真办理手续，并及时报账，不得开空头支票，不得变相挪用；⑦财会人员要切实遵守外币管理体制，严禁私人兑换；⑧要力行节约，认真理财；⑨大项财务开支要庙管会主要成员集体研究决定，对于款项的用途、数量必须清楚，保证专款专用，防止挪作他用。在资金管理方面，目前雍和宫基本上可以做到自收自支自养，其主要的经济来源是景区门票收入、信众捐赠和功德箱善款。

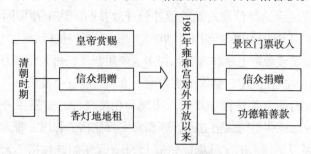

图3：雍和宫成立至今主要经济来源的变化

据调研资料得知：景区每年门票收入中的40%作为雍和宫的维修基金，每年定期通过银行自动转入独立的维修基金账号，该部分资金主要用于寺院的大型维修项目。门票收入剩余的60%用于维持寺院正常运行，包括日常的水电气费用、购置宗教活动所需物品、僧人的生活费、办公用品采购、寺院刊物出版，等等。此外，雍和宫对于信众捐赠每一笔都记录在案，这些布施将根据捐赠者的意愿适时地使用，做到专款专用。

4. 佛事活动的管理

雍和宫自对外开放以来，其主要的佛事活动为佛教节庆的法会和日常诵经。按照《宗教事务条例》等相关文件的规定，雍和宫的佛事活动均在寺院内部进行，寺院集体或者僧人个人不得在寺院外从事宗教服务或举行宗教活动。此外，雍和宫自开放之初，每年举办的法会已经固定，并写入寺管会的管理体制之中，全年的法会如期按照规定进行。

新时期，沿袭藏传佛教的传统，雍和宫目前的主要节庆法会有：喜迎新年大法会、大愿祈祷法会、关公磨刀日、大威德金刚坛城法会、六世班禅大师纪念日和腊八粥舍粥活动。特别关注的是腊八粥舍粥活动：腊八节作为民间的传统节日，始于先秦时期，最初是祭祀祖先祈求来年风调雨顺的节庆。自佛教传入中国之后，出现"牧女献乳糜""释迦牟尼得道成佛"的故事，因此腊八节也成了佛教节庆之一。雍和宫自建立之初就开始以各种仪轨共度腊八节，如今，在腊月初八这一天，雍和宫僧人会早起在经殿诵经，纪念释迦牟尼得道成佛。之后到食堂熬煮腊八粥，部分腊八粥放于佛像前面供奉，剩余的粥都会免费分发给前来寺院祈福的信众。

5. 僧人管理

（1）僧人的收入和财产。新中国成立之后，党和国家主张宗教场所实行自养模式，完成宗教新时期的转型。雍和宫自1981年开放以来，每年保持在院僧人100人左右。按照僧人的级别，每月按时发放2000元左右的生活补助（最初时为1000元左右）用于维持僧人的日常开销，此外寺院还会按照《中华人民共和国劳动法》和管理处奖金提取办法给僧人发放开放性补贴。这些补贴直接发放到僧人手中，由僧人自由支配。僧人财产除了这部分来源以外还有入寺时自己所带的个人物品，不论僧人离开雍和宫或者是还俗，这些财产全归僧人个人所有，任僧人随意支配。此外，寺院还实行严格的奖惩制度，对于迟到、旷工、早退等行为实行扣除奖金的惩罚，对于表现优秀、为寺院争得荣誉的行为给予嘉奖。

（2）僧人的学经。雍和宫内设了一个内部佛学院，分为初级、中级和高级班，目前有学员80余人。学习完初级班的课程需要1年左右，主要教授的是基本的藏传佛教知识和显宗的佛经，还有一些基本的生活技能。中级班没有年限限制，课程的设置也因学经师傅的不同而不同。对于在佛学院表现好的僧人，庙管会还会给予奖励或者是将其保送至更高一级的佛学院深造。日常生活中，僧人每天需要上早课、站殿、晚课。每日上午 5：30～7：00，僧人要到法轮殿诵念《皈依经》《绿度母经》《大白伞盖经》《心经》等经文，逢初一、十五、月末还会诵念《大威德金刚经》《地狱主经》等。[1]站殿主要是为了维护各殿堂的秩序，同时为信众和游客讲解礼佛的基本知识，雍和宫每个殿堂由两名僧人轮流看守。每日的 18：00～20：00，僧人开始上晚课，主要就是上述初级、中级和高级班的课程。除此之外，雍和宫庙管会每月还会定期组织僧众学习国家相关的法律、法规、政策，让僧众潜心钻研佛学的同时了解基本的法律常识。

（3）僧人的基础保障。置装方面，对于新来的学员，庙管会统一分配床铺和发放床上用品、牙具和适时僧装。棉袍每 5 年发放 1 件，长袍每 4 年发放 1 件，棉衣棉裤每 3 年各发放 1 件，衬衣、单鞋、单裤每年 1 件。僧人在寺院学习期间，由寺院统一提供食宿。据笔者调研得知：目前僧人统一住在雍和宫 90 年代修建的宿舍楼中，每人约有 15～20 平方米不等的居住空间。此外，庙管会还为寺院内的僧人购置三险。雍和宫内设药品室，有专门的负责人且常备日常所需的药品，可供寺内僧人一般性疾病的诊治，若僧人患病需住院治疗，只需到指定的医院就诊即可，个人的医疗费用按一定的百分比进行报销。此外，雍和宫内还有 6 名左右年纪较长的僧人，庙管会安排年轻的僧人进行一对一的帮扶，照顾这些老僧人的生活起居。

二、松赞林寺寺院管理概述

位于云南迪庆藏族自治州香格里拉市北部的松赞林寺是云南省最大的藏传佛教寺院，同时也是川滇一代最负盛名的格鲁派寺院。该寺于 1679 年动工，仿照拉萨布达拉宫的形制建造，1681 年基本建成，距今有 330 多年的历史。由五世达赖赐名"噶丹松赞林寺"，主寺院占地面积 30 多公顷，8 大康参规模完善，有 1226 名由乾隆皇帝钦定的僧额。[2]位于云南、四川、西藏交汇地区的松赞林寺自建成以来，在藏区东南部扮演着政治、经济、文化等方面的重要角色，影响着本地及周边地区人们生活的方方面面。新中国成立以后，松赞林寺成立民管会对寺院进行民主管理。

---

〔1〕 参见牛颂主编：《雍和宫》，当代中国出版社 2002 年版，第 532 页。

〔2〕 参见勒咱·扎拉：《康藏名寺：噶丹松赞林寺》，云南民族出版社 1997 年版，第 1 页。

随着外部环境的变化，为使松赞林寺适应时代发展要求，政府相关部门依照宗教法规规章，首创性的是于 2007 年成立寺院管理局，通过管理局与寺院交叉任职的方式，明确责权，划定管理范围，形成了符合地方实际的松赞林寺寺院管理模式。

（一）松赞林寺的地理区位和历史

松赞林寺所处的香格里拉市（旧称中甸县）位于云南省的西北部，是川、滇、藏三省的交汇地区，南连大理，北通西藏，自古以来就是连接内地和西藏的交通枢纽，闻名于世的中国西南民族经济文化交流走廊——"茶马古道"贯穿整个香格里拉。自古以来，香格里拉就是一个多民族、多宗教、多教派共存的地方，境内居住着藏族、汉族、纳西族、傈僳族、彝族、白族、苗族、回族、普米族 9 个世居的民族和其他少数民族共 25 种。少数民族人口占全县总人口的 72%。其中，藏族人口约占境内总人口的 45% ~50%。香格里拉市内基本全民信教，主要信奉藏传佛教、纳西东巴教、彝族毕摩教、傈僳族尼扒教、汉传佛教、道教、伊斯兰教等宗教。全境藏族基本上全部信仰藏传佛教，此外纳西族、普米族、白族、汉族、傈僳族等民族中部分群众也信仰藏传佛教。而在香格里拉的藏传佛教中，又有格鲁派、宁玛派、噶举派、萨迦派共 4 个教派。

在距今 2700 年前的西周时期，苯教从西藏传入香格里拉。公元 9 世纪，佛教前弘时期藏传佛教宁玛派通过民间居士的形式进入香格里拉。公元 12 世纪，噶举派高僧卓滚热清（公元 1148 年~公元 1217 年）由西藏到香格里拉传教，噶举派正式进入香格里拉宗教历史，成为在格鲁派进入香格里拉之前影响当地人民最深、最广的藏传佛教教派。元代，萨迦派传入香格里拉的东旺和格咱地区。15 世纪末，藏传佛教格鲁派兴起，百年后三世达赖索南嘉措受云南丽江木氏土司的邀请到云南藏区传教，香格里拉藏传佛教格鲁派历史随即开始。首先是在理塘建立了长青春科尔寺宣传格鲁派教义、经典，其次受到格鲁派宗教教义以及活佛的影响，部分噶举派内部的僧人开始研习格鲁派教法。17 世纪中叶，噶举派寺院、苯教寺院为了反对格鲁派在香格里拉地区的进一步渗透，发动了武装暴乱。格鲁派利用蒙藏兵的军事力量平定了此次叛乱，并在迪庆境内大兴黄教，清除所有不守清规的僧伯，让自愿留下的僧人出具甘结，永守清规，皈依格鲁教门。[1]

---

〔1〕 参见七耀祖、西洛嘉初："中甸噶丹松赞林（归化寺）志略"，载政协迪庆藏族自治州委员会文史资料研究委员会编：《迪庆州文史资料选辑》（第 3 辑），政协迪庆藏族自治州委员会文史资料研究委员会 1990 年版，第 18 页。

康熙十八年（公元 1679 年），经五世达赖申报、康熙皇帝批准，在原噶举派孜夏寺废址上建立起来一座气势恢宏的格鲁派寺院——噶丹松赞林寺。"噶丹"译为喜足天，六欲天之一；"松赞"即三游戏场所，帝释、猛利和娄宿三种层次形成的三天堂，即三十三天；"林"即为寺的意思。此后，雍正帝还赐名松赞林寺为"归化寺"。松赞林寺作为云南藏区最大的藏传佛教格鲁派寺院，直至新中国成立以前，对该地进行了长达 217 年的统治。1950 年 5 月，香格里拉地区和平解放，同年 10 月松赞林寺主持松谋活佛被选为丽江专区联合政府副主席，1957 年当选为迪庆藏族自治州第一任州长。1958 年松赞林寺实行民主改革，旧有的宗教特权、封建剥削制度废除，民主管理委员会成立，实行民主管理。"文化大革命"期间松赞林寺遭到严重破坏，寺院只剩下一些残垣断壁。1984～1989 年，国家先后拨款 100 万元用于松赞林寺的重建工作。目前，松赞林寺已完全恢复旧观，成为藏传佛教的文化圣地，吸引着海内外的信众、游客前来一睹风采。

（二）历史上松赞林寺的寺院管理模式

1. 管理组织与人员设置

沿袭格鲁派寺院的层级机构划分，松赞林寺共有三个层级机构：扎仓，洛张、觉夏、西苏和康参。扎仓为主寺，以"拉西会议"行使其最高权力，"拉西会议"成员有活佛、堪布、格西等高僧，专门负责寺院的教规教义的制定与解释，寺院重大建设的决策。扎仓下设洛张、觉夏、西苏等组织。洛张即为掌教官，主要管理堪布选任的乡佐和念哇，负责堪扎会议的召开。念哇主要负责管理寺院的服务人员以及寺主活佛的 70 户庄民。觉夏和西苏同为扎仓的财务与内务管理机构，觉夏内设迪哇 2 名，念哇 2 名，聪本 8 名，管理寺院的 300 户教民，以及寺院所有僧人的酥油茶和斋饭；西苏内设迪哇 1 名，念哇 1 名，聪本 8 名，负责寺院节日供品和用度。此外，扎仓还设有薄思、吹则古哇、耐念、格贵、扎马等僧职。

康参为分寺，在松赞林寺中共有东旺、扎雅、朵克、吉迪、洋塘、乡城、卓（纳西）、绒巴等 8 个康参，每个康参下还有数量不等的弥村。每一个康参通过康参老僧会行使最高权力，下设格甘、念哇、古哇等组织僧职。格甘负责管理本康参僧人的学经，念哇负责本康参僧人的其他育经，古哇负责康参的佛事费用管理。

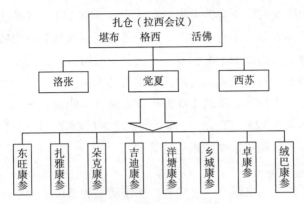

图4：新中国成立以前松赞林寺的组织机构图

2. 制度建设

藏传佛教有着严密的制度体系，尤其以格鲁派分工精细为代表。作为格鲁派代表寺院之一的松赞林寺，沿袭了藏传佛教传统的活佛转世制度、主属寺制度、学经制度、寺院经济制度。

活佛转世制度最早起源于噶举派，后被各大教派所沿用。活佛转世制度是藏传佛教宗教思想传承与巩固政治地位的需求，从最开始时打破家族垄断到最后被信众所普遍接受，依据的是"灵魂不灭"的宗教教义。在松赞林寺主要有寺主松谋活佛、更觉活佛、邦龙活佛、阿布活佛、克斯活佛、崩主活佛、喀占活佛和江茂活佛。

主属寺制度在藏传佛教建立之初已经形成，所谓的主属寺制度即为规模较大、影响力较大的寺院有其所管辖的属寺。就主寺对属寺而言，每一届任期主寺都会派拥有一定学位的僧人到属寺去担任堪布以及其他僧职，对属寺进行管理；就属寺对主寺而言，每年属寺的收入要定期上缴主寺，同时属寺的僧人如果要提高其佛学造诣，一般会到其主寺进行更深层次的修习。历史上，松赞林寺的属寺有大宝寺、第几衮寺、白鸡寺以及宗姑谁巴拉康。

3. 财务管理

作为藏传佛教寺院中的重要制度体系，寺院的经济财务管理十分地详尽且严密。松赞林寺的经济收入主要来源于历代政府赏赐、地租和粮债。松赞林寺的钦定僧额为1226名，直至民主改革以前，每年政府都会拨给口粮青稞255 677.5 千克，衣单银346.5 元，供品银80 元，酥油1232.22 千克，铁斧16 把，土纸9000张等。地租方面，松赞林寺在云南藏区拥有清政府赏赐的370 户农奴以及原苯教寺院庄园共计 403.3 公顷土地，卓康参在江边境还有 213.3 公顷土地，这些土地的地租每年可高达 5 万余千克。此外，松赞林寺还拥有部分高山牧场，可征收牧场租金。通过金钱与粮食的不断积累，松赞林寺的财富越来越多，几乎达到扎仓每个机构都有粮仓，每个康参均有自己的粮仓的水平。据不完全统计，民主改革以前，松赞林寺每年放出粮债约 150 万千克青稞，年收回利息 27.5 万千克左右，约合当时的半开龙元 125 382 元。[1]面对如此之多的财富，松赞林寺内自有觉夏、西苏、洛张等管事机构对这些收入进行管理。

4. 佛事活动管理

松赞林寺自建成以来就有一套完整的佛事活动和节庆法会系统，就活动的地点来说可分为寺内活动和寺外活动。寺内活动又可分为主寺法会活动和康参分寺法会活动。

每日，松赞林寺都会举行 3 次集体诵经法会。藏历新年初一凌晨，寺院内所有僧人会聚集在扎仓大殿举行新年会供；每年正月初五至二十一，在扎仓大殿举行传大昭祈愿大法会，僧人会举行诵经和辩经活动；2 月 3 日举行七世达赖格桑嘉措的期供法会；3 月 8 日举行二世达赖根敦嘉措圆寂供寂；4 月初咏诵《甘珠尔》；6 月 2 日起进行土地前行仪轨；7 月 8 日举行 4 天 62 胜乐本尊大修供目入仪轨；10 月 25 日举行燃灯节；11 月 29 日举行施食节；等等。除在扎仓举行全寺集体的法会以外，康参还会举行一定的法会，如格甘主持下的十月二十五的昂曲节；念哇和古哇主持的《甘珠尔》法会。此外康参内还会举行达主法会、夏令法会、冬令法会，等等。

此外，依照传统松赞林寺的僧人还会外出去给当地的信众做法事。日常生活中，涉及婚丧嫁娶、祈福、禳灾，等等，当地信教群众都会请松赞林寺的活佛、高僧到家里诵经。此外，每年秋后有条件的信众还会定期请活佛到家中举行法事以祈福消灾。忙于寺院内外的佛事活动，所以僧人的日常都较为忙碌，特别是影响力较大的活佛高僧，他们的佛事活动和法事相比普通僧人要多很多。

5. 僧人管理

松赞林寺建寺之初，拟定的僧人名额为 550 名，康熙皇帝批准的实际名额为 330 名，并同时划出 300 户农奴归寺院所有。乾隆年间，松赞林寺僧人数量大幅激增引起了寺院 300 户教民的反抗，为了维护寺院的稳定，安定地方百姓，乾隆

---

〔1〕 参见勒咱·扎拉：《康藏名寺：噶丹松赞林寺》，云南民族出版社 1997 年版，第 17~18 页。

皇帝将松赞林寺的喇嘛定额为 1226 名，养廉口粮、衣单银一并固定不变。

（1）僧人的收入和财产。新中国成立以前，僧人的收入主要由政府供给、家庭供给和自己从商组成。每年政府供给寺院的口粮、衣单银、酥油、纸张都会分配给寺院里所有的僧人。此外，僧人的家属还会提供给僧人青稞、酥油等生活用品，如果僧人要修建僧舍，家人也会提供部分的资金帮助。清朝时期，松赞林寺僧人私人经商的也屡见不鲜，资本在万元以上的有 60 户，资金雄厚的可达 40 万元。[1] 级别较高的僧人，如活佛、堪布，等等，除了皇帝赏赐的农奴、土地、牧场、庄园以外，因其宗教的影响力，不论普通百姓还是王公贵族都会请他们到家中做法事，数额不等的奉献也成为其收入之一。

（2）僧人的学经。新僧人入寺，会在当年藏历年年底剃度，新年正式受沙弥戒。之后要请一位经师作为自己的入寺"师傅"，这位经师会为新僧办理所有的入寺手续。待新僧取得法名之后便被记入寺院的花名册中，从此开始了僧人的学经修行。在当沙弥期间，僧人需在经师的指导下背诵完《汇集密乘道果全部秘密要义之法》《胜乐之经》《四臂护法神和犀缚护法神之酬补仪规》《十三尊大威德自生胜根》和《药师经》。此外僧人还要学习吹奏大号、唢呐等乐器。通过 10 年的沙弥生活后，僧人才有资格到拉萨三大寺受比丘戒，领取格弄名号。在西藏受比丘戒后的僧人成为"格弄"，未受比丘戒的叫"班卓"，考取学位回寺的叫"顷则"，在西藏三大寺中捐赠过的叫"浪觉"。此外，学习完五部大论（《释量论》《现观庄严论》《八中论》《戒律本论》《俱舍论》）并通过考试的称为"格西"，可回寺竞选堪布。

（3）僧人的基础保障。日常僧人的早饭和午饭在扎仓内集体用餐，扎仓会提供酥油茶，僧人自带糌粑和碗即可。晚饭一般僧人各自在自己的僧舍解决。如果有条件的僧人，一日三餐均在各自的僧舍内就餐。僧人依据自己的状况修建僧舍，条件好的僧人可以通过申请，向寺院索要一块土地，自己修建僧舍，条件差一点的僧人可住在其他僧人的僧舍中。僧人每月可得部分的衣单银，购置自己僧服所需的布料。僧人生病时一般都会去活佛、堪布、高僧那里占卜、买藏药，只有到了很严重的病痛时才会到藏医馆进行治疗。

（三）松赞林寺的寺院管理现状

新中国成立以后，松赞林寺实现了政教分离，开始实行民管会的民主管理，

---

〔1〕 参见勒咱·扎拉：《康藏名寺：噶丹松赞林寺》，云南民族出版社 1997 年版，第 18 页。

在经历了"文革"期间的损毁之后，1984 年开始重建并且逐步恢复了正常的宗教活动。硬件设施恢复的同时，松赞林寺也逐渐探讨出一套与社会主义相适应的寺院管理模式，服务于集文化、旅游于一体的现状。

1. 管理组织和人员设置

目前，松赞林寺设有 1 个扎仓，8 个康参，基本承袭了传统寺院的组织机构设置。为了更好地适应香格里拉的发展，加强寺院的管理，"香格里拉松赞林寺管理局"（以下简称管理局）于 2007 年 5 月成立，人员编制为 12 人。管理局的职能：其一，贯彻党的民族宗教政策；其二，落实党和国家的惠农惠僧政策，服务僧人；其三，充当连接寺院僧人和政府的纽带；其四，监督寺院资金的使用。管理局下设松赞林寺民主管理委员会和松赞林景区管理委员会，局长由迪庆州政协副主席（松赞林寺寺主活佛）兼任，市委统战部和市政府领导兼任副局长，专职副局长由政府驻寺特派员担任，局长担任寺管会主任，专职副局长担任景区管委会主任并兼任寺管会副主任，寺管会副主任（僧人）兼任景区管委会副主任。

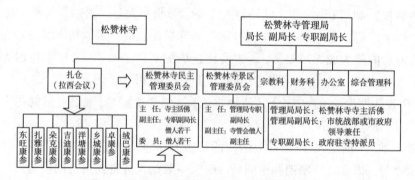

图 5：1984 年以来松赞林寺的组织机构图及职务说明

依照《云南省迪庆藏族自治州藏传佛教寺院管理条例》的规定，民管会 3 年一换届，可以连任，民管会成员通过康参选举产生。[1]值得注意的是，民管会成员的选举采用的是康参间互选的方式。目前，松赞林寺民管会的主任为寺主活佛，16 名寺院内有威望的高僧任常务副主任。松赞林寺民主管理委员会负责寺院的宗教事务和内部事务，保障寺院宗教活动的正常开展，完善和落实寺院内部

---

〔1〕 参见《云南省迪庆藏族自治州藏传佛教寺院管理条例》，载 http://www.sara.gov.cn/zcfg/dfxfggz/6359.htm，最后访问时间：2010 年 12 月 20 日。

的管理体制，同时监督景区管理委员会的工作。松赞林寺景区管理委员会负责寺院的行政事务，主要包括景区的经营管理，辖区内群众的协调工作。交叉任职的模式服务于松赞林寺景区、寺院、社区三位一体的管理理念，各部门各工作人员既互相监督又互相帮助。

2. 制度建设

新中国成立以后，松赞林寺的主属寺制度废除，传统的学经制度、组织制度、经济制度也进行了改革。新时期的松赞林寺注入了许多现代的管理思想，具体体现在1987年克斯活佛所制定的寺院章程。章程主要有五个方面的内容：

有关政策法令的，僧人享有宗教信仰自由，享有与公民相同的权利和义务。僧人视"国法为母，教法为子"，拥护共产党的领导，爱国爱教，遵守宪法和法令。若需前往国外朝圣、探亲和学习，须报经政府有关部门批准。

有关僧人戒事的，比丘（格弄）要遵守比丘"二百五十条戒律"，沙弥（班卓）要守"三十六取舍"。起码严守不触犯"四根本"，严守"十恶"戒。

有关僧人起居的，僧侣必须着僧装，不许着奇装异服。高僧长老要常年住寺，一般僧人要住寺170天，练习念、看、诵、习仪轨程序，跳神舞、谱音乐等一般显密仪式。经师要时常对新僧人进行法律、戒律、品德行为教育。新僧人寺不满10年不能建盖僧舍，僧人建盖僧舍需由经师担保，保证不在僧舍内赌博、饮酒、抽烟。

有关寺院消防及环境卫生的，凡自建僧舍，不能随意占用他人的建筑用地，不能影响其他寺院公共设施。僧人有责任搞好寺院及各自所属范围的环境卫生。

有关财务方面的，国家资助的经费，由寺院管理委员会按年度向僧众公布清楚。信众供奉、捐赠的现金和财物由扎仓及各康参管理人员每年按清算制度管理。扎仓和康参要爱惜寺院和僧众的财产，妥善管理，若有违反规章者，必须追究并处罚。[1]

该章程从僧人的思想引导、宗教戒律、日常生活、财务管理以及寺院的环境卫生等多方面进行了详细的规定，里面不乏看出寺院日常管理的复杂和细碎。寺院的日常管理包括宗教事务和内勤事务。宗教事务涉及僧人的学经、日常的诵经、戒律的执行、宗教活动的举办，等等，这些虽大部分沿用了传统上的宗教仪轨，但是面对着新时期僧人、信众的新特点，寺院也作出了相应的改变。内勤事

---

〔1〕　参见勒咱·扎拉：《康藏名寺：噶丹松赞林寺》，云南民族出版社1997年版，第40～41页。

务上，随着社会的发展，僧人的生活水平提高，寺院的硬件设施也在不断地改变，因此寺院在管理方面也提出了许多的创新之处。

3. 财务管理

新中国成立以后，松赞林寺开始执行"以寺养寺"制度。寺院按月进行宗教佛事活动，活动的花费开支全部由信众自愿提供，寺院除提供僧人每日三餐外，每天每人还有1元的补助，全年共计360元。直至松赞林寺开放为景区之前，僧人基本上靠家庭供养，寺院的收入基本来源于信众的布施。

为探索"以寺养寺"的新路径，松赞林寺管理局通过银行借贷、信众捐赠等方式筹资，在松赞林寺原有基础上，建立起了总面积4.11平方千米，分松赞林寺、拉姆雅措湖、门禁系统七大片区，总概算1.86亿元的松赞林寺景区综合体。目前，松赞林寺景区是国家4A级景区，正在申请国家5A级景区。在调研中笔者得知：松赞林寺每年接待游客数量在50万人次，景区门票为115元，半票55元，景区旅游收入约在3000万~4000万左右。按照松赞林寺管理局的规定，景区收入的大部分将会在每年的4月1日发放给民管会，这些钱中的一部分民管会将会保存起来用于寺院的修缮和寺院内大大小小的佛事活动，剩余的部分再根据寺院的名册平均分配给每一个僧人。

4. 佛事活动的管理

1984年松赞林寺恢复重建以后，各种宗教活动和节日也逐渐恢复正常。每日常规的扎仓3次诵经法会照常开展，部分节庆法会也已照旧举行。目前，松赞林寺影响较大、参与人数较多的节庆为藏历十一月二十六至二十九举行的"格冬节"和藏历正月十五举行的"迎佛节"（默朗钦波）。格冬节的"格冬"，意为九样食物烩煮之意。格冬节当天一早，所有僧人汇聚扎仓大殿诵经祈福，早餐过后负责跳驱魔舞的僧人会着盛装，戴马、鹿、猴、牦牛、狗、乌鸦等各种样式的面具，在扎仓大殿门口的广场上跳舞祛灾祈福，旁边还会有高僧演奏唢呐、鼓、钹等乐器伴奏。舞蹈期间，僧人还会拿着长树枝拍打周围的信众，以表驱除灾祸之意。格冬节从上午开始，一直持续到傍晚。据资料显示，每年格冬节均有来自本地和周边地区以及各地游客近万人参与，可谓盛况空前。"迎佛节"又名"默朗钦波"，是在每年的藏历正月十五举行。节日当天凌晨全寺僧人开始诵经祈福，等到上午9：00左右，僧人将强巴佛迎出大殿并绕寺一圈，途中信众会向佛像献哈达并跟随佛像绕寺一圈，以祈求新年能风调雨顺、吉祥平安。除了寺院大型的佛事活动以外，僧人出寺为信众做法事的传统依然延续。

依照《云南省迪庆藏族自治州藏传佛教寺院管理条例》和《迪庆藏族自治州宗教活动管理办法》的规定：州内宗教场所开展活动原则上在宗教活动场所内进行，日常信众进行宗教活动需要有固定的宗教活动地点，大型的宗教活动需要在寺院管理组织、民管会的同意下，上报县级宗教事务部分审批通过并且备案才能开展，等等。[1]这些规定明确了宗教活动举行的时间、地点、参与人数、申请流程，等等，涵盖了活动开展的每一个流程。以松赞林寺"格冬节"为例，寺院民管会集体商讨格冬节全程的所有事宜，然后与管理局沟通，最后确定向香格里拉市民族宗教事务局（以下简称"民宗局"）提交活动举办申请，该申请的内容包括：寺院的现状介绍，僧人的基本情况介绍，"格冬节"开展的时间、地点、流程、规模、预计参加的僧众人数。待香格里拉市民宗局审批通过以后，将活动进行备案，等到节日当天会有政府统战部门、消防、警察、医院等各部门协调配合，保障活动的顺利开展。此外《条例》和《办法》还对教职人员跨地区从事宗教活动，出国从事宗教学术交流活动、外籍宗教人士参与佛教活动以及宗教活动所涉及的治安、交通、安全等方面的内容等进行了具体规定。

5. 僧人管理

松赞林寺现有 674 名僧侣，其中，境外定居及学经僧人 186 名。近几年经各级人民政府正式认定的活佛 5 人，在省、州、县外有关寺院中的香格里拉籍活佛有 7 人；全县有格西 8 人，英则 44 人。该寺设 8 大康仓，康参僧人数量由多至少排序如下：绒巴康参、朵克康参、洋塘康参、东旺康参、扎雅康参、吉迪康参、卓康参、乡城康参。据相关部门统计，各康参的僧人中 10% ~ 25.5% 年龄在 17 岁以下，15% ~ 28.6% 年龄在 17~20 岁，其余均为 20 岁以上的僧人。

（1）僧人的收入和财产。"以寺养寺"以来，僧人的收入主要由寺院定期发放补助、寺院外的佛事活动、农村低保以及从事商业活动组成。寺院在开放景区以前，每名僧人按每天 1 元的补助进行发放，此外寺院在统一的佛事活动中还会提供酥油茶和糌粑。松赞林寺景区开放以来，每年僧人所得的民管会统一发放的补助，据笔者调查得知可有上万元。此外，寺院每月有 3~5 天有佛事活动，为了鼓励僧人参加，民管会会给参加活动的僧人每人 50 元钱。每逢藏历的重要节

---

〔1〕 参见迪庆藏族自治州民族宗教事务局：《迪庆藏族自治州宗教活动管理办法》，载 http://www. xgll. gov. cn/index. php? m = content&c = index&a = show&catid = 364&id = 12611，最后访问时间：2015 年 12 月 3 日。

日、民间的婚丧嫁娶,信众都会请僧人到家里举行法事。仪式结束后会给僧人一定的布施,调研过程中笔者了解到:目前外出佛事活动每位僧人每天的布施所得约为100元。当然,信众的布施是一个较为主观的行为,主要还是依据家庭条件决定法事的时间长短、规模大小,以此来确定僧人的布施。调研过程中笔者还了解到:少数僧人还从事商业活动,如开办药厂、宗教用品厂,等等。按照景区管理局工作人员的说法:新中国成立以后僧人都是由家庭供养,这给家庭困难的僧人带来了很大的困扰,现在通过开放景区,寺院的佛事活动照常进行,但是僧人们的生活水平明显得到提高,甚至还可以反哺家庭。

(2)僧人的学经。目前松赞林寺的僧人学习还是沿袭传统模式,只是在学习内容和学习方式上作出了部分变革。学习内容上,僧人除了学习传统的佛教知识外,还要定期学习国家的法律常识、政策方针以及语文、数学、思想政治,等等。学习方式上,松赞林寺内部建立了一个善法学校,年轻的僧人除了跟自己的经师学习以外,还可以到善法学校进行宗教基础知识和与国民基础教育相近的知识的学习。还有那些找不到经师的僧人,均被安排到善法学校进行学习。此外,以往僧人经过10年的沙弥期后,会到拉萨三大寺进一步深造获取更高级别的学位。而现在,松赞林寺僧人想要获取更高级别的学位可直接到自治州佛学院进行学习。目前迪庆州佛学院有7所分院,共计经师39名,学员386人,僧人可在州佛学院学习不同教派的经典。在州佛学院表现优秀,且想要进一步深造的僧人可以申请考试进入到北京的中国藏语系高级佛学院学习。

(3)僧人的基础保障。目前松赞林寺僧人的吃、穿、用度大部分由寺院提供。在住宿方面,现存300多栋僧舍,每栋僧舍住3~5名不等的僧人。僧人若想修建自己的僧舍,须符合寺院章程的规定方可申请。申请通过以后,寺院会划拨一块土地给僧人,用于僧舍的修建。目前寺院每个大殿、康参和僧舍都已通电通水,且自来水均是免费的。来往于各个僧舍和大殿之间的道路已经全部翻修成水泥路,所有路段都配有合理数量的太阳能路灯用于照明。松赞林寺674名僧人已经实现医保、农村低保全覆盖,管理局还额外给每名僧人购买了人身意外伤害保险。50岁以上的僧人每年有1次免费体检活动,60岁以上的僧人享受的是保额更高的城镇低保。此外,针对特别贫苦的僧人,管理局还特别倾斜帮助他们申请精准扶贫项目保障。

三、雍和宫与松赞林寺管理模式的比较与思考

松赞林寺于康熙二十年(公元1681年)建成,雍和宫于乾隆九年(公元

1744 年）改寺，两座寺院虽然相隔 2800 多公里，但是建成时间却十分接近，这无不与清朝政府推崇藏传佛教格鲁派以治理边疆地区的政治策略有关。雍和宫所处的北京在当时即为清廷政治、文化、经济的中心，不同民族、地区、宗教信仰的人居住在这里，形成多民族聚居、多宗教信仰的复杂的社会环境。而松赞林寺所在的迪庆州不仅位于国家边境，同时还是"茶马古道"这一民族经济文化走廊贯穿之地，自古以来这里早已成为少数民族政治、经济、文化的中心。雍和宫与松赞林寺在历史的发展过程中不断地顺应时代进行变革，如今的发展既有相似之处，也有各自的独特创新。

（一）雍和宫与松赞林寺管理模式的相似点

1. 传统模式与现代模式并行

作为藏传佛教寺院，日常的管理职责主要包含两个方面：宗教事务与行政事务。宗教事务包括法会、学经、诵经、殿堂管理等多个方面；行政事务包括贯彻国家的法律法规、僧人低保医保的办理、寺院景区收入的管理，等等。就寺院管理而言，工作内容是十分复杂且琐碎的。

新中国成立以前，雍和宫作为清政府理藩院所在地，主要负责蒙藏事务以及北京周边藏传佛教事务的管理。同时雍和宫还承担了皇家的佛事活动，为皇家举办法事以及日常的诵经祈福。而松赞林寺处于"政教合一"时期，管理着迪庆地区的政治、经济、文化方面的事务，已经形成以寺院为中心的地方权力中心。松赞林寺南通丽江木氏土司政权，北联拉萨噶厦政府，地位十分重要。这一时期，雍和宫与松赞林寺的宗教事务和行政事务没有明确的区分，总体上是糅合在一起的。

新中国成立以后，全国宗教场所进入改革时期。藏传佛教寺院的封建特权和封建统治被废除，政教分离，寺院成为单一社会功能的场所。为改变传统藏传佛教内部上层僧人对于管理的垄断，全国各地的藏传佛教寺院纷纷成立民主管理委员会。直至今日，虽然民管会在各个寺院的称呼不同，但是均由整个寺院民主选举产生，负责寺院宗教管理大小事务。松赞林寺的民管会、雍和宫的庙管会均是这样的定位。寺院民管会的成立无疑是社会主义阶段我国藏传佛教管理的创新尝试，民管会的成立改变了传统上藏传佛教寺院上层僧人权力垄断的状况，打开了一条下层僧人参与寺院管理的通道，让下层僧人通过间接民主的方式参与到寺院事务决策中，最终使得寺院的内部管理更加公开、透明。

在行政事务管理上松赞林寺成立了管理局，雍和宫成立了管理处。这些行政机构或派驻机构的成立，一方面遵循了宗教与政治相分离的宗教基本原则，另一方面也为寺院僧人专心从事宗教事务提供了良好的条件。此外，为适应寺院景区的发展，两寺还成立了景区管理委员会、景区旅游公司，主要负责寺院景区的开发与管理，为寺院"以寺养寺"提供保障。

2. "以寺养寺"的要求下发展寺院景区

新中国成立以前，雍和宫经济收入主要由皇帝赏赐、信众捐赠、香灯地地租等组成。松赞林寺的经济收入主要来源于政府赏赐、地租和粮债。这些经济收入使得寺院富甲一方。财富日益积累的同时更应该看到，这些财富均是靠着封建特权和封建等级制度获得的。藏传佛教格鲁派以严苛和审慎的教规戒律而著称，苦行清修是僧人生活的常态，然而寺院与僧人从商、收租、放债在藏传佛教发展后期屡见不鲜。一方面沉重的地租、粮租、劳役使得与寺院相关的百姓生活更加疾苦，另一方面寺院也冲击佛教的教义戒律。

新中国成立以后，宗教进行改革，藏传佛教寺院的地租、畜租、高利贷等封建剥削被取消，所有财富也没收国有，国家提出"以寺养寺"的主张。早期，为维持寺院的正常运转，政府以补助的形式帮助寺院逐渐渡过转型期。到转型中期寺院僧人通过参与生产劳动进行自养，如今，各藏传佛教寺院纷纷创新思路，拓宽自养渠道，而雍和宫和松赞林寺则利用自身优势选择发展寺院景区以实现自养。

雍和宫自开放以来到现在每年接待游客上百万，景区门票收入的60%用于维持寺院佛事活动的举办、僧人的日常开支以及寺院参与慈善事业。松赞林寺自成立景区综合体以来，年均接待游客50万人次左右，虽然僧人众多，但是景区的门票旅游收入已经能够满足寺院日常的开支。历史上，松赞林寺下层的僧人主要是家庭供养，如今松赞林寺景区的开发使得僧人不仅不再需要家庭供养，反而能够反哺家庭。

3. 僧人学经内容、形式的多样化

藏传佛教传统教义规定，新僧年少入寺随即受沙弥戒，拜经师。在当沙弥期间学习佛教的基本经典以及宗教乐器的吹拉弹唱。沙弥生活结束后，一般情况下僧人都会选择到拉萨三大寺进行更深层次的经典修习。同时受比丘戒，进而取得"格弄""格西"等高级别的佛学学位。这个过程中，僧人需一名专职的经师，负责僧人的学习和生活。学习内容方面，沙弥期间僧人要学习、背诵《汇集密乘道果全部秘密要义之法》《胜乐之经》《四臂护法神和犀绰护法神之酬补仪规》

《十三尊大威德自生胜根》《药师经》等经典，而想要获取"格西"学位则要熟练掌握五部大论。藏传佛教经典众多，一个僧人想要获得高级别的学位可谓任重而道远，一般情况下会花上 30～50 年不等的时间。

现在，松赞林寺和雍和宫僧人的日常学习的内容和形式都有了新变化。学习内容上，除去传统的藏传佛教佛经、藏文、天文历算、医药等内容的学习，僧人还会接受现代数学、语文、思想政治、法律等相关课程的学习。课程的设置一般由寺院民管会和地方宗教管理部门共同决定，同时还会寻求僧人的意见。在学习方式上，寺院除遵循传统学经模式以外，松赞林寺和雍和宫还分别在寺院内建立起了佛学院。佛学院实行统一授课，教授僧人传统佛教经典和仪轨以及与国民教育内容相似的课程。而在寺院佛学院表现优秀且想要继续深造的僧人可通过申请和考试进入到地方佛学院进行修习，直至进入中国藏语系高级佛学院修习、考试、辩经、答辩，最后获得拓然巴学位。

（二）雍和宫与松赞林寺管理模式各自的创新点

适应着社会的不断发展，信众宗教需求的不断变化，松赞林寺和雍和宫的管理模式也在不断创新，各自形成了符合地方实际的寺院管理模式。

1. 松赞林寺民管会康参互选的创新

民主改革以后，依据地方宗教管理的相关规定，不同规模大小的藏传佛教寺庙分别成立了民管会、民管小组。松赞林寺所在的香格里拉市现有 19 个宗教活动场所（点），其中 5 个场所，14 个活动点。

民管会的职位设置略有不同，但是基本上都在主任、常务副主任、成员这一大体框架内，民管会人数依据寺庙规模来确定。民管会的成员由下至上一层一层地选举产生。而不同于以往各自康参选举本康参的委员会成员，松赞林寺民管会成员是由康参间互选产生的。

传统上，康参内部的成员均来自同一个地方，且僧人大部分都是叔侄舅甥关系，因此在选举民管会成员过程中会出现家族间矛盾、家族内部纠纷等现象。为了避免类似情况的出现，松赞林寺管理部门通过长时间的调研走访，制定出了康参互选的选举模式。该模式主要表现为：在民管会换届选举过程中，A 康参的僧人通过投票，选举出 B 康参的民管会成员，整个寺院 8 大康参以此类推。为了避免康参间僧人不了解彼此情况下盲目投票，换届之前 1 个月寺管局会每个康参派驻一名领导干部，了解僧人对于选举的思想动态，仔细研究每个康参的候选人，同时促进康参间的互相交流，做到互选康参间更为充分的认识与了解，为互选提供客观条件。

2. 雍和宫财务管理体制的公开与透明

雍和宫作为集文化、旅游、教育于一体的宗教场所，从新中国成立至今一直排在宗教场所改革的前列，其创新的寺庙管理模式被全国其他的寺庙所借鉴学习。其中，雍和宫的财务管理体制已经成为全国典范。

财务制度方面，雍和宫庙管会制定了具体的财务管理体制，内容涉及财务报销、财会人员管理、收入与支出管理、重大支出管理等方面。固定资产方面，雍和宫的整体建筑、佛尊、法物、法器、瓷器、木器、唐卡、经书数件文物已清点成册且全数归国家所有。在资金管理方面，目前雍和宫主要的经济来源是景区门票收入、信众捐赠和功德箱善款。雍和宫有其法人账号、维修基金账号。景区的门票收入实行日结算，每年景区的收入会存到法人账号中，其中的40%自动存入独立的维修基金账号，用于寺庙的大型维修项目。功德箱内的善款定期会统计，然后存入专项的账号中。对于信众的捐赠，每一笔都记录在案，专款专用。

通过调研得知，许多藏传佛教寺庙民管会在财务管理方面有一套传统的模式。但是对于财务公开等方面的要求，民管会还是相对比较敏感甚至是避讳。因此很多的宗教管理部门在这方面的管理相当的困难，有的甚至处于停滞状态。而雍和宫率先在财务管理方面做到了公开透明，利用专项的资金账户，做到每笔款项的收入支出都有据可查。同时，通过严苛的报销制度避免寺院资金的乱用，通过详细的记录使寺院的信众捐赠符合意愿地使用。

3. 松赞林寺"三位一体"的管理方式

目前，全国大部分规模较大的藏传佛教寺院，为了维系庞大的寺院开销都在寻求以发展寺院景区综合体的方式实现"以寺养寺"的目标。而在这个过程中，景区的开发需要大量的旅游资源，包括土地、森林、河流、建筑，等等。传统上，藏传佛教寺院周边都有活佛和寺院的神户居住，而在新时期，寺院需要空间建立景区，因此会与周边的居民存在土地、房产等方面的利益问题，松赞林寺也不例外。

松赞林寺在决定成立景区的时候，因要建立起总面积4.11平方千米旅游景区，因此要对周边的2个社区进行部分改造。为了探索景区、寺院、社区三位一体的复杂管理模式，将景区的福利辐射到社区，景区设立的第一年，相关部门召开了大大小小100次会议，征询寺院僧人和社区居民的意见，最终寺院、社区、政府达成一致：政府不拿取景区收入，景区收入首先保障寺院的正常运行，其次保障社区居民的利益不受到损害。社区居民每年都会有景区补贴发放，发放的标准是：以 2008 年的 201 户数为准，每年发放补贴，此后每 5 年提 1000 块钱的补助额度。这 5 年内钱可以增加，但是户数还是 2008 年的 201 户。此外，在生活保障上面，社区里的居民可以免费使用景区的交通车，免费进入寺庙进行朝拜。景区管理部门还在景区修建了一个自来水厂，除供应寺院的使用以外，免费供应该景区内的 2 个社区，保障社区的饮用水安全。

（三）从两寺的管理模式看藏传佛教寺院适应现代社会的转变

藏传佛教从 1959 年民主改革开始，不断探索适应社会发展需要和藏族文化特点的发展路径，在适应社会主义社会的同时，寻求自身在道德层面、文化层面和信仰层面的社会地位和作用，藏传佛教自身的理念、制度、管理等方面，也随着社会的变化不断地自我调节。在寺院管理理念方面，已开始由传统的"人治"向"法治"转变；在寺院管理核心方面，从"以神为本"向"以人为本"转变；在管理方式方面，从"集权统治"向"民主治理"转变。

1. 从"人治"向"法治"管理理念的转变

佛教于 7 世纪中叶传入西藏，到"政教合一"体系的确立，寺院内部形成了严格的僧人等级制度，其中第一等级为堪布、活佛、堪苏。堪布和堪苏为僧职，堪布统领寺院的所有事务，对寺院的大小事务享有最终决定权；堪苏是卸任后的堪布，在寺院中具有较高的权威。而活佛则是宗教仪轨上修行有成就、能够根据自己的意愿而转世的僧人，他们有与生俱来的权威，同时在后天修习过程中享受寺院高质量的学经教育。活佛可以担任僧职，且一般都担任总堪布、堪布等上层僧职，因此集宗教权威和行政权威于一身。在这种传统宗教仪轨、制度影响之下，逐步形成堪布负责制、活佛负责制、格甘负责制，寺院的管理完全依靠上层僧人意志来决定。寺院"人治"的随意性、多变性形成管理过程中的不稳定因素，权力、财富腐败的滋生，对下层僧人、普通信众越发苛刻的封建剥削。寺院财富不断积累的同时，寺院、僧人的物欲不断高涨，其原有的政治、经济功能不断膨胀，教育、文化、社会教化功能严重变形。

民主改革以后，藏传佛教寺院实现"政教分离"，其社会功能从以往的政治统治、经济主导、文化教育垄断转变为宗教文化传承、为信众提供宗教服务等更为单一的职能；其扮演的社会角色也从历史上的权力中心变革成为社会中的普通团体。进入历史新阶段，为适应国家现代化的发展以及社会分工变化的新特点，顺应自主管理的需要和特点，藏传佛教寺院依照国家的法律法规、宗教相关法规规章，不断完善制度体制，实现寺院管理的规范化、法制化，走上了一条寺院管理的"法治化"道路。

在制度优化方面，雍和宫庙管会依据《宗教事务条例》《北京市宗教事务条例》[1]的规定，制定出《雍和宫庙务管理委员会规章制度》，对寺院的接待、考勤、会议、总务等方面制定了 20 项制度规定，寺院内的大小事务都须依照规定进行；在财务方面，依照《宗教活动场所财务监督管理办法》规定制定了详细的财会管理体制，内容涉及财务报销、财会人员管理、收入与支出管理、重大支出管理等方面，建立健全法人账号，做到了财务的公开与透明。松赞林寺则在寺院的活佛带领下，依照《云南省迪庆藏族自治州藏传佛教寺院管理条例》，健全了民管会章程，形成了涵盖寺院活动举办、僧人学经制度、财务管理等多方面综合的制度体系，寺院的大小活动、僧人的方方面面均在这一制度体系之内完成。在管理组织结构优化方面，依照《宗教管理条例》《藏传佛教寺庙管理办法》，雍和宫完善庙管会委员设置，健全管理处机构设置，成立了文物办公室、业务办公室、总务办公室、研究室等职能科室；松赞林寺成立寺庙管理局，内含民管会和景区管委会，下设办公室、财务科、综合管理科等职能部门。

"法治"理念在寺院管理中表现为依照法律法规制定管理体制，完善管理组织机构，依照法规规章办事，处理管理过程中的问题。在不断地与社会相适应的过程中，寺庙通过主动的变革，逐步形成了完善的寺院制度体系，使得寺院在日常的管理过程中有法可循、有规可依、有理可讲。

2. 从"以神为本"向"以人为本"管理核心的转变

传统上，藏传佛教寺院管理追求的终极目标是精神上服从神权统治，政治上巩固神权统治，经济上满足神权统治的要求，寺院的管理核心，即维护神的权威，巩固宗教在地方上的统治，一切"以神为本"。在历史过程中，藏传佛教形成了理论化的教义教规、规范化的法事仪轨、组织严密的佛事活动。藏传佛教本初的价值观特点是否定人生价值，轻视现实社会，提倡止恶行善，确认因果报应，主张来世幸福，向往成就佛果。[2]对于法事仪轨，藏传佛教更是有一套完整的体系，如皈依的仪轨、受戒的仪轨、诵经的仪轨、隐修的仪轨，等等，以及法

---

〔1〕 参见《北京市宗教事务条例》，载 http://www. bjethnic. gov. cn/zhengcefagui/zjzcfg/20150105/1694. shtml，最后访问时间：2002 年 7 月 8 日。

〔2〕 参见班班多杰："论藏传佛教的价值取向及藏人观念之现代转换"，载《世界宗教研究》2001年第 2 期。

事过程中使用的法器、音乐等都有详细的教义规定。而在寺院的组织上，以拉萨三大寺为例，从措钦、扎仓到康参，形成了纵横交错的组织系统，这些系统在神赋予的权威下行使各自的职能。

民主改革以后，藏传佛教寺院所处的社会环境发生变革，信众的信仰观念发生改变，其在地方社会中扮演的角色也从传统上"神的代理人"转变成为服务信众的宗教引导者，在神、人、世界体系中走下神坛，开始了"以人为本"的道德宗教之旅。此时的西方世界也在讨论着藏传佛教"以人为本"的命题，提出了"参与佛教"（Engaged Buddhism）的概念。[1]"以人为本"中的"人"指的是寺院内部的僧人和信众。僧人作为寺院的主体在传统寺庙管理中其地位具有一定的区别，上层像活佛、堪布、格西等拥有较高佛学造诣和管理权力的僧人统治着寺院，而下层僧人除非具有很好的经济基础或是良好的家族背景能帮助其晋升为上层僧人，否则只能长时间地处于寺院的底层，听上层僧人的差遣，受上层僧人的剥削，生活极其艰苦。对于信众而言，作为被统治者，受寺院精神和物质的双重控制，在藏传佛教"政教合一"时期，处在一个被动的信仰过程中。

新时期，改革之后的僧人不仅通过民管会享受到了管理寺庙的权力，同时其收入、教育、医疗等方面都得到了良好的保障，生活水平不断提升。在雍和宫，庙管会每月会定期发放补助和开放性补贴，以帮助僧人解决日常的开销；定期发放僧服、日常用品，减轻僧人的经济负担；建立寺院佛学院，通过开设涵盖藏传佛教基础知识、佛教经典、思想政治、法律法规等内容的课程，培养具备综合知识的优秀僧人；建立医务室以及为僧人办理医保，保障僧人的身心健康。而在松赞林寺，僧人除到信众家中做法事获取收入以外，寺院还会定期平均发放景区的收入给僧人补贴用度；寺院内部建立善法学校，为没有经师的僧人提供学经服务，为全寺僧人提供语文、数学等国民教育课程的教学服务，同时联系州佛学院，为寺院僧人的进一步深造提供可能；为全院的僧人办理农村低保、医保，为60岁以上僧人办理城镇低保、医保和养老保险，为僧人解决后顾之忧。此外，新时期政教分离，宗教不得干预政治，藏传佛教寺院的社会职能变得单一，作为宗教教职人员的僧人的社会作用也相对减少。但是，作为社会公民的僧人开始通过政协、佛协等统战组织、社会团体行使公民的权利，履行公民的义务。如雍和宫主持胡雪峰，他曾任中华全国联合会、北京市青年联合会委员、北京市政协委

---

〔1〕 参见 Christopher S. Queen, *Engaged Buddhism in the West*, Wisdom Publications, 2000, pp. 22~23.

员，现任北京市佛教协会会长、中国佛教协会副会长、北京市政协委员、北京市青联副主席；松赞林寺布主·拉茸云丹活佛任州政协副主席；克斯活佛任香格里拉县政协副主席。这些活佛以公民的身份参与到政治协商过程中，通过建言献策、民主监督等方式，促进我国宗教的健康发展。抑或是像洛桑旦增、洛桑夏加、鲁茸格勒这样在省、自治区民族团结进步模范个人评选中获得荣誉的普通僧人，通过自主地融入社会当中，践行自己公民的身份，推进宗教的科学改革的同时影响信众。

寺院僧人以公民身份积极参与到公共生活中，无疑是寺院"以人为本"管理核心效应的表现。在"以人为本"的寺院管理核心指导下，寺院为僧人创造了良好的环境，促使僧人的能力得到最大化体现，实现僧人全方位发展，在以寺院社会功能实现最大化为公共目标的前提下，僧人积极地参与到社会的决策当中，从而实现寺院、僧人共发展的双赢局面。

3. 从"集权统治"向"民主治理"管理方式的转变

"政教合一"统治时期的藏传佛教，地方政权首脑与宗教首脑同为一人，宗教教义被视为地方法律、行为准则，政治、经济、文化、教育等权力全部集中于寺院的上层僧人手中。以三大寺为例，措钦作为最高权力组织，通过拉吉会议行使权力，实行赤巴负责制；扎仓一级实行堪布负责制；康参一级实行吉根负责制。在传统封建等级制度的控制下，在整个权力体系上，全寺的权力行使归措钦所有。纵向上，下级管理组织服从于上级管理组织，上级组织可以决定自己内部以及下级组织的事务；横向上，同级的组织互不相干，以每一个组织为单位看，其都具有完整的权力行使规则。此外，在经济上措钦协熬、郭聂、欧涅等财务僧职，管理着寺院、康参的经济的同时，还管理着寺院、活佛所属的土地、庄园、农奴，通过经济特权的垄断掌控地方贸易。在文化教育上，"政教合一"时期的藏族文化可以说是藏传佛教文化，藏传佛教寺院垄断了天文历法、医药、绘画、文字印刷等社会变革要素，使得当时藏区的社会发展相对滞后。而对于教育，藏区的教育体系可以概括为寺院的学经体系，普通信众、农奴被迫出家为僧，进入到寺院虽然获得了教育的机会，但是这种教育是内容有限的"拿来主义"，学习的内容是有限的，学习的意识是盲目的。

民主改革以后，全国藏传佛教寺院纷纷建立起了民主管理委员会。民主管理委员会由全寺僧人民主选举产生，有的民管会还会有社会宗教相关人士参与；民管会下设办公室、财务科、佛事科等不同职能的科室，履行寺院内部的各项职能。民管会的成立，是将现代民主管理体制引入藏传佛教寺院的大胆创新。民主选举产生的民管会，打破了传统上层僧人对寺院管理的垄断，让下层僧人享受当家做主的权利。双向互动式的选举、管理模式同时也增添了管理机构的权威。在民主机构设置方面，雍和宫通过民主选举产生庙管会的委员，形成庙务管理委员会，行使寺院最高权力；松赞林寺则通过康参间互选的方式产生寺院的民管会。在民主工作机制上，雍和宫庙管会每月召开一次学习会，通报工作情况，每季度召开一次总结会总结季度工作，制订工作计划，每季度还会召开全体僧人会议，决定寺院重大事项，表扬先进，制定工作措施；松赞林寺方面，因为寺院规模较大，一般每年召开一次全体僧人大会决定寺院的重大事项，总结上一年度的工作经验，制订新年度的工作计划，民管会内部不定期地召开会议，学习政府政策、法规以及通报寺院有关工作情况，此外，康参同样也会召开康参会议，宣布康参内部的工作。

寺院的民主管理方式，体现了对多数人意愿的尊重，通过民主的方式选贤任能，推选教职及管理人士，在教职人员安排上减少宗教特权的干涉，加大基层僧人人选比例，使民管会中各层次的僧人比例更加合理、科学，避免上层僧人的官僚化、威权化、职位终身化的同时，培养中层和基层僧人的管理参与意识、管理热情和管理能力。将以往高度集中的寺院管理权力分散下移的同时打通权力断层，使整个寺院的管理系统成为一个有机整体，更好地为寺院适应社会的发展而服务。

四、两寺管理模式现代转型的启示：政府依法管理，寺院自主调试

随着管理理念由"人治"转向"法治"，管理核心由"以神为本"转向"以人为本"，管理方式由"集权统治"转向"民主治理"，藏传佛教寺院从最初的被动适应社会发展逐渐转变为自觉融入社会变更当中，通过社会多样的信息交流渠道，形成了寺院、政府、社会的交流与互动关系。从雍和宫和松赞林寺的历史与现在，可以总结概括出藏传佛教寺院管理的主流模式，对寺院适应社会主义社会发展具有借鉴意义，为藏传佛教的现代转型提供经验。

（一）以宗教法规、规章为准绳，实现寺院管理体制的自主调试

伴随着我国法治化改革的深化，宗教治理法治化进入攻坚阶段。真正的法治应该包含两重意义：已成立的法律获得普遍的服从，而大家所服从的法律又应该本身是制定得良好的法律。[1]以宗教来说，只有通过政府、学术界、宗教界人

---

〔1〕 参见亚里士多德著，吴寿彭译：《政治学》，商务印书馆 1981 年版，第 148 页。

士、信众共同认可的宗教法规、规章才能是达到公意的良好法律，只有这些宗教法规、规章被切实执行，被政府、宗教界人士、信众运用到实践当中，才能真正地实现宗教管理法治化。

改革开放以来，在政府、学术界、宗教界人士多方参与下，国务院、国家宗教事务局陆续出台了国家级别的宗教法规，藏区所在各省、自治区也出台了许多藏传佛教的地方性综合法规。宗教法规、规章的不断完善为宗教活动管理的法制化、规范化奠定了理论基础。这些法规、规章涉及宗教的场所、佛事活动、教职人员、财务管理等方面，为宗教活动的开展、人员的管理提供了一条清晰的路径。宗教相关法规体系的完善，首先使得政府宗教管理部门有法可依，便捷工作，提升工作效率；其次，清晰、透明的活动流程，避免了不稳定因素的藏匿，为政府其他各职能部门在宗教活动过程中提供了可靠基础；更重要的是，严格的宗教活动审批制度，杜绝了"宗教搭台经济唱戏"的乱象，还予宗教清静之所，同时避免了寺院中爱国宗教界人士的热情受到打击。

良法的制定与完善是宗教治理法治化的前提，而将良法运用到实际工作中则更为重要。从以上两个案例看，藏传佛教寺院在管理过程中结合宗教相关法规、规章，结合寺院自身实际状况，制定切实可行的寺院管理体制，包括活动开展制度、财务管理体制、学经制度、学院制度等，形成了一个完整的寺院内部制度体系，为寺院的管理提供了制度框架。另一方面，严格按照制度对寺院进行管理，定期对管理进行评估，在评估过程中适度调整，不断完善管理，实现管理体制的自主调试。

（二）与政府进行良性互动，协调管理过程中的各项资源

政府作为国家权力的执行机关，是国家法律的执行者，履行着管理社会的各项职能。而寺院作为社会成员之一，从申请、成立、备案以及后期的宗教活动开展、僧人的管理，等等，都会与宗教管理部门产生联系。同时，随着寺院社会化管理的不断升温，寺院逐步向属地管理、职能分工精细化管理演变，因此诸如政策法规的宣传，僧人的户籍管理，僧人的社会保障等工作的开展均会涉及与政府职能部门沟通互动。这种互动并非单一的，而是复杂多样的；并非固定不变的，而是动态演变发展的。

改革开放以来，寺院除建立民管会对寺院实现民主管理以外，部分寺院还会成立政府驻寺机构，负责寺院的行政事务，部分寺院内还有派出所，负责寺院的治安工作和僧人的户籍管理。驻寺机构一般是政府宗教管理部门或统战部门的派

出机构，机构一般设置在寺院内部，驻寺干部与寺院僧人共同生活。驻寺机构一般情况下会设办公室、财务室、宗教管理科室、活动科室，等等，不同寺院的情况有所不同。此外，规模较小的寺院一般没有驻寺机构，只有 1~2 名驻寺干部。驻寺机构和驻寺干部除负责寺院的行政事务以外，最主要的作用就是桥梁纽带的作用。驻寺机构和干部日常除通过适时召开会议宣讲国家法律政策、惠农惠僧政策，开设课程给僧人传授基础文化知识，为寺院办理基本材料手续以外，还运用新媒体，如微信、微博、网页等信息交流手段，拉近与寺院、僧人的距离，通过与僧人交朋友这种"动之以情"的方式推进寺院的管理工作。

在这种互动关系之下，寺院充分运用驻寺机构和干部主动沟通的良好条件，争取国家的惠农惠僧政策、精准扶贫项目、社会保障项目等，提升寺院僧人的生活水平。同时，寺院也加强与驻寺机构和干部的联系，运用政府的资源优势，拓宽寺院的发展途径，创新寺院的自养模式，使得寺院得以适应社会与市场经济的不断发展。

（三）"以人为本"理念进入寺院，推动寺院、僧人、信众建立民主的多向互动关系

传统上，"佛、法、僧"作为佛教三宝，是藏传佛教体系中的重要组成部分。"佛"特指已经觉悟的人，特指释迦牟尼；"法"是指佛教教法；"僧"则是指信奉佛教的僧团。[1] 以"佛、法、僧"为重要组成部分的藏传佛教体系强调精神的力量，形塑藏传佛教信众的思想。千百年来，僧团作为佛的代表，向信众传授佛的教法，而信众则通过遵守教规教义，诵经供养，甚至出家为僧建立与佛的直接联系，信仰观念逐渐形成。在这种信仰模式之中，寺院和僧人作为佛的权威代理人，垄断了与佛"信息交流"的权力，信众作为信息流向的底端，被动地接受着关于藏传佛教的一切。

民主改革以后，寺院的社会功能开始转变，从传统的政治、经济、文化、教育功能逐渐转变成为传承传统文化和服务信众宗教需求，这既是藏传佛教寺院的功能，也是藏传佛教寺院的任务。为适应自身功能和任务的转变，更好地适应社会主义社会的发展，藏传佛教寺院纷纷开始将工作核心从佛转向人。各寺院纷纷建立起了僧人的社会保障系统，与政府一起不断完善寺院的公共基础设施，保障僧人的基本生活；完善学经制度和佛学院制度，建构适应现代社会的人才培养系

---

〔1〕 参见尕藏加："藏族人对佛教三宝的信仰"，载《西藏民俗》1995 年第 4 期。

统，丰富僧人的综合知识；建立民管会，激发僧人的组织管理热情与积极性。对于信众，寺院更加积极地为信众的日常宗教生活提供服务，为信众在现代社会生活中遭遇的各种困惑进行心理抚慰，为信众提供内容丰富、通俗易懂的宗教节庆活动。新时期，虽然，藏传佛教的上师地位仍在信众中有权威性影响，但越来越多的信众对藏传佛教的信仰变得自主和理性，在与寺院、僧人的互动中占有相对主动的地位。

在信众信仰观念转变，僧人需求群体增大，需求内容增多等因素的影响下，寺院努力顺应社会环境的变化，主动建立起寺院、僧人、信众三者间的多向互动关系，比如，佛事活动方式是传统的，活动的主题，讲经弘法的内容多回应社会热点，或回应信众在当下社会的主要困惑。此外，通过在民管会中引入爱国爱教的信众，同寺院僧人一起管理寺院的事务，现代民主、科学管理理念已经渗透到寺院，大大增强了寺院管理的科学性与透明度；通过召开由政府、信众、僧人参与的会议，聆听僧人的需求和信众的需要，完善寺院的工作内容；通过免费为经济条件有限的信众举行佛事活动，不给信众增加生活负担。寺院在努力满足僧人和信众精神和物质两方面的需求的过程中逐渐走下神坛，接近社会生活的地气，基本上改变了传统佛教"出世"性，在日益深入地融入社会的过程中，实现了藏传佛教向"人间佛教"的转变。

（四）主要不足：现代宗教服务和寺院监督体系还没有建立起来

在民主、法治、"以人为本"的思想指导下，藏传佛教寺院纷纷建立起了民管会，对寺院进行民主管理；纷纷引入科学的制度体系，给寺院的管理行为提供基础框架；纷纷将目光下移，不断加大工作力度，逐步提升僧人的生活、学习水平；纷纷开始重视信众，为信众提供良好的宗教服务和正确的信仰引导。但是，在寺院管理体系不断进步的同时，寺院在管理方面还存在宗教功能定位和僧人宗教学识培养方面着力不够，现代监督体系还没有建立起来等问题，以致寺院管理还不能最大化地实现民主科学有效的目标，在服务信众、心理抚慰和道德补充等宗教社会功能方面还存在能力不足等问题。

1. 现代宗教服务目标定位不高

现代宗教服务体系主要是要求宗教界为信众提供关于意义、价值等方面适应社会发展需要的认知方式和精神支撑，这需要宗教界适应社会需要，储备知识系统，包括社会知识和宗教造诣。虽然，在雍和宫、松赞林寺这个问题并不是很突出，但从其他学者的研究看，藏传佛教界缺乏这样的宗教大师。寺院在培养这方面的宗教人才上着力还有些不足。这有多方面因素，僧人从小出家的模式阻碍了其对现代文化知识体系的学习和积累，完成义务教育任务再进入寺院，僧人难以对接传统藏传佛教学经阶段性要求，宗教知识精进的传统要求没有实现适应性转变，僧人对宗教知识深度进修受到制约。加之，传统藏传佛教强调密宗，对僧人来说，学习起来比较艰辛，还有些僧人热衷于经济和社会事务，疏于宗教知识的学习和深造，寺院在如何解决这些问题方面虽有关注，目前各种机制正处于探索阶段，但还看不出解决这些问题的明显效果，这些都影响了寺院核心功能目标的实现。

2. 现代监督系统没有很好地发挥作用

按照《藏传佛教寺院管理办法》的规定，寺院可建立"寺院管理评议委员会"对寺院民管会的工作进行监督评议，可是在调研和资料搜集过程中，许多寺院虽建立了民管会，但是评议委员会的组织和建立还是相对滞后。寺院评议管理委员会应该由寺院所属的乡镇（街道）、村（社区）组建，评议委员会成员应包含政府宗教职能部门权威人员、宗教研究专家、爱国爱教信众，做到成员的可信度高、包含范围广，才能对寺院的工作进行公正的评价。而评议管理委员会的主要职责是：对寺院的管理工作进行实地调查，收集寺院管理过程中的相关资料，听取寺院管理负责人的工作报告，最后通过集体讨论决定寺院这一阶段的工作是否合格，最后形成书面报告。寺院管理评议委员会应该秉持着实事求是、秉公办事的宗旨，对寺院的管理工作作出科学合理的评价，为寺院今后的发展提供可行建议。此外，寺院管理评议委员会还可以为各省、自治区，各市、州的模范寺院评比工作提供评比依据。

五、结语

藏传佛教寺院自民主改革以来从被动变革逐渐转变为主动融入社会，实现寺院管理模式的自主调试，这是政府、学术界、宗教界人士、信众共同努力的结果。藏传佛教寺院作为宗教活动场所，不论内部的管理、活动的开展、教育等方面都具有宗教性，同时，作为社会的基层单位，藏传佛教寺院又具有社会性，具有一定的社会功能，影响着社会的其他成员。藏传佛教自成立之初便是"佛教西藏化"的过程，这是宗教为适应社会实际所作出的改变，这说明藏传佛教具有较强的适应性。而在长期传承的过程中，藏传佛教积累了深厚的信众基础。内部与外部因素共同的作用下，也为藏传佛教与社会主义社会相适应提供了可能性：科学利用教义教规中的积极因素，规范宗教行为，藏传佛教寺院也可在社会主义现代化过程中发挥积极的作用。

随着我国社会主义法治化进程与社会主义现代化进程的加快，宗教治理法治化、现代化的任务也更加紧迫。雍和宫与松赞林寺寺院管理模式的比较研究对于藏传佛教适应社会主义社会的现代转型还是具有一定的借鉴意义的。

首先，雍和宫与松赞林寺作为藏传佛教格鲁派的著名寺院，具有悠久的历史，且从清朝时期开始均已成为地方藏传佛教寺院的代表，无论是在寺院管理组织机构的设置、财务管理、僧人管理等方面都具有一定的典型性。而进入新时期，雍和宫与松赞林寺响应政府的号召，是较早进行改革的寺院，其寺院的管理模式也被许多藏传佛教寺院争相学习。其次，雍和宫与松赞林寺在寺院的组织机构设置，制度体系建设，佛事活动的管理，僧人的教育、基础保障等方面都表现出了较高的规范化和制度化，拥有较多的成文规定，因此具有良好的学习和借鉴的可行性。最后，雍和宫与松赞林寺如今都在通过发展景区拓宽寺院的自养模式，这也是一种较为合理的寺院自养模式。这也为目前自养较为困难且有一定旅游资源的藏传佛教寺院提供了一定的"以寺养寺"的思路。

当然，就全国的藏传佛教而言，每个寺院都具有自身的个性，因此在发展过程中都会形成不同的转型模式。但是对于以宗教法规、规章为准绳，实现寺院管理体制的自主调试；与政府进行良性互动，协调管理过程中的各项资源；"以人为本"理念进入寺院，推动寺院、僧人、信众建立民主的多向互动关系等一系列的方式，每个寺院都是适用的。

总的来说，藏传佛教适应社会变革表现出来的现代化转型是其自身存续与发展的必然选择。在社会快速发展的今天，在宗教情况复杂的中国，藏传佛教治理法治化的脚步还是要以稳为主，藏传佛教寺院管理模式的现代转型还是要具体问题具体分析。对于藏传佛教寺院管理模式的探索还是应当要坚持宗教信仰自由、宗教自主自办、依法管理宗教事务和与社会主义社会相适应的基本原则和政策，做到科学、合理、实事求是。

藏传佛教寺院经济与财产监管问题研究

沈春阳 *

【摘　要】　在藏传佛教发展历程中，寺院呈现出"政治上多职能，经济上多财富"的特点，古代藏传佛教寺院不但是宗教活动场所，还是强大的经济实体。寺院占有藏区数量众多的生产生活资料，除了经营农牧业外，还广泛涉足商业、手工业、运输业、信贷业等多个经济领域，是藏区经济的重要组成部分。当代藏传佛教寺院经济虽然在所有制方面发生了变化，但仍然具有市场化、多元化的发展特征，由此带来的税收规制、寺院财产监管等方面的问题也日益突出。

【关键词】　藏传佛教　寺院经济　财产监管

一、引言

藏传佛教现有寺院 3500 多座，分散在全国各主要藏区。藏传佛教寺院经济是指以寺院组织和僧人为主体，以寺院设施及其附属物为主要载体，以自养或牟利为主要目的的一系列生产、交换、分配与消费等经济行为的总称。学术界关于藏传佛教寺院经济的研究大都围绕藏传佛教寺院经济的性质、寺院经济结构、财产所有制与分配体制等方面展开。本文研究基于两点，一是对前人研究成果的分析，二是课题组的调研。

2014～2015 年间，本课题组先后走访了青海省塔尔寺、西藏日喀则市扎什伦布寺、萨迦县萨迦寺、甘肃省夏河县拉卜楞寺、云南的松赞林寺等近 20 座寺庙。根据前人的研究和本课题组的调研情况，我们认为，虽然藏传佛教教派众多，寺院分布区域广阔，各地寺院情况千差万别，但藏区各地寺院在经营方式、收入来源与支出、寺院财产关系以及政策监管等方面具有一致性。从性质上看，各地寺院经济

---

* 沈春阳，男，法学硕士，中央民族大学教师，主要从事民族政治学、民族宗教学研究。

大体包括两类：宗教性经济和世俗性经济。宗教性经济主要指寺院所从事的与宗教相关的经济活动，包括寺院及其僧侣接受信众布施，为信众提供各种宗教服务获得报酬，寺院围绕宗教设施进行的各种建造、经营、生产、服务等经济活动。世俗性经济是指寺院从事与宗教并不直接相关的各种经济活动，如耕种、采集、商业、运输、房地产、餐饮等经营项目。本文的研究主要以课题组调研成果为主，同时参考其他学者相关研究成果，对以上两类寺院经济活动进行分析研究。

二、藏传佛教寺院经济发展演变

传统藏区影响较大的寺院以西藏拉萨哲蚌寺、色拉寺、甘丹寺、日喀则的扎什伦布寺、青海的塔尔寺、甘肃的拉卜楞寺为代表。近年来四川格尔登寺、云南松赞林寺在规模、内部管理、藏传佛教教育和文化传承以及寺院经济发展等方面都获得了较大发展。这些大型寺院不仅代表了藏传佛教寺院经济发展面貌，而且历史上在所属地域大都有隶属于本寺院的母子寺，因而，各地寺院的情况与这些大型寺院基本一致。笔者关于藏传佛教寺院经济发展演变的描述，主要依据以上几个寺院的情况。

（一）民主改革前藏传佛教寺院经济

吐蕃时期，寺院运转和僧人生活所需都由世俗王室提供，僧人不必从事经济活动。吐蕃崩溃以后，寺院和僧人失去了经济来源，一般僧人的生活靠家庭接济，但寺院要生产和发展，必须要有强大的经济实力作支撑。于是，各教派寺院纷纷成立了专门的经营性组织、财务管理机构等，与世俗政权联合进行各种经济活动，出现了专门从事经济活动的寺庙商人，寺院通过收受布施、借贷、地租、经商等活动，逐步积累资金、土地、牲畜等生产生活资料。到 1959 年藏区寺院进行民主改革前，各大寺院已经积聚了藏区社会的主要财富。大体说来，民主改革前藏区寺院经济模式如下：

1. 经营农牧业

在西藏，1951 年和平解放前，实有耕地约 20 万公顷，寺庙占有 39.5%，西藏寺院拥有牲畜最多，约为总数的 40% ~ 50%，1959 年，拉萨三大寺共占有土地 7460.4 公顷，牲畜 11 万头，农奴 4 万多，一般情况下寺院所属的农奴要把收成的 70% 以上交给寺庙。[1] 在甘肃拉卜楞寺，"拉卜楞（地区）所有土地悉寺院

---

[1] 参见吴云岑："西藏寺庙经济的历史、现状及对策——关于藏传佛教与社会主义相适应的思考"，载《西藏民族学院学报（哲学社会科学版）》2001 年第 2 期。

所有"，"耕地面积约有 49 500 公顷，倘若能如数耕种，至少可供养 18 000 余户农民"。[1]在青海，截至 1954 年青海全省总耕地面积 457 733 公顷，其中寺院占有农耕地 23 256.3 公顷，占总耕地面积的 5% 以上，其中，"塔尔寺有耕地面积 6821.4 公顷"[2]，按当时全寺有僧人 1600 人计算，平均每个僧人占有土地约 4 公顷。[3]

各寺院主要采取租佃制的方式把土地和牲畜租给属民，然后收取实物地租和货币地租。一般情况下，寺院所属的农奴要把收成的 70% 以上交给寺庙。"塔尔寺将土地按租佃契约租给农民，向政府缴纳的公粮由佃户负担，另外每下 10 升种子的租地向寺院交租 7 升左右，即占收获量的 20% ~30%"[4]，"有的资料说 1949 年塔尔寺地租收入粮食 1 283 599 千克，柴草 234 160 千克，酥油 2500 多千克，羊毛 25 000 千克"。[5]从这些数字中我们不难看出，寺院农牧业规模之大，不仅在寺院经济结构中占有高比重，而且在社会经济中所占比重也很高。

2. 经营工商业和高利贷

寺院不仅拥有庄园、牧场、农奴和手工业作坊，还从事商业贸易活动。寺院经商历史悠久，塔尔寺常年用于商业活动的银圆达 10 万多元；拉卜楞寺有基金银圆 12 000 余元，白银 60 余两，这些基金或经商或放债。许多寺院除了经营自己的商店、工厂之外，还有上层喇嘛以各种名义进行贩运羊毛、药材、茶叶等商业活动。虽然经商现象普遍，但是因社会购买力低，商品经济不发达，经商的收入在寺院经济中所占比重不大。除经商外，传统藏传佛教寺院大都经营高利贷，拥有大量货币资金的寺院通过高利贷盘剥钱财是寺院和上层僧侣收入的重要财富来源。据不完全统计，1950 年达赖喇嘛自己的放债机构放债藏银 303.9 万两，年息 10%。哲蚌寺放出高利贷粮食累计达 80 000 000 千克，银圆 1 亿多元，债息收入占全部收入的 25%。[6]"塔尔寺的大吉哇，一些活佛及上层僧人拿出一定资金

〔1〕 参见甘肃省图书馆书目参考部编：《西北民族宗教史料文摘》（甘肃分册），甘肃省图书馆 1984 年版，第 526 页。

〔2〕 参见谢佐、格桑木、何玲编：《青海的寺院》，青海文物管理处 1986 年版，第 121 页。

〔3〕 参见谢佐、格桑木、何玲编：《青海的寺院》，青海文物管理处 1986 年版，第 121 页。

〔4〕 参见赵桐华："塔尔寺寺院经济之演变"，西北民族大学 2005 年硕士学位论文。

〔5〕 参见湟中县县情调查组编：《中国国情丛书——百县市经济社会调查·湟中卷》，中国大百科全书出版社 1996 年版，第 512 页。

〔6〕 参见吴云岑："西藏寺庙经济的历史、现状及对策——关于藏传佛教与社会主义相适应的思考"，载《西藏民族学院学报（哲学社会科学版）》2001 年第 2 期。

贷给本寺僧人中的'生意通',由他们代为经营,一年以后交还本金,经营所得利润由双方分成。"〔1〕塔尔寺仅"大吉哇二老爷智化仍若一次放债获利息3万块银圆,白银2万多两",可见其收入之高。〔2〕

3. 布施收入

布施是寺院收入的主要渠道,古代寺院因其特有的宗教祭祀、维护社会秩序等功能,得到统治阶级、世俗贵族阶级的大量赏赐和捐助,世俗政权的经济资助包括赏赐属民、土地、生活用品(粮食、衣物)、交通工具以及免除僧人差税、劳役和赋税等。统治阶层对寺院的经济资助,是早期寺院经济的启动资金,同时也为寺院成为藏区封建社会三大领主之一奠定了物质基础。除此之外,寺院还要向民众布施。哲蚌寺一年的布施收入为藏银6200秤(1秤=50两),粮食1100克(1克=28市斤)和酥油若干。〔3〕大部分寺院都有自己固定的布施地域或部落,在固定的时间到所属部落进行布施。比如,塔尔寺每年春秋两季都要派喇嘛到各地去化缘布施。"1954年塔尔寺化得布施为羊15 000只、牛1500头、马300匹、银圆3600元、银锭25个,其他还有呢子、绸缎、皮张、茶叶、酥油、青稞几万驮。"〔4〕除了外出化缘布施,还有一些王公贵族来寺捐钱作为布施,布施收入在古代寺院经济中所占的比重较大。除了以上经济活动外,还有其他如无偿使用劳动力、摊派劳役、利用寺院特权掠夺财产、骗取财物等收入,因其所占比重较小,故不再赘述。

从以上几个方面我们可以看出,早期寺院经济收入主要来源于自身经营和社会供应两方面。在支出方面,寺院除了支付内部各种宗教活动开支和僧人的日常生活外,还将部分资金用于商业投资和贸易活动。古代寺院内部的财产管理主要掌握在少部分人手中,在寺院财产的所有权和处分权上,寺主和堪布起着主导作用。民主改革前寺院经济是藏区社会经济的重要组成部分,一定程度上促进了藏区建筑业、手工业、贸易经济、文化艺术业等方面的发展。

---

〔1〕 参见赵桐华:"塔尔寺寺院经济之演变",西北民族大学2005年硕士学位论文。

〔2〕 参见湟中县县情调查组编:《中国国情丛书——百县市经济社会调查·湟中卷》,中国大百科全书出版社1996年版,第517页。

〔3〕 参见吴云岑:"西藏寺庙经济的历史、现状及对策——关于藏传佛教与社会主义相适应的思考",载《西藏民族学院学报(哲学社会科学版)》2001年第2期。

〔4〕 参见青海省社会科学院塔尔寺藏族历史文献研究所编:《塔尔寺概况》,青海人民出版社1987年版,第151页。

（二）寺院民主改革后自养经济确立

1959 年藏区民主改革在废除政教合一体制、取缔寺院和上层贵族头人的封建领主特权的同时，对参加叛乱的寺院的土地、牲畜等生产资料一律没收，分给农牧民，对没有参加叛乱的寺院的生产资料实行赎买政策。1959 年以后，各大藏区寺院纷纷失去了庄园、土地、牲畜、农奴等生产资料。民主改革后，西藏保留寺庙 30 余座，僧侣 7000 余人，他们主要靠赎买金、念经以及政府部分资助维持生活，部分有生产能力的僧侣开始参加农牧业活动，靠自己的劳动养活自己。

改革开放后，藏区各寺院恢复宗教活动，政府有关方面陆陆续续把"文革"中查抄的宗教财产归还寺院。1988 年西藏各地归还寺院物件 37 704 件，铜佛法器 37 余万千克，林卡 72 个，土地 702 克，房屋 779 件，赎买金 492 余万元，以及其他寺庙财物折合款 8 余万元。[1]随着宗教活动的恢复，传统寺庙布施性收入逐渐增多。1988 年，在拉萨寺庙中的喇嘛每人每年平均得到的布施为 1000 ~ 1300 元。[2]

1987 年十世班禅大师发表《关于扎什伦布寺进行社会主义条件下寺庙管理试点的总结》一文，文中探讨了新的社会制度下寺院如何开展"以寺养寺"经济活动，指出"要有一套既适合寺庙特点，又基本上符合按劳付酬原则的分配制度"。[3]中央政府肯定了扎什伦布寺的"以寺养寺"寺院经济模式，并向其他藏区寺院推广。随后各地藏区陆续出台的鼓励藏区寺院"以寺养寺"，发展寺院经济的政策主要内容有：寺庙在搞好教务的前提下，坚持"以寺养寺"的原则，因地因寺制宜，从事力所能及的农林牧副商业，举办适合寺庙特点的社会公益事业和服务事业，增加收入，改善僧尼生活，逐步实现自养；有条件的寺庙可以单独或联合开办集团企业，在民管会的领导下，本着自愿互利的原则，招聘寺外人员签订合同承包经营；经政府宗教事务部门批准，寺庙可以印刷、流通佛教经典，制作销售宗教用品和宗教艺术品；政府有关部门对住寺僧尼从事的各项生产、商业经营和公益事业，应积极创造条件并给予扶持、帮助，不得与寺庙争

---

〔1〕 参见吴云岑："西藏寺庙经济的历史、现状及对策——关于藏传佛教与社会主义相适应的思考"，载《西藏民族学院学报（哲学社会科学版）》2001 年第 2 期。

〔2〕 参见吴云岑："西藏寺庙经济的历史、现状及对策——关于藏传佛教与社会主义相适应的思考"，载《西藏民族学院学报（哲学社会科学版）》2001 年第 2 期。

〔3〕 参见班禅·确吉坚赞："关于在扎什伦布寺进行社会主义条件下寺庙管理试点的总结"，载《中国藏学》1988 年第 1 期。

利；等等。在这些政策扶持下，以 20 世纪 60~70 年代寺院僧侣开展的种植、养殖等经济活动为基础，以 20 世纪 80 年代后期寺院获得的日益增多的布施收入为条件，以政府有关"以寺养寺"政策为依据，藏传佛教寺院经济在新时期逐渐发展起来。

（三）当代藏传佛教寺院经济的多元化特征

改革开放之后，市场经济环境为寺院经济创新性发展释放了活力。随着市场经济在各领域的深入推进，藏传佛教寺院经济也出现了市场化、多元化发展特征。

1. 经营工商贸业

如今的藏区各大寺院，都在积极利用自身的宗教文化资源参与各类工商贸业等经济活动。从各地调研情况看，寺院参与的相关活动主要有：经营商店、出售门票、办藏医院、经营旅馆宾馆、出租寺院的多余房屋、出租门面摊位、出售旅游产品及宗教用品、经营照相馆、出租草场及经营畜牧业、建立运输队、创办加油站、开办宗教文化特色产业等经济活动。拉卜楞寺在改革开放后，陆续办起了制香厂、印刷厂、制药厂、缝纫厂 4 个实体，企业员工 200 多人，均为僧侣。塔尔寺除了投资开办印经院和藏医院，还成立古建筑工程公司等，有的大中型寺院的经商活动甚至扩展到沿海和国外，如扎什伦布寺创办的刚坚发展总公司在国内外设有分公司。早在 20 世纪的 1994 年一年营业额达 5000 多万元，纯利润 1300 多万元。[1]在这些经济活动中，经营与藏传佛教文化相关的特色产业占有比重最大，比如，经营佛教文化艺术、藏香、宗教用品等，藏区寺院普遍经营藏医药产业，有些大型寺院还开办藏药厂，至开办藏医院等，如塔尔寺、拉卜楞寺都开设了集研修藏医学、制药行医为一体的曼巴扎仓（医明学院），即使中小寺院里也有很多高僧活佛精通藏医药学，因此在偏远且交通不便的农牧区，各寺院开办的藏医诊所在基层医疗体系中发挥着重要作用。[2]此外，虽然大部分寺院已经不拥有土地，但地处藏区腹地的寺院通过租种和代牧获得土地使用权，寺院经营土地和牧场也获得一定的经济收入。

2. 发展寺院旅游业

藏传佛教较大规模的寺院，大都拥有丰富的历史文化和宗教资源，都是重要

---

〔1〕 参见开哇："论当前藏族寺院经济及其导向问题"，载《青海民族学院学报》1995 年第 4 期。

〔2〕 参见丁莉霞："当代藏传佛教寺院经济现状及其管理探析"，载《世界宗教文化》2014 年第 1 期。

的旅游胜地。利用这些历史文化和宗教资源发展旅游业是各地藏区经济活动的重要内容。这类寺院旅游产业多由寺院方面提供资源，政府及社会进行投资开发并经营，旅游收入在政府、景区开发公司和寺院三者（有时也包括景区所在社区民众）之间进行分配。寺院获得的旅游收入一般包括两类，一类是门票收入，另一类是配套的僧人导游、旅游纪念品收入。2015 年香格里拉的松赞林寺，门票价格为 115 元，接待游客 50 万人次，门票收入达 5750 万元。[1]拉萨布达拉宫寺门票旺季 200 元，淡季 100 元，2015 年接待游客 90 万人次。[2]2014 年塔尔寺景区接待国内外游客 191.94 万人次，旅游收入达到 3.69 亿元。[3]甘肃的拉卜楞寺门票价格 40 元，2015 年上半年游客人数达 100 万人。这些收入按一定比例分配给寺院。不难看出，寺院的门票收入颇丰，在寺院总体收入中占有较大比重。

除了门票收入，还有配套的僧人导游、酒店、餐饮、旅游纪念品出售等，不仅带动了寺院经济的产业升级，还拉动了当地经济的发展。但旅游景区与景区宗教活动场所之间由于利益分配问题发生矛盾情况时有发生，有些景区高额的门票加重了信教民众的负担，影响了寺院香客流量，减少了寺院的经济收入，也会引起寺院及信教民众对景区管理机构的不满。

3. 寺院各类供养性经济

供应性经济收入来源渠道很多，既有信众对寺院和僧人的各类捐赠，也有政府对维修扩建寺院、保护寺院文物以及提供僧侣社会保障等方面的经济资助，还有些寺院与内地的一些企业或商人之间建立了施供关系，也成了这些寺院重要的经济来源。信徒出于信仰的需要向寺院布施是藏传佛教的重要形式，藏传佛教寺院里的经堂，经常会有朝拜的信众布施现金，但捐赠钱物数额，因寺院和捐赠者个体财力情况差异较大，很难具体统计。大的历史名寺因为名气大，朝拜的人数多，宗教活动频繁，这部分收入比较可观。例如，扎西次仁是云南香格里拉市小中甸村的村民，目前一家人在香格里拉市开了一家小饭馆，每次去松赞林寺都会捐 20~50 元不等，每年布施的功德钱可达数千元。"除了信众的供施，还有来自

---

〔1〕 该数据系 2016 年 2 月笔者前往迪庆州调查时，由松赞林寺管理局提供。

〔2〕 数据来自西藏新闻网，新华社记者标题"布达拉宫年接待游客逾 90 万人次"，因难以承受人满为患的困境，从 2006 年拉萨政府开始对布达拉宫的游客数量和游览时间进行了限制，日均接待游客不超过 4000 人，游览时间不超过 1 小时，笔者注。

〔3〕 参见"酥油花飘香四海 塔尔寺景区强势带动区域旅游"，载《青海日报》，http://www. xin-ing. gov. cn/html/9/329402. html，最后访问时间：2015 年 5 月 4 日。

本寺和外寺活佛、格西等上师对寺院的布施。""寺院上层僧侣也会把其获得的信众供奉'回赠'寺院。"[1]云南噶丹·羊八景林寺在 2011~2013 年，年度总收入 1 787 793 元，其中信众供施占到了 59.7%，特别是当地信众供施占到了寺院总收入的 66.06%。[2]

政府投入是藏传佛教寺院重要的经济来源。国家每年都拨专款维修寺庙及保护寺庙里的文物。比如，1980 年国家拨给扎什伦布寺 8000 万维修经费，2006~2010 年期间，国家投资 5.7 亿元人民币，对扎什伦布寺等 22 个文物保护单位进行维修和保护。2014 年又拨了 5 亿多元用来维修包括扎什伦布寺在内的 20 多个寺庙，光用在扎什伦布寺维修上的经费就达到了 1.3 亿。[3]

西藏昌都的强巴林寺在 2013 年被确定为全国重点文物保护单位，寺内建筑包括大经堂、帕巴拉等四大活佛的官邸、护法神殿、辩经院、度母殿和九大扎仓的修行殿等，占地面积 5 万多平方米。对于这个庞大的建筑群，国家拨款 9000 多万元进行维护和修缮。昌都政府文物部门也投资 9378 万元，对寺庙广场、经堂、僧舍、道路、围墙等维修改造，目前这些项目已建成并投入使用。[4]

西藏山南地区扎朗县的敏珠林寺，属于藏传佛教的宁玛派，即红教，至今已有 300 多年的历史，全寺现有 54 名僧人。敏珠林寺生产敏珠林藏香，这种藏香在国内外都有名，从生产设备到工作人员，都是寺里自己的，藏香厂是寺里的主要经济来源。此外，敏珠林寺还有不足 0.7 公顷的土地，种粮食和蔬菜。寺里还有一些林地，养了 17 头奶牛、80 头牦牛，有 3 辆汽车搞客运，办了两家小商店经营杂货和土特产。这些加上出售旅游门票和信众给的布施，全寺去年总收入达到了 80 万元。[5]

总之，如今的藏传佛教寺院既开展宗教旅游和特色商品商贸业，也经营农牧

---

〔1〕 参见陈庆德、此里品初："藏传佛教寺院的供养结构——云南德钦噶丹·羊八景林寺的个案分析"，载《民族研究》2014 年第 3 期。

〔2〕 参见陈庆德、此里品初："藏传佛教寺院的供养结构——云南德钦噶丹·羊八景林寺的个案分析"，载《民族研究》2014 年第 3 期。

〔3〕 参见王晓彬："西藏寺庙的今与昔"，载 http://www.shanyuanwang.com/home - 236 - do - blog - id - 49155.html，最后访问时间：2013 年 12 月 27 日。

〔4〕 "西藏强巴林寺修护工程即将竣工"，载新华网，http://news.xinhuanet.com/local/2014 - 05/19/c_1110755812.htm，最后访问时间：2014 年 5 月 19 日。

〔5〕 参见"'以寺养寺'——西藏山南地区僧人的日常经济生活"，载佛教在线，http://www.fjnet.com/shxx/shxxnr/200508/t20050812_12738.htm，最后访问时间：2005 年 8 月 12 日。

业和特色手工业等，既有信众直接对寺院进行各类捐赠收入，也有政府通过对寺院修缮和文物保护等方式的资金扶持收入。通过这些方式，一些寺庙尤其是城镇地区以及规模较大型的寺院不仅实现了"自养"，而且积聚了越来越多的物质财富。同时，在发展过程中，藏传佛教也出现过度经济化倾向，寺院变成"公司"，僧人变成"职员"，从而削弱了寺院的宗教神圣性功能。还有商人和地方政府利用"宗教搭台，经济唱戏"介入寺院经济活动，甚至制卖假冒伪劣的宗教产品，牟取暴利，扰乱正常经济秩序。与此同时，调研还发现，仍有一些偏僻的牧区寺院、乡村寺院不具备以寺养寺的条件和能力。藏传佛教寺院经济已经融入市场经济生活中，成为藏区社会经济的重要组成部分，这是不争的事实，寺院经济的发展方向，是弘法利生还是谋求财富？政策设计者和寺院方面都需要认真思考。

三、藏传佛教寺院内部经济管理机制

（一）寺管会主要负责经济管理

目前，藏区各地寺院的经济活动和收入分配主要由寺庙民主管理组织（寺管会）负责。藏区各地较大规模寺院在民主管理委员会下设经济委员会或财经管理小组。经济委员会对寺院投资方向、经营何种项目、经营方式等提出建议，供寺管会决策参考，其成员不仅有来自寺院内部的寺管会主任及部分成员、一般僧侣，还包括来自寺院外部的信教民众代表、政府主管部门代表、工商、税务、银行部门代表等。随着"自养"事业的发展，寺院经济委员会的职权日益扩大，不仅组织经济活动，而且还参与寺院的财产管理、经营和处分。寺管会下设的各级组织和寺院各级机构通常可以独立开展经济活动。以松赞林寺为例，寺院最基层组织康参内有大大小小的经济集团，这些经济体独立运营，收入在内部分配，不需上缴寺院，因而，各康参的经济实力也有差异。松赞林寺寺管会管理的寺院集体财产，主要是政府资助资金和信教群众供奉的香火钱。香火钱由"康桑"（值班僧人）保管并在每年固定的日子上缴寺管会，再由寺管会统一分配支出。"康桑"每年一换，在上缴年度香火钱时，需在大殿佛祖前起誓，保证香火钱已如数上缴。

按照国家规定，各大藏区寺院寺管会下设财务小组（室）负责寺院的财产和各项财务管理。各寺院也都建立财务管理制度，把生产收入、经堂收入、布施收入和门票收入全部纳入寺庙财务统一管理范围，与各生产单位和创收部门建立收支明细账目。一般来说，财务组每季度向民管会汇报一次财务收支情况，主动接受民管会的管理和监督，同时按照财务公开原则，财务组每年向全体僧众公布上一年寺庙财务收支情况，对下一年寺庙支出预算广泛征求意见，经民管会全体会议通过后，严格执行。比如，塔尔寺设有专门的财务室，设有财务主管数人，总监1人，会计1人，出纳1人，负责寺院的财产物资核算、利润核算等工作。财务的上报审核等皆依据《塔尔寺财务管理制度》规定办理。

（二）寺院与经营者之间的收入分配机制

目前各地藏区开展的寺院经济，既有以寺院为单位，利用寺院的财力、劳力及寺院各项资源直接经营，或承包租赁寺院资产给社会投资者经营，也有寺院僧侣承包、租赁寺院资产进行经营。寺院经济收入是寺院和僧侣从事生产劳动和经营所得，因此，寺院收入分配首先在寺院与各经营者之间发生，寺院经济收入的分配方式既适合寺院特点，又借鉴按劳分配的原则，由于寺院生产资料的构成方式不同，寺院经济收入的分配方式亦不同。[1]寺院组织直接经营的农牧业，收入分配一部分交纳生产资料所有者，一部分留寺院日常所需，一般无需缴税。寺院利用宗教设施和宗教文化资源所获经营性收入一般也不缴税，收入直接归入寺院。委托他人经营寺院所属的非宗教性资产开展经济活动获得的收入除了按照国家规定缴纳税金外，其余由经营者按一定比例上缴寺院或根据经营者的劳动付出进行分配，通常情况下以寺院集体名义经营的收入归寺院集体，僧侣承包寺院资产进行的投资经营活动，收入由个人和寺院按比例分配。扎什伦布寺规定，与寺庙签订经营目标责任书的经营单位，实行自负盈亏，除生产经营单位的僧人外，严格禁止其他僧人从事经营活动。僧人外出念经收入的70%上缴寺院财务，其余自留。[2]

寺院参与的景区旅游业涉及利益群体较多，收入分配方式比较复杂。以松赞林寺为例，目前实行景区、寺院和景区所在社区民众三部分共享的收入分配模式：大部分景区收入分配给寺院；小部分按照"增钱不增户"的原则分配给松赞林寺景区中的两个社区，即以2008年核定的松赞林寺覆盖的201户数为基准，户数保持不变，每5年增加1000元的补助；第三部分是还银行贷款，景区开发的大部分投资来源于银行融资，所以景区公司每年要拿出景区收入的一部分用于

---

〔1〕 参见罗莉：《寺庙经济论——兼论道观清真寺教堂经济》，宗教文化出版社2004年版，第45页。
〔2〕 参见洛桑江村："关于对扎什伦布寺管理模式的调查与思考"，载《西藏统一战线》2009年第3期。

还银行贷款。除此之外的景区所有收入归景区开发公司所有。[1]

图6：松赞林寺景区收入分配图

（三）寺院内部分配机制

在寺院内部，寺院经济收入首先确保各类佛事活动费用、经营人员工资、僧侣日常生活补助以及寺院基本建设开支等，实现"自养"，其余的收入则用于再生产的各类资金投入。寺院内部收入分配是寺院民主管理组织对各类生产、经营收入进行的再分配。寺院经济收入的很大部分用在僧侣生活补贴上，主要是以津贴或奖励等形式进行分配。松赞林寺分配情况大体如下：僧人生活补助（每年僧人可以从寺院领取2万~4万元的生活补助）、学经补助、对寺院管理建设做出重大贡献的僧人给予奖励。塔尔寺的分配大体如下：每年供给每个僧人生活费约1700元，约占寺院总收入的20.6%。[2]扎什伦布寺把按需分配和按劳分配相结合，在僧侣中建立15级生活补助标准，并根据寺庙收入情况每年适度递增。总体来说，藏区寺院内部财产分配体现了统筹兼顾、按劳分配的原则，但也存在分配不公的现象，如按照僧侣地位高低分配经济收入。

（四）僧侣个人的经济收入

藏传佛教寺院僧侣除了从寺院获得津贴性收入外，还有其他经济收入来源，比如，家庭资助、出外念经做法事的报酬、宗教服务和宗教用品经营（如调解纠纷报酬、出版书籍等）、个人获得政府表彰性奖金（如和谐模范寺庙表彰与先进僧尼表彰、和谐模范寺庙等）、信众捐赠以及政府提供的社会保障性资金等。

寺院津贴和政府补贴是大部分僧侣收入的主要来源。比如，敏珠林寺的僧侣参加寺里劳动，按多劳多得发给补贴，寺里还根据每个僧侣学习宗教知识、遵守寺院纪律的表现颁发奖金，有的僧侣一年最多能拿到3000元，平均也有700元

---

〔1〕 该内容系2016年2月笔者前往迪庆州调查时，由松赞林寺管理局提供，但各部分按照什么比例进行分配，有关方面并没有提供相应数据。

〔2〕 参见梅进才主编：《中国当代藏族寺院经济发展战略研究》，甘肃人民出版社2000年版，第19页。

左右。[1]近几年藏区对定员额内僧尼全部纳入社会保障体系,给僧尼购买了低保、医保、养老保险、人身意外保险,每年免费进行健康体检,建立健康档案。

一般来说,藏区僧人年过60岁、尼姑年过55岁,都可以向当地政府申请和普通公民同样的养老和医疗待遇,每年领取900~1200元的养老金,如果有疾病或者残疾,还可提前申请这些待遇。目前强巴林寺在编僧人参保率达到100%,146名符合条件的特困僧人全部实现低保。截至2015年6月,寺庙60周岁以上领取养老金的僧人为29人;累计接受住院报账僧人197人,报销药费93万多元,发放低保金64万多元。[2]

各级政府通常为表现优秀的寺院、僧人给予表彰和物质奖励。近年来各地藏区对僧侣发放的表彰奖励金越来越多,成为僧侣收入的重要来源。在西藏,寺院如获得县级"和谐寺庙"称号,每个僧侣有1000元奖励,获得地市级"和谐寺庙"称号,每个僧侣可获得2000元奖励,如果获得自治区级"和谐寺庙"称号,每个僧侣可获得4000元奖励。2015年,青海某县财政部门在全州率先拿出2.3万元,为全县23名民管会主任发放工作津贴;某县参照村干部报酬,由县财政部门每年拿出10万元的专项资金,其中8万元用于全县34名民管会成员的生活补助,2万元作为寺院社会管理工作评优选先的奖励基金,年底对所有寺院综合考核后,对先进民管会班子进行奖励。

家庭资助也是部分僧侣的收入来源之一。传统上,除官寺外,藏传佛教寺院通常不负担僧侣的生活,僧侣各项支出主要由家庭提供,家庭要为僧侣在寺院修建房屋,现在有些寺院仍有家庭资助的情况,有些富裕家庭为本家僧侣盖的房屋用料考究,家用电器、手机、摩托车等一应俱全,这些房产属于僧侣私有财产,在寺院内部可以买卖、转让。信众对僧侣的供养,主要有两种方式,一是直接捐赠财物,二是僧侣通过宗教服务获得信众捐赠,主要是信众定期请僧侣念经、做法事,支付僧侣一定的费用。笔者调查发现,藏传佛教信众对宗教活动热情很高,红白喜事都要请僧尼到家里念经、祈福。念经和做法事等宗教活动收入高低不等,因人而异。此外,藏传佛教僧侣中有相当一部分人通过制作、绘画、雕塑、著书立说、创办经济实体、参与经商活动等获取各类经济收入。

---

〔1〕 参见"'以寺养寺'——西藏山南地区僧人的日常经济生活",载佛教在线,http://www. fj-net. com/shxx/shxxnr/200508/t20050812_12738. htm,最后访问时间:2005年8月12日。

〔2〕 参见"西藏强巴林寺喇嘛的公民生活",载凤凰佛教,http://fo. ifeng. com/news/detail_2014_07/23/37480156_0. shtml? 3Ua——www. 0uu. com——tyuyo. html,最后访问时间:2014年7月22日。

从这些多元经济收入可以看出，僧侣个人既有从寺院经济中获取收入，也有通过个人技能获取经济收入，不仅实现自养，而且个人积累的财富越来越多。据2007年的调查，塔尔寺的普通僧人每年能够从寺管会领取2000元左右的工资，加上在经堂念经和到信众家中做法事所得报酬，年收入可达5000元。[1] 有些宗教等级和宗教影响较大的僧侣（包括活佛）经济收入往往大大高于一般僧侣，有的活佛经济实力甚至超过了寺院的集体经济实力。布达拉宫、松赞林寺等大型寺庙多数活佛和僧人拥有轿车，手机、电脑、电视普及率更高。相对来说地处偏远的小型寺院僧侣收入相对较少，根据甘肃甘南州民政部门2009年的调查，当年有多达7367名僧尼年收入不足600元，其中特困僧尼6205人，占全州僧尼总数的60%以上，2729人没有自己的僧舍，还有2708人的僧舍已经成为危房。[2] 大部分僧侣个人收入用于个人积累和消费，消费形式主要有生活用品消费、发展性消费（主要是自己接受高等教育或兴趣学习）、享受性消费（手机、平板电脑、轿车、娱乐性消费）、反哺家庭和慈善捐款等，也有活佛将个人收入的一部分上缴寺院。

四、藏传佛教寺院财产监管方面存在的主要问题

（一）寺院与其他部门、僧侣之间财产关系不清

第一，寺院与其他社会部门之间财产关系不清。宗教财产，严格地说应该是宗教团体、宗教活动场所所属的财产。藏区民主改革后，国家政策规定寺院财产归社会所有，宗教活动场所有使用权，但无处理寺院财产权利，这在实践层面造成社会各个方面以不同方式侵占寺院财产，尤其是"文革"期间，藏区寺院财产或被没收，或被赎买，或被其他部门侵占。改革开放后，藏区各地有关方面归还了一些寺院的宗教财产和文物，但有的地方非法侵占寺庙的土地，有的宗教土地、宗教建筑被有关单位或个人长期强占，还有的地方政府甚至和寺庙争抢门票收入等，寺院财产范围、所有权等问题仍然没有解决。

第二，寺院财产与僧侣财产关系不明。藏传佛教寺院经济活动包括寺院集体经济活动和僧侣个人经济活动两部分，寺院经济收入分配有两类：寺院僧侣集体所有和僧尼个人所有。僧侣个人经济收入分配也有两类，一部分上缴寺院，另一

---

〔1〕 参见"海宁、环措姐、拉加东主（2008）安多地区藏传佛教寺院个案调查：塔尔寺"，载西南民族大学研究生2007年创新型科研项目调查报告："藏传佛教寺院现代性研究——卫藏、安多、康区寺院个案调查"，2008年1月7日。

〔2〕 参见丁莉霞："甘南藏传佛教信仰以及寺院经济的现状考察"，载《世界宗教文化》2010年第3期。

部分成为个人私有。由于僧侣个人的经济活动通常与寺院集体经济活动交织在一起，僧侣个人经济收入也和寺院集体经济收入交织在一起，哪些财产是寺院集体所有，哪些是僧侣个人所有？如何保障寺院集体财产、僧侣个人财产不被他人侵吞、挪用？实践中这方面的问题比较多。比如，"布施是寺院的经济收入之一，而布施往往是通过活佛来接受的，有时归全寺所有，有时活佛以个人名义用之于社会公益事业或宗教活动方面，也有活佛个人占有、使用、收益的情况"[1]。目前法律界对寺院、僧侣、活佛的法律地位及其财产所有权取得，各自如何承担自己应该承担的财产责任等均没有比较全面、系统、明确的阐述和法律规范。"一些活佛的头脑中仍残留着一种宗法意识、特权观念，总认为他所管辖的寺院就是他的，一切由他说了算，寺院财产就是他的，理所当然由他支配使用，加之信教群众对佛的虔诚和崇拜，尽管寺院、僧侣、活佛有损害自己的行为，也不敢诉诸法律。"[2]由于上述种种因素，寺院与其他社会部门、寺院和僧侣包括活佛之间的财产关系不清带来宗教财产流失问题越来越突出。

为了解决此类问题，2004年底国务院颁布的《宗教事务条例》设"宗教财产"一章，明确宗教财产范围包括宗教团体、宗教活动场所依法所有或者管理、使用的房屋、建筑物、土地、文物、宗教用品、各类设施及宗教性收入、门票收入、国内外捐款收入、政府资助资金以及其他收入和所办企事业的合法资产、收入等。

各地藏区在实施《宗教事务条例》相关细则中对藏传佛教财产范围进一步给予说明。藏传佛教财产，一般是指佛教协会、寺院合法所有或者管理、使用的房屋、土地、草场、构筑物、设施、法器、文物、宗教收入、各类捐赠以及其他合法财产、收益（以下简称佛教财产）。

除了明确寺院财产范围，还规定佛教协会、寺院合法所有的房屋、构筑物、设施和合法使用的土地，以及其他合法财产、合法收益受法律保护，任何组织和个人不得侵占、私分、挪用、损毁或者非法查封、扣押、冻结、没收、处分；寺院提供给僧尼的房屋等设施和用品归寺院所有，僧尼可以使用，应当妥善管理，不得私自转让、抵押或者出售；僧尼去世后，按藏传佛教教规和习惯属于个人的财产的，可以依法继承；佛教协会、寺院按照藏传佛教习惯接受公民的捐献，但

---

[1] 参见洪源："关于寺院、僧侣、活佛的法律地位与财产所有权刍议"，载《西藏研究》1999年第1期。

[2] 参见洪源："关于寺院、僧侣、活佛的法律地位与财产所有权刍议"，载《西藏研究》1999年第1期。

不得摊派或者变相摊派；寺院在集体性佛事活动中所得布施，应当用于与佛教协会或者寺院宗旨相符的活动。

可见，虽然传统上藏传佛教寺院财产范围很广，既包括寺院共有财产也包括僧侣个人财产，但国家法律意义上的藏传佛教宗教财产仅指寺院集体财产不包括僧侣个人财产。按照这些法律规制，寺院财产管理首先要对已经明确为寺院的财产进行登记，各地相关规制要求，佛教协会、寺院合法所有的房屋和使用的土地等，由寺管会依法向县人民政府土地、房产管理部门申请登记，办理国有土地使用权证、房屋所有权证，变更权属的，应当征得人民政府宗教事务部门的同意，并在相关部门办理手续。但实践层面，藏区各地寺院财产登记工作还基本没有进行。

可以说，目前大陆关于寺院财产的这些法律规制，意在努力解决寺院与其他社会利益组织之间、寺院与僧侣之间的财产关系，确保寺院公共财产安全。寺院财产范围的法律规制，一定程度上厘清了寺院与其他社会组织、寺院与僧侣之间的财产关系。然而，由于宗教法人制度缺失，寺院财产安全问题难以从根本上得到保护。

（二）寺院财务管理混乱

随着藏传佛教寺院经济的蓬勃发展，宗教活动场所所支配和运用的资金数额越来越大，财产监督不力造成的财务混乱问题日益突出。如今的寺院已然变成了一个生产经营实体，寺院公司管理者主要是本寺上层僧侣，寺院内部财产管理的基本权力掌握在少部分人手中。在寺院财产的处分上，寺主和堪布起着主导的作用，他们普遍较少接受过正规的经济学和管理学训练，管理思路主要来源于个人的经验，对经济的长期发展规划、风险评估、成本计算、财务监管等缺乏标准化的控制。

为了进一步规范宗教活动场所的财务行为，加强对宗教活动场所财务的监督管理，保障宗教活动场所和信教公民的合法权益，国家宗教局根据《宗教事务条例》和有关法律规定，制定了《宗教活动场所财务监督管理办法（试行）》，并于2010年3月1日起施行。《宗教活动场所财务监督管理办法（试行）》规定："宗教活动场所财产管理的内容应包括：会计工作、教产管理、预算管理、收入管理、支出管理、财产分析与评价。"[1]寺院发生的经济业务事项，应当在依法

---

〔1〕 参见《宗教活动场所财务监督管理办法（试行）》（国家宗教事务局令第7号），载 http://www.gov.cn/flfg/2010-03/03/content_1546579.htm，最后访问时间：2010年3月3日。

设置的会计账簿上统一登记、核算，并保证其真实、完整；寺院年度财务会计报告至少应当于年度终了后 4 个月内向县人民政府宗教事务部门报告；如果寺院被要求对外提供中期财务会计报告的，应当在规定的时间内对外提供；寺院应当对政府性投入资金主动接受审计监督；等等。

虽然政府要求寺院通过定期开展财务考评和固定资产清查来监督财务的收支情况，但大部分寺院没有建立专业化、透明化的审计监察体系，各地寺院财务公开不具体。很多大的寺庙因资产过多，对财务公开存在抵触情绪，有的地方在公开的财务报表中，财务的使用和支出账目笼统，只公示了收入多少，支出多少，更加具体化的财务审计还做得远远不够。除了要对寺院财物进行监督，寺院财务大权基本掌握在少数活佛手中，对活佛收入的来源和支出进行合理监督也是很有必要的，但目前基本没有这方面的制度设计来规范他们的收入与支出。

（三）寺院经济中的税收监管不到位

前文已述，目前，藏区寺院经济大体包括两类，即宗教性经济和世俗性经济。从寺院的收入来源和支出情况看，寺院经济活动有非营利性，也有营利性。寺院哪些经济活动应该征税，怎么征税？目前这个问题还比较混乱。历史上世俗政权对寺院和僧人是免除赋税的，民主改革后，由于寺院大部分资料被没收，政府对寺院围绕宗教设施开展的"自养"形式的经济活动实施免税政策，对以非宗教设施开展的经营活动原则上按各类经济活动性质进行征税。按照国家现有税法的相关规定，宗教团体、宗教活动场所享受的税收减免优惠主要有：用于举行宗教活动的房屋以及宗教教职人员的生活用房，免征房产税、城镇土地使用税；宗教活动场所举办文化活动、宗教活动销售门票的收入免征营业税。比如，2009年 1 月 1 日起施行的《营业税暂行条例》第 6 条规定，"宗教场所所举办文化、宗教活动的门票收入免征营业税"。[1]《宗教事务条例》第 36 条规定，"宗教团体、宗教活动场所应当执行国家的财务、会计、税收管理制度，依照国家规定享受税收减免优惠"。[2]

除此之外，寺院非宗教性活动如何征税？僧尼私人财产如何管理，能否征

---

〔1〕 参见《中华人民共和国营业税暂行条例实施细则》（财政部国家税务总局第 52 号令），载 http://www. gxgg. gov. cn/news/2014 – 11/77576. htm，最后访问时间：2014 年 11 月 15 日。

〔2〕 参见《宗教事务条例》（中华人民共和国国务院令第 426 号），载 http://www. gov. cn/test/2006 – 02/24/content_210351. htm，最后访问时间：2006 年 2 月 24 日。

税？对此法律监管还很不到位。针对目前不同寺院之间收入差距过大，僧人间贫富不均的问题，笔者认为，国家可以利用税收杠杆进行合理调节，制定科学的税收政策，推动寺院和僧侣、活佛之间形成公平、公正、合理有序的收入分配格局。

（四）僧人私人财产法律保障不足

众所周知，按汉传佛教戒律，僧侣个人没有私人财产，"宗教内律已经规定僧侣所有财产均属于宗教组织，那么作为僧侣死亡后的财产也理所当然地归属于宗教组织"。[1]不同于汉传佛教，传统上藏传佛教僧侣有私人财产，尤其是活佛的私人财产数量很大。僧侣作为国家公民，在法律上有权处置自己的财产。实践中，有的僧侣将个人财产送给亲戚，有的积累用于投资，等等。"有的活佛在行使自己婚姻自主权时，存在娶而离、离而再娶的情况，在结婚时他们用巨额财产为自己购置衣物、首饰、房产等，这其中有寺院资金，也有个人资金，当遇到其离婚诉诸法律时，法律在拆分财产方面难以区分哪些是寺院财产，哪些是夫妻共有财产，哪些是夫妻个人财产。"[2]藏传佛教寺庙的僧人圆寂后，遗产应该如何分配？是归寺院所有，还是该僧人的俗家亲属继承？实践层面各地处理僧人财产方式不一，常见的僧人遗产处置方式是一部分给寺院，一部分给下一世僧人，也有给亲戚的，由此引发的法律纠纷也越来越多。

对于当前各大宗教活动场所普遍存在财产权属不清和宗教财产监管不力等问题，学术界认为迫切需要加强宗教法人制度建设和寺庙财务制度建设。目前广泛推进宗教法人登记还遭遇诸多阻力，这些阻力既有来自官方，也有来自宗教界。调研表明，相当多宗教界人士对宗教法人制度缺乏应有的了解，对法人权责利的认识非常模糊，无法从实质上贯彻这项工作。有鉴于此，有些学者建议根据不同宗教实际，宗教法人登记采取多种类型的登记方式，让宗教界自主选择。同时，宗教法人登记制度应降低门槛，采取自愿原则，进行事后监督，重点是明确宗教财产权归属，加强宗教财产监管，让宗教经济走上正轨。

五、结语

新时期藏传佛教寺院经济的发展不仅减轻了政府和民众的负担，也实现了对

---

〔1〕 参见黄晓林："僧人遗产纠纷中的深层法律问题解析——宗教团体自治与司法审查"，载《法治研究》2013 年第 8 期。

〔2〕 参见洪源："关于寺院、僧侣、活佛的法律地位与财产所有权刍议"，载《西藏研究》1999 年第 1 期。

劳动力资源（僧侣）的有效利用，总体上有利于推动藏区社会经济发展。同时也要看到，目前对寺院经济的性质和地位的定位，政界和宗教界尚缺乏共识，寺院缺乏专业透明的审计监察体系和制度建构，相关法律规制也存在诸多空白地带，这些都不利于寺院经济健康发展，也不利于宗教财产的有效监管。

藏传佛教寺院的财产关系及其规范化管理

——以曲桑寺和色科寺为例[*]

华热·多杰^{**}

【摘　要】　藏传佛教寺院的财产关系较之汉传佛教寺院要复杂得多，这是因为藏传佛教寺院实行僧人集体生活和家庭生活二元体制，从而形成了三种财产占有方式，即个人（活佛和一般僧侣）财产制、家庭财产制和寺院集体财产制。就此，笔者走访了青海省西宁市大通县的色科寺和互助县的曲桑寺，就两寺集体财产和僧侣个人财产关系及其监管问题进行探讨。

【关键词】　藏传佛教　寺院　财产关系　规范化管理

历史上，曲桑寺和色科寺都属于黄河北岸四大名寺，佛教教育、建筑规模、经济实力、政治影响曾达到了巅峰，可以说声名远扬。新中国成立以来，虽然一直处于衰落之势，目前在建筑规模、僧众人数、宗教教育和社会影响方面，虽大不如牧区寺院，但传统依旧，而且作为处在现代文化与传统文化交汇处，因此也是诸多矛盾的集中地区，其财产占有和经营关系，集中反映了时代特征。这两个寺院，在青海地区有一定的知名度和代表性。另外，藏传佛教尽管教派各异，但寺院制度大同小异，即主要财产关系相同，细节上略有差异。因此，这两个寺院的财产关系，在一定程度上反映了藏传佛教寺院财产体制。

一、藏传佛教寺院财产的形成和财产关系

（一）寺院财产的内涵与外延

藏传佛教寺院财产一词，具有多重含义。广义上讲，它包括寺院组织体系内的一切财产，包括宗教性建筑和非宗教性建筑；个人财产、家庭财产、拉章财产

---

* 本文所有数据均来自对曲桑寺和色科寺的实地调查整理。

** 华热·多杰，法学博士，青海民族大学教授，主要从事民族法治理论及宗教与法治研究。

和寺院公共财产；动产和不动产等。狭义上说，寺院财产，单指寺院公共占有、使用和可支配的那部分财产，包括部分宗教建筑和非宗教建筑，以及寺院公共占有、使用和可支配的其他动产和不动产。之所以作如此区分，是因为寺院的财产中，有些个人、僧人家庭和活佛拉章财产，表面上构成寺院的一部分，但在所有权性质上归属于不同的民事权利主体，并不能为寺院民主管理委员会所能完全支配和处置。这种状况，既是历史传统，也是客观现实。

（二）寺院财产的原始取得方式

历史地看，各个藏传佛教寺院财产的形成路径不尽相同，就一般情况而言，大致有以下几种方式：

1. 香火钱

香火钱是佛教寺院的日常收入，虽然数量有限，但却是寺僧的主要生活来源和寺院日常运行经费的主要渠道。主要分以下两项：灯油费、香火钱，目前，根据佛灯的大小，按盏收取：100 元/斤灯，依次有 10 元/盏、5 元/盏；诵经款，一般的算法是一天的吃用加数量不等的劳务费报酬。

2. 宗教服务所得

宗教服务是佛教寺院的主业，一般分为：占卜、上门举办佛事、祭祀山神、辅佐闭斋、在寺内举办佛事活动、举行法会，等等。

3. 宗教捐赠

主要是指经济条件比较好的信徒为了寺院的发展，自愿捐钱捐物的活动。藏族历史上，不少寺院的主要土地都是信徒中的地主和牧主捐献的。类似的捐赠，也是今天藏传佛教寺院的主要经济来源。宗教捐赠的特点是数额大，用途受限，必须用于特定的目的，不能挪作他用。

4. 政府投资

藏族历史上，曾推行过三户养僧制、七户养僧制。历代封建王朝，也曾以不同方式向寺院注入资金，帮助修建寺院。譬如曲桑寺，就曾得到清政府的大量资助，从而修得规模空前，金碧辉煌。到了现代，政府也以维护寺院建筑和文物的形式，帮助维修过寺院。譬如色科寺大经堂重建中，至少得到政府近 200 万元的资助。

5. 购置财产

宗教寺院的主要动产和部分不动产是通过寺院的商业行为，譬如购置、交换等方式得来的。藏传佛教寺院都有过通过正当的买卖方式购置宗教财产的先例。

购置的对象，包括动产和不动产，在不动产中，以土地居多。1978 年以来，很多寺院为了扩大宗教建筑用地，也通过购置的方式增加土地。譬如色科寺，为了在原址上修建医学院和大经堂，先后两次通过正当程序从土地占有者手中购得约 0.7 公顷土地，为此花费近 40 万元。

6. 营利性经营所得

在民主改革前，藏传佛教寺院作为三大领主之一，拥有雄厚的财产，并且通过经营动产和不动产而获得巨大的经济利益，这部分收入成为寺院收益的重要来源。其中，尤其以地租、高利贷息、房租为重。民主改革后，因为公有化改造，这部分收益归于零。改革开放以来，在"以寺养寺"政策的鼓励下，寺院利用自身资源优势办医院，开印经厂、旅店、商店，从而使营利性收益又有发展的趋势。

（三）寺院内部财产关系

藏传佛教寺院的财产关系，按照藏传佛教寺院的生活方式、实际占有和拥有处分权的情况，可以分为以下四类：

1. 僧人个人财产

僧人个人财产是宗教财产存在的一种状态，一般是通过亲友赠予、个人购置得来的，数量十分有限。其主要包括生活用具、简单的宗教用品、个别僧人有属于个人的房屋。现如今，僧人的个人财产数量随着百姓生活的逐渐改善也处于上升趋势。目前，主要财产由原来的房屋，增加了汽车、洗衣机、电视、冰箱、冰柜等，也有个别僧人拥有少量的存款。就以汽车的拥有量来说，色科寺 8 辆，曲桑寺 8 辆。除去年长者，能开车的年轻僧人，几乎每人一辆。

2. 普通僧人家庭共有财产

与汉传佛教的集体生活不同，藏传佛教寺院实行家庭生活和集体生活相结合的二元体制。僧人在衣食住行方面拥有较为广泛的自由权利。由师傅一人和徒弟数人组合而成的僧人家庭是寺院最基本的生活单位和最初的学习场所。僧人家庭可分为普通僧人家庭、活佛拉章等几种形式，其财产关系是一种家庭成员共有关系，主要体现在分家析产和财产继承权方面。僧人家庭财产，因家庭类型的不同，其差异较大。普通僧人家庭，其财产数额小，主要是继承下来的房屋或师傅个人出资修建的房屋，至于生活用品、宗教用品，价值不大。历史上，活佛拉章较为富裕，财产数量重大。1959 年，宗教改革前，曲桑寺的五大囊谦，色科寺的各个活佛拉章，不仅拥有一定规模的建筑，而且拥有大量的土地、草原和牛羊。现如今，经过土地改革、宗教改革和"文化大革命"后，活佛拉章的财产变成了零。改革开放后，经过30多年的不懈努力，活佛拉章的财产在宗教建筑和民用建筑两项上开始飞速增长，并有了一定规模。此外，不少活佛家中添置了汽车、电视等现代化家庭用品，财产关系逐渐复杂起来。譬如，色科寺的寺主——赞布拉章拥有寺院为其购置的小车1辆，房屋7间；曲桑寺的寺主——曲桑拉章除了房屋数十间外，寺院为其购置小车1辆。早先，采用曲桑拉章财产和寺院财产一体制，由此引发不少矛盾。后来，经过商议，按照传统，实行拉章财产和寺院财产分司制，从而减少了内部因财产关系而引发的矛盾。

3. 活佛拉章财产

活佛拉章财产本质上属于僧人家庭财产的一种。之所以将二者区分开来，是因为活佛拉章虽然为活佛家庭自筹资金所建，但由于加注规模庞大，其中又有一些对外开放的佛教殿堂与寺院的关系密不可分，总体上属于寺院建筑的重要组成部分，所以在遇到分家析产、活佛圆寂等事由后，在处置上按寺院公共财产对待，因此，具有一定的特殊性。

4. 寺院公共财产

寺院公共财产是寺院财产的主要形式，主要来源于信徒捐赠、寺院日常积累、政府少量投资三个渠道。历史上，主要财产是土地、森林、草原、牛羊和宗教建筑。现如今，主要以建筑和划归寺院依法占有的建筑用地和农业用地组成，数量相当有限。色科寺的建筑，由4个佛殿和经堂，2个民用设施，即僧舍、办公楼组成。从经费来源看，既有来自政府的危房改造项目经费、扶贫项目经费，也有寺院自筹、个人自筹和商人捐献的。在性质上，这些财产都属于寺院，个人不能随意变卖、拆除和赠予，归寺院民主管理委员会掌控，僧人对此也无异议。

二、藏传佛教寺院财产关系的沿革

（一）历史上藏传佛教寺院的财产占有情况

藏传佛教寺院的财产是经过数百年的努力逐渐积累起来的，其间，也有过因历朝历代宗教政策的调整，使宗教寺院遭到破坏、宗教财产被毁损的情形。可以说，国家政策对于宗教的发展，宗教财产的维护，具有很大影响。

根据记载，色科寺始建于1650年，由赞布第一世端珠嘉措创建。之后，在蒙藏部落的资助下得到迅速发展，建立了显宗、密宗、医学、时轮四大学院，大经堂、佛殿及僧舍、静房和护法殿等，僧人发展到300多名。1724年罗卜藏丹津事件中寺院被焚毁。1729年在清朝资助下，又进行了修复。明永乐八年（公元1410年）二月初一，永乐皇帝所赐灌顶圆修净慧大国师孛隆迪瓦桑尔加领真的圣旨1

轴，清乾隆皇帝赐的法海寺匾额 1 方，九世班禅书写的藏文挂轴 3 幅以及清朝赐给敏珠尔活佛的净明禅师之印等文物。新中国成立初期约有僧侣 200 余人，活佛 10 余名，著名活佛有敏珠尔诺门罕和夏里瓦呼图克图（即仙灵活佛）。"文革"期间寺院关闭，1981 年寺院重新开放时，建二层楼小经堂 1 座，僧舍 20 余间，殿宇 2 座。

曲桑寺，又名却藏寺，藏语称"具喜不变洲"，后易名为"具喜佛教宏扬洲"，是安多地区格鲁派北方四大名刹之一。始建于清顺治六年（公元 1649 年），后经章嘉国师和寺主曲桑呼图克图的继续扩建，寺院颇具规模。清道光十年（公元 1830 年），清朝政府拨国库巨资，修建"安多释迦殿"，殿顶铺鎏金铜瓦，并装饰巨型金龙十条，殿宇金碧辉煌，气势雄伟，殿内法器供物举世罕见。道光帝赐用金字书写的藏、汉、蒙、满四种文字御制"广积寺"匾额一块，并特许在殿前建"九龙壁"一座（砖雕），与北京北海公园的"九龙壁"相媲美。2006 年 5 月 25 日，其被国务院公布为第六批全国重点文物保护单位。寺旁神奇而美丽的曲桑滩名僧辈出，被称为"活佛之乡"。

表 3：色科寺与曲桑寺财产对照表

项目	农地	草山	森林	房屋	牛羊	其他
色科寺	3000 多公顷	牧场 5 处	3300 多公顷	寺外出租用房 100 余间。房租收入每年不下 600 多银圆	羊 1500 多只；牛 300 多头；马 120 匹；骆驼 90 峰	水磨、油坊多处
曲桑寺	50 多公顷	与拉洛部落共享所有草山	2678.8 公顷	10 个建筑群，近 200 间	寺院集体舞牛羊，僧人个人拥有少量牛羊	佛经/唐卡/佛像/法器等宗教文物，未作过统计

（二）藏传佛教寺院财产的重新认定

藏传佛教寺院的财产制度是藏族历史上逐渐形成的，尽管佛教在藏地的发展也经历了兴衰和灭佛，以及前弘期和后弘期等不同的发展阶段，但真正影响深远至今的社会变革，要算是 1949 年新中国成立后的土地改革、宗教改革和"文化大革命"等社会改革运动。

1. 1951 年的土地改革和减租减息

青海省于 1929 年建省，1931 年青海地区实行政教分离。民国年间的政教分离，只是将行政管理权和司法权收归地方政府，而宗教财产等权益并未受到影响。1949 年共产党推翻了统治青海 40 年的马步芳军阀政权，建立了青海省人民政府。1951 年，在青海省范围内，实行土地改革。

青海省的土地改革是依照中共中央的统一部署和《中华人民共和国土地改革法》的要求，从本省的实际出发，于 1951 年 5 月至 1953 年春，有组织有计划地分期分批进行。第一批是在试点的基础上，对东部农业区的土地改革。青海省第三次政府委员会会议决定，在 1951 年 5 月上旬至 6 月底，先在湟中县六七区的哆吧、道海、扎马隆 3 个乡进行土地改革试点工作，为全省农业区的土地改革积累可供借鉴的宝贵经验。在此基础上，根据先易后难的原则，在农业区分批展开。中共青海省第二次代表会议决定，于 1951 年冬至 1952 年春，先后在青海省农业区共含 10 县，1 市，4 个区，232 个乡（含已试点过的 3 个乡），98 900 余人口，即湟中县、互助县、民和县、乐都县、湟源县、贵德县、循化县、化隆县、大通县、门源县、西宁市，全面进行土地改革工作。这些地区在全国范围内属新解放区第二批进行土地改革的。贵德县、循化县、化隆县、门源县等与广大的牧业区毗连，且属多民族聚居地区，社会情况相对复杂，加上这些地区尚未深入开展或完成减租减息、反恶霸、镇压反革命，进行土地改革的各种条件尚不成熟。本着"慎重稳进"的方针，中共青海省委决定，上述四县应首先集中力量完成减租减息、反恶霸斗争等各项工作，并认真总结贯彻中共的减租减息政策经验，尔后，于 1952 年冬至 1953 年春进行土地改革。这些地区在全国范围内属新解放区第三批进行土地改革的。[1]

20 世纪 50 年代全国土地改革时，为稳定少数民族地区的秩序，制定了"藏族聚居乡不实行土地改革，半农半牧区（皆以藏族为主）不进行土改，地主在牧区的牲畜不予没收"的政策。对牧区的土地改革，推迟到了 20 世纪 60 年代，从 1963、1964 年试点以后逐步推开。新中国成立初期，中共青海省委、省政府一直保护寺院的正常宗教活动，为了尊重和保护藏族的宗教信仰，在充分听取藏族群众意见的前提下，主张"寺院的土地一律不动"。为了减轻藏族群众的生活负担，在藏族群众代表、寺院代表和本民族干部共同协商下实行减租减息、清债，寺院的封建土地所有制主要是在宗教改革过程中被废除的。[2]

---

〔1〕 参见张照庆、张书颖："青海省解放初期的土地改革运动"，载《青海社会科学》1993 年第 3 期。

〔2〕 参见刘进龙："浅析新中国成立初期青海藏区的土地改革"，载《淮海工学院学报（人文社会科学版）》2013 年第 24 期。

在笔者调研中，经历过色科寺土地改革的原寺管会主任丹切告诉我们，新中国成立初期，其他地区土地改革时，对寺院原来的土地所有关系未作变更，只是实行了减租减息，减少了寺院的收入，降低了佃农的负担。在1958年以后的宗教改革中全面推开，色科寺的土地、房屋等资产被没收，没收的房屋被廉价卖给了住户，寺院建筑被全面拆除，曲桑寺则分配给了乡政府有关部门。两寺被大范围拆除是1966年"文化大革命"期间的事。

2. 1959年的宗教改革

发生于1959年的宗教改革，又称宗教制度的民主改革，并不是改变所有制度，只是变革那些侵犯人身自由、扰乱社会秩序、妨碍民族发展、与国家法令相抵触的封建特权和封建剥削制度。对与国家法令没有抵触、于国家和社会的公共利益影响不大的禁忌、习惯、制度，则予以保留。

根据当时的有关规定，宗教制度民主改革涉及的主要内容如下：

第一，废除宗教封建特权。如教主放口唤、放阿訇和世袭的伊玛目制度；寺庙私设法庭、监牢和刑罚，干涉民事诉讼；擅自委派部落头人、阿訇；私藏武器，组织武装；干涉婚姻自由，压迫歧视妇女以及干涉文化教育事业等。

第二，废除宗教剥削制度。如废除喇嘛庙和清真寺的生产资料所有制和高利贷、无偿劳役等剥削制度；取消宗教课税；取缔非法商业；禁止寺庙利用宗教巧立名目、敲诈勒索群众财物或强迫摊派；要求宗教活动不得妨害生产。

第三，废除寺庙内部的封建管理体制。包括管家制度、等级制度、处罚制度和寺庙间的隶属关系等。宗教人员，凡是能够劳动的一般要参加生产，都要履行公民义务。

第四，寺庙不得强迫群众当喇嘛、强迫封斋、强迫儿童学经文、当满拉。喇嘛有还俗的自由，群众有自愿当喇嘛或满拉的也不要强加制止。

这些内容，我们从1959年9月2日《中共西藏工委关于三大寺若干问题的处理意见》（以下简称《意见》）也可看出。《意见》规定：

第一，彻底摧毁一切叛乱组织和反革命组织（如"西藏独立国人民会议""西藏自由同盟"和"四水六岗"等）；彻底肃清寺内的叛乱分子和反革命分子。

第二，坚决废除寺庙的各种封建特权，包括寺庙委派官员、管理市政；私设法庭、监牢、刑罚和私藏武器；没收群众财产、流放人民；干涉诉讼、婚姻自由和文化教育卫生事业等。

第三，废除寺庙放给农奴和贫苦喇嘛的所有高利贷债权。

第四，依法没收 3 个寺（指哲蚌、色拉和噶丹寺——引者）所占有的牧场、庄园及一切生产资料（包括牛羊、土地、房屋、农具和耕畜等）。

第五，废除寺庙向群众派乌拉、派差役，对群众进行人身奴役的封建特权制度。

第六，不准寺庙向群众敲诈勒索财物和摊派；取缔其非法工商业和强买强卖；严禁其投机倒把和走私漏税行为。

第七，废除寺庙向宗、溪、部落摊派群众当喇嘛的制度，禁止寺庙强迫群众当喇嘛。

第八，废除寺庙内的封建统治和封建等级制度，废除寺庙内的打罚制度。

第九，废除寺庙间的封建统治隶属关系。

第十，废除寺庙利用宗教节日（如传召）行使的一切封建特权，包括接管市政，对人民横征暴敛、巧取索夺，没收人民财产，强奸妇女，残害人民等。[1]

表 4：民主改革期间两寺财产处置情况表

项目	农地	草山	森林	房屋	牛羊	其他
色科寺	全部被没收	全部被没收	全部被没收	部分被拆除；部分保留；部分被分给农民	全部被没收	全部被没收
曲桑寺	被土改后部分作为国有农场使用土地；部分被分给农民耕种	收归国有，保留使用权	收归国有	部分被人民公社占用	无	仍然由寺院负责管理

通过对西藏藏传佛教寺院进行民主改革，废除了几百年的政教合一制度，再不允许宗教和寺院干涉行政、司法、婚姻，不允许寺院私自委派官吏，私设法庭、监狱、刑罚，任意对群众进行处罚与监禁；废除了广大农牧民对佛教寺院的人身依附关系；废除了寺院放高利贷、摊派差役等封建性剥削制度；同时也废除了佛寺中等级森严的封建管理体制和母寺与子寺的隶属关系，在寺院内实行了有贫苦下层喇嘛代表参加的民主管理委员会制度，民主管理寺庙。[2]

---

〔1〕 参见西藏自治区党史资料征集委员会编：《西藏的民主改革》，西藏人民出版社 1995 年版，第 135~136 页。

〔2〕 参见冯今源、敏贤良："中国共产党宗教政策的历史发展"，载 http://www.mzb.com.cn/html/report/1602247120 - 1. htm，最后访问时间：2015 年 7 月 29 日。

3. 1964 年短期的恢复寺院活动与财产的返还和毁损

据调查得知，1964 年，国家又重新调整宗教政策，寺院在短时间内得到开放，把 1958 年前后没收的一部分财产又返还给了寺院。一部分还俗的和尚重新回到寺院。可惜的是，这部分返还的财产，未来得及妥善保管，随后寺院又一次遭到冲击，返还的财产也散失殆尽，给国家财产造成了不可估量的损失。

4. "文化大革命"对寺产的毁灭性破坏

"文革"时期中共宗教信仰自由政策遭到极大破坏，宗教界人士遭受严重迫害，寺院财产遭到毁灭性毁损。1966 年 5 月 16 日，中共中央发出关于在全国开展"文化大革命"的《通知》，给宗教寺院带来极大冲击。

第一，宗教工作部门被取消。1966 年 8 月，在中共八届十一中全会上，陈伯达、江青口口声声要"炮打统战部"这个"修正主义司令部"。不久，宗教工作部门被扣上"执行投降主义、修正主义"的大帽子，被视为"牛鬼蛇神的庇护所和保护伞"，宗教工作干部被斥为"地主阶级、资产阶级的孝子贤孙"。统战部门和宗教事务部门受到严重冲击。1969 年 4 月，国务院宗教事务局的干部和在京全国性宗教团体的宗教界人士与职工，除少数几个人留守机关外，统统被下放到干校劳动；宗教事务部门被撤销，宗教工作陷于瘫痪。

第二，宗教活动场所被关闭。50 年代末、60 年代初，某些地方就开始大搞"无宗教区"，搞所谓"退教运动"；"文革"开始后，在"大破四旧"的形势下，更出现了形形色色的口号："彻底消灭一切宗教"，"解散一切宗教组织和宗教团体"，"彻底捣毁一切教堂寺庙"，"取缔宗教职业者"等内容的传单、大字报、大标语，遍布在各种宗教活动场所内外。各地红卫兵冲进寺观教堂，捣毁宗教塑像，焚烧宗教经书字画，拆毁寺庙教堂建筑，致使大量具有历史文化价值的著名寺观教堂和宗教文物、文献等稀世珍宝遭到毁灭性的破坏。大批寺观教堂被改作博物馆、仓库、工厂、学校、部队、安全部门及居民用房。

第三，宗教界人士遭到残酷打击与迫害，群众正常的宗教活动遭禁止。"文革"中，宗教界爱国人士被视为"牛鬼蛇神""专政对象"，被罗织种种罪名，遭到残酷打击与迫害。他们被批斗、抄家、关押、遣返农村，制造了大量冤假错案，有的人甚至遭受极刑，含冤而死。

如果说 1964 年，寺院又在短期内得到开放，一部分寺产得到了返还，但接下来的"文化大革命"，把宗教作为牛鬼蛇神，不仅其文物被彻底焚毁，宗教建筑也被陆续拆除。曲桑寺只留下曲桑囊谦和章嘉囊谦，作为人民公社的办公所在地。其余宗教建筑，完全被拆除。一部分民用建筑，譬如，玛干囊谦等先前已被公社卫生院和兽医站分别占用，僧人院落和房屋分给了移民（外来人）居住。寺院和尚被赶回家，逼迫还俗、务农，在贫下中农的监督下接受改造。

表5："文化大革命"时期两寺的财产状况

项目	农地	草山	森林	建筑	牛羊	其他
色科寺	国有化	国有化	国有化	全部拆除	国有化	
曲桑寺	此时已无农业用地	此时已无草山	此时已无森林	部分被拆除；部分被县政府变卖；部分被公社各单位占用	无	部分被焚毁；部分被政府没收

（三）1978年重新落实宗教政策时的情况

1978年10月，中共中央转发中央统战部《关于当前宗教工作中急需解决的两个政策性问题的请示报告》。中央认为，当时急需解决以下两个政策性问题：

第一，认真全面地贯彻执行宪法所规定的宗教信仰自由政策。尊重信教群众的正当宗教活动，开放少量寺庙教堂，杜绝秘密的地下宗教活动。重视信教群众的合理要求，适当解决宗教活动场所，通过政策落实，让群众的宗教活动转为公开。在城市，首先是对外开放的城市，在做好工作的基础上，有领导有步骤地开放少量寺庙教堂。在农村，信教群众聚居地区的宗教活动场所，根据不同地区宗教的特点，经过调查研究，因教制宜地逐步加以开放，恢复活动，寺庙教堂已被拆除的地方，可以考虑确定若干个宗教活动点。

第二，严格区分两类不同性质的矛盾，加强对宗教活动的管理，重申以下规定：①年满18岁的公民有信仰宗教的自由，也有不信仰宗教和宣传无神论的自由。任何人不得强迫他人信教或不信教，对信教的和不信教的都不得歧视。②不得对未满18岁的青少年灌输宗教思想，不准带领少年儿童参加宗教活动。③信教群众正常的宗教活动受到政府的保护。任何宗教活动都必须遵守政府的政策法令，不得干涉行政、教育和婚姻，不得妨碍生产和社会秩序，不得诈骗钱财和危害人身健康。不准动用集体财物进行宗教活动。④已废除的宗教封建特权和压迫剥削制度不得恢复。⑤凡违反上述规定的非法、违法活动，应进行教育制止。情节严重的，应严肃处理。⑥共产党员和共青团员不得信仰宗教。对参加宗教活动的党员、团员要教育他们摆脱宗教思想，长期坚持不改的，要劝其退党、退团。干部利用职权支持甚至煽动宗教活动的，应严肃处理。⑦对宗教界人士继续贯彻执行团结、教育、改造的方针，团结他们为实现新时期的总任务贡献力量。要认真落实党的政策，特别是对一贯表现积极的进步朋友，更应在政治上、工作上和生活上作妥善处理，解决他们的困难。并应注意在实际工作中选择和培养一些政治上可靠、有较深厚宗教知识的宗教界人士，以适应今后工作的需要。⑧对披着宗教外衣进行反革命活动的敌对分子，要发动群众彻底揭露，坚决打击，以提高信教群众的觉悟，使他们认识宗教的本质，逐步削弱宗教势力和影响，巩固无产阶级专政。

色科寺和曲桑寺的寺产落实情况：从原属于色科寺的土地中，划拨 2 公顷土地用于建设用地；部分房屋补偿款用于修建小经堂。后来，将出售西宁的转经寺后所得款项 30 万元，用于修建卓玛拉康和僧舍等。

落实政策时，逐渐将未拆除的寺院建筑曲桑囊谦和章嘉囊谦，逐步还给了寺院，发放房屋补偿款 19 万元。其中，10 万元用于公社铸造厂的搬迁，9 万元用于经堂建设。

表 6：1978 年宗教政策落实时期两寺的财产状况

项目	农地	草山	森林	建筑	牛羊	其他
色科寺	2 公顷	无	无	无	无	部分文物归还给了寺院
曲桑寺	0.67 公顷	无	寺院前后两块森林归寺院经营管理	曲桑囊及章嘉囊所剩部分房屋陆续归寺院使用	无	经书文物损毁一空；落实政策时拨给房屋补偿 19 万元，其中 10 万元用作公社拖拉机站的搬迁费，寺院只得 9 万元

三、藏传佛教寺院财产的现状

（一）当前藏传佛教院财产范围

第一，依法或依政策划归寺院占有使用的土地。1978 年落实政策时，所划拨的土地中，包括僧人农地和寺院建筑用地。其中，僧人农地，根据当时的僧人数量而定，建设用地，主要指主要殿堂所在地。后来，随着僧人生活来源的拓宽，生活水平的提高，农业用地逐渐用于建筑。后来入寺僧人的承包地，依旧留在其户口所在地，属于当地村舍，未纳入寺院农业用地范围。近几年，为了解决建筑用地紧张问题，色科寺从农民手中购买了近0.67公顷原属于寺院建筑用地，后被农民承包的土地。互助县为了发展文化旅游业，将占据寺院建筑的乡政府搬离了曲桑寺所在地，同时也将居住于寺院的100户农民搬离寺院，把部分建设用地还给了寺院。同时，制订了搬迁剩余150家农户的计划和作出了将50多公顷原寺院建筑用地返还寺院，以发展文化旅游业的决定，因资金问题尚未实现。在牧区寺院，所谓土地，主要是草场。早在20世纪80年代，已根据家庭人口实行了承包，后来又通过网围栏将每家每户的大部分草场围了起来，从而减少了草原纠纷。

第二，宗教建筑。1959年以来，相对开放、宽松的宗教政策和不断改善的经济条件，使寺院依靠社会力量逐渐恢复起来。目前，寺院的建筑规模，虽不如从前，但主要殿堂已基本得到修复、重建，使之又成为宗教寺院财产的重要组成部分。

第三，民用非宗教建筑：僧舍、活佛拉章、办公室、招待所、旅店、商店等。

第四，依法或政策划归寺院占有使用的森林。在一些森林较为发达的地区，根据历史传统和森林管理的需要，有些地方的寺院得到了部分森林的占有、使用权，并且在国家有关政策的指导下依法占有和经营，划归其管理的森林资源。当然，这部分森林的数量十分有限，大部分这样的森林，寺院只有管理权，没有收益权，更不能私自处分。

表7：当前两寺的财产状况

项目	农业用地	建筑用地	宗教建筑	非宗教建筑	森林	商业性财产	其他
色科寺	2公顷	包括在前2公顷当中	4个建筑群；3个佛塔	3个活佛拉章；20间僧舍；20间私人房屋	无	无	无
曲桑寺	0.67公顷	约53公顷	4个建筑群	2个活佛拉章；一个办公院落；僧舍26间；私人房屋21间	两块林地归寺院管理	无	无

（二）藏传佛教寺院财产的占有状况

1. 僧人个人财产

在民主改革前，普通僧人完全依附于寺院，其独立所拥有的财产少之又少，除了一些炊具、衣物和学习用具、佛经以外，似乎再无其他财产。僧人只是作为家庭、拉章和寺院的一分子而存在。民主改革后，僧人家庭财产、拉章财产和寺院公共财产被公有化后，私人财产的数量逐年增加。现如今，私人的财产中家用小汽车和存款成为主要财产，其他财产主要是家用电器。拥有私人房屋的僧人数量逐年减少。目前，不少僧人居住在寺院用自筹资金和国家旧房改造资金修建起来的私有房屋中。

2. 僧人家庭财产

过去，僧人家庭财产是僧人财产的另一种形式，只不过归家庭成员共同占有、使用和收益。比较富裕的僧人家庭，也拥有土地、草原、出租房屋等不动产。改革开放以来，受现代生活的冲击，僧人家庭处于多边的不稳定状态。不少僧人家庭维持不了几年就开始解体，一僧一家成为不少寺院的僧人家庭的现状。所以，在很多僧人家庭中，家庭财产等同于个人财产；即使有些由师傅和学僧组建的僧人家庭，其内部财产关系也十分明晰。大部分这类家庭的财产，属于师傅。只有在分家另过或师傅去世发生继承关系时，学僧才能取得这部分财产的所有权。僧人家庭有解体的情形，解体后财产也有可能发生转移。

3. 活佛拉章财产

在大部分寺院，除了寺院建筑外，修得规模大而豪华的建筑，都属于活佛拉章。以往，大部分活佛拉章中，都有相应的经堂，但对外开放的范围是十分有限的，原则上依然属于拉章财产。正如活佛可以转世一样，在传统上，活佛拉章的财产只有由活佛圆寂后转世的灵童才有继承权。拉章的管家和一般僧人，只有管理权、居住权，没有继承权，但活佛拉章的财产，不可能因为活佛的圆寂、家庭成员的减少而灭失。这便是活佛拉章财产的特殊性。

4. 寺院财产

寺院财产是属于寺院公共占有的财产，主要包括建设用地、耕地、经堂、佛殿、佛塔、文物等宗教建筑和僧舍、办公室、旅店、商店等非宗教建筑等。名义上，属于国家所有，实际上归寺院占有和支配。

表8：两寺占有财产明细表

寺院	财产	僧人个人财产	僧人家庭共有财产	寺院集体财产
色科寺	餐具	有	有	有
	衣物	有	无	无
	卧具	有	无	有
	汽车	8辆车	无	寺院公共购置1部
	经书		无	
	非宗教建筑	有		新盖僧舍9户18间，国家每户资助危房改造款19 000元，属寺院所有；自费新建3个活佛拉章，私有房屋共计53间。
	宗教建筑			4个建筑群；国家拨危房改造款180万；其余为自筹和捐赠。
	存款	少量	少量	10多万
	农业用地			个别僧人
	建筑用地	无	无	政府划拨2公顷，新购近0.67公顷，共计2.67公顷。
曲桑寺	餐具	有	有	有
	衣物	有	无	无
	卧具	有	有	有
	汽车	8部	无	1部（12万）
	经书	少量	无	新购大藏经18套，其他著述600多卷；其他文物190多件。
	非宗教建筑	3户21间	无	僧舍两栋两层16间，自筹272万；政府危房改造等款项57万。
	宗教建筑			4个建筑群，共150间；信徒捐献700多万，无政府投资。
	存款	少量	少量	10多万
	农业用地	少量	无	0.67公顷
	建筑用地	可在寺院建筑用地范围内建设	可在寺院建筑用地范围内建设	实际占有0.67公顷；文件上划归50多公顷，实际仍被农户占用，已作登记，尚未得到确权。

四、藏传佛教寺院非营利性财产经营模式

（一）非营利性寺产经营的历史传统

根据所有权性质，确定经营管理和收益分配。原则上，属于谁的财产由谁经营和管理，收益亦归所有者，具体有四种模式。

第一，归个人所有的财产，由僧尼个人经营和管理，收益亦归个人。以青海海东地区为例，目前僧人的个人财产主要是小汽车和存款，多则数十万，少则几万不等。与民主改革前相比，家庭财产在萎缩，个人财产处于增长势头。这种状况，主要受到财产观念和家庭观念的变化。可以说，僧人的享乐主义风气日渐盛行。

第二，家庭共有财产，由家庭成员共同经营和管理，收益亦归家庭。藏传佛教寺院中，活佛拉章是一种特殊形态的家庭。与普通僧尼家庭比较，活佛拉章人口多，建筑规模大，历史悠久，经济实力雄厚，其财产主要是建筑、汽车、存款。

第三，"扎仓"（学院）所有财产，归"扎仓"经营和管理，收益亦归"扎仓"。经过民主改革和"文革"，扎仓的功能逐渐萎缩，在大多数情况下，扎仓已失去了财产所有和管理功能，而仅仅作为一个单纯的教学机构存在。原因是扎仓的建筑已被拆毁或公有化，已与寺院公共财产相混同，法律上，其所有权已划归国家，即全民所有，寺院只有使用权。

第四，寺院财产，由寺院管理部门管理，经营方式较为灵活，分为直接经营或委托经营，收益归寺院公共所有，主要用于寺院建筑的维修、修建和宗教教育、宗教活动等。

可见，所谓寺院财产，仅剩寺院公共财产、僧人财产和家庭共有财产三类，其经营管理方式亦同。

（二）非营利性寺产经营的当代模式

目前，所谓寺产经营，主要指寺院公共财产的经营，其经营形式通常有三种，即集体经营、轮换承包经营和竞标经营。

第一，集体经营，即传统经营方式的延续。宗教场所的经营，由寺院直接经营，收益归寺院。传统经营方式之所以获得成功，原因是基于坚定的信仰和僧人无私的品质和修养。现如今，信仰的力量有所缺失，僧人的虔诚心、诚信和无私心已不如从前。所谓寺院直接经营，还是要安排僧人看管负责。结果是养肥了一批僧人，寺院的公共收益减而不增。在这种状况下催生了佛堂的承包经营和竞争

性经营方式。对于色科寺和曲桑寺而言，寺院非宗教财产的经营，目前还不存在。在玉树等其他藏区寺院，比较发达，经营方式也比较灵活，涉及藏医门诊、商店、旅店等场所的经营。

第二，轮换承包经营。在寺院直接经营效益不佳、寺院收益流失严重的情况下，色科寺和曲桑寺相继推出了轮换承包经营制。即对主要殿堂，分别承包给不同的僧人或僧人家庭，以缴纳固定承包费的方式，在一定的年限内各自经营，自负盈亏。经营期满后，再由其他僧人或僧人家庭轮换经营。这种经营模式推出后，寺院的宗教收益大幅增加，承包者也从中得到不少好处，相继买了汽车，改善了生活。目前已经逐渐在僧人之间形成了竞争承包的局面。

第三，竞争性经营，即竞标经营。竞争性经营，是寺院为了获取更大收益，采用竞标方式选择经营者的新模式。这种经营模式，在增加寺院公共收益的同时，也刺激了经营者的营利欲望，从而产生了提高油灯费、香火钱等宗教服务价格的现象，对整个宗教的发展带来了负面影响。

在轮换承包经营和竞争性经营模式中，僧人为了解决缺人手的问题，雇用亲属或其他俗人看守、照管殿堂，对宗教造成了不少负面影响。在藏传佛教中，尚未发现将寺院完全承包给或出租给俗人经营的现象，但已出现类似迹象，应该给予严厉禁止。

（三）经营收益的分配和使用问题

藏传佛教寺院的宗教收入，按宗教服务内容和方式的不同，分以下几大块：

第一，上门诵经、举行法事活动，其收入按次或天来收取和分配。按照传统，必须支付劳务报酬，至于数额，原则上给多少拿多少，索要或嫌少，都有违佛法和常理，会留下把柄，成为笑料。实际上，已经形成了市场价格，城市诵经一天200元，农村100元。据传僧人之间也有戏谈，至少应得建筑工地上一个大工（国内技术工人）一天的工资。

第二，寺内为特定信徒念经、举办法事，按宗教仪轨，收取费用。具体包括灯油钱、全体僧人诵经期间的吃饭钱和诵经布什三项。按规模、天数、诵经数量、仪式繁简，价格各异。参加念经的僧人，除了免费就餐外，每天可以得到数额不等的布施。

第三，年终收益分配，一般一年一分配。寺院的宗教收入，除了用于经堂维修、办公开支外，每年也拿出一部分分给僧人，以补贴其生活。色科寺和曲桑寺的情况，每个在籍僧人少则1000元，多则3000元上下。

第四，宗教捐献，按捐赠目的使用，一般不分给僧人个人。近年来，国内信仰藏传佛教的民众越来越多，宗教捐赠随之增多。从捐赠者的籍贯来看，以青海省外的汉族为主。藏族中，有钱人少，捐赠数量十分有限，到寺院磕头、朝拜，一个佛像前放人民币一角的居多，都是象征性的。寺院的大量捐赠，来自商人。

五、藏传佛教寺院财产管理体制

（一）寺院财产管理和经营中存在的问题

1. 宗教收入不公开，账目混乱

收入不公开或者半公开是寺院经济管理中普遍存在的问题之一。对此，僧人中议论纷纷，意见较多。认为一年收入多少，支出多少，到年终时，对全寺院僧人应该有一个交代，即公布账目。一些寺院中，虽然年终有公布账目的做法，但公布的账目与实际的收支情况是否一致，不得而知。总之，财务管理的透明度不够。

至于一年寺院共收入多少，怎么花出去的，大都是一本模糊账，无从知晓。调查中，要求公开财务制度、加强财务监督的呼声越来越高。可以说财务问题、经济问题已经成为世俗化倾向较为严重地区寺院的主要矛盾，是引发社会问题的一大潜在因素。因此，建立公开、透明和监督有力的财务制度，势在必行。在这方面，我们建议：一方面，要严格财务制度，建立财务监督制度；另一方面，寺院的财务要纳入国家审计的范畴，对于贪污、挪用、侵吞公共财产的行为，要绳之以法。

2. 公款私用现象突出，公私财产界限不清

据一些寺院的僧人反映，财务管理之所以缺乏透明度，可能是寺主或寺管会成员存在公款私用现象。尤其是有寺主作为寺管会主任管理的寺院，公私不分现象突出。寺主将寺院的公共财产视为个人财产，随意挪用现象较为普遍。在僧人中也存在以其特殊身份和寺院名义得到的宗教捐献、香火钱、供养钱，养了老婆孩子或用在了吃喝嫖赌方面。

3. 经堂管理的商业因素太大

目前，在寺院佛殿、经堂等宗教设施的经营和管理方面，出现了一些新情况、新变化。商业运营型经营方式在一些寺院得到普遍运用。经营方式的多元化，是否符合宗教宗旨，僧人中也有不同的声音。从经济效益上看，多元化经营方式，确实带来了经济效益上的突飞猛进，但与此同时，也引发了诸多问题。譬如，滋长了僧人的挣钱意识和享乐意识，而不再出去诵经，为信徒提供宗教服

务，背离了宗教宗旨。在部分寺院，挣了钱的僧人进入娱乐场合，打架斗殴，吃喝嫖赌，无恶不作，在信众中造成了极为恶劣的影响，严重损害了僧人和宗教寺院的形象。因此，督促寺院完善经营和管理模式，合理使用宗教所得，对于宗教的健康发展有着积极的意义。

4. 个别寺院中寺主一人说了算的现象比较严重

藏传佛教寺院的传统管理体制是寺主领导下的"吉瓦"集体管理制。曲桑寺的吉瓦成员，来自五大活佛囊谦的管家。色科寺的吉瓦成员，也由各活佛拉章的管家组成，也有部分是选举产生的，有点民主推选的成分。藏传佛教寺院的寺主，往往是该寺的最早缔造者，一般一成不变。按照传统，寺主专注于宗教事务，很少参与寺院非宗教事务的管理，否则，他就很难成为一个有成就的学者。寺院日常事务的管理，统统交由专门的管理组织——吉瓦老爷们负责。现如今，形式上建立了寺院民主管理委员会，但对于一部分寺院来说，民管会形同虚设。有些寺院的寺主，佛学上不求上进，却专注于寺院的收益。公私不分，亦私亦公现象严重，僧人对此敢怒而不敢言，影响了寺院的内部和谐。譬如色科寺这种现象较为严重。曲桑寺，寺主年幼，目前尚在甘肃拉卜楞寺学经。前些年，基于寺院与曲桑囊谦之间在收支方面的争执，后来，实行了传统的公私分立制。寺院由民管会管理，活佛囊谦由其家人（僧人）负责管理。对于活佛培养的花费，则由双方协商的方式解决了事。寺院中的一些传统制度是经过长期运用，证明是科学合理的，因此，该坚持的要坚持，该废除的要废除。建议在寺院管理方面，实行公私分立，即寺主与民管会分立分司制，寺主主管宗教教育、宗教活动，非宗教性活动交由民管会负责。

5. 寺院收益的分配比例失当，公共积累不足或过多

随着寺院建筑规模的不断扩大，维修和管理费用水涨船高。调查中僧人们普遍反映，寺院建筑年久失修或管理不善的问题较为突出，支出的计划性、随意性以及公款私用现象严重。究其原因，寺院在收益分配方面，制度性留成或公共积累严重不足。尽管一些寺院的收入不少，但真正用于公共积累的并不多。在制度不健全的情况下，私用收益的分配和有效利用，主要看寺管会成员的个人品质和修养，而这一点在信仰日渐淡化的部分寺院是靠不住和缺乏保障的。

6. 僧籍不明引起的利益冲突逐渐暴露

藏传佛教寺院暴露出的部分问题，与僧籍有关。所谓僧籍，即作为某寺僧人的资格问题。取得僧籍，即取得作为僧人的权利和义务。藏传佛教寺院的僧籍的

取得，一般要符合两个条件：一是要按照藏传佛教传统，剃度出家，入寺生活，接受佛学教育，遵守戒律和寺规，参加宗教活动，提供宗教服务。二是按照国家有关规定，僧人资格得到政府认可，并领取僧人证和活佛证。目前，在这方面，存在的问题是：

第一，关于黄教活佛结婚后，是否可以继续保持其僧籍的问题。以色科寺为例，老活佛中，有因"文革"结婚，尚未办理离婚手续而在寺院生活的情况，也存在小活佛虽未结婚，实际上却娶妻生子，与妻子儿女共同生活的情况。按照藏传佛教黄教戒律，这种现象，都应该取消僧籍。

第二，以宗教名义获取财产而扶养家属的问题。有些寺院的活佛和部分僧人，名义上未结婚，实际上却有妻室儿女。其中，有些人掌管着寺院公共财产，公产私用现象极为普遍。这种现象，早已引起了官方、僧人和信徒的强烈不满，是社会问题的一大诱因。建议佛协采取应对措施，加以规范。

7. 宗教收益分配中的等级制和不平等现象依旧存在

始于 1959 年的宗教改革，废除了宗教内部的等级制和不平等现象。1978 年以后，个别寺院中的等级制又有死灰复燃的倾向，譬如色科寺在打布施时，按照传统，寺主 13 份，一般活佛 3 份。改革开放后，色科寺寺主将自己的份额确定为 7 份，其他活佛是否给 3 份，进行了一段时间的争论后，最后一般活佛的 3 份被保留下来，但内部对此一直存在看法。从权利义务相一致的原则分析，寺主和活佛在僧人的培养、寺院的管理方面所负责任和贡献较大，收益分配时给予倾斜，也能说得过去，但按这个份额分配，僧人不一定接受。

另外，已经娶妻生子又来寺院生活的僧人和活佛，是否要分给"份子"的问题，最近在色科寺引发了一场纠纷。第瓦活佛，"文革"期间结婚生子，后来色科寺在寻找转世灵童和修建寺院的过程中，把几个已经参加工作和结婚生子的活佛叫回寺院帮忙。因此，第瓦活佛退休后也回寺自费修建了拉章，并辅佐寺院修经堂，收徒培养，以不同的方式帮助寺院发展。其间，一直未加入经堂，领取布施份子，靠退休工资生活。前些年，由于学徒增加，家庭（僧人家庭）开销增加，故申请穿袈裟，入经堂，参加寺院的活动，以培养僧人和藏医学徒。后来，由于与寺管会的个别成员因故发生争执，被寺院取消了布施份子。此项争议，已交由大通县宗教管理部门裁处。这个案例所引发的问题，除了上面提到的僧籍问题外，作为佛教的戒律、寺院的僧规要不要坚持，国家所确认的活佛资格能不能撤销，对于活佛当中违背佛教戒律和寺院寺规的人，要不要逐出寺院，通过什么程序逐出寺院，同藏传佛教的戒律、寺规如何衔接，等等。诸如此类的问题，需要进一步深入研究。

总之，藏传佛教寺院的财产关系、财产经营和管理中的诸多问题，有些可能需要国家立法来解决，有些政府不好出面的纯宗教事务要交给全国佛协来解决。我认为，在宗教组织的自律、自治方面，佛协有更大的自主权。

（二）现行法律体制下各类财产的归属及问题

1. 法律漏洞突出，部分财产所有权性质不明

目前，宗教立法，除了原则性的规定，采用了宪法和法律（譬如《民族区域自治法》）的形式外，其余都属于行政法的范畴。行政法主要着眼于管理，确权的问题还得靠其他部门法解决。对于宗教财产归属，即所有权的性质，《民法通则》和《物权法》都未作出相应的规定。目前，依旧按照民主改革以来实行的公有化政策推定为国家所有。这种想当然的做法，一方面不符合藏传佛教寺院财产占有的实际情形。如前所述，藏传佛教寺院内部的财产关系至少有四种情形，显然不能一概而论。如果一概视为国有财产，就会违背《民法通则》《物权法》《婚姻法》《继承法》有关个人财产所有权、家庭共有财产权的规定。另一方面，所谓国家所有，在很多情况下是一个抽象的很难具体落到实处的概念。立法上的上述漏洞，导致某些财产的所有权主体不明确。

历史上，色科寺和曲桑寺的所有财产都被公有化了，后来返还了一部分。返还部分的所有权，应该依然归国家所有，寺院只有占有、使用和收益权。但这两个寺院中，1978年后返还的财产十分有限，目前的主要建筑和图书，是寺院自筹资金和通过宗教捐献新添置的，这部分财产的所有权，是否依然归国家所有；归国家所有，是否有利于财产的增值和保护，值得思考和研究。从信徒和僧人的观点看，这部分财产归寺院所有，比较合理。还有一小部分宗教建筑和民用建筑中，国家有一定的投资，投资的名义是危房改造。由政府、寺院和个人共同出资建造的宗教建筑和非宗教建筑，其所有权和占有、使用、收益权如何确定，也值得讨论。

2. 寺院财产流失严重，建立符合藏传佛教特色的财产制度势在必行

按照传统财产制度，僧人个人财产、僧人家庭共有财产（包括活佛拉章、囊谦）和寺院财产三者之间界限明确，属于谁的财产谁管理、谁收益，其中的权利义务关系十分明晰。公有化给寺院财产制度的冲击，主要在寺院公有财产这部分，但在僧人个人财产和家庭财产的继承方面，也出现了一些新情况。按照传

统，僧人一经出家，除了血缘和亲缘关系外，其他方面，与出生的家庭和亲人是完全断绝的关系。僧人（包括活佛）与原来的家庭关系，如同出嫁的姑娘同娘家的关系，只保持亲戚关系，再无其他关系可言。这一传统，一方面，坚定了僧人的学佛修行的信心，另一方面也断绝了他们与世俗社会的诸多牵连，从而强化了寺院的集体观念。僧人的养老义务，也由僧人家庭和寺院集体担当，僧人去世后，其财产一般在僧人家庭中传给徒弟。如果无徒弟继承遗产，捐赠给寺院是普遍的做法。这种传统，既解决了年迈僧人的赡养问题，也可防止僧人财产的流失。现如今，僧人家庭和寺院养老的能力受到财产能力的限制，加之法律强调保护个人财产制，所以将僧人财产遗赠给近亲属等现象越来越普遍。对此，应该通过建立寺院内的养老基金和参加社会养老保险等的方式解决。同时，也鼓励僧人将自有财产留在寺院内。

3. 政府对寺院公共财产的登记和管理形同虚设

按照官方观点，寺院财产属于国家所有。根据相关法律关于个人财产所有权和家庭财产共有权的规定，从寺院财产中分离出以上两种财产外，国家实际所拥有的财产只是寺院公共财产，即由寺管会支配的那部分财产。从调查中了解到，目前，国家对寺院的审批登记制度，实际上是宗教场合和宗教团体的设立制度，并非是财产登记制度。国家对寺院财产的登记，主要集中在古建筑和可移动文物两个方面，而且就这两个方面，其所有权关系不明或者即便有明确的权利归属政策，但与实际情形不相符合，不利于寺院占有财产的保护。因此，完善相关制度，明晰产权关系，刻不容缓。

（三）明晰寺院财产关系的重要性和宗教法人制度的再思考

在前面的讨论中，我们从传统、习惯和现行法律规定出发，分析了不同历史时期藏传佛教寺院的财产关系和占有状况，以及民主改革前后其产权关系方面发生的巨大变化。通过分析，不难发现，当前，无论是寺院财产的占有、使用、收益和处分方面，还是在产权性质，即寺院财产到底属于寺院集体、公共、国家，还是寺院法人方面，都存在一系列的问题。可以说，这些问题是导致宗教乱象、政教相争的主要原因，早日解决，更加有利于营造政教两利的和谐社会。

1. 明晰寺院财产关系

第一，僧人财产所有权归属。根据历史传统，由僧人个人置办的财产，属于其个人所有。《民法通则》第 75 条规定："公民的个人财产，包括公民的合法收入、房屋、储蓄、生活用品、文物、图书资料、林木、牲畜和法律允许公民所有的生产资料以及其他合法财产。""公民的合法财产受法律保护，禁止任何组织或者个人侵占、哄抢、破坏或者非法查封、扣押、冻结、没收。"第76条规定："公民依法享有财产继承权。"《物权法》第64、65、66条对私人合法财产的法律保护作了相应的规定，但对《民法通则》并无实质性突破。据此，僧人作为中华人民共和国的公民，依法享有财产权，不能因其特殊的身份而剥夺其财产所有权。

第二，僧人家庭和活佛拉章财产所有权归属。僧人家庭是一种特殊形态的家庭，它是以拟制方式建立的师徒家庭，师徒之间的关系类似于父子关系。它与以婚姻为纽带而建立的家庭关系存在很大的不同，故不能单纯用婚姻家庭法来调整其财产关系，可以援引《民法通则》《收养法》和《继承法》，并参照《婚姻法》关于父母子女关系的规定来加以调整。根据《收养法》第23条规定"自收养关系成立之日起，养父母与养子女间的权利义务关系，适用法律关于父母子女关系的规定；养子女与养父母的近亲属间的权利义务关系，适用法律关于子女与父母的近亲属关系的规定。"这里所说的"适用法律关于子女与父母的近亲属关系的规定"，具体指《婚姻法》和《继承法》的规定。活佛拉章，在本质上属于僧人家庭，其财产关系，也可援引《收养法》《婚姻法》和《继承法》等法律的有关规定。

僧人家庭财产，在本质上属于共同财产，可以按照家庭共有财产处置。《民法通则》第78条规定："财产可以由两个以上的公民、法人共有。共有分为按份共有和共同共有。按份共有人按照各自的份额，对共有财产分享权利，分担义务。共同共有人对共有财产享有权利，承担义务。按份共有财产的每个共有人有权要求将自己的份额分出或者转让。但在出售时，其他共有人在同等条件下，有优先购买的权利。"僧人家庭财产在发生分家析产和继承事由时，完全按家庭共有财产处置，并不完全符合藏传佛教寺院的历史传统，也不利于维护宗教场所的利益。因此，必须要建立适合藏传佛教特色的僧人家庭财产所有权制度，而现行法的规定，显然不够到位。

第三，宗教公共财产的所有权归属。《民法通则》第77条规定："社会团体包括宗教团体的合法财产受法律保护。"这里的宗教团体，是否包括寺院，并不明确。根据《宗教活动场所登记条例》第9条规定："依法登记的宗教活动场所，根据《民法通则》的规定，具备法人条件的，同时办理法人登记，并发给法人登记证书。宗教活动场所法人依法独立享有民事权利和承担民事责任。"这些规定均未涉及宗教场所财产的最后归属问题。也就是说，即使拥有了法人资格，并不能代表财产就归该法人所有。

2. 确立宗教法人制度的必要性

基于上述分析，可以得出结论：现行法对寺院财产的规定比较混乱，并未从根本上解决其中的诸多问题。考虑到宗教关系的特殊性和复杂性，以及其悠久的历史传统，制定一部适合中国各宗教情况的宗教法人法，以此对与宗教有关的诸多问题，包括财产所有权制度作出统一的系统的规定，十分必要。

目前在宗教组织的设立登记方面，主要存在六种情形：一是针对宗教协会的社团法人登记，其依据是《社会团体登记管理条例》；二是宗教场所设立登记，其依据是《宗教事务条例》和《宗教活动场所登记办法》及其实施细则；三是宗教活动场所的法人登记，其依据是《民法通则》和《社会团体登记条例》及其实施细则；四是宗教教育机构审批制度，其依据是《宗教事务条例》；五是宗教寺院开办的营利性经济组织，应依法履行工商登记，其依据是《工商企业登记管理条例》；六是寺院或僧人设立的基金会，应履行基金会登记注册手续，依据是《基金会管理条例》。如果保持现状，可能会造成头绪繁多、管理混乱的局面。因此，应该考虑是否有必要制定一部统一的宗教法。

宗教活动场所法人，本质上是社团法人，将之称为宗教法人亦无不可。对于宗教活动场所的所有财产，可否赋予宗教场所完全充分的所有权，即占有、使用、收益和处分等全部权能，仍需进一步研究。在管理上，一律按宗教法人名义审批和登记合适，还是分类管理较为妥当，仍需进一步研究。

宗教法人制度之于财产所有权保护具有重要意义。《宗教事务条例》第30条规定："宗教团体、宗教活动场所合法使用的土地，合法所有或者使用的房屋、构筑物、设施，以及其他合法财产、收益，受法律保护。"该法第31条规定："宗教团体、宗教活动场所所有的房屋和使用的土地，应当依法向县级以上地方人民政府房产、土地管理部门申请登记，领取所有权、使用权证书；产权变更的，应当及时办理变更手续。"据此，可以认为，宗教场所除了不能拥有土地所有权外，可以依法拥有房屋、构筑物、设施等。所谓依法拥有，即通过向县级以上地方人民政府房产、土地管理部门申请登记，领取所有权、使用权证书。那么，宗教场所对哪些财产才能申领所有权证书呢？对此法律的规定既模糊，又混乱。因此，现行法依旧没有从根本上明确寺院可以对哪些财产拥有所有权，对哪些财产只能拥有使用权。如果设立宗教法人制度，既能明晰其中的产权关系，也有利于维护个人、法人和国家的利益。

藏传佛教寺院经济运行与财产
管理相关问题现状调查
——以四川甘孜州 A 寺和阿坝州 B 寺为例 *

袁晓文 **

【摘　要】　本文在对藏传佛教格鲁派寺院 A 寺、B 寺的经济运行与财产管理基本现状的田野调查基础上，对寺院的经济收入、支出、运行和监督管理内外部机制进行了分析，对藏传佛教寺院的法律地位、财产权属、现金监管等相关问题进行了讨论，最后提出了相关的建议、意见。

【关键词】　藏传佛教　寺院　经济运行　财产管理　现状调查

一、调查点的基本情况

（一）A 寺管理的基本情况

A 寺属藏传佛教格鲁派，位于四川省甘孜藏族自治州。据传，公元 842 年拉隆·贝吉多吉刺杀朗达玛后逃至今甘孜州，在然马贡山建寺，属宁玛派。至 12 世纪其改宗为 "达波噶举"。至清顺治七年（公元 1650 年）改宗为格鲁派。1973 年 2 月炉霍大地震，A 寺在此次地震中几乎全部坍塌。1982 年经州人民政府批准对外开放，A 寺在现址新建，建成大殿、斋茶厨、讲经台、金刚殿等主体建筑，另有 4 个康村、2 个扎仓。全寺现占地面积 16 万多平方米，建筑面积 3.5 万多平方米，其中密宗殿面积 1900 多平方米，经堂 2100 多平方米。A 寺信教群众主要来自本县，共涉及农、牧民群众约 1 万多人。目前，全寺登记在册僧人400 多名，有格西学位的僧人约 35 名，拉然巴格西 3 人。

　* 本文所有数据均来自相关部门和调查寺院提供，以及田野调查整理。同时，也感谢四川大学罗绒战堆教授给予的观点讨论和帮助。

　** 袁晓文（益希汪秋），男，民族学博士，四川省民族研究所原研究员、所长，主要从事民族学、藏学研究。

目前寺内管理模式是在寺内设赤巴一职，统管全寺日常工作。赤巴每3年一轮换，一般由有威望的格西担任。其需要在寺内所有格西中通过民主推选，成立"法事会议"，对寺内重大事务进行集体讨论表决。领诵经文的经师"翁则"，分"僧院翁则"和"经院翁则"。管家管理寺院具体事务。铁棒喇嘛掌管寺院僧众纪律，下辖铁棒小喇嘛4名，分别对应管理4个康村。

A寺财务管理情况为，经费开支实行"一支笔"签字制度，按月编制会计报表，每月向寺管会主任通报当月开支情况。每季度对寺管会内的财务自审一次，并公示财务收支情况，接受僧众和信众监督。所有资产必须登记，谁使用谁负责，不得私自带出。

A寺的经济运行情况为，其主要经济来源为商业、房屋出租，布施以及念经等，年收入为100多万元，其中商业收入为50多万元，房租为50多万元，布施收入约6万元。而据对A寺寺管会副主任的访谈，该寺现拥有经济实体5个，即1个加油站、1个宾馆、2个门市（主要销售佛事用品）以及1个藏医院，累计年收入在350万元左右。所有经济实体由寺内统一安排僧人轮流工作或服务，并与其他经营单位一样缴纳税收。[1]

目前A寺财务大体收支平衡，能自给自养。该寺在寺僧人有200多人，僧人每年人均会分到约3500~4000元，此项开支约为30余万元。全寺日常伙食开支（主要为午餐，早餐、晚餐由僧人自己解决，如遇法会或佛事活动则全部由寺院提供）为800元/天，全年共计近30万元。全年大的佛事活动有9项，总计开支约50万元左右。全寺医保覆盖率为100%，僧人因病就医按医保制度报销经费约占60%~70%，不足部分由寺院公用资金承担。除去以上开销，该寺每年账户会有10余万盈余，经僧众民主商议用于寺院内部基础设施建设或寺院维修加固等。

普通僧人念经，主人家根据自身经济实力每天支付50~100元/人的功德费，格西为普通僧人的一倍多。除去寺院自身活动外，僧人每年有8个月的常规活动期，一般外人来寺院延请，由铁棒喇嘛负责安排外出诵经的僧人，安排时间是星期一至星期六（周日自由支配时间）。僧人将所得的30%上缴寺院，70%的收入归僧人自己。

为建立健全现代财务制度，寺院在银行设立户头，以纠正集体财产、个人户头错误等现象。具体做法是，在县农行开设A寺子账户，管理政府项目资金和经

---

〔1〕据调查地相关部门提供的文字材料。

济实体资金。此外，A 寺还在其他银行单独办理信用卡，主要用于管理施主布施资金、僧人佛事收入以及信徒捐赠资金等。项目开支由僧众民主决策，资金使用情况实行每季度上报，并上墙接受公开监督，配合寺管会进行监督、审计。由此，A 寺实现了集体财务、民主管理、民主监督、规范运行，以现代财务管理体制取代了传统上的寺院会首轮庄，甚至以赌咒发誓自证清白的财务运行方式。

（二）B 寺管理的基本情况

B 寺位于四川省阿坝藏族羌族自治州，始建于 1870 年，占地面积 35 万多平方米，建筑面积 5.6 万平方米，是该县境内最大的格鲁派寺院，也是安多地区最大的格鲁派寺院之一，现有 23 个学经班，在册僧人 1400 多人，政府认定活佛 8 名。1980 年，B 寺成为该县首批开放的宗教活动点之一。B 寺僧人籍贯以本县为主，占全寺僧人总数的 90% 多。B 寺信教群众除分布在本县外，在本省的红原、壤塘、马尔康、黑水、若尔盖等县，甘肃省的合作、玛曲、卓尼，青海省的久治等县市均有分布。

B 寺经济运行和财务管理的基本情况：经济运行以"自收自支"的形式为主。政府的投入主要有两方面，一是为寺院完成"五通"（通水、通路、通电、通广播电视、通信）全覆盖，如投入 150 万元修复寺院公共用水管道、实施通寺道路硬化工程，编制寺院公共建筑维修方案等。二是为寺院管理层和贫困僧人发放补贴或低保，兑现了 47 名寺院民管会成员生活补助，积极开展了贫困僧人帮扶，使全寺 730 多名僧人享受农村低保，1 名僧人享受城镇低保，143 名僧人享受五保供养，为特困僧人解决了临时救助金。

B 寺内部事务由高僧大德组成的民管会具体管理。目前有建筑面积 5.6 万多平方米，建有大经堂、寺主寝宫、文物院、上密宗院、下密宗院（时轮院）、大型佛塔、转经长廊、医学院、僧房等建筑物和扎康 777 间；拥有佛像 1 万余件、经书 10 万余卷，及其他宗教资产（主要是唐卡）1500 余件；其他资产 435 件，无牧场、牲畜。该寺经营性固定资产 15 处，占地面积近 6.4 万平方米，资产投入 2000 多万元，现年收益 300 多万元，均为出租商铺。

2010 ~ 2014 年，该寺 5 年的收入合计近 6900 万元，支出合计 6800 多万元，收支基本平衡。该寺收入主要是经营性收入（非政府补助和捐赠收入）和宗教服务收入（随喜功德收入等）；支出主要是寺院维修支出、固定资产构建、人员支出和其他支出（发放给僧人念祈福消灾经支出、救助困难僧人等）。

B 寺在经济运行和财务管理上已初步走上正轨，有较完善的寺院财务管理体制。其建立了寺院财务管理机构，由民管会、管家组及审计组组成；建立了财务管理体制，设立了财务管理小组，配备了专门财务人员，开设了银行专用账户；建立了资金支出审批制度（大型项目资金的使用由管理机构集体研究决定）、资产管理体制、内部监督机制和固定资产明细账，均在年底寺内公布财务收支情况，接受信教群众及僧人监督。

二、寺院经济运行与财务管理基本情况

搞清楚藏传佛教 A、B 寺院经济运行基本情况，是厘清寺院管理监督的基础。对 A、B 寺院这两个特定主体，按经济流向区分，其经济可以分为经济收入和经济支出。

（一）寺院经济收入情况

A 寺、B 寺的收入总体上可以分为三类：一是生产经营性收入，即开展各类生产活动和经营性活动获得的收入。其主要构成有农牧业生产收入，传统医药收入，手工业收入，放贷与委托经营等投资性收入，房地产出租收入，加油站，从事商店、宾馆、餐饮、贸易等商业收入和宗教旅游门票收入等。二是宗教性收入，主要是依靠特定宗教主体进行的宗教活动、提供宗教服务等行为获得的收入或者他人基于宗教情感和信仰的捐赠所获得的收入。其主要构成有寺内外宗教活动中的布施、捐赠；寺内外为信徒等民众提供念经、卜卦、取法名、开光等宗教服务获得的收入；信徒日常的自愿供奉、信徒等民众对特定事项如寺院修建的捐赠等。三是转移性收入，主要是从政府获得的各种收入，主要包括国家对寺院开展文化遗产保护、僧尼社会保障、基本公共设施建设的补贴等。

（二）寺院经济支出情况

A 寺、B 寺支出总体上有六类：一是宗教事务开支，包括宗教用品采购、举办法会的各项开支、宗教教育支出等；二是僧人生活补贴和其他酬金，以及僧舍修建补贴；三是寺院基础设施建设，包括宗教用房建设、水电、道路、特殊宗教用途建筑（如晒佛台）建设等；四是寺院开展相关活动的日常运行费用，如水电费、车辆购置使用费、办公费、接待费等；五是社会公益慈善性支出，包括救灾、扶贫、社会救济（敬老院、孤儿院）、环境整治等；六是其他支出，包括寺院在银行的贷款利息支出等。

（三）A、B 寺院财务管理监督现状

A 寺、B 寺财务管理监督可以分为寺院内部管理监督和外部管理监督。

1. 寺院内部的财务管理监督

第一，制度规范方面。随着"依法治寺"的推行，寺院基本上制定了一系列财务管理体制，包括寺院财务管理体制、寺管会资产管理职责、寺管会财务制度、寺院财务公开制度、财务监督制度等。但大多寺院的财务管理监督制度不够完善和体系化，比较简略。

第二，财产归属方面。宗教性收入中，绝大多数寺院沿袭传统，将僧人的寺外宗教服务收入划归僧人个人。对生产经营性收入大多采取参与经营的僧人获得相应"分配权"或者补助，剩余利润或者固定收益归寺院。

第三，财务管理机构设置方面。寺院设置了财务室，配备了会计、出纳等人员，由其统一进行财务管理。

第四，财务制度执行方面。寺院对寺产进行了全面的财产统计、登记，但有的其他财产无固定资产台账；活佛、僧官的传统权益仍旧存在；有的财务管理还是通过发誓进行收支管理；内部监督上，僧人参与监督的程度不高。总体上看，寺院财务制度的执行不理想。

2. 寺院外部的财务管理监督

第一，社会管理监督。寺院都按规定对寺院收支采取一定方式向社会主要是信众公开，接受监督。但一般民众监督的主动性、积极性不高。

第二，相关职能部门的管理监督。相关职能部门制定了包括财务监督管理办法、年度监督检查办法等，指导、督促寺院制定了各种财务管理体制，尝试寺院民主管理监督评议委员会制度，由乡镇政府牵头，组织群众对寺院财务管理进行监督、评议等。但监督工作仍旧薄弱、作用有限，存在难以深入监管的问题。

三、寺院相关权属等其他相关问题

（一）藏传佛教寺院的法律地位问题

目前，大多藏传佛教寺院已经依法进行登记，取得了"宗教活动场所登记证"，进而取得了"组织机构代码证"。但"宗教活动场所登记证"解决的是该场所从事宗教活动的资格；"组织机构代码证"解决的是该组织的"身份证号"，都不能够作为确认其法律主体类型的标准。寺院法律主体地位不明，其适用法律制度则不明，且在实践中也常发生问题，如寺院与其他法人等合作经营但寺院责任限度不明，寺院内部人员财产与寺院财产纠缠不清等。

（二）藏传佛教寺院财产产权问题

寺院的财产归属关系比较复杂，主要存在以下三种类型的问题：第一类，部分重要财产归属国家还是寺院。例如，寺院占有、使用的土地大多没有办理土地使用权证书。目前除城镇房屋、国家文物等进行了相关登记，确认了所有权外，藏传佛教寺院对自己财产的范围、边界、具体财产的归属大多按传统和习惯确定，少有国家确认。第二类，部分财产归属寺院还是僧尼的问题。如寺院中由僧尼使用的僧舍，按照传统习惯由僧尼自己修建，僧尼家庭有继承和出售权。但现在一些寺院对僧尼修建僧舍进行资助，僧舍的所有权也会更加复杂。第三类，宗教性收入归属僧尼还是寺院的问题。藏传佛教有信徒供奉上师的传统。在一般法会上，僧尼获得的收入有等级差异。而在当下，藏传佛教寺院不仅接受来自藏族信徒的布施和捐赠，而且越来越多的寺院在内地乃至境外培植信徒，接受布施。活佛、主持等大多数住寺高僧大德能够自觉将所得捐赠作为寺院收入，也有个别住寺高僧，特别是未住寺高僧将捐赠占为己有。此外，寺院非经营收入公私不分问题突出，非经营性收入特别是捐赠收入，进私人腰包而不入寺院账户的情况较为严重。

（三）寺院财产产权不清带来的系列问题

一是财产权利人不明，没有明确的法律条文进行约束。例如捐赠给活佛的现金、房产和汽车等，如果认定为活佛个人财产，就适用个人赠予的法律，如果认定为寺院财产，就适用非营利性组织的免税收入规定。二是财产归属不明，财务监管很难实施。若按传统看法，寺院的经济收入、财产属于活佛个人，相关部门若对活佛财产进行干预，其合法性就很难成立。三是财产归属不明，管理责任难以明确。以寺院建筑为例，文物由国家保护和修缮，责任人是相关文化部门；普通寺院建筑属于寺院所有，由寺院自己修缮，责任人是寺管会；而僧尼的僧舍若属于个人所有，责任人则是个人。

（四）现金管理、监督不力的问题

一方面大型寺院每天都有一定的现金收入；另一方面大多数社会捐赠一般不要任何凭据，并且直接支付现金，因而有的寺院和高僧大德现金存量非常大。但目前对这类收入的存量和流动缺乏有效监管。

四、建议意见

通过完善藏传佛教寺院经济与财务的管理监督，推动建立健全宗教活动场所分类管理、操作规范、运行有序、监督到位的制度体系，确保依法贯彻落实宗教信仰自由，积极引导宗教与社会主义社会相适应。

（一）明确藏传佛教寺院的法律地位

可采用"附条件的强制法人制"和非法人制并存模式对寺院分类登记。附条件的强制法人制是寺院满足一定条件，就必须进行社会团体法人登记，令其取得法人资格。登记时的附加条件是僧人人数或者财产规模达到某一标准。目的是让一批资产规模大、经营范围广、收入多、影响大、财务管理复杂的示范性寺院，进行依法管理。而未达到上述标准的寺院，采用非法人制，通过依法管理和加强内部财务管理来进行规范。

（二）明晰藏传佛教寺院财产产权

一是明确已有财产的归属与使用。对已有的藏传佛教寺院财产的归属与使用进行明确界定，明确哪些财产是寺院所有，哪些财产是国家所有而归寺院占有、使用的，哪些财产是属于僧人的或者其他主体的。二是明确财产状况。在制定财产归属规范的基础上，进行清产核资、登记、备案，明确产权。如属国家所有或者投入的财产，采取强制登记、备案；寺院重大财产采取强制登记或者备案；寺院对所有财产均进行内部登记、建立台账。三是对将来财产归属的界定。寺院相关收入包括宗教性收入和非宗教性收入，要明确其相关收入的归属。

宗教性收入是凭借特定宗教主体进行的宗教活动、提供宗教服务等行为获得的收入，或者他人基于宗教情感和信仰的捐赠所获得的收入。例如宗教活动中的布施、捐赠；提供念经、卜卦、取法名服务获得的收入以及信徒日常的自愿供奉、对特定事项如寺院修建的捐赠等，宗教性收入本质上是宗教性捐赠。从藏传佛教寺院实际情况看，很多寺院僧尼都可以取得宗教性捐赠，如应邀到信徒家庭提供宗教服务的收入通常归个人，即使在寺院举行的法会中，捐赠人也可以指定捐赠归僧尼个人。僧尼基于提供宗教服务接受的捐赠，尽管捐赠人明示为僧尼个人所有，但也应该纳入宗教活动场所的财产范围内。

非宗教性收入主要是经营生产收入，应当按照合法有效的当事人协议确认归属；没有协议的，按照国家相关法律法规确认归属；寺院按其传统确认归属的，因不违反法律禁止并且不违反其教义教规也不害及宗教信仰自由的，从其传统。

（三）加大寺院财产透明度

除财务公开制度外，采取登记、申报、备案相结合的制度，全面、及时了解寺院财产状况。除现有法律规定的一般主体的财产登记外，要求寺院必须对重要的财产进行变更申报登记制度，包括使用人变更、用途变更、担保、权利人变更等都需向佛协或者政府宗教管理职能部门申报，并通过佛协等宗教组织，按照自我约束原则，建立高僧大德、寺院主要管理者个人财产申报制度。没有登记的，采取向佛协或者政府主管部门备案制度。

（四）加强现金管理监督力度

一是寺院对库存现金需要严格按照财务制度进行管理，违反国家相关法律法规，需要承担相应的法律责任。二是尽快为拥有大量资金的寺院设立单位银行结算账户，减少寺院支出的现金流，对大额现金的流向进行跟踪。三是将寺院重大资产委托经营纳入申报范围。不申报的，可视为非法挪用寺院资产，需要追究相应的法律责任；即使寺院民主决定委托而不申报的，也要依法进行处罚。四是建立重大社会公益活动备案和收支公示制度，防止寺院以开展公益、慈善事业的名义转移资金。寺院开展社会公益性慈善活动，要到佛协或者相关职能部门备案。备案后按照相关法规享受免税等优惠政策，同时对活动受益情况全程进行公示，使用前应明确资金来源及用途，制定相关预算，活动结束后要公布资金去向。五是严格执行寺院资金使用的预决算制度，控制支出的随意性。

藏传佛教活佛拉章和拉章经济

嘎·达哇才仁 *

【摘　要】　拉章是藏传佛教转世活佛在寺院中的府邸。历史上，藏区各大活佛在各寺都建有各自的拉章，不同等级的活佛具有不同规模的拉章。活佛拉章独立于寺院行政和寺院经济，拉章不仅有独立的组织机构和配套人马，而且有各自的经济结构，拉章财产所有权和继承权属于该活佛转世系统。

【关键词】　西藏　活佛　拉章　拉章经济

拉章是藏传佛教转世活佛在寺院中的府邸。历史上，在藏传佛教寺院中，转世活佛几乎都有各自拉章府邸。有些寺院有一位活佛就有一个拉章府邸，而有些寺院有几位活佛就有几个拉章府邸，"拉布寺有 10 个拉章府邸，其中 3 位主要活佛的拉章府邸分别为'香根拉章（ཤང་འགིན་བླ་བྲང）''堪钦拉章（མཁན་ཆེན་བླ་བྲང）''丹杰拉章（བསྟན་རྒྱས་བླ་བྲང）'。除此而外，还有喀丁拉章、雍增拉章、瑟贡拉章、强嘉拉章、堪布拉章、阿旦拉章、隆哲拉章等"[1]但是，在有些藏传佛教寺院中，几位活佛共同拥有一个拉章，有些小活佛在寺中根本没有拉章，他们跟普通僧侣似的住在僧舍。

在藏传佛教寺院中，转世活佛的宗教地位和经济基础直接影响到活佛拉章的规格和规模，有些活佛在西藏政教领域有着特殊的地位，他们的拉章往往成为活佛官邸。正因如此，藏传佛教活佛群体中渐渐形成了大活佛有大拉章，中活佛有中拉章，小活佛没有拉章的局面。从活佛拉章功能而言，可分为拉章府邸和拉章官邸两种类型，但无论是拉章官邸还是拉章府邸，都独立于寺院行政和寺院经

---

　　* 　嘎·达哇才仁，男，藏学博士，中国藏学研究中心宗教所研究员，主要从事藏传佛教研究。

　　〔1〕　参见洛周：《拉布政教史》（藏），中国藏学出版社 2010 年版，第 467 页。

济。拉章不仅有独立的组织机构和配套人马，而且有各自的经济结构。

一、拉章概念的产生及演变

在藏语中，拉章有"喇嘛颇章（ﾗﾏﾏﾗﾏﾏﾏ）"的意思，简称为"拉章"。其中，"喇嘛"是指上师，而"颇章"是指宫殿，可以理解为"上师宫殿"。早期，"喇嘛"既指宗教高僧又指转世活佛，后来"喇嘛"演变成为转世活佛的专用称谓。因此，"拉章"自然变成为转世活佛府邸的专用名称。

最初，"拉章"概念与西藏政教形态有着千丝万缕的关联。从西藏历史文献记载来看，公元13世纪中叶，西藏历史舞台上正式出现了"拉章"概念。当时，萨迦教派获得西藏执政权，高僧八思巴（1235～1280年）变成为西藏的政教领袖，他既是西藏政权首领又是萨迦教派教主，八思巴当时组建了他的政教官邸机构，并配有13位贴身侍从僧官。该政教官邸机构被称为"拉章"，它具有喇嘛八思巴宫殿意思。从此，西藏政教舞台上出现了喇嘛官府"拉章"机构。

吐蕃初期，藏王赞布官邸被称为"拉康（即魂宫）"，与先祖信仰万物有灵有关联，他们认为灵与魂并存，又认为魂与命息息相关，因而部落山神视为"魂山"，部落圣湖视为"魂湖"，部落酋长官邸视为"魂宫"。当时，藏王聂赤赞布官邸叫"雍布拉康"，"雍布（即母子）"两字反映了藏族从母系向父系转型的社会形态，而"拉康"就有魂宫的意思。到了吐蕃中期，赞布官邸被称为"颇章"，"公元617年，（藏王）出生在墨竹甲玛沟的'强巴米晋林颇章（即弥勒永恒宫殿）'"。从此，"颇章"两字变成为吐蕃藏王的宫殿名称。

到了吐蕃晚期，藏王赞普官邸仍旧被称为"颇章"，但高僧起居屋被称为"森琼"，在藏语中"森琼"意为"小寝室"。当时，政府出资供养吐蕃所有僧侣，包括宗教上层高僧，因而"森琼"便是高僧寝室的敬称。后弘期初期，公元996年，拉喇嘛益西韦创建了托林寺，大译师仁钦桑布（959～1055年）担任寺院堪布，托林寺变成为大译师仁钦桑布的主寺。之后，拉喇嘛益西沃的继承者拉德王，又把布让地方封给仁钦桑布作为供养用地，"对仁钦桑布极为推崇，尊为'金刚阿黎'，不仅每年拨付一定的地方税收，还将布让的协尔地方作为封地赐给仁钦桑布"，在西藏开创了高僧拥有庄园的先河。仁钦桑布不仅变成为有特权的高僧，而且他已拥有了独立的经济基础。

从传统政教制度文化而言，吐蕃时期"颇章"专指藏王宫殿。后来，家族势力与寺院高僧联合执政，部分高僧变成为上层特权僧官。最初他们府邸也被称为"颇章"，喇嘛在札沃隆巴创建了小寺，并小住几年，后变成为"吉祥颇章"，不久索南孜摩主持萨迦政教，他在努曲弥增喀新建了"丹秋颇章（即胜乐宫殿）"。在萨迦执政初期，本钦贡噶桑布创建萨迦南寺、仁钦岗拉章、拉康拉章等新建筑。其中，位于南寺大殿旁的拉康拉章便是八思巴官邸，当时"拉章"概念有两层政教寓意，其一八思巴作为至尊萨迦教主，在宗教方面有着"喇嘛（即上师）"资历，其二八思巴又作为西藏政权的最高首领，在政治领域拥有"颇章"资格。

最初，在昆官却杰布（1034~1102年）创建萨迦寺时，昆官却杰布的法座象征萨迦教主权威。之后，在八思巴担任萨迦教主时，他既担任元朝帝师又兼任萨迦教主，萨迦进入帝师兼任教主时代。而且，要求昆氏嫡系血统的高僧来继承双重僧职。在33岁时，八思巴被元朝皇帝邀请而准备再赴中原，当时他就组建了拉章机构，并配有13位侍从僧官，"索森却松（ གསོལ་དཔོན་ཆེན་ཚོ་གསུམ།）、加益佐松（མཆོད་ཡོག་ཙོ་གསུམ།）、塔哲旦松（བཀའ་འཛིན་གཏན་གསུམ།）、迦达左切秀（རྒྱུད་དར་ཚོ།）"等，它就成为西藏宗教首领设立的第一个拉章官邸。从此，"拉章"便成为西藏宗教上层高僧府邸的专用称谓，它与世俗政治首领官邸"颇章"有区别。

之后，伴随萨迦政权变化，萨迦教主发展成为昆氏嫡系和旁系双轨继任制。公元1287年，八思巴弟弟恰那朵吉儿子达玛巴拉（1268~1286年）从内地返藏途中不幸圆寂在朵麦哲麦札寺，萨迦昆氏嫡系血统遇到绝根危机，"达玛巴拉和觉莫达本生有一子，名仁特那巴扎，5岁时夭折，昆氏家族的这一支绝嗣"。当时，元朝决定昆氏旁系血统夏巴降央任萨迦教主，改变了昆氏嫡系血统继任萨迦教主的做法。

就在这时候，担任萨迦本钦的阿林觉德，以昆氏未来绝根不利于萨迦政教发展为由，经皇帝同意将流放在麦子的达尼钦波桑波贝（？~1322年）重新请回西藏，并让他担任萨迦教主。在担任萨迦教主期间，他先后娶7位妃子，并生有13男2女。其中，长子贡噶洛追坚赞（1299~1327年）变成为元帝师，"帝师作为皇帝在宗教上的老师，同时也是皇室在精神上的支柱，又是全国佛教僧人的首领和西藏地方政权的首领"。

公元1322年，达尼钦波桑波贝去世，他的几位儿子在争夺王位时出现矛盾。当时，在帝师贡噶洛追坚赞主持下，各异母兄弟分成四个拉章，分别为"细脱拉章（གཞི་ཐོག་བླ་བྲང）""拉康拉章（ལྷ་ཁང་བླ་བྲང）""仁钦岗拉章（རིན་ཆེན་སྒང་བླ་བྲང）""都却拉章（དུས་མཆོད་བླ་བྲང）"，"帝师贡噶洛追坚赞把萨迦款氏家族从朝廷得到权势和封爵分配给了他四个庶母的儿子们"，从此萨迦政权分裂为四个拉章组织，每个拉章都有各自独立的权力，拥有各自独立的管辖属民、庄园及城堡。[1]

之后，阔尊南喀勒贝洛追坚赞（1304～1343 年）继承了细脱拉章，细脱拉章又获得了萨迦第十二任教主继承权。他去世后，他的儿子贡噶仁钦坚赞贝桑波（1339～1399 年）继任了第十三任萨迦教主。后来，仁钦岗拉章喇嘛丹巴索南坚赞贝桑布（1310～1344 年）继承了第十四任萨迦教主，又后细脱拉章洛珠坚赞继承第十七任萨迦教主。期间，萨迦教主继承制度既不是轮换制又不是单传制，而采取了相对较松散的双轨继任制。

公元 19 世纪，萨迦昆氏家族三大拉章出现绝嗣，都却拉章作为昆氏嫡系血统成为萨迦教主。不久，都却拉章白玛旺秋和根噶仁钦兄弟俩又出纷争，长兄白玛堆德住在都却拉章担任教主，"弟弟根噶仁钦新建了平措颇章，后白堆儿子扎西仁钦新建了卓玛颇章，出现上下两座平措颇章和卓玛颇章"。[2]从此，平措颇章（ཕུན་ཚོགས་ཕོ་བྲང་།）和卓玛颇章（སྒྲོལ་མ་ཕོ་བྲང་།）轮流担任萨迦教主，教主官邸又被称为"颇章"，而萨迦主殿住持堪布府邸被称为"拉章"，"颇章"凸显政权，而"拉章"突出教权。

除萨迦外，其他教派教主府邸被称为"颇章"。当时，各教派在寺院中并没有设立拉章机构，比较重要的教派主寺往往被家族势力控制，大家族儿子继承教主或寺主，"有些寺院的住持本身就是当地的贵族或实力派"，几乎大教派大寺院都变成为大家族的政教中心，教主（或寺主）没有独立的行政官邸和经济单位，教主（或寺主）与家族联合管理寺务和教务。因此，各教主和寺主府邸被称为"颇章"，"一世拉香根丹玛云旦巴（1375～1438 年），公元 1419 年修建了'颇章玛波（ཕོ་བྲང་དམར་པོ།）'"，红宫既是香根活佛官邸又是香根活佛府邸。[3]

从教派历史发展而言，教主（或寺主）的"颇章"有官邸的色彩，而"拉章"当时只用于萨迦教主，其称谓依然没有普及到西藏其他教派领域。但是，教主"颇章"内设有独立的活佛"森琼（即寝室 གཟིམས་ཆུང་།）"，"森琼"其实就是活佛寝室，经济上它依赖于颇章，而行政上它需要听从颇章。

自从格鲁扮演执政教派后，格鲁寺院没有任何家族势力背景，教主（或寺主）在各寺设立独立的"森琼"府，宗喀巴大师（1357～1419 年）在创建甘丹

---

〔1〕 参见陈庆英、丁守璞主编：《蒙藏关系史大系·政治卷》，西藏人民出版社、外语教学与研究出版社 2002 年版，第 113 页。

〔2〕 参见江礼诺森、根噶曲桑：《萨迦组织结构》（藏），北京民族出版社 1991 年版，第 165 页。

〔3〕 参见陈庆英、高淑芬主编：《西藏通史》，中州古籍出版社 2003 年版，第 147 页。

寺时，初建了宗喀巴大师"森琼（即寝室）"，后在此基础上发展出历代甘丹赤巴府邸"赤脱康（ཁྲི་ཐོག་ཁང་།）"，它在行政和经济两方面独立于甘丹寺，赤脱康拥有自己的庄园和牧场。与此同时，一世达赖喇嘛珠巴（1391～1474年）在后藏创建扎什伦布寺时，初建了他的寝室"平措根瑟森琼（即富足遍知寝室ཕུན་ཚོགས་ཀུན་གཟིགས་གཟིམས་ཆུང་།）"，当时该寝室只有两根柱子的面积。后来，把"森琼"改名为"拉章坚参通布（即高胜利幢拉章བླ་བྲང་རྒྱལ་མཚན་མཐོན་པོ།）"。

最初，各教主（或寺主）的府邸被称为"颇章"，到目前后藏很多寺里仍有被称为"颇章"的旧建筑，说明最初教主（或寺主）府邸就叫"颇章"。公元1518年，帕竹首领阿旺扎西扎巴把哲蚌附近的一座小别墅赠给二世达赖喇嘛根敦嘉措（1475～1542年），在三世达赖喇嘛索南嘉措（1543～1588年）时把它改名为"甘丹颇章（དགའ་ལྡན་ཕོ་བྲང་།）"，变成为三世达赖喇嘛索南嘉措活佛在哲蚌寺的府邸。因此，在西藏曾经历了"颇章"和"拉章"并用期，当时世俗首领官邸被称为"颇章"，而上层喇嘛官邸被称为"拉章"。后来，诸寺渐渐摆脱世俗家族势力的控制，寺院事务直接由各寺活佛和堪布管理，世俗政治色彩浓厚的"颇章"称谓退出寺院，反而活佛府邸"拉章"称谓在寺院流传。之后，各教派推行活佛转世制度，伴随着各教派各寺院转世活佛剧增，甚至有些寺院建立了多位转世活佛，各历辈转世活佛在寺院积累资产。活佛最初的"森琼"空间，已无法满足诸活佛进一步发展，使得寺院里渐渐出现了活佛设立独立"拉章"的局面。

随着各教派各寺院活佛数量的增多，寺院中渐渐形成了活佛等级，诸活佛在寺院中兴建独立的大小"拉章"，"拉章"在藏区变成为活佛府邸的专用名称。在卫藏和康区活佛府邸统称为"拉章"，但在安多活佛官邸出现了几种称谓，它既称为"拉章"又称为"囊钦（ནང་ཆེན།）"，如贡唐活佛府邸被称为"贡唐囊钦"，"囊钦"具有大庭（或大院）的意思，字面上即大活佛大拉章有大院子的意思。甚至，在青海塔尔寺府邸被称为"嘎尔哇（སྒར།）"，与活佛到牧区化缘时居住帐篷有关。另外，部分活佛生活在北京雍和宫，他们的府邸往往被称为"佛仓"，"'佛仓'是一个汉藏合璧的名词"，后"佛仓"变成为雍和宫活佛府邸的专用称谓。

公元16世纪后，部分活佛担任西藏摄政王，在拉萨城内他们修建了新的拉章，策墨林呼图克图的策墨林拉章（ཚེ་སྨོན་གླིང་བླ་བྲང་།）、热振呼图克图的锡德林拉章（ཉི་ཐང་བླ་བྲང་།）、德木呼图克图的丹杰林拉章（བསྟན་རྒྱས་གླིང་བླ་བྲང་།）、济仲呼图克图的功德林拉章（ཀུན་བདེ་གླིང་བླ་བྲང）、达隆札呼图克图的达札拉章（སྟག་བྲག་བླ་བྲང）等。诸摄政活佛不仅在本寺有旧拉章，而且在拉萨城内设有新拉章。后来，拉萨城内的新拉章，其规模和规格要高于本寺旧拉章，本寺旧拉章府邸渐渐变成为形同虚设，反而城内新拉章变成为活佛官邸。同样，在安多几座经学发达的格鲁派大寺，渐渐形成了本寺活佛和外寺活佛并存的现象，"在历史上，塔尔寺发展到鼎盛时期，常住寺僧达到 3600 多名，活佛共 83 位，形成大小 80 多个活佛府邸，藏语称'嘎尔哇'，汉语俗称活佛院"，塔尔寺活佛在本寺都有拉章府邸，但部分外寺活佛担任赤巴（即法台）时，在塔尔寺修建了新拉章。[1]因此，在安多有些活佛在不同寺院设立不同拉章，如土观活佛在本寺佑宁寺有土观拉章，在塔尔寺有"土观嘎尔"。

二、"拉章"与"森琼"

拉章是活佛府邸（或官邸）称谓，各自拉章都拥有规模不等的建筑群。尤其，有些重量级大活佛的大拉章有着规模庞大的建筑群，如拉章护法殿、拉章措钦大殿、拉章仓库、拉章厨房、拉章侍从僧舍、活佛经堂、活佛客厅、活佛寝室等。比如，拉萨丹吉林拉章有三层高的建筑群，占地面积约有 1270 平方米，有拉章大殿、拉章经堂、拉章门房等建筑。同样，拉卜楞寺嘉木样活佛的囊钦官邸，"供嘉木样居住的两座院落在如来佛殿西，即全宫的刀柄部分。内有会议室、会客室、居室、库房和仆役室等。它们以西还有一座小院，供嘉木样家属居住"。[2]还有，玉树拉布寺拉香根活佛的拉章，其建筑有颇章玛波（即红宫）、拉章经堂、拉章护法神殿、拉章千佛殿、拉章德央殿、拉章马头明王修行洞、拉章吉索屋、拉章夏季公园等。

在拉章建筑群里，活佛寝室被尊称为"森琼"，在藏语中"森"是睡的敬语，而"琼"意为"小"，因而"森琼"专指活佛小寝室。从活佛"森琼"角度而言，既有大"森琼"又有小"森琼"，尤其有些大活佛有好几间"森琼"，像历辈达赖喇嘛在布达拉宫有五间被称为"森琼"的小屋，分别为"森琼瑟穹饶萨（གཟིམས་ཆུང་ཟུར་འཕེལ་རབ་གསལ）""森琼切美朗嘉（གཟིམས་ཆུང་འཆི་མེད་ནམ་རྒྱལ）""森琼索南列切（གཟིམས་ཆུང་བསོད་ནམས་ལེགས་འཁྱིལ）""森琼平措堆切（གཟིམས་ཆུང་ཕུན་ཚོགས་འདོད་འཁྱིལ）""森琼甘丹央孜（གཟིམས་ཆུང་དགའ་ལྡན་དབྱངས་ཡར་ཅེ）"。同样，历辈班禅额尔德尼在扎什伦布寺

---

〔1〕 参见拉科·益西多杰：《塔尔寺史话》，民族出版社 2001 年版，第 59 页。
〔2〕 参见索代编著：《拉卜楞寺佛教文化》，甘肃民族出版社 1992 年版，第 71 页。

有四间被称为"森琼"的小屋，分别为"森琼噶当颇章（ གཞིས་ཆུང་དཀའ་གདམས་ཕོ་བྲང་། ）""森琼堆波个巴（ གཞིས་ཆུང་སྟུག་པོ་བཀོད་པ། ）""森琼益嘎曲增（ གཞིས་ཆུང་ཡིད་དགའ་ཆོས་འཛིན། ）""森琼窝擦格巴（ གཞིས་ཆུང་འོ་ཚང་དགོན། ）"。但是，历辈达赖喇嘛和历辈班禅额尔德尼的"森琼"屋，在佛像摆设和启用功能上有很大差异，在布达拉宫"森琼切美朗嘉"和"森琼平措堆切"是历辈达赖喇嘛的寝室，而"森琼甘丹央孜"是历辈达赖喇嘛的休息屋，"森琼索南列切"是历辈达赖喇嘛的诵经屋。

除了历辈达赖喇嘛和历辈班禅额尔德尼外，西藏各大活佛都有间数不等的"森琼"，其中包括活佛卧室、活佛经堂（即书房）、活佛客厅等主屋。而且，大活佛都设有独立的活佛诵经堂和活佛接待厅，"另设有佛堂、客厅、灶房"。[1]但是，小活佛一间大屋往往被称为"森琼"，大屋既是活佛的客厅又是活佛的卧室。因此，活佛在寺院中的等级高低和经济势力，直接影响到活佛"森琼"的规模。

在活佛寝室摆设方面，依照佛教戒学规则设计和安排。一般情况下，活佛寝室都摆有一只依照戒学尺寸订制的藏式床，它既是活佛睡觉使用的床，又是活佛打坐使用的椅，"该寝宫是历辈达赖喇嘛晚上睡觉的寝室，供放着达赖喇嘛被褥和法衣"。[2]在活佛藏式床前，摆有一只戒学尺寸订制的藏式小桌，它既是活佛用餐的餐桌，又是活佛诵经的经桌。在活佛寝室墙壁上，往往绘有各种佛教壁画，既绘有佛本生故事又绘有历辈活佛肖像。而且，在活佛寝室墙上挂有活佛供养的本尊护法神唐卡。

活佛"森琼"佛堂被称为"拉康（经堂）"，既供有各种经文又供有各尊佛像及佛塔，它们分别象征佛语、佛身和佛意，在经堂四面墙上绘有各类佛教故事。同时，有些大活佛在佛堂内摆有法座，在此举行小型的灌顶和加持仪式，如历辈达赖喇嘛、历辈班禅尔德尼、历辈噶玛巴等在森琼佛堂都设有法座。一般，大活佛客厅摆设讲究华丽和庄严，客厅中央靠墙摆有藏式长矮椅，椅上垫有藏式厚垫，垫上铺有藏式地毯，毯上放着藏式靠垫，"房内陈设也很华丽，地铺地毯，炕铺毛毯，有高级织锦缎的坐垫"，大活佛客厅内铺有大地毯，来客信徒直接跪在地毯上与活佛交流。[3]

---

〔1〕 参见索代编著：《拉卜楞寺佛教文化》，甘肃民族出版社1992年版，第71页。

〔2〕 参见西藏自治区文物管理委员会编著：《布达拉宫简介》（藏），西藏人民出版社1987年版，第27页。

〔3〕 参见索代编著：《拉卜楞寺佛教文化》，甘肃民族出版社1992年版，第71页。

三、活佛等级及拉章规格

在西藏政教方面，活佛地位有高低，活佛宗教政治地位不同，因而活佛拉章的等级和规格也不同。在西藏不同等级的活佛有着不同规格的拉章，包括活佛侍从僧官的等级。因此，活佛扮演的政教角色不同，活佛拉章官邸称谓和僧官品级有差异。

最初，活佛府邸统称为"森琼"，"森琼"是活佛在寺院里的寝室。之后，随着活佛地位的变化和财富的积累，"森琼"渐渐发展成为独立的小拉章，久而久之，有政教背景的活佛在寺院中发展出规模化的拉章机构。拉章不仅成为历辈活佛的府邸，而且，部分活佛把拉章发展成为官邸。

在建立甘丹颇章政权后，部分活佛变成为各地方政权的首领，他们的拉章具有浓厚的官邸色彩，其拉章官邸等级规格和组织结构也变得很复杂。当时，甘丹颇章发明了新神权机构名叫"孜（ਣੇ）"，"孜"既指历辈达赖喇嘛神权又指历辈达赖喇嘛寝宫机构系统。其实，在帕竹执政时期，西藏基层建立宗（县）政府，很多宗政府城堡修在山坡上，当时宗政府城堡往往被称为"孜"，如江孜（ਯੁੱਘਣੇ）、桑珠孜（ਯਯਯਯੁੱਧਣੇ）、达孜（ਯੁੱਘਣੇ）、隆孜（ਯੁੱਕਣੇ）、浪卡孜（ਯੁੱਘਣੇ）、拉孜（ਯੜੇ）、改孜（ਯੜੇ）等，在此"孜"代表着基层最高的政权。

在五世达赖喇嘛（1617~1682年）获得政权后，甘丹颇章从哲蚌寺移到布达拉宫，布达拉宫变成为历辈达赖喇嘛的政教中心，开始在布达拉宫名前冠以"孜"的称谓，原来的"颇章布达拉（即布达拉宫）"变成为"孜颇章布达拉宫（ਣੇਯਧਯਯੁੱਧ）"。而且，达赖喇嘛及寝宫机构被称为"孜"，如"孜森琼（即达赖喇嘛寝宫ਣੇਯਯਯਯ）""孜森琼嘎（即达赖喇嘛接待处ਣੇਯਯਯਯਯੁੱਧਯ）""孜译仓（即达赖喇嘛办事机构ਣੇਯੁੱਕਯ）"等。最初，"孜"的概念启发于布达拉宫，以布达拉宫屋顶和布达拉宫屋底而形成的区位概念，分别象征权威和代政关系，因而"孜"与"雪"是相对而言的，"孜"代表历辈达赖喇嘛及寝宫僧官系统，而"雪"代表噶厦政府及俗官系统。后来，"孜"变成为历辈达赖喇嘛拉章的代名词，主要区别于其他活佛的拉章称谓。

之后，"孜"又发展成为高级活佛官邸的新称谓，在四世班禅（1570~1662年）时班禅拉章开始使用"孜"的称谓，"执政机构拉章，分为孜、雪和聂仓等三级机构"，班禅及寝宫机构系统统称为"孜"，如"孜森琼（即班禅寝宫）""孜森琼嘎（即班禅寝宫接待处）""孜索塔（即班禅灶）""孜贡康（即班禅护法殿）""孜佐布（即班禅仓库）"等，在此"孜"专指历辈班禅及寝宫机构系统，“拉章内‘孜’为最高的政教统管单位，其标志为班禅”。之后，萨迦地方政府也使用“孜”的称谓，执政法王颇章及僧官系统被称为“孜”，“萨迦有‘孜’和‘雪’两级机构，‘孜’是指在位达钦及侍从机构”，如“孜森琼（即达钦寝宫）”“孜森嘎（即寝宫接待处）”“孜强佐（即达钦强佐）”，在此“孜”专指在位萨迦达钦权威及僧官系统。除此而外，昌都帕巴拉及寝宫机构系统被称为“孜”，“帕巴拉政教机构有‘孜’和‘雪’”，历辈帕巴拉及寝宫机构系统被称为“孜”，如“孜森嘎（རྩེ་གཟིམ་འགག）”“孜聂（རྩེ་གཉེར།）”“孜卓（རྩེ་མགྲོན།）”“孜仲（རྩེ་དྲུང་།）”等。

无论是“孜”组织还是“拉章”组织，侍从僧官系统源自萨迦执政时期，八思巴设置的13位侍从是西藏僧官的源头，后来在此基础上进行了调整，“第司桑杰嘉措，对萨迦时13位侍从官职中，除了却本等三职保留外，又新增添了其他僧职”。但是，在“孜”和“拉章”配置僧官时，其等级规格有着明显的差别，高级活佛往往配有三位高级僧官，分别为森本（即司寝གཟིམ་དཔོན།）、索本（即司膳གསོལ་དཔོན།）和却本（即司祭མཆོད་དཔོན།），但活佛等级其森本、索本和却本僧职品级有差别，达赖喇嘛侍从森本、索本和却本，均属三品高级僧官，而噶玛巴活佛和帕巴拉活佛的三位堪布，其僧职品级相对较低。

在西藏，拉章规格高低和拉章规模大小与活佛扮演的政教角色有关联，除了达赖喇嘛和班禅额尔德尼以外，在西藏活佛中摄政活佛属于位高权重，他们在拉萨城内有庞大的拉章建筑。虽然，摄政活佛在拉萨城内有大拉章，但活佛在位和在野有很大区别，“当策墨林活佛担任西藏地方摄政王时，该寺大管家享有扎萨克喇嘛职位，但策墨林活佛不在摄政职位时，大管家没有权力享有扎萨克喇嘛职衔，仅仅称作管家或总管家”。[1]因此，在位摄政活佛强佐属四品札萨喇嘛，而在野活佛的拉章强佐只是普通僧官。从摄政活佛的拉章而言，拉章强佐显得极其重要，强佐寝室往往设在摄政活佛左右。但四大摄政活佛没有配置索本、森本和却本等僧官。

历史上形成的政教合一制度，除了“孜”官邸和“拉章”官邸外，藏区各大活佛在各寺都建有各自拉章，不同等级的活佛具有不同规模的拉章。而且，各寺在历史上形成了不成文规定，各自活佛根据各寺活佛等级，在寺院内修建不同规格的拉章，禁止小活佛因爆发而修建高规的拉章，“嘉木样和各色赤囊欠楼房

〔1〕参见达次著：“拉萨策墨林寺历史及现状研究”，中央民族大学2008年硕士学位论文。

的墙涂黄色；堪布活佛及呼图克图楼房的墙涂红色。堪布活佛以上者可建楼房及大门架彩。侧席以上活佛住房可作彩画。僧俗佣人方面，嘉木样 50 余人，色赤 10 余人，堪布 8 人，侧席 4~5 人"。[1]

四、活佛拉章的经济结构

拉章经济是指以活佛府邸作为经济主体，围绕着活佛拉章及侍从作为经济核心，与寺院、政府、社会、信徒之间产生的经济活动。其实，拉章经济与寺院经济有着共性，它们都属于带有鲜明宗教性质的经济结构和经济活动。但是，拉章经济消费相对比寺院单一，除了维持拉章正常法事，以及拉章建筑维修和增添佛像法器外，主要供养活佛及侍从僧员。除此而外，拉章没有大型的经济开支和经济消费。

拉章大小直接影响到拉章的经济规模，大拉章有着很强的经济基础和经济势力，甚至有些规模较大的拉章有强大的贸易活动，但有些小活佛没有所谓的拉章经济，他们的日常生活与普通僧侣没有实质区别。因此，不同等级的活佛拉章，有着不同规模的拉章经济。从活佛拉章整体经济角度来讲，可以分为三种不同类型的拉章经济：大拉章经济、中拉章经济、小拉章经济。

大拉章经济类型是指具有庄园属民及牧场，其中有地方政权背景的大拉章经济，有大寺背景的寺主活佛的大拉章经济。有政权背景的大拉章，如班禅拉章、西藏四大摄政活佛拉章、昌都帕巴拉活佛拉章、甘肃拉卜楞寺嘉木样活佛拉章、甘孜理塘香根活佛拉章、玉树拉布寺拉香根活佛拉章等，在地方政权领域他们往往有特权，因而拉章经济拥有雄厚的基础和势力。

其实，带有政权背景的大拉章，有些原本属于大寺大活佛，后活佛有机会参政议政，一时活佛拉章发展成为大拉章，比如，西藏四大摄政活佛拉章。另外，从小寺小活佛变成为大拉章，达札活佛的本寺达隆札原本不到 50 位僧人，自从达札活佛担任摄政王后，达隆扎寺本身并没有发生根本性变化，但达札活佛新建的拉萨拉章却变成为大拉章，"达扎 1940 年担任摄政时，不过是一个不太知名的年迈的喇嘛，他的拉让也很小，无足轻重。但到 1950 年他把政权交给达赖喇嘛时，他的拉让已经发展成为头等巨富"。[2]

〔1〕 参见冉光荣：《中国藏传佛教寺院》，中国藏学出版社 1994 年版，第 313 页。
〔2〕 参见梅龙·C. 高尔德史泰恩著，陈乃文译："西藏庄园的周转——活佛转世制度下的土地与政治"，载吴从众编：《西藏封建农奴制研究论文选》，中国藏学出版社 1991 年版，第 553 页。

拉章经济类型是指中等经济势力的拉章，它们没有像大拉章似的雄厚的经济基础，但它们一般拥有小规模的庄园和牧场。而且，中拉章在信徒社区中获取客观的经济收入。另外，部分小拉章仅靠活佛自己的宗教收入来维持小拉章的正常开支和正常活动，它们既没有拉章庄园又没有拉章牧场，仅靠活佛的化缘收入和布施收入，因而小拉章的经济基础和经济势力相对较薄弱。

拉章的经济活动方式与寺院基本相似，传统拉章经济活动归纳起来有如下几方面特点：大拉章拥有庄园属民以及牧场牧民、拉章剩余资金发放高利贷、拉章出租土地及牲畜、拉章经商土特产、活佛化缘收入等。

（一）大拉章拥有庄园和牧场

在藏区，大拉章拥有大量的庄园及属民，活佛在获得政治权力的同时，政府向拉章拨给供养活佛的庄园及属民。在策墨林活佛担任摄政王期间，噶厦政府向策墨林拉章拨给庄园及属民，如林周有果木庄园（ཀོས་མ་གཞིས་ཀ）、沃玛庄园（དབའ་གཞིས་ཀ）、平措林庄园（ཕུན་ཚོགས་གླིང་གཞིས་ཀ）、江库庄园（ཇང་ཀུ་ཀུང་གཞིས་ཀ），在曲水有南杰庄园（རྣམ་རྒྱལ་ཤར་གཞིས་ཀ）、达噶庄园（སྟག་ཀ་གཞིས་ཀ），在山南泽当有热丹岗庄园（རེད་རྟེན་ས་ཀ་གཞིས་ཀ）、山南贡噶有吉雄东部庄园（སྐྱིད་གཤོང་ཤར་ཆ་གཞིས་ཀ）等，以上庄园及属民变成为策墨林拉章的经济基础。

部分活佛在获得清朝政府册封的头衔后，清朝往往向呼图克图活佛赐给辖地，这些辖地直接由活佛拉章管理和经营，其经济收入归呼图克图活佛拉章。在甘肃拉卜楞寺除了嘉木样活佛外，拉章经济势力较强的有四大赛赤活佛，"如萨木察仓有土地9余公顷，每年收入租粮2500余千克；房屋10余间；牧场有马500匹，牛2000多头；活动基金约有银圆10余万元。阿莽仓有土地133余公顷，每年收入租粮37 500余千克；房屋18院；活动基金约银圆10万元"。[1]

（二）拉章剩余资金发放高利贷

西藏三大领主包括上层活佛，当时放债最多属上层寺院和上层活佛，"据说，1959年，活佛洛桑益西在拉萨有赤江拉章，赤江拉章放高利贷823 249元，年息约164 129元"。[2]

---

〔1〕 参见结古乃·桑杰："甘肃藏区寺院经济探析"，载中国藏学研究中心宗教研究所编：《藏传佛教与社会主义社会相适应研究论文集》（内部），中国藏学出版社2006年版，第146页。

〔2〕 参见杨晨："藏传佛教寺院经济及其社会影响"，载《青海民族学院学报（社会科学版）》2007年第2期。

（三）拉章租房租地

大拉章普遍占有大量的土地及牧场，以昌都四个宗的差地为例，"据 1956 年不完全统计，4 个宗有差地 14 万克，其中四大活佛'拉让'直接占有 60%"。[1] 同时，班禅拉章租地获得大量粮食，"据 1955 年调查，'班禅拉让'出租地年收定额租粮 30 430 克，占其土地粮食总收入的 40%"，同时，策墨林拉章在拉萨城内有很多闲房，租给拉萨城里的老百姓从而获取租金。[2] 为此，策墨林拉章专设负责房屋的管理员，负责管理策墨林闲房租给老百姓，到年底收取租金，并直接交给策墨林拉章强佐（即管家）。

（四）拉章牧租

在藏区牧租方式各地大同小异，在西藏牧租方式有两种：有生有死和无生无死，牧奴凡是租当年能产犊的母牛，每年需要缴交酥油 3 克，不产犊的缴交 2 克；母羊每年缴交酥油 20 ~ 28 两，羊毛全缴交。租额占畜产品的 50% ~ 60%。不生不死的牧租方式，每年每头牛（母）缴交酥油 2 克，公牛缴交砖茶 2 块，1 只羊缴交 20 ~ 24 两。"昌都地区八宿宗是功德林活佛的领地，据 1955 年的资料介绍，该宗三大牧场有牛约 7 万头、羊 3 万只。"[3]

（五）大拉章商业贸易

很多大拉章都有商业贸易，大拉章在各地设有专门的经商机构，有严格的经营管理体制。拉章商人把藏区名贵药材和畜产品运往内地和印度，与汉区和印度的物资与宗教用品交易，从中谋取厚利。在拉萨，各大拉章都有边贸活动，与印度、尼泊尔、不丹、克什米尔等国经商，经营货物品种繁多，有印度手表、毛料、金属器具、佛像，甚至有日本、法国、美国进口毛毕叽和呢绒杂货。

（六）活佛到信徒社区化缘

在传统形成的隶属于活佛的信徒社区圈，活佛每年有义务到信徒社区讲经说法，期间信徒向活佛化缘各种东西，包括货币、食物和牲畜等，"历世嘉木样活佛的足迹遍布青海、四川、西康、蒙古等地，讲经说法，大收布施。内容繁多，在土地、部落、房屋、村庄、森林、草山、牲畜、金银、珠宝、酥油、粮食，以及日常生活用品，等等"。[4] 同时，青海塔尔寺每年春夏两季，诸活佛要到管辖

〔1〕 参见冉光荣：《中国藏传佛教寺院》，中国藏学出版社 1994 年版，第 230 页。
〔2〕 参见冉光荣：《中国藏传佛教寺院》，中国藏学出版社 1994 年版，第 232 页。
〔3〕 参见西藏昌都地区地方志编纂委员会编：《昌都地区志》，方志出版社 2005 年版，第 1039 页。
〔4〕 参见冉光荣：《中国藏传佛教寺院》，中国藏学出版社 1994 年版，第 232 页。

社区和牧区化缘，"阿热仓（即活佛）总法台时，仅1954年便得到羊15 000只、牛1500头、马300匹、大洋3600元、银锭25个，还有氆氇、呢、缎、皮子、布、茶、酥油、青稞几万驮"。[1]除此而外，"清康熙四十八年（公元1709年），嘉木样一世阿旺宗哲抵达河南蒙旗亲王府后，亲王府敬献了金曼陀罗1个、牛500头、马500匹、羊400只、绸缎500匹，以及珍宝用具多种，作为供养"。[2]

五、拉章财产的继承权和继承方式

拉章财产是历辈转世活佛积累的财富，其中有历辈活佛修建的拉章建筑，又有历辈活佛积累的拉章固定资产，因而拉章财产属于历辈活佛转世系统，而并非属于某时期某个体活佛，"'拉章'实际上是该活佛转世系统的法人代表，该活佛转世系统过去拥有的一切财产都由该'拉章'继承，现任活佛获得的所有新的财富和资产也属于该'拉章'所用"[3]，从而强调了拉章财产的归属权问题和所有权问题，以及继承权问题。因此，拉章财产所有权和继承权属于该活佛转世系统。正因如此，在活佛圆寂时，拉章财产没有权传给与活佛有关的直系亲属，"他无权在遗嘱中明确其家庭成员为遗产的继承人"，活佛圆寂后拉章财产由拉章强佐（即管家）有权代管，这时强佐扮演的是拉章财产经济的临时代管员。[4]

在西藏历史上形成了不成文的规矩，拉章财产的继承权力，往往属于下一位转世活佛，"无论大活佛、小活佛，其寺产和自身财产及声誉可以通过转世的形式继承"。[5]因此，一旦活佛圆寂，拉章财产不能被所属寺院和直系亲属占用，而拉章强佐有义务临时代管拉章财产，拉章强佐也没有权力私用拉章财产。当寻访找到新转世灵童并举行坐床仪式后，新活佛有权直接继承历辈转世活佛留下的拉章及拉章财产，活佛以前世转世身份名义可以继承前世活佛所有财产。当然，活佛任何时候都有权使用拉章的任何东西，但活佛又没有权力把拉章东西转移到自家里。在活佛童年没有成人前，强佐以拉章管家名义可以支配拉章财产，"当

---

〔1〕 参见冉光荣：《中国藏传佛教寺院》，中国藏学出版社1994年版，第248页。

〔2〕 参见结古乃·桑杰："甘肃藏区寺院经济探析"，载中国藏学研究中心宗教研究所编：《藏传佛教与社会主义社会相适应研究论文集》（内部），中国藏学出版社2006年版，第141页。

〔3〕 参见梅龙·C.高尔德史泰恩著，陈乃文译："西藏庄园的周转——活佛转世制度下的土地与政治"，载吴从众编：《西藏封建农奴制研究论文选》，中国藏学出版社1991年版，第38页。

〔4〕 参见多杰才旦主编：《西藏封建农奴制社会形态》，中国藏学出版社2005年版，第456页。

〔5〕 参见丹珠昂奔：《藏族神灵论》，中国社会科学出版社1990年版，第124页。

策墨林活佛年幼时，由大管家全权负责策墨林拉章的各项事务"，直到活佛有独立决策能力后，活佛可以直接过问和支配拉章财产。[1]之后，拉章老强佐和新活佛进入磨合期，老强佐和新活佛相处和谐和配合默契，新活佛继续用老强佐来管理拉章经济。但是，如果期间老强佐和新活佛出现摩擦和不和，比如，"热振的老管家因直言相劝而触怒了热振，他强行辞退了这位管家，并任用了他的亲戚"，新活佛会寻找新的亲信来替代老强佐，从此用自己的亲信强佐来管理拉章。[2]

---

〔1〕 参见达次："拉萨策墨林寺历史及现状研究"，中央民族大学 2008 年硕士学位论文。

〔2〕 参见梅龙·C. 高尔德史泰恩著，陈乃文译："西藏庄园的周转——活佛转世制度下的土地与政治"，载吴从众编：《西藏封建农奴制研究论文选》，中国藏学出版社 1991 年版，第 337 页。

清代藏传佛教寺院寺产构成及其特点

——以六世班禅圆寂后的财产纠纷为个案

苏发祥 *

【摘　要】　传统藏族社会中，寺院属于三大领主之一，而活佛一般都是寺院寺主。寺院在社会政治、经济、文化和民众的日常生活中发挥着重要作用，拥有大量的耕地、草原和财富，寺主活佛本人不但是寺院财产的拥有者，而且也有自己的财富渠道，在寺院中有专门的理财机构。扎什伦布寺是藏传佛教格鲁派六大著名寺院之一，也是历代班禅额尔德尼的根本寺院。本文以六世班禅圆寂后的财产之争为个案，希望探讨清代西藏佛教寺院寺产的构成及其特点。

【关键词】　清代　六世班禅　廓尔喀　藏传佛教寺院　寺产

公元 1788 年（清乾隆五十三年）、公元 1790 年（清乾隆五十五年），喜马拉雅山南麓的廓尔喀（今尼泊尔）军队两次入侵西藏，尤其是第二次入侵，烧杀抢掠，洗劫藏传佛教格鲁派（黄教）六大寺院之一的扎什伦布寺，给西藏造成了巨大的生命和财产损失，史称"廓尔喀战争"。关于这次战争的起因，有一种观点认为是第六世班禅额尔德尼巴丹益希（1738 ~ 1780 年）圆寂后他的两位兄长之间的遗产纠纷而引起。那么，扎什伦布寺寺产主要有哪些？它和六世班禅之间有什么关系？六世班禅的两位兄弟究竟争夺哪些财产？清代藏传佛教寺院的寺产如何构成？这是本文试图探讨的主要问题。

一、扎什伦布寺及其"却溪"

扎什伦布寺位于西藏日喀则，修建于 1447 年，创始人是宗喀巴（1357 ~

---

* 苏发祥，男，民族学博士，中央民族大学藏学院院长、教授、博士生导师，主要从事藏族历史文化与社会研究。

1419 年）的大弟子根顿珠（1391～1474 年），根顿珠就是后来被追认的第一世达赖喇嘛。据说根顿嘉措圆寂时，扎什伦布寺已拥有僧侣 1600 余人，大小佛殿 7 座，以及图桑林、夏仔和吉康三大显宗扎仓。[1]1485 年，扎什伦布寺的上层迎请根顿嘉措（1475～1542 年）担任该寺赤巴（法台），根顿嘉措就是后来追认的第二世达赖喇嘛。1494 年，根顿嘉措被迎请到拉萨哲蚌寺。1512 年，他再次回到扎什伦布寺，担任了该寺堪布。1517 年，担任了哲蚌寺堪布。1526 年，根顿嘉措又兼任了拉萨色拉寺的堪布，成为格鲁派实际上的领袖。

1601 年（明万历二十九年），扎什伦布寺僧众请后藏安贡寺和冈建曲培寺赤巴洛桑曲结坚赞（1567～1662 年）担任扎什伦布寺第十六任赤巴。洛桑曲结担任赤巴后，创立了扎什伦布寺的默朗姆法会（大祈愿法会）和阿巴扎仓（密宗扎仓）。从此，扎什伦布寺有了完整的显密学经体系。1602 年，拉萨三大寺迎请蒙古俺答汗的孙子到拉萨，并确认他为第三世达赖喇嘛索南加措（1543～1588 年）的转世灵童。洛桑曲结坚赞应邀到哲蚌寺与第四世达赖喇嘛会面，并与甘丹赤巴根顿坚赞给灵童授沙弥戒，取法名为云丹嘉措（1589～1616 年），这是达赖喇嘛与班禅第一次建立师徒关系，从此成为传统。当时西藏第悉藏巴政权支持噶玛噶举派，全面压制黄教的发展，黄教生存举步维艰。1616 年，四世达赖喇嘛圆寂后，禁止其转世。后来经过洛桑曲结坚赞的努力，才允许达赖喇嘛转世。由于五世达赖喇嘛阿旺罗桑嘉措（1617～1682 年）年幼，这时期格鲁派的领袖其实就是洛桑曲结坚赞。

1642 年，以洛桑曲结坚赞和第五世达赖喇嘛为首的黄教寺院势力邀请新疆和硕特蒙古首领顾实汗（1582～1655 年）率大军进藏，一举消灭了藏巴汗，建立了黄教的甘丹颇章政权。1645 年（清顺治二年），顾实汗给洛桑曲结坚赞以"班禅博多克"的尊号。[2]同时，顾实汗还把今日喀则范围内的数十个溪卡划归于扎什伦布寺作为僧众的供养。从此，班禅成为扎什伦布寺名副其实的寺主。后世学者把宗喀巴的弟子克珠杰（1385～1438 年）追认为第一世班禅，索南却朗（1439～1504 年）追认为第二世班禅，洛桑丹珠（1505～1566 年）为第三世班

---

〔1〕 参见西藏自治区文物局、扎什伦布寺民管会编：《扎什伦布寺》，中国大百科全书出版社 1998 年版，第 6 页。

〔2〕 班是梵语"班智达"的简称，有智慧之意；禅是藏语"钦波"的简称，大的意思；"博多克"是蒙语中对睿智英武人物的尊称。

禅，而洛桑曲结坚赞就是第四世班禅。[1]

洛桑曲结坚赞主持扎什伦布寺期间，该寺有僧侣 5000 余人，楼房 3000 余间，属寺 51 座，溪卡 16 处，牧区部落 10 余处，成为后藏最大的格鲁派寺院和最大的寺庙封建领主。[2]

1713 年（清康熙五十二年），康熙皇帝册封五世班禅洛桑益西为"班禅额尔德尼"，赐金册金印。1728 年（清雍正六年），雍正皇帝降旨，把扎什伦布寺以西到阿里的地方全部赏赐给五世班禅，但五世班禅只接受了拉孜、昂仁和彭措林三个宗，这是后来历代班禅的基本管辖范围。五世班禅是第一个被认定的班禅转世灵童，也是第一个接受清王朝册封的班禅活佛。到 1733 年，班禅所辖寺院有 372 座，僧人 13 670 名，属民 6750 户。[3]

1741 年（清乾隆六年），第六世班禅罗桑贝丹益希（1738 ~ 1780 年）在扎什伦布寺坐床。六世班禅拜七世达赖喇嘛为师，七世达赖喇嘛圆寂后，他又做了八世达赖喇嘛的老师。1765 年（清乾隆三十年），乾隆皇帝赐六世班禅金册金印。1780 年，六世班禅赴承德避暑山庄参加乾隆皇帝的七十大寿庆典。

属于寺院的庄园称之为"却溪"。虽然却溪始于公元 11 世纪，于清朝时期达到鼎盛，但给寺院土地和属民的传统早在吐蕃王朝时期就开始了。吐蕃赞普赤松德赞（742 ~ 797 年）下令给桑耶寺"民户 150 户，给每名僧人 3 户属民，总计赐给桑耶寺和 305 名僧人的寺属奴户为 1065 户，按平均每户 4 口计算，总计 4260 人，这些寺属奴户都不向赞普缴纳赋税，不负担兵役"。[4]到赞普热巴巾（815 ~ 838 年）时，增加到 7 户养僧。

到 11 世纪初期，阿里王拉德把布让地方（今阿里普兰县）的一个溪卡赠给当时的名僧仁钦桑波（958 ~ 1055 年）作为其私人封地，从此西藏有了寺属溪卡。[5]寺属溪卡称之为"却溪"（mchod-gzhis，意为供养庄园，也写为 chos-gzhis，意为宗教庄园），寺院大小规模不同，拥有"却溪"和民户的数量也不

---

〔1〕 克珠杰与扎什伦布寺的创建者第一世达赖喇嘛根敦嘉措关系很密切。而索南却朗和洛桑丹珠都是日喀则恩萨地方一座小寺院安贡寺的主持，与扎什伦布寺没有发生直接的关系。所以，也有些学者认为洛桑曲结坚赞是第一世班禅额尔德尼。

〔2〕 参见牙含章编著：《班禅额尔德尼传》，西藏人民出版社 1987 年版，第 52 页。

〔3〕 参见牙含章编著：《班禅额尔德尼传》，西藏人民出版社 1987 年版，第 62 页。

〔4〕 参见东嘎·洛桑赤列著，陈庆英译：《论西藏政教合一制度》，民族出版社 1985 年版，第 19 页。

〔5〕 参见王森：《西藏佛教发展史略》，中国社会科学出版社 1987 年版，第 31 页。

同。到 20 世纪中叶，"西藏约有 300 万克的实耕土地，其中封建政权占 30.9%，寺庙占 30.5%，贵族占 29.6%"。[1]

班禅管辖区由扎什伦布寺的班禅拉章管理，通常称为"拉章坚赞团波"。清代时班禅直接管辖的宗谿有拉孜、昂仁、彭措林、谢通门、达纳仁钦孜、岗巴、间隆、殿伦热、江孜查普、达木萨迦等，属寺有 200 多座。[2]

不同历史时期，班禅管辖的范围也有所不同，民主改革前，情况如下：

"据 1958 年调查，扎寺喇章—班禅堪厅辖区有 4 个宗、45 溪卡、26 个牧业部落，占有土地 20 万余克（亩）、牲畜 2 万余头；下属册封贵族 37 户，农牧奴 33 万余户，人口 17 万余人；每年剥削收入粮食 21 万余克（合 588 万余斤）、酥油 2400 余克（合 24 万余斤）；摊派各种乌拉差役 107 种，剥削量高达 70% 左右。扎寺有下属分寺 230 座，僧尼近万人。按照 1959 年初扎寺僧人名册统计，扎寺在册僧人为 4728 人，其中活佛 18 人；外籍僧人 196 人，国籍未定者 5 人；米村"欧聂"（管钱者）以上各级头人 660 人。"[3]

"却溪"是寺院的主要财产和收入来源，1793 年平定廓尔喀之乱后，扎什伦布寺给驻藏大臣提交了一份比较详细的收入支出汇报，从中我们可以看出当时扎什伦布寺的一般经济状况：

"呈开：扎什伦布所管拉子、昂忍，彭措林等处一年出息，净粮食十六万一千零十二克四批半，糌粑一千三百十六克十四批半，酥油二万一千七百二十二克半，羊腔子五千八百一十个，山羊腔子五十八个，牛腔子二十八个半，金子三两五钱，又收金税金子一百两，银钱三千二百四十一两三钱，草二十七万七千六百一十八克半，柴十四万零三百四十克半。又布施各物变价：粮食三万九千五百零五克四批半。又蒙大皇帝每年赏给班禅额尔德尼茶五十包，并从前蒙古汗番布施银一万一千两百两，布施茶一千两百七十三

〔1〕 参见吴从众编：《西藏封建农奴制研究论文选》，中国藏学出版社 1991 年版。参见丹珠昂奔等主编：《藏族大辞典》，甘肃人民出版社 2003 年版，第 103 页。
〔2〕 参见丹珠昂奔等主编：《藏族大辞典》，甘肃人民出版社 2003 年版，第 4 页。
〔3〕 参见曹自强："和平改革 区别对待——扎什伦布寺民主改革回忆"，载《中国藏学》1999 年第 1 期。

甑，酥油三千两百四十九克半。除所属营官并各寺喇嘛口粮，日食粮食八万七千一百九十克半，茶二百一十二甑半，散茶两克半，用金子四钱九分，银钱四百八十九两八钱三分半，酥油三千四百八十七克半，羊腔子一千五百六十三个半，山羊腔子十三个半，牛腔子二十五个半，草十一万六千二百八十一克，柴九万零一百七十四克。再采买各物，用粮食八千九百零一克十六批一格半。再，扎什伦布寺内各喇嘛每日零用银钱、糌粑、工食，并与前数辈班禅念经，又于各寺院熬茶，散布施，共费青稞四万九千克，茶二千一百七十甑半，西宁砖茶二千一百五十块，酥油二万零三十二克，糌粑七千二百克，盐六百六十克，羊腔子五百二十个，银钱十万一千三百五十个，买奶子盐用青稞四百三十八克期批半，与各菩萨挂哈达并散给众喇嘛的哈达共一千零三个。又扎什伦布寺内办事东科尔郎赛口粮用茶五百四十甑，酥油一千六百二十克，羊腔子四千三百二十个，糌粑七千二百克。每年前藏攒大昭喇嘛二万余名，每名散银钱一元，并与菩萨挂哈达，以上出息茶、酥油、糌粑、牛羊腔子、柴草，共折算粮食三十七万六千四百零五克六批二格，每克合算银钱二钱二分半，共银钱八万四千六百九十一两三钱。内支用茶、酥油、粮食、肉、柴草等项，合算粮食八万二千六百四十八克八批二格半，每克合银钱二钱二分半，并银两，共计银钱八万六千零九十五两九钱五厘。前后所收及出息，除使用外，应余银钱一千四百零三两六钱零五厘。因所属百姓穷苦，所有应交之项，尚未收齐，现今寺内念经用费不济，在于蒙古汗番布施内动用，尚不致缺乏，为此，造册呈报。"[1]

从上文中可以看出，除了田地，布施也是寺院的主要收入来源之一。元代以来，西藏寺院布施收入的主要来源是广大的蒙古地区，蒙古族一直是藏传佛教的最大施主。

此外，放高利贷也是寺院的主要收入之一。实际上，昔日西藏的官府、贵族和寺院都放高利贷，但寺院放债利率最高："50年代以前曾高达25%，即借四还五，1954年后一般仍为借五还六（即20%）。贵族放债率一般为借七还八

〔1〕 参见《西藏研究》编辑部编辑：《西藏志·卫藏通志》，西藏人民出版社1982年版，第494~495页。

（14.28%），官府最低，1954 年由借七还八降为借十还十一，也即 10%。"[1]

据调查，1958 年前，拉萨哲蚌寺、甘丹寺和色拉寺总收入的 25%～30% 来源于放高利贷收入。虽然没有看到扎什伦布寺放债的相关资料，但估计也不会太低。

二、六世班禅在内地的财产

1779 年 2 月，六世班禅提出进京朝觐参加乾隆皇帝七十大寿庆典，1779 年 6 月离开扎什伦布寺向内地出发。1780 年 11 月，六世班禅因天花在北京黄寺圆寂。六世班禅从扎什伦布寺一路向东，讲经说法，摩顶受戒，不但满足了沿途信教民众的心愿，也接受了来自各方面的供养和馈礼，积累了大量的财富。《六世班禅罗桑巴丹益希传》有 80 多页的附录，详细记载了自六世班禅离开日喀则到北京圆寂前后，社会各层人士给六世班禅的供养情况。虽然只有礼物名称，没有具体的数字，但从中可以看出，六世班禅在内地的财产主要来自三个方面：

（一）乾隆皇帝的封赐

为迎接六世班禅到承德祝寿，乾隆皇帝下令在避暑山庄仿照扎什伦布寺修建了须弥福寿寺，为方便与六世班禅的直接交流，其拜章嘉呼图克图为师，学习藏语文。六世班禅从西藏翻越唐古拉山，渡过长江源头，经青海玉树，又翻越巴颜喀拉山，沿青海湖，于 1779 年 10 月，翻越日月山，抵达黄教师祖宗喀巴的故乡青海塔尔寺。六世班禅每到一地，乾隆皇帝都要派使者慰问，并赐各种礼品。当地的百姓和官员们更是争先恐后，请六世班禅摩顶祝福。

1779 年 8 月 19 日，六世班禅到长江源头之南，西宁办事大臣傅清额奉旨率属下迎接，乾隆皇帝亲自降旨，下令自玉树曲麻莱以东，为六世班禅准备良马千匹，驮牛千头，骆驼 400 头，蒙古帐 40 顶，布帐百顶。扎陵湖祭祀仪式结束后，乾隆皇帝颁旨赐六世班禅哈达、精致钟表及画等物，特赐六世班禅自此不用跪接圣旨。

乾隆皇帝赐塔尔寺白银万两，修缮历代达赖喇嘛的宝座和其他旧址，并特为六世班禅新建寝宫，赐名为"传教善相"。刚抵达塔尔寺，乾隆皇帝的特使就献敕书，赐礼，礼品有珍珠念珠 1 串、精致骑鞍 1 套、良马 1 匹、白银 30 两、鹅颈壶 1 个、糖 1 包、各种绸子 20 匹、大小哈达各 10 匹。[2]

---

[1] 参见多杰才旦主编：《西藏封建农奴制社会形态》，中国藏学出版社 2005 年版，第 113～114 页。

[2] 参见嘉木央·久麦旺波著，许德存、卓永强译：《六世班禅洛桑巴丹益希传》，西藏人民出版社 1990 年版，第 402 页。

1780 年新年前夕，乾隆皇帝派使臣给六世班禅送来敕书和礼物："谕班禅额尔德尼：新年来临，特派乾清门帕清阿（音译）为大师特设盛宴，赐吉祥之谕旨、谕包、珍宝饰火镰、玉带、如意金吊钩、金制珍宝八个、金、银、糖果等，若大师笑纳，则吉祥如意，诸事圆满成功。尔喇嘛弘扬黄教，以合朕为众生幸福，勤理国政之理想矣！"[1]

新年期间，乾隆皇帝又特遣西藏夏鲁寺堪布格桑次旺从北京到塔尔寺向六世班禅祝贺新年，新年礼物有：

"释迦佛画像一幅、龙绞缎一匹、中东缎一匹、玉石制如意钩一个、景泰蓝盘、搪瓷、水晶、碗等器皿六对、宝瓶一个、玻璃柜一个、大口袋一对、小口袋五对、红毡氆四匹。赐予强佐洛桑金巴蟒缎一匹、红毡氆二匹、大缎一匹、景泰蓝、水晶石、碗等器皿各两个、大口袋一条、小口袋一条。"[2]

1780 年 7 月，六世班禅一行抵达热河行宫，乾隆皇帝降旨从此六世班禅乘坐他自己的黄色大轿。六世班禅在承德先后至少与乾隆皇帝相会五次，每次乾隆都赐予大量的礼品钱财。首次在依清旷殿会见班禅时，乾隆皇帝当面赏赐给六世班禅的物件有御用上等项饰、精美无比镶嵌着大珍珠的黄缎僧帽、如意羊脂玉钩等，另外，给六世班禅的赏单还包括有：

"三十两重金曼扎一个、三十两重银曼扎一个、金座磁把碗一件、金水壶一件、金盒一件、金碟一件、金香炉一件、玻璃碗十件、玻璃盘十件、玻璃瓶十件、磁碗十件、磁盘十件、磁瓶十件、玉鞍一副、哈达五百方。

奉旨加赏：由内交出金五百两（系二次移加此次赏）、绣珠九龙袍一件、大卷八丝缎九匹、经一分、绣佛像三轴、经衣二件、铁镀金钵一件、仿古离鹿金樽一对、嵌松石金盒五件、青玉盖碗一件、铜绿丝珐琅把碗二件、雕漆圆盒一对、鼻烟四瓶、洋花缎二十五匹、海龙皮九张、黑狐皮九张、黑豹

---

[1] 参见嘉木央·久麦旺波著，许德存、卓永强译：《六世班禅洛桑巴丹益希传》，西藏人民出版社 1990 年版，第 410 页。

[2] 参见嘉木央·久麦旺波著，许德存、卓永强译：《六世班禅洛桑巴丹益希传》，西藏人民出版社 1990 年版，第 417 页。

皮九张、银鼠皮一千张、灰鼠皮一千张、羊皮一千张。"[1]

抵达热河行宫的第三天,乾隆皇帝宴请六世班禅及其随从人员,宴会上"大皇帝为班禅大师赠送黄缎珍珠饰班智达僧帽、上等缎制珍珠饰法衣、大氅、袈以及坎肩、腰带、格杂、坐垫、绸缎僧衣、各色上等缎子五十匹、哈达二十匹、水晶石碗十个、水晶石瓶十个、黄金五百两、白银一万两、鞍子一套"。[2]给六世班禅随从的赏赐就用了白银一万两。

不久,六世班禅应邀与乾隆皇帝一块儿观看演出,演出结束后,乾隆皇帝"赏给大师内设玉制树,树叶之间琥珀球上有汉地杏形的搪瓷碟子、金边耶巴呼碗十六个、各色上等缎子一百匹、碗瓶十个、碗器二十个、银茶桶一个、长颈鹿一个、茶浆泥珠形九十五、旗恰肉四十箱等"。[3]

1780年9月初,六世班禅到达北京,住进了顺治时期专为五世达赖喇嘛进京修建的西黄寺。10月初,六世班禅在故宫养心殿朝觐乾隆皇帝,乾隆赐六世班禅金制如意钩、无量寿佛像、玉碗、金钟等。会见后,派人"再送二十五两金制茶桶一对、十五两金制碟子一对、银桶八副(每幅含银五十两)、银碟八盘(每盘含银三十两)、一千两银制器具(配有盖子)、各种良绸一千匹、旱獭皮七十张、水獭皮十张、猞猁皮十张、狐狸皮六十张、白卡拉玛皮一百四十张、查一百条"。[4]即使六世班禅因天花病在黄寺圆寂后,乾隆皇帝仍然慰问赏赐不断。

(二)清朝官员及皇室成员的赠礼

清朝时期,在今青海、甘肃、内蒙古及蒙古国担任职务的很多地方大员是满族、藏族和蒙古族,这些官员对六世班禅也尊奉有加,以接受六世班禅的祝福为荣。不少沿途的汉族官员也请六世班禅为其消灾念咒、举行各种宗教仪轨。

1779年9月,六世班禅及其随从在黄河源头的扎陵湖附近休整,当时前来拜谒的人络绎不绝,在居住的帐篷周围尘土飞扬,踩出了条条新路。当地官员和地

[1] 参见中国第一历史档案馆、中国藏学研究中心合编:《六世班禅朝觐档案选编》,中国藏学出版社1996年版,第230~231页。

[2] 参见嘉木央·久麦旺波著,许德存、卓永强译:《六世班禅洛桑巴丹益希传》,西藏人民出版社1990年版,第486页。

[3] 参见嘉木央·久麦旺波著,许德存、卓永强译:《六世班禅洛桑巴丹益希传》,西藏人民出版社1990年版,第507页。

[4] 参见嘉木央·久麦旺波著,许德存、卓永强译:《六世班禅洛桑巴丹益希传》,西藏人民出版社1990年版,第427页。

方首领们也纷纷前来拜见送礼："贡嘎尔王、贝勒曲窘嘉布、贝赛强多尔嘉布、贝赛莫居、曲窘嘉公、格敦顿珠公、旺嘉顿珠公、扎萨贡嘎、札萨桑杰、札萨色太尔、札萨曼杰、札萨班觉等第四次设宴招待大师一行，并献厚礼。"〔1〕

西宁附近有位钱大老爷，其夫人生病，请六世班禅保佑。六世班禅为其诵经祈祷，不久，病人康复，且生一子，钱大老爷喜不自禁，献厚礼致谢，并请求六世班禅为其子取名，六世班禅赐名"次丹多杰"。

当时的兰州总督、甘州台督等也派人给六世班禅献礼物。

"其后，内务大臣艾普公之弟普老爷大臣拜谒大师，献上等哈达、百两银制曼荼罗（用五色供物系角）、十五两金制曼荼罗无量寿佛三尊、缎子三十六匹、香炉一尊、黄缎班智达衣、黄缎僧帽、袋子四条、腰带一条、手柄一把等厚礼。"〔2〕

与元代不同，清朝严格限制皇室成员沉浸于藏传佛教中，但六世班禅在承德和北京期间，不少皇室成员也利用各种机会拜见他。与六世班禅接触时间最长、关系最密切的皇室成员应该是皇六子。〔3〕皇六子奉旨到张家口迎接六世班禅，多次请班禅为其讲经传法，献厚礼。

六世班禅抵达热河行宫的第二天，"六皇子、八皇子、十一子等五子及七岁的公主来到大师身前各献哈达、合献十两金曼荼罗一具，五色供物系角，以及上等哈达二十匹、诵法哈达四十匹、上等红缎十匹、上等红缎二十匹、银朱缎十匹、黄缎二十匹、红棉布十匹等、缎子七十匹、红黄氆氇各十匹等厚礼，班禅高兴受之，摩顶加持，并同他们共用茶交谈，送给每人上等哈达一匹、吉祥铜佛像一尊、珊瑚念珠一串、氆氇五匹，见面礼哈达五匹、佛像五尊、香七十束、氆氇上衣五套、氆氇二十五匹等"〔4〕

---

〔1〕参见嘉木央·久麦旺波著，许德存、卓永强译：《六世班禅洛桑巴丹益希传》，西藏人民出版社1990年版，第391页。

〔2〕参见嘉木央·久麦旺波著，许德存、卓永强译：《六世班禅洛桑巴丹益希传》，西藏人民出版社1990年版，第484页。

〔3〕皇六子名爱新觉罗·永瑢（1743～1790年），生母是纯惠皇贵妃苏氏，号"九思主人"，工诗善画，曾任四库全书总馆总裁，受封为质亲王。

〔4〕参见嘉木央·久麦旺波著，许德存、卓永强译：《六世班禅洛桑巴丹益希传》，西藏人民出版社1990年版，第482页。

六世班禅遵从乾隆皇帝的旨意，给公主取法名为："索南白吉卓玛"（bsod-rnam-dpal-kyi-skrol-ma），公主当即把自己佩戴的镶有珍珠的项链先给了六世班禅。

六世班禅到北京后，六皇子和章嘉呼图克图陪同他游览了颐和园、万寿寺和故宫等。当时，六皇子很受乾隆皇帝的宠爱，被认为是将来皇位最有可能的继承者。六世班禅从承德到北京，乾隆皇帝安排六皇子全程陪同和安排，从中也可以看出乾隆皇帝对六世班禅的高度重视。

（三）蒙藏信众的供养

六世班禅进京朝觐的目的之一是希望加强黄教与蒙藏地区之间的联系，扩大黄教在这些地区的影响。自六世班禅过了唐古拉山，每天都为成千上万的信徒摩顶祈福，而信徒们也给六世班禅大量的供奉，供奉不仅仅是金银等，还包括有大量的牛羊等。接近 700 页的《六世班禅罗桑巴丹益希传》，大部分内容就是描写六世班禅与所经地方信徒的互动。实际上，当地的很多汉族群众也对六世班禅供奉有加。"当六世班禅临近日月山附近时，由十名哨兵持枪恭候。从此，沿途受到驻兵的热情欢迎，各村寨的汉族群众拜谒献香料、鲜花，恭礼迎接。"[1]

从 1779 年 10 月到第二年 3 月，六世班禅在塔尔寺居住了将近半年，期间几乎每天都要会见信徒或举行宗教仪式，在当地产生了很大影响。

"塔尔寺僧众再次于大经堂宴请大师一行，献厚礼祝寿，大师为三千多人摩顶。塔尔寺密宗学院各位喇嘛、同仁噶丹协珠寺、道卫噶丹群科林寺、三木朗寺、柴达木札萨曲窘嘉布、汪布两位札萨等献礼。"[2]

从实际效果看，六世班禅东行不仅扩大了黄教的影响，而且也满足了沿途信教群众的膜拜愿望：

"班禅大师自从十月驾临塔尔寺以来，先后有内地汉人、青海、喀尔喀、蒙古四十九部、黄河两岸的安多藏人、寺院住持堪布、经师、大小官员、千

---

〔1〕 参见嘉木央·久麦旺波著，许德存、卓永强译：《六世班禅洛桑巴丹益希传》，西藏人民出版社1990 年版，第 400 页。
〔2〕 参见嘉木央·久麦旺波著，许德存、卓永强译：《六世班禅洛桑巴丹益希传》，西藏人民出版社1990 年版，第 403 页。

户长、百户长等拜谒献礼，大师为他们摩顶授教，满足各人愿望。在如云汇集的信徒心上播下菩提之种，为准备住宿者、侍从、乞讨者予以厚赐，各人皆满意而归。"[1]

尤其是经甘肃、宁夏地区进入内蒙古地方后，六世班禅每天都要为成千上万的人摩顶，收到的供奉也难以计数。1780 年 4 月 23 日，为 15 000 人摩顶，5 月 6 日为 16 500 人摩顶。临近呼和浩特时，一天为近 6 万名信徒摩顶。由于人数太多，六世班禅只好坐在轿子里，边走边摩。由于众人前拥后挤，一度秩序混乱。信徒们按照自己的财力，分别供奉了白银、珊瑚、香料、绸缎、铜子等，礼物多如夏季大海。

承德期间，六世班禅不仅会见了来自内蒙古、外蒙古（即今蒙古国，内蒙古以北）的各路首领，而且还会见了来自朝鲜的代表。

"准噶尔大喇嘛扎西嘉措、准噶尔阿尔班索摩巴特尔大臣、医师耶盖达、散乃迈克耶盖达、索门藏格等前来扎什伦布寺分别向班禅大师献厚礼，大师茶待各位施主，予以厚赠。"[2]

虽然《六世班禅罗桑巴丹益希传》中大篇幅记载信徒拜见六世班禅的场景，但鲜有详细数目。关于六世班禅在沿途所做布施和回向仪式所花费用却有比较详细的记载，如 1779 年 12 月在塔尔寺举行回向仪式时，六世班禅贡献哈达 9259 条，给各寺院 28 312 名僧侣发白银 2306 两，各种礼品折合白银 4492 两。[3]

六世班禅在北京圆寂后，其兄仲巴呼图克图派人在拉萨三大寺熬茶布施花费了 90 000 余两白银，当时扎什伦布寺的经济势力可见一斑。

三、遗产之争与廓尔喀入侵

1780 年 11 月，六世班禅因天花在北京黄寺圆寂，乾隆皇帝异常悲痛，前来

---

〔1〕参见嘉木央·久麦旺波著，许德存、卓永强译：《六世班禅洛桑巴丹益希传》，西藏人民出版社 1990 年版，第 410 页。

〔2〕参见嘉木央·久麦旺波著，许德存、卓永强译：《六世班禅洛桑巴丹益希传》，西藏人民出版社 1990 年版，第 499 页。

〔3〕参见嘉木央·久麦旺波著，许德存、卓永强译：《六世班禅洛桑巴丹益希传》，西藏人民出版社 1990 年版，第 407 页。

吊唁时昏厥了过去，苏醒后，向六世班禅法体敬献了哈达、金碗、金棺、玉碗等。随后，又派皇六子带领众大臣向遗体供祭：

> "当时，乾隆皇帝正准备为班禅大师举行生日宴会，赠送寿礼。但是，没有料到一切都成为泡影。二日下午，皇帝要求内务大臣额尔艾普从内库提出上等哈达十八匹、原垫、靠垫、坐垫、无量寿佛像九尊等、玻璃无量寿佛龛十三件、文殊菩萨像龛十八件、画像一副、瓷器无量寿佛像九尊、玉石雕像二十一尊、经函九包、景泰蓝塔九尊、白玉塔一尊、玉柄十把、金柄九把、景泰蓝柄九把、芭蕉手柄九把、珍宝饰钟表一盘、白玉鼻烟盒九个、白玉叶希九个、酥油锅、玉壶一对、香炉一尊、玉珠九串、玉碗九个、其他各种玉器十九个、绘有八瑞相的金盒一个、金香炉座一对、珍珠饰金香炉九尊、绘有各种花纹的金巴布十八个、金盒十个、银针一百个、夏里俄九个、念珠九串、玻璃盒八个、各种玻璃器皿十八个、布勒花瓶九个、布勒碗七个、碟子两个、铁香炉九个、景泰蓝茶桶两个、桌子两个、散发香气的白鹿巴尔布九个、陶器瓶十八个、装有各种药物的小箱十八个、唐卡画三十六副、汗幔九面、犀牛角碗一百个、犀牛角碟子六十二盘、犀牛角盒子十八个、缎子二十七匹、氆氇衣九件、黑狐皮九张、黑豹子皮两张、水獭皮八张、猞猁皮九张、旱獭皮九十张、熊皮七十张、羔皮九十张、铜子九十等，特派六皇子与宫中大臣供祭。六皇子等人来到大师遗体前恭礼发愿。"[1]

六世班禅的大管家是仲巴呼图克图洛桑金巴，他一路随六世班禅到内地，全面负责班禅的日常活动和财务收支，是六世班禅身边最重要的人物。关于洛桑金巴我们只知道他是六世班禅的同父异母兄长，其生平知之甚少。1780年10月，乾隆皇帝赐其"额尔德尼玛图诺门汗"的封号。1781年9月，洛桑金巴护送六世班禅的法体抵达扎什伦布寺。六世班禅圆寂后，仲巴呼图克图成为扎什伦布寺的主要负责人。

六世班禅还有一位同母异父的兄长叫确珠嘉措（1738～1791年），他是噶玛噶举派红帽系第十世活佛，汉文史料中称沙玛尔巴（藏语 zhva-dmar-pa 音译，红

---

〔1〕 参见嘉木央·久麦旺波著，许德存、卓永强译：《六世班禅洛桑巴丹益希传》，西藏人民出版社1990年版，第544页。

帽之意）。沙玛尔巴是噶玛噶举派中仅次于黑帽派的活佛转世系统，是17、18世纪西藏政坛上非常活跃和有影响的一支政教力量，母寺是位于今拉萨附近当雄县的羊八井寺（yang-pa-can，建于1490年）。

据汉文史料记载，六世班禅圆寂后，仲巴呼图克图全面掌管了扎什伦布寺，他以教派不同为由，拒绝分惠沙玛尔巴，于是，两人之间发生了冲突。1784年（清乾隆四十九年），沙玛尔巴愤懑出走廓尔喀，向廓尔喀王告密，认为西藏防务空虚，扎什伦布寺财富甚多，怂恿廓尔喀王出兵西藏，抢劫扎什伦布寺。因此，引发了1788年廓尔喀军队的第一次入侵西藏。

> "六世班禅在北京逝世后，其财务均由仲巴呼图克图运回西藏，除将一部分牛羊马匹交给札寺外，其余珍贵财物均攫为己有。沙玛尔巴因隔于教派，未得分文，十分愤懑，遂萌叛国投敌之恶念，……"[1]

事情发生后，清朝派侍郎巴忠进藏处理。沙玛尔巴代表廓尔喀对巴忠"贿和"。巴忠答应西藏地方政府每年给廓尔喀300元宝，廓尔喀退军。但对乾隆皇帝谎报说击退了入侵的廓尔喀军队，取得了胜利。1790年（清乾隆五十五年），廓尔喀以西藏地方政府拒不支付300元宝为由，再次大规模入侵西藏，长驱直入扎什伦布寺，七世班禅提前转移到拉萨，仲巴呼图克图携财潜逃。清朝大将军福康安奉旨率大军进藏，1792年，福康安指挥清朝大军彻底击溃廓尔喀，直逼廓尔喀首都阳布（今加德满都）。廓尔喀王祈降，不但放回了原先俘虏的西藏官员，退回了抢劫的扎什伦布寺财物，而且也把沙玛尔巴的妻子儿女和仆人等一行人交送给福康安处置，发誓以后永不侵犯西藏。当时，沙玛尔巴已死，廓尔喀王将其尸体也交给了清军。

乾隆皇帝对廓尔喀战争中的相关人员进行了严厉处惩。前驻藏大臣普福、俘习浑、雅满泰及四川总督鄂辉因渎职罪被"革职"，并"枷号示众"；给西藏噶伦索诺木旺扎尔以抄没家产的处分；巴忠被处死，仲巴呼克图被押解回京，本欲严厉处罚，但考虑到他护送六世班禅到京有功，且被抓时，身边并无很多财物，所以，免于死罪，拘禁于北京德寿寺。沙玛尔巴人虽已死，但处罚难逃，其骨殖被分挂于前后藏及西康各个寺院，以诫来者。沙玛尔巴此后不准转世，其母寺羊

---

〔1〕 参见牙含章编著：《班禅额尔德尼传》，西藏人民出版社1987年版，第144页。

八井寺寺产全部予以抄没。汉文史料中比较详细地记载了羊八井寺被查抄时的资产状况，从中我们也可以了解到当时西藏佛教寺院财产的一般状况：

（1）庄田九处。九处是陆续查清的，最初估计"各处庄田每年所交青稞麦子豌豆酥油等项按藏中常价可值二千余金"。内："地名江洛井一处每年应收青稞共一三三零石"。

（2）羊八井寺庙宇一座共楼房七七八间，又僧房三五七间。山下小庙共十三间。

（3）"附庙又有番民二一七名，专养牛羊，并不纳凉，素在庙内充当乌拉差役。""奶牛委人放牧，按年征收酥油计值五百余金。"

（4）现存青稞麦豆茶油食盐约值二万金。（"庙内现存稞麦豌豆五千余石。"）

（5）"沙玛巴家私僧衣幔帐金银铜铁器皿及妇女首饰等就近变价约值数千金。"（其中尚有"灌顶国师"镀金铜印一颗，送京销毁，据称是"元明故物"。）[1]

当时的驻藏大臣和琳奏称，查抄沙玛尔巴等资产估变银 64 000 余两，各处田庄每年交租银 7100 余两，都赏赐给达赖喇嘛作为军费开支。看来，除了寺院直接管理的"却溪"外，当时的寺院也大量租赁田地，每年收缴出租费。

四、结语

从六世班禅和扎什伦布寺的个案可以看出，传统藏传佛家寺院的主要收入来源于"却溪"，"却溪"不仅仅是指属于寺院的耕地、草原，还包括在田地、草原上耕作的农牧民。寺院规模大小不同，所属的却溪数量也不同。此外，布施也是寺院的主要财源之一。布施应包括香火钱、仪式费用和给僧侣本人的人头布施。布施的归属与管理比较复杂，缺乏相应的研究资料。到了近代，西藏寺院参与经商也很普遍，拉萨三大寺参与经商的记载不少，但扎什伦布寺的具体情况目前还不太清楚。

六世班禅作为扎什伦布寺的寺主活佛，至少名义上，扎什伦布寺的所有寺产都应该归其所有。那么，仲巴呼图克图和沙玛尔巴究竟争夺六世班禅的哪部分遗产呢？从当年福康安给乾隆皇帝的奏书、战后关于西藏善后事宜处理的档案文书和当代大陆内地学者的研究判断，沙玛尔巴要求与仲巴呼图克图分享的应是六世班禅在内地时积累的财富。

藏传佛教活佛转世制度的发明其主要目的就是解决寺院权力和财产的继承与

---

〔1〕 参见王森：《西藏佛教发展史略》，中国社会科学出版社 1987 年版，第 122～123 页。

分配问题。寺院"溪卡"、香火钱、仪式费等都应该算作寺院公共财产，属于历代寺主所有，但不能由寺主任何家庭成员支配。正如西藏民间谚语所言"溪卡各有各的主，共同的主子是藏政府"，土地、草原的支配权归西藏地方政府噶厦所有，而所有权归清朝皇帝，这从对沙玛尔巴财产的处理个案中可以看出。但历史上，清朝直接干预西藏寺院财产处理的个案不多，所以，"却溪"的实际所有权还是掌握在噶厦地方政府的手中。对活佛个人的供养应是私产还是寺院公有，却难以完全分割清晰。尤其是在一些规模庞大的寺院中，活佛都有自己的拉章，专门管理活佛本人的财产和日常事务。

以上讨论的情况只适合于格鲁派、噶举派等藏传佛教教派，由于宁玛派僧侣和活佛可娶妻生子，萨迦派寺主采取血缘家传（父子、叔侄或兄弟），所以，他们所属寺院财产的状况应该又是另外一种个案。

"假活佛"现象的法律分析：
从历史到当代

华热·多杰*

【摘　要】　"假活佛"现象涉及三个不同性质的问题：一是活佛身份真假问题；二是活佛身份的合法性问题；三是利用活佛身份进行违法犯罪活动问题。不同性质的问题，其掌控的主体不同，衡量的标准不同，处理的方法亦不同。

【关键词】　活佛转世　传统仪轨　历史定制　法律分析

前不久，因著名演员张铁林"坐床"事件而引出的"假活佛"现象，引起全社会普遍关注。此问题引发了社会对藏传佛教、政府宗教政策、某些干部个人行为的深刻思考和审问，从某种程度上说明"假活佛"现象已经成为当今中国社会和藏传佛教界极为突出的宗教乱象之一。

活佛制度是藏传佛教特有的制度，也是藏传佛教的标志性特征之一。它是佛教传入藏区后，在本地化的过程中应运而生的一种集法统、财产、管理三大权力传承于一体的身份继承制度。其影响不仅局限于宗教领域，亦涉及社会生活的方方面面，甚至事关国家的政治生活。

活佛制度自确立以来，真假活佛之争一直伴其左右，并且产生过一定的社会影响，但今天的"假活佛"现象，与历史上任何时候比较可谓有过之而无不及。[1]首先，"假活佛"打着"有政治背景"的旗号，无形中影响政府的形象，影响党和国家的宗教政策。其次，"假活佛"打着藏传佛教的旗号，故作高深，

---

*　华热·多杰，法学博士，青海民族大学教授，主要从事民族法治理论及宗教与法治研究。

[1]　噶玛噶举的第一个转世活佛噶玛巴·攘迥多吉确立之初，也曾受到人们的质疑。参见陈庆英、陈立健：《活佛转世及其历史定制》，中国藏学出版社2010年版，第20页。

为敛财大行其道，严重地损害了藏传佛教的声誉。最后，"假活佛"假借宗教之名义，骗色骗钱，损人利己，大干违法勾当，扰乱了正常的社会秩序。其社会影响之广、危害之大，足以说明活佛身份有利可图，管理体制存在漏洞，让人有机可乘。故而仅依靠宗教之力、舆论之力，难以断其源、绝其后，必须借助法律之手，溯本清源，以维护社会正义。

实际上，用法律手段解决假活佛问题并不容易。因为活佛转世制度首先是一个宗教问题，而且有一套约定俗成的宗教规范，即传统仪轨，完全抛开宗教，用世俗观点和手段处置显然不符合其本身的规律，也难以妥善解决由此引发的诸多问题。因此，只有将之置于历史的和现实的、宗教的和世俗的社会文化和政治法律背景下，才有助于问题的系统分析和妥善解决。

一、活佛认定标准的历史演变

根据通说，活佛转世受两大因素制约，一是传统仪轨，二是历史定制。所谓传统仪轨，系指历史上形成的并为藏传佛教各教派、各寺院认同的活佛转世的宗教规则。历史定制也是历史上形成的，中央政府对重要活佛系统进行干预的制度。传统仪轨和历史定制的定义易于理解且能达成共识，但关于传统仪轨和历史定制具体内容，很难达成共识。其实，二者始终处于变化之中。在不同历史时期，二者具有不同的内涵和社会价值。从传统仪轨和历史定制关系的历史演变看，传统仪轨往往受到历史定制的制约。

传统仪轨是在活佛转世制度形成和发展的过程中形成并逐步得到完善的。活佛转世制度是藏传佛教中的噶玛噶举派发展到一定时期后，出于本教派传承和发展的需要而创立的一项制度。

据历史记载和研究证明，噶玛噶举派是塔波拉杰的大弟子都松巴创立的。[1]都松巴于1110年出生在西康者雪，即今四川省甘孜藏族自治州新龙县境内的朱悸下区热达地方。[2]他自幼从父母学佛法，1125年随阿黎恰僧格扎出家，取名却吉扎巴。1128年动身前往西藏，次年到堆龙德庆之嘉玛夺，拜噶当派桑浦寺系统的著名善知识锯玛哇和恰巴·曲结僧格为师，学习中观、因明和慈氏诸大论，

─────────

〔1〕 参见廓诺·迅鲁伯著，郭和卿译：《青史》，西藏人民出版社1985年版；达察·次旺杰：《洛绒史籍》，西藏藏文古籍出版社1994年版，第228~234页；陈庆英、陈立健：《活佛转世及其历史定制》，中国藏学出版社2010年版，第20页；中国藏学研究中心西藏文化博物馆："藏传佛教的活佛转世"，载《中国藏学》2013年第S1期。

〔2〕 噶举派的创始人是米拉热巴、中间经过了玛尔巴、塔波拉杰。

在显教方面打下了坚实的基础。起初，作为噶当派的僧人，在噶当派中受了比丘戒。堆松钦巴30岁（1139年）时来到塔拉岗布寺，与塔波拉杰叔侄相见，拜塔波拉杰为师，从此改学噶举派教法，成为塔波噶举派的僧人。其在38岁（1147年）时，曾到康区的类乌齐，即今天西藏自治区昌都地区，并在该地附近的噶玛地方建噶玛丹萨寺，噶玛噶举派的名称由此而来。1187年，他在堆龙建立噶玛噶举的祖寺，即楚布寺，并住持此寺，直到1193年在楚布寺去世。[1]

在噶玛拔喜之前，噶玛噶举派的传承，一直沿用早先形成的父子或师徒继承制度。考虑到师徒传承所暴露出来的一些问题和噶玛噶举传承面临的众多挑战，噶玛拔希圆寂前，对西藏各教派的形势和噶玛噶举派未来发展作了深入的思考，创立了新的传承办法，即通过特殊的选拔制度，解决领袖人物的传承，以保证该派香火的延续。他委任弟子邬坚巴仁钦贝（1230～1309年）作楚布寺的住持，并令其寻找自己的转世。1288年，邬坚巴仁钦贝通过走访、辨识前世遗物等方式，确定今西藏吉隆县一位陶匠的儿子攘迥多吉为噶玛拔希的转世灵童，使之成为藏传佛教历史上第一位转世活佛。[2]攘迥多吉是该派通过灵魂转世的佛学原理及宗教仪轨确认的第一位转世活佛。之后，对该派发展做过重大贡献的都松钦巴和噶玛拔希，分别被追认为该活佛系统的第一世和第二世转世活佛，攘迥多吉成为第三世。活佛系统之追认习俗由此产生，并延及其他教派。

由此可见，活佛转世的传统仪轨初成于噶玛拔喜的转世灵童——攘迥多吉的寻访和认定过程中，其基本环节是走访、攀谈、辨认遗物和查验孩童灵性等。活佛认证的传统仪轨，随着活佛转世制度的出现而形成后，经过两个多世纪的运用，到15世纪在黄教达赖喇嘛活佛系统的传承过程中得到完善。

根据历史记载，格鲁派形成于15世纪初。1409年，噶丹寺的创立标志着该派的正式形成。[3]该派从15世纪采取活佛转世制度以来，成为藏传佛教转世活佛系统最多的教派。其中，达赖喇嘛转世系统是格鲁派建立的第一个活佛转世系

---

〔1〕 参见王森：《西藏佛教发展史略》，中国社会科学出版社1987年版，第117～118页；廓诺·迅鲁伯著，郭和卿译：《青史》，西藏人民出版社1985年版，第310～314页；达察·次旺杰：《洛绒史籍》，西藏藏文古籍出版社1994年版，第228～234页；陈庆英、陈立健：《活佛转世及其历史定制》，中国藏学出版社2010年版，第20页。

〔2〕 参见中国藏学研究中心西藏文化博物馆："藏传佛教的活佛转世"，载《中国藏学》2013年第S1期。

〔3〕 参见唐景福：《藏传佛教格鲁派史略》，甘肃人民出版社2006年版，第1页。

统。1474 年扎什伦布寺的创建者根敦珠巴（1391～1474 年）圆寂后开始采用活佛转世。根敦珠巴圆寂后，为了保持其法脉不断，受噶玛噶举派活佛转世制度的影响，1484 年扎什伦布寺派人对达那地方出生的一位灵异幼童进行查验后将其迎请到寺内。时任该寺住持的隆日嘉措（1418～？）为其剃度、受戒，并用根敦珠巴名字的前半部分和自己名字的后半部分为幼童起名为根敦嘉措（1475～1542年）。可以说，根敦珠巴是黄教中的第一位转世活佛。1542 年根敦嘉措圆寂后，格鲁派开始寻找他的转世。1545 年，时任哲蚌寺住持班钦索南扎巴（1478～1554 年）对今西藏堆龙德庆县出生的一名灵异幼童进行查验后，报请西藏地方政府同意，于 1547 年将其迎至哲蚌寺的甘丹颇章坐床。钦索南扎巴为灵童受戒，取法名索南嘉措（1543～1588 年）。这是达赖喇嘛活佛转世中第一次经过寻访、认定、坐床等宗教仪轨认定的活佛。[1] 从此，以寻访、认定、坐床为活佛身份认证的主要仪轨被固定下来，并与在此过程中形成的历史定制共同成为活佛转世的传统制度。

活佛转世的历史定制，即政府对活佛转世的干预制度，也是在宗教仪轨形成的过程中出现并逐步固定下来的。可以说，经历了事后介入、事前介入和全面干预三个阶段，每一种介入方式的意义不尽相同。

（一）事后介入的形成

事后介入系指某一活佛的转世灵童按宗教仪轨被认定后，又得到地方或中央政府奖赏和封赐的做法。这种干预方法几乎与藏传佛教活佛转世制度是同时出现的。譬如，噶玛噶举派的第一个转世活佛，即噶玛巴·攘迥多吉，在其学成出名后，被迎请到大都，为元宁宗灌顶，元顺帝曾封授他为"晓悟一切空性噶玛巴"，还在大都建造噶玛噶举掌管的寺院。第五世活佛是得银协巴，曾朝见明永乐帝，获得大宝法王封号，这也是黑帽系与八思巴帝师同获此尊贵封号的开端。达赖喇嘛转世系统的名号也始于俺答汗对索南嘉措的封赐。班禅、章嘉等系统也不例外。

事后介入方式对政教双方都具有一定的政治和社会意义。对于宗教集团来说，利用同地方政府和中央政府建立关系的方式，可以确保和发展本集团的利益。譬如，噶玛巴·攘迥多吉得到元朝册封后，其教派实力得到巩固和发展，达

---

〔1〕 参见中国藏学研究中心西藏文化博物馆："藏传佛教的活佛转世"，载《中国藏学》2013 年第 S1 期。

赖和班禅等名号的确立，也为黄教的发展起到了促进作用。对于政府来说，通过册封方式，与藏传佛教各教派、各地方势力建立了密切关系，使之成为影响和控制地方的一种手段。但这种事后介入法并未成为活佛转世的必经程序，也就是说活佛转世依旧按照其原有的仪轨在进行。同时，这种事后介入法也未成为确定活佛身份合法性的必备条件。

（二）事前介入制度的创立

活佛转世制度发展到清朝时，出现了用弄虚作假等非常手段认证活佛的情况。清朝政府为了防止弄虚作假，规范活佛转世制度，1791 年福康安遵照乾隆帝的旨意，与达赖和班禅两方面的重要僧俗官员，共同研究，议定了《二十九条钦定章程》，并得到了乾隆帝的批准。依此章程，先后分别在西藏和北京设立了针对藏蒙地区活佛转世的金瓶掣签制度。该制度规定：

> "关于寻找活佛及呼图克图的灵童问题，依照藏人例俗，确认灵童，必问卜于四大护法，这样就难免发生弊端。大皇帝为求黄教得到兴隆，特赐一金瓶，今后遇到寻认灵童时，邀集四大护法，将灵童的名字及出生年月，用满汉藏三种文字写于签牌上，放进瓶内，选派真正有学问的活佛、祈祷七日，然后由各呼图克图和驻藏大臣在大昭寺释迦佛像前正式认定。假若找到的灵童仅只一名，亦须将一个有灵童名字的签牌，和一个没有名字的签牌，共同放进瓶内，假若抽出没有名字的签牌，就不能认定已寻得的儿童，而要另外寻找。达赖和班禅额尔德尼像父子一样，认定他们的灵童时，亦须将他们的名字用满、汉、藏三种文字写在签牌上，同样进行，这些都是大皇帝为了黄教的兴隆，和不使护法弄假作弊。这个金瓶常放在宗喀巴佛像前，需要保护净洁，并进行供养"。[1]

这项制度的意义，表面上看来，只是为了防止弄虚作假现象，实际上中央政府借此为活佛转世设置了一项制度，即重要活佛系统必须经过金瓶掣签程序或者经过免予掣签审批才能得到政府确认。对于重要活佛系统来说，这项制度的确立不仅成为活佛转世的一个形式要件，而且也成为著名活佛系统转世活佛合法性的

〔1〕 引自《二十九条钦定章程》第 2 条，参见王辅仁、索文清编著：《藏族史要》，四川民族出版社 1981 年版，第 248～258 页。

·203·

一个衡量标准。这里所说的合法性是指某一转世活佛是否得到国家认可的问题。

（三）全面干预

历史上，中央政府对活佛转世的管理，经过了一个从相对宽松到逐步严格的过程。1927 年南京国民政府成立以后，加强了对喇嘛教，即藏传佛教的管理，相继颁布了一系列宗教管理法规。譬如《管理喇嘛寺庙条例》（1935 年）、《喇嘛转世办法》（1936 年 2 月）、《喇嘛登记办法》》（1936 年 2 月）、《喇嘛任用办法》（1936 年 2 月）、《喇嘛奖惩办法》（1936 年 2 月）等。[1] 其中，1936 年 2 月 19 日会令公布、1938 年 9 月 24 日修订的《喇嘛转世办法》是专门针对活佛转世而颁布的法规。该办法对喇嘛转世范围、转世掣签办法、转世灵童的寻认、转世喇嘛印信的使用等作了专门规定。其内容大致如下：

1. 转世喇嘛的世系范围

民国时期，对于转世喇嘛世系的确认基本上采用了概括式的方式。《喇嘛转世办法》规定，达赖喇嘛、班禅额尔德尼、哲布尊丹巴呼图克图，以及各处历史上就允许转世的呼图克图、诺门罕、班第达、堪布、绰尔济、呼毕勒罕喇嘛在圆寂以后，均准予寻认呼毕勒罕。历史上不转世的普通喇嘛圆寂以后，不准寻认呼毕勒罕。

2. 转世灵童的掣签

民国的《喇嘛转世办法》规定金瓶掣签的仪式，按照历史定制进行。

3. 转世灵童的认定

按照上述掣签程序，中签的一人即为某某喇嘛的呼毕勒罕，由掣签人员报请蒙藏委员会查核并备案。同时通知转世喇嘛所在地的行政长官转告灵童及家属。

4. 呼毕勒罕候选人的条件

为了公平起见，防止在呼毕勒罕寻访过程中舞弊，《喇嘛转世办法》规定，凡是呼毕勒罕候选人，禁止在达赖喇嘛、班禅额尔德尼、哲布尊丹巴呼图克图的亲族中及蒙古各盟旗现任长官的家属内寻认，如果是指认青海察罕诺门罕的呼毕勒罕候选人，应当在其属下人中众人共同认可的人当中指认，不受前文规定的限制。

5. 前辈转世喇嘛的印信管理

达赖喇嘛、班禅额尔德尼、哲布尊丹巴呼图克图圆寂时，其印信由所在地方

---

〔1〕 参见谭春鑫："清朝、民国中央政府对西藏宗教管理立法研究"，中央民族大学 2009 年硕士学位论文。

长官报告蒙藏委员会派员护理。待中央特派大员会同地方长官照料转世灵童坐床之日，将前任喇嘛印信移授给继任喇嘛。如果呼图克图喇嘛有封号的，圆寂时，其印信交由该呼图克图喇嘛的商卓特巴在本庙内敬谨尊藏；如果没有商卓特巴的，则交由该呼图克图喇嘛徒众中的达喇嘛在本庙内敬谨尊藏，待其转世裁撤呼毕勒罕名号之日，由所在地方最高行政机关报告蒙藏委员会，移授印信给继任喇嘛。[1]

通过上述规定，不难发现，民国政府对活佛转世的管理，比清朝严格了许多。从其价值取向看，掣签仪轨强调遵从历史定制；对传统仪轨的某些内容有所修订和限制，譬如禁止在达赖喇嘛、班禅额尔德尼、哲布尊丹巴呼图克图的亲族中及蒙古各盟旗现任长官的家属内寻认，其目的在于公平和防止结党营私。

中华人民共和国成立后，随着藏区民主改革和宗教改革的实行，包括宗教事务在内的西藏事务完全被中央包揽下来。尤其是1978年以后，政府加大了对活佛转世的依法管理。2004年制定了《宗教事务条例》。2007年颁布了《藏传佛教活佛转世管理办法》（以下简称《办法》）。通过立法确立了活佛不论大小都必须履行事前申请、审批，事后颁文确认的较为严格的管理体制，活佛的管理进入了一个新的历史时期。[2]

通过上面的分析，不难发现，藏传佛教的传统仪轨和历史定制，在起源上虽有先后和各自的特点及独立性，但从发展情况看，二者的关系一直处在变动当中，大致上经历了一个由分而合的过程。在这一过程中，事后介入阶段，活佛身份的认定，完全根据传统仪轨而定；政府的封赏即不具有真假识别的意义，也不具有确认活佛身份合法性的意义。它是拉近中央与地方政治、经济和宗教关系的一种手段而已，充其量只是一种政治手段，尚未上升到法律层面。进入事前介入阶段后，政府对活佛转世的控制加强了。重要活佛系统转世的传统仪轨中，加进了政府因素，即对于重要活佛系统的转世而言，金瓶掣签不仅成为识别真假活佛的一道门槛，而且它与封赐名号等政府行为一并成为衡量活佛身份合法性的一个标准。这里需要特别强调的是它只对重要活佛系统而言，对于大多数的活佛转世

---

〔1〕 参见镡春鑫："清朝、民国中央政府对西藏宗教管理立法研究"，中央民族大学2009年硕士学位论文。

〔2〕 本文论述的重点是传统仪轨、历史定制及其流变，至于目前宗教管理的价值取向是否合理、科学，不是本文讨论的重点。

系统而言，活佛身份的认定依然是传统仪轨，历史定制在这些活佛系统的管理中并未产生实际意义。只有到了当代，活佛转世活动被完全纳入政府的控制之下，活佛系统无论影响大小，都要经过政府的事前审批，事后批准。只是在金瓶掣签的问题上，继续沿用历史定制，大活佛的转世要经过掣签，免于掣签的，要经过批准。如此一来，活佛身份的认定，受到两大因素的制约，如果不履行事前审批手续，无法进入按宗教仪轨寻访、认证程序；如果不按宗教仪轨寻访、认证也产生不了灵童。在《办法》中，传统仪轨、历史定制以及新规定三者完全融为一体，成为一个全新的活佛转世管理体制。真假活佛的认定，既离不开传统仪轨，也离不开法律规定。

二、活佛认定的当代制度架构

在历史上，传统仪轨和历史定制在活佛认定过程中的意义不尽相同。早期，真假活佛的认定只需传统仪轨，清代设立金瓶掣签制度后，重要活佛系统的认定加上了政府因素，一般活佛的认定依旧沿用历史传统。到了当代，活佛无论大小都要经过传统仪轨和法定程序；重要活佛的认证，还要经过历史定制。因此，传统仪轨、历史定制和法定程序，在其中的意义和作用发生了较大变化。

（一）活佛认证中传统仪轨的继承和修订

如前所述，活佛转世的传统仪轨形成于噶玛噶举派的第一位转世活佛——噶玛巴攘迥多吉的认证，完善于黄教达赖喇嘛转世系统三世活佛索南嘉措的认证。那么，什么是活佛转世的传统仪轨呢？学界对此虽然经过了长期的研究，但尚未达成共识。原因在于这一制度的内涵始终处在变动当中。目前，较为一致的看法是：活佛转世的传统仪轨分为寻访、认定和坐床三个基本环节。[1]笔者也曾亲历青海省大通县所属广惠寺敏珠儿活佛灵童的寻访、认定过程。因此，有一些体验和观感。我认为，活佛的认定就其本质而言，是宗教团体的一项宗教活动，属于宗教事务范畴。在金瓶掣签制度产生之前，是活佛身份认定的唯一标准。

严格意义上说，要成为一个名副其实的活佛，必须经过认证和培养两个环

---

〔1〕 参见中国藏学研究中心西藏文化博物馆："藏传佛教的活佛转世"，载《中国藏学》2013 年第 S1 期；星全成："藏传佛教活佛转世制度研究"，载《青海民族学院学报》1998 年第 1 期。

节，而且这两个环节从一开始就紧密相连。[1]认证是基础，培养是过程。目前，通常所说的传统仪轨倾向于认证仪轨，而对培养仪轨关注不够。可以这样认为，认证仪轨解决的是活佛的身份问题，培养仪轨解决的则是活佛的德、能、行等问题。因此，形式意义上的活佛，只有经过传统仪轨中筛选、寻访、坐床等认证的全过程，才能获得活佛身份。一般来说，这与活佛是否拥有相应的佛学知识和修行经历没有直接的关系。因此，本文着重讨论认证仪轨。

关于活佛转世的传统仪轨，尽管各界的认识、表述不尽相同，但对核心问题的认识基本一致。可以分为两个方面：一是活佛转世的实质要件，二是活佛转世的程序。关于实质要件，可以归纳为以下两点：

第一，要有相应的转世系统。目前，大部分活佛系统都是历史上形成的，都经过了一个从无到有的过程。历史上，新活佛系统的确立有严格的条件，一是看生前对宗教和信徒的贡献大小，二是视信徒和寺院的实际需要。在历史发展过程中，有些活佛系统因种种原因而中断，目前，也有巧立名目而私设新的活佛系统的情况，由此而引发出"假活佛"问题。

第二，当地信徒和寺院有转世需求。活佛是寺院的支柱，信仰的对象，精神的象征。活佛转世，不仅使藏传佛教的教育、经典、独特的修持方法得到传承，同时也使宗教的财产、制度以及民族文化得到传承。因此信徒和寺院视活佛为信仰的根本，寻访活佛、培养活佛、利用活佛发展寺院成为一种传统。按照这一传统，只要条件具备，僧俗双方就会协商寻访已经圆寂的活佛的转世灵童。如果寺院和信徒有这个要求，就会写申请报告。申请报告就是有无转世要求的标志。目前，大小活佛都要履行这一手续，政府视情况批准。因此，是否获得批准成为寻访活佛的条件之一。这是活佛转世严格化的表现。

---

[1] 对此，陈庆英先生在其所著《活佛转世及其历史定制》一书中有较为系统的论述："攘迥多吉7岁时跟从绰浦哇贡丹喜饶出家并受沙弥戒，按他的前一辈噶玛拔格的密宗名字中含有的'多吉'一词起名为壤迥多占。18岁时（1302年）又从堪布宣努绛曲、根敦仁钦等人受比丘戒，并听受戒律。作为首位转世活佛，攘迥多吉像普通僧人一样举行家和参加僧团的仪式，即按照佛教戒律的要求拜师，请有资格传授戒律的活佛授沙弥戒和比丘戒，成为一名正式的比丘。"这对后来的转世活佛也是一个例规，它表明从活佛转世一出现，活佛转世的理论和住持者就认为经过投胎转生的转世灵童虽然继承了前辈的功德和学识，但是从儿童开始又要经历一个新的人生，因此要成为一个寺院和教派的领袖人物，也就必须履行出家受戒的手续，取得佛教僧人的比丘资格。这样又将转世活佛暂时地从形式上拉回到普通僧人的行列，使得转世活佛可以兼顾其佛菩萨转世和普通出家僧人的双重身份。参见陈庆英、陈立健：《活佛转世及其历史定制》，中国藏学出版社2010年版，第20页。

按照传统仪轨，活佛转世的程序比较繁琐，而且因地、因寺、因人而异。一般程序归纳为寻访、认定和坐床三个环节。具体而言，可以分解为以下五个环节：

第一，由活佛拉章向寺院提出寻访灵童的请求，再由寺院商议确定是否寻找。如果一致同意寻找，确定负责人员、寻找方式、费用负担等事项后，进入下道程序。寻访负责人一般由寺主委托有能力的活佛或经验丰富的僧人担任；寻访方式分为由本寺自行寻找或委托其他寺院的知名活佛寻找两种；寻访寺主的费用，一般由寺院承担，一般活佛由活佛拉章承担，寺院给予必要的帮助。

第二，在寻访负责人的主持下委托本寺或其他寺院的著名活佛通过举行相应的宗教仪式，确定被寻访转世灵童的年龄、所在的方位、家庭情况等因素。这里所述的宗教仪式，包括托梦、降神、卜卦、观湖等，主要目的是借此确定候选人所在方位、地区、年龄以及家庭情况等。

第三，派人赴指定区域寻访、登记候选人信息。寻访负责人派人去指定区域按测定的条件寻访、登记候选人相关信息。这些信息包括年龄、属相、父母情况、家庭背景以及有无特别灵性征兆等。

第四，将候选人名录交给受委托活佛和寺院，通过宗教仪式初步缩小候选人范围，最终在三个候选人中，通过举行较为严肃隆重的宗教仪式确定其中之一为灵童。

第五，剃度、取名、坐床。转世灵童被选定后，还要经过向其父母索要、迎请、剃度出家、取名、坐床等重要仪式，最后才能继承上辈活佛的名号。

以上五个环节是活佛转世传统仪轨的一般程序。除了个别活佛系统外，大部分活佛都要经过以上五道程序，才能算是完成了认证的全过程。在登上活佛法座后，其才能依次接受相应的戒守，并依序进入相应的学习次第，通过学习逐步成为一个名副其实的活佛。

在金瓶掣签制度确立之前，根据传统仪轨总结的上述五道程序，应该是活佛认定的基本条件和一般程序，也是真假活佛的识别标准。

（二）活佛身份合法性的认定标准

在"假活佛"问题中，真假活佛的识别，起初与政府行为并无关系，与国家法律的关系更不沾边。但是值得注意的是活佛制度的发展却与政教关系的历史演变关系密切。可以说，不少教派和活佛系统的发展与历朝历代政府的支持分不开。其中，就有政府对重要活佛系统的封赏。

如前所述，中央政府对活佛转世制度的干预经过了三个过程。其中，事后介入阶段并未动摇传统仪轨的性质。那时，活佛身份的认定，与政府没有任何关系。传统仪轨是活佛身份认定的唯一标准。政府对活佛的封赏行为，往往发生在相应活佛具有较高宗教名望和社会影响的情况下。政府的封赏行为具有团结、利用的意义，是一种政治手段，尚未上升到法律的层面。因而，在这个阶段上，传统仪轨是活佛转世制度的全部。所谓历史定制，起源于金瓶掣签制度。这一制度的确立，在一定意义上，改变了传统仪轨的内涵。原先不需要政府的任何积极行为，活佛就可以完成从创立、传承的全过程。金瓶掣签制度设立后，至少对于像噶玛巴、达赖、班禅、章嘉等呼图克图级别的活佛来说，只有履行了掣签或免予掣签的审批手续后，才能正式成为该活佛系统的继承人。这样一来，对于这部分活佛系统来说，单凭传统仪轨而成为中央政府认可的某一活佛系统的继承人，就成为不可能。因此，金瓶掣签制度即使没有从根本上改变传统仪轨，也使部分活佛系统的转世与政府的认同挂起钩来，未经过政府的认同要得到法律的保护成为不可能。当然，对于一般活佛而言，传统仪轨既是活佛认定的标准，也是活佛身份合法化的途径。

我国于2004年制定了《宗教事务管理条例》，2007年制定了《藏传佛教活佛转世管理办法》（以下简称《办法》），从而使活佛转世活动有了可依之法。该《办法》虽然规定"活佛转世尊重藏传佛教宗教仪轨和历史定制"，但从具体规定来看其彻底改变了活佛转世的历史传统，即传统宗教仪轨和历史定制，确立了新的活佛转世管理体制。在传统制度中，历史定制的意义打上了时代的烙印，不同时期具有不同的意义。金瓶掣签制度确立后，对重要活佛系统的转世认证程序作了某种意义的修改和限定，使之成为这部分活佛取得合法身份的必要条件。《办法》确立了政府对活佛转世活动进行全面干预的原则。这里所说的"全面干预"，包括活佛系统无论大小，都得遵守事前审批、事后批准的严格管理体制。至于对重要活佛系统是否适用金瓶掣签制度，则沿用历史定制。即对于重要活佛系统，一般要经过金瓶掣签，不需要履行该程序的，则要履行免于掣签的审批手续。

由此可见，在新的活佛转世管理体制之下，传统仪轨只适用于获得批准的那部分活佛，若没有获得政府审批，就无法启动传统仪轨，更不可能有事后批准。即使如此，民间依然可以私自寻访、认证活佛，甚至仍然可以获得部分人的认同，但无论如何得不到政府的认同故而难以用合法身份开展活动。相反，政府主导下认证的活佛，如果没有严格按照传统仪轨进行，即便得到政府认同可以用合法身份开展正常活动，但也有可能得不到信徒的认同。由此看来，即使在现行管理体制下，还是有可能出现制度与实际相脱节的情况。宗教界依然可以我行我素，完全按照传统仪轨认证活佛，不在乎政府认同。对于这类情况，从政府的视角分析，既然没有经过事前审批、依法启动传统仪轨和事后批准，那么由此获得的活佛身份，既是虚假的，也是非法的。从民间角度分析，只要履行了历史上形成的传统仪轨，虽然未得到政府的认同，但其身份仍然是真的，还有可能获得部分人的承认。基于官方和民间对传统仪轨的修订和不同认识而产生的上述问题，将如何进行协调和达成共识，依然是需要进一步面对的问题。

（三）利用活佛身份违法犯罪问题

利用活佛身份违法犯罪是由"真假活佛"、活佛身份的合法性等问题引发的另一个现实问题。从法律意义上说，活佛是指既履行了法律手续，也经过传统仪轨的认证程序而得到了政府认同的那部分人，可实际情况比这复杂得多。

1978年之前的活佛，大都经过了传统仪轨和历史定制的严格筛选，身份真假和合法性都不存在问题。那些最后跑到我国台湾地区和其他国家去的活佛，虽然得不到现行法律的认同，但他们的身份是不会遭到怀疑的，只是涉及合法性问题。这当中，经过"文化大革命"，有些活佛还了俗、娶妻生子了，按照传统仪轨，其身份问题也应该给予承认；有些仍然与各自寺院保持着或紧或松的关系，其身份的合法性也不应遭到质疑，因为这是历史遗留问题。目前突出的问题是新生代活佛中的情况较为复杂，真假活佛问题、活佛身份的合法性问题，以及利用活佛身份违法犯罪的问题都出在其中。

这类活佛的具体情况可分为三类：

第一类是履行了法定审批手续、经过了传统仪轨和历史定制的考验，取得了活佛身份，其真实性、合法性毋庸置疑，就看其日常活动有无犯戒违规、违法犯罪问题。被认证为活佛的人，首先是一个普通的公民。作为普通公民，也有可能触犯法律，出现承担法律责任的情况。但就常识而言，一个真正的活佛，要经过严格的筛选、培养，以及塑造其宗教人格和慈悲心的过程。加之，佛教戒律和寺规比国家法律更加严格，因而按照藏传佛教仪轨筛选和培养出来的活佛，违法犯罪的现象并不多见。可以说，一个经过严格程序培养出来的活佛违法犯罪的概率极小。

第二类是指那些未按传统宗教仪轨，经过严格筛选和培养而自封为活佛的人。自封行为中有两种情况：一种是藏传佛教寺院中一些学有所成的僧人，包括知识达到堪布级别的僧人，自恃才高而私自以活佛名义讲经传法，扬名牟利的行为。这类行为一般触犯法律的可能性不大。另一种是原本不是僧人，自封某活佛系统的转世后出家为僧的人。在戒律较为严格的黄教中，这类自封行为较少；而在一些可以娶妻生子的教派中，这种现象较为突出。因为这种自封行为，本人即使穿上僧衣，依然可以过常人的生活。这种行为的危害性不言而喻。目前，来自藏族中大部分"假活佛"都属于这类情况。

第三类是非出家之人，假借活佛名号，从事招摇撞骗、违法犯罪活动的行为。这类人的特点，一是身份的虚假性。即未按照传统宗教仪轨，通过活佛身份的认证过程而自封为活佛，并以活佛名号讲经佛法，收徒传法。这种行为的社会危害性很大，它直接危及宗教秩序。二是目的的自利性。冒充虚假身份的目的，就是为了谋私利。这里所说的私利，一般表现为谋财、骗色、谋名，即能够得到原身份不可能得到的利益。三是行为的欺骗性、违法性。四是危害后果的严重性。

从上面的分析中不难得出结论，利用活佛名义活动的行为，其性质不尽相同。活佛违法犯罪和利用活佛身份违法犯罪是两个不同性质的问题。一般来说，经过传统仪轨、历史定制和现行法律规定而成为活佛，要经过严格的培养过程。通过佛教人格塑造、修行、知识、戒律和寺规学习，加之戒律和寺规比国法更加严格，通过传统仪轨认证和培养出来的活佛违法犯罪的概率小得多。与此不同，不具备活佛身份而利用活佛身份从事社会活动的人中，宗教身份人员违法犯罪的不多，非宗教身份人员违法犯罪现象则较为突出。

三、"假活佛"问题的法律规制

如前所述，"假活佛"现象表面上看来是一个真假问题，实际上，其涉及活佛身份真假、活佛身份的合法性，以及利用活佛身份违法犯罪三类性质不同的问题。不同性质的问题，其掌控的主体不同，衡量的标准不同，处理的方法亦应有所不同。

(一)"假活佛"问题的性质

无论假活佛问题产生的社会原因多么复杂和不同，无论利用活佛身份从事社会活动的人的身份是否具备宗教身份，无论其所从事的社会活动的性质是宗教的还是非宗教的，无论假活佛现象的表现形式有何不同，"假活佛"的本质是没有满足相应实质要件和程序要件，而私自冒用或盗用活佛身份从事某种社会行为。

评价真假活佛的标准是传统仪轨、历史定制和现行法律规定。根据《藏传佛教活佛转世办法》（以下简称《办法》）第 7 条的规定，活佛的认定属于传统仪轨的范畴。

第一，要满足实质要件。该《办法》第 3 条和第 4 条分别规定："活佛转世应当具备下列条件：①当地多数信教群众和寺庙管理组织要求转世；②转世系统真实并传承至今；③申请活佛转世的寺庙，系拟转世活佛僧籍所在寺，并为依法登记的藏传佛教活动场所，且具备培养和供养转世活佛的能力。""申请转世活佛有下列情形之一的，不得转世：①藏传佛教教义规定不得转世的；②设区的市级以上人民政府明令不得转世的。"

第二，要成立专门的指导小组和寻访小组，并在指导小组指导和组织下开展寻访、认定和坐床等活动。该《办法》第 7 条规定，"活佛转世申请获得批准后，根据活佛影响大小，由相应的佛教协会成立转世指导小组；由拟转世活佛僧籍所在寺庙管理组织或者相应的佛教协会组建转世灵童寻访小组，在指导小组的指导下实施寻访事宜"。

第三，认定权掌握在省、自治区佛教协会或者中国佛教协会的手中。该《办法》第 7 条第 2 款和第 3 款分别规定："转世灵童由省、自治区佛教协会或者中国佛教协会根据宗教仪轨和历史定制认定；任何团体或者个人不得擅自开展有关活佛转世灵童的寻访及认定活动。"

通过以上主要问题和环节的分析，不难发现，现行法律对传统仪轨作了很多修正。在该《办法》中，所谓传统仪轨仅指确定灵童所在方位、属相、年龄段、寻访程序、内容和候选人筛选的宗教仪式和筛选方法上。其他历史上属于传统仪轨范畴的问题，譬如寻访者的身份等都纳入了法律的范畴。

在此体制下，仅仅用传统仪轨认定活佛，即用传统仪轨已无法解决活佛的真假问题。"假活佛"问题，只有纳入传统仪轨、历史定制和现行法律规定的框架内才会找到相应的解决途径。

（二）活佛身份合法性问题及其规制

按照历史传统，活佛身份的合法性问题是随着金瓶掣签制度的确立而出现的一个问题。在当时，活佛身份的合法性只存在于必须要经过金瓶掣签或批准免于掣签的那部分"国控"活佛身上，一般活佛不存在此问题。在《办法》中，原来用于确定真假活佛身份的传统仪轨开始失灵，只有借助"三合一"（即传统仪轨、历史定制和法律规定）才能实现活佛身份的认定。活佛身份合法性的认定标准更加严格起来。其必须符合以下条件和履行相应程序：

第一，由寺院提出转世申请；

第二，必须经过宗教事务管理部门根据实质要件事前审批程序；

第三，依法组建寻访指导小组和寻访小组；

第四，按传统仪轨寻访、筛选；

第五，结合历史定制由佛协加以认定；

第六，报请有关部门批准后，方可举行剃度出家、命名、坐床等宗教仪式。

只有全面具备实质要件，并履行了法定程序、传统仪轨和历史定制的情况下认证出来的活佛，才算是合法活佛，才能以活佛名义开展正常宗教活动。凡是未经过"三合一"条件和程序的人，以活佛名义开展活动都是非法的，并根据其所触犯法律的性质、社会危害性等要受到法律惩处，承担相应的法律责任。

（三）利用活佛身份违法犯罪的，视具体情况，分别承担法律责任

凡是未履行"三合一"法定程序而以活佛名义活动的人，无论其是否具有宗教身份，只要触犯相关法律，造成损害结果的，都要承担相应责任。根据行为所触发的社会规则的性质，这类行为可分为以下三类：

1. 犯戒违规行为

没有活佛身份，而以活佛名义活动的出家人，触犯了佛教戒规。利用不该利用之身份，这是佛教戒律所不允许的。明知故犯，更不应该。因为按照佛教理论，活佛身份的取得，虽然知识和能力很重要，但还要经过严格的筛选制度。拥有知识，并不当然取得活佛身份。

2. 违法行为

具有活佛身份，从事违法活动，造成一定危害结果的，根据所触犯法律的性质，承担民事、行政等法律责任；没有活佛身份而以活佛名义活动的，触犯有关法律的，根据其行为方式、危害结果和所触犯法律的性质，承担相应民事、行政等法律责任。

3. 犯罪行为

以活佛名义开展违法犯罪活动，其行为触犯刑法、构成犯罪，需要追究刑事责任的，要依法追究其刑事责任。譬如，以活佛身份骗人钱财，构成诈骗罪的，按诈骗罪追究法律责任；以活佛身份，违背妇女意志，强奸妇女，构成犯罪需要追究刑事责任的，按强奸罪追究刑事责任。这里需要指出的是有活佛身份的人犯罪的人和没有活佛身份的人假冒活佛身份犯罪的人，在处置上有所不同。有活佛

身份的人犯罪，依其所犯罪行追究责任，假冒活佛身份犯罪的人犯罪，不仅要追究相应的法律责任，还有可能因为其利用特殊身份而构成其他犯罪或作为从重或加重处罚的量刑情节之一对待。

综上所述，所谓"假活佛"现象实质上是一个复杂的法律问题，应该根据行为的性质，危害结果，所触犯的法律，由不同的部门进行处理。近期上线的"藏传佛教活佛查询系统"不失为管控"假活佛"现象的一项行之有效的行政措施。但要彻底解决这类宗教乱象，还得从完善宗教行业规范，加强行业自律、自治能力入手。

藏传佛教寺庙法人制度建设研究

沈桂萍[*]　　　李德成^{**}

【摘　要】　宗教法人制度建设应以保护信教公民合法权益、培养社会组织自主管理能力、规范宗教与社会关系健康发展为宗旨。在当下国家治理体系法治化语境中，宗教法人登记与宗教财产法律权属问题成为宗教治理的焦点问题。藏传佛教寺庙的权属和法人制度建设成为题中应有之义。

【关键词】　藏传佛教　寺庙法人　制度建设

我国《宪法》第 36 条赋予公民宗教信仰自由。公民表达宗教信仰，主要通过宗教组织如宗教团体、宗教活动场所活动来实现。法人制度是现代法治国家规范社会组织民事关系的基本制度，建设宗教法人制度，意在对宗教团体、宗教活动场所组建、登记、运行进行法律规范和监管。这些法律规范和监管，"不仅是宗教组织参与民事活动、进入市民社会的前提条件，更是国家将宗教组织纳入公私法制轨道的必由之路"，对保证公民宗教信仰自由，理顺宗教组织社会关系十分重要，是宗教治理法治化的重要议题。[1]

中国官方对宗教法人制度建设的实践探索：

自 1982 年中共中央颁布 19 号文件恢复宗教信仰自由政策开始，国家就在法律和政策层面努力探索一条既能确保公民宗教信仰自由，又能维护宗教秩序、宗教与社会关系健康和谐的政策法规体系，其中宗教组织包括宗教团体和宗教活动

---

　　* 沈桂萍，女，民族学博士，中央社会主义学院统战理论教研部副主任、教授、博士生导师，主要从事政治学视野中的民族问题和宗教问题研究。

　　** 李德成，男，民族学博士，中国藏学研究中心科研业务办公室主任，主要从事藏族历史和宗教问题研究。

　　〔1〕 参见仲崇玉："宗教法人制度的基本问题研究"（内部稿）。

场所的法人化建设就是其中一项重要内容。

1986 年全国人大审议通过《中华人民共和国民法通则》确定了法人制度，第 37 条规定，法人应当具备下列条件：依法成立；有必要的财产或者经费；有自己的名称、组织机构和场所；能够独立承担民事责任。根据法人制度要求，1989 年国务院颁布《社会团体登记管理条例》，随后法人制度逐渐在企业、机关、事业单位和社会团体中推行。宗教团体作为社会团体的法人化建设随即开始。1991 年民政部与国务院宗教事务局联合颁布了《宗教社会团体登记管理实施办法》，根据这一规定，各大宗教团体相继进行了法人登记工作。1998 年，国务院又颁布了修订后的《社会团体登记管理条例》，强调"归口登记—双重负责—分级管理"原则，其中"有关业务主管部门和登记管理机关应当对经核准登记的社会团体负责日常管理"的规定成为各地宗教工作部门对宗教团体日常事务进行管理的重要依据。

根据这些要求，2005 年《宗教事务条例》再一次明确宗教团体依照《社会团体登记管理条例》的规定办理登记，取得社会团体法人资格。随后，各省市在贯彻宗教事务条例工作中，按照相应要求加强了宗教团体法人制度建设工作。这些工作一定程度上推动了宗教团体法人化，不足的是虽然绝大多数宗教团体经过登记获得法人资格和民事主体资格，但相关法规并没有明确取得法人资格的宗教组织应有的权利。与此同时，由于相应的政府部门作为宗教社团的业务主管单位，承担相应的监督管理职责，业务主管单位对社会团体的行政干预就在所难免，特别是"领导权集中在业务主管单位身上，且许多民间组织的负责人由业务主管单位委派、任命甚至兼任。这不仅造成社会团体成立的障碍和行政化倾向，而且……不利于民间组织发展"[1]甚至有学者认为以上这些问题的存在将宗教团体及其成员纳入行政强制的权力结构中，形成上下等级关系。[2]实践层面宗教团体虽然在法律上获得民事主体资格，但作为宗教民间社团在协调宗教内部事务方面的自治功能以及履行社会责任方面的功能并没有很好地发挥出来。

与此同时，宗教活动场所的法人登记工作相继进行。1994 年，国务院宗教事务局依据国务院颁布的《宗教活动场所管理条例》下发《宗教活动场所登记

---

[1]　参见天津市民政局："对改革我国社会团体登记管理制度的思考"，载 http://zyzx. mca. gov. cn/ article/mzlt2012/hjlw/201303/20130300436885. shtml，最后访问时间：2013 年 3 月 29 日。

[2]　参见杨凯乐："为什么非得是'法人'？——宗教团体登记的法律分析（三）"，载 http://www. pacilution. com/ShowArticle. asp? ArticleID = 824，最后访问时间：2007 年 6 月 1 日。

办法》，其第 9 条规定，"依法登记的宗教活动场所，根据《民法通则》的规定，具备法人条件的，同时办理法人登记，并发给法人登记证书。宗教活动场所法人依法独立享有民事权利和承担民事责任"。依此办法，部分省市宗教活动场所取得了法人资格。比如，青海藏区的藏传佛教寺庙办理了法人登记，发放了法人证书。1992 年，青海省政府办公厅下发了《青海省宗教活动场所管理规定》，要求所有寺庙必须报经政府批准登记。因此，有很多藏传佛教寺庙进行了法人登记。在西藏自治区，2008 年 "3.14" 事件发生后，有关管理部门从依法管理的角度出发，依据《宗教事务条例》等法规，为藏传佛教寺庙办理了法人登记，但未发放法人证书。

可见，我国官方出台的宗教事务法规已赋予部分宗教组织以法人资格，但由于在法律依据等方面存在不足，加之实际管理中的效用问题，实际上宗教法人制度并未真正实行。特别是对其所享有的财产权的属性，即其是所有权还是使用权，以及所有权客体的范围等问题上还不够明确。2005 年《宗教事务条例》（以下简称《条例》）颁布实施，之前的《宗教活动场所登记办法》及其法律依据《宗教活动场所管理条例》同时废止。《条例》规定宗教活动场所登记要具备的条件是：具有一定建筑规模的固定场所供信教民众用于宗教活动；一般有专门的教职人员主持各种活动，并负责管理宗教设施。按照这条规定，宗教组织成为法人的实质性条件已经成熟。然而《宗教事务条例》及其配套的《宗教活动场所设立审批和登记办法》都没有出现与宗教活动场所法人资格相关的内容，"被解读为'宗教活动场所不再具有法人资格'，自此宗教活动场所的法律地位变得不明确"。[1] 可见，虽然实践上有些地方开展了宗教法人登记工作，但宗教法人主体地位模糊，宗教活动场所法人地位赋予的法律程序、宗教活动场所法定代表人及其产生方式、法人治理结构、财产权界定以及宗教团体关系等问题都没有理顺。宗教组织法人制度并没有真正建立起来。

与此同时，随着宗教参与社会生活程度越来越深，宗教方面涉及的权益保护和行为规范问题越来越多。一方面，近年来"寺庙宫观在从事宗教活动中，作为民事主体，独立地参与法律所允许的包括继续接受捐助的民事活动，各寺庙宫观独立核算，独立享受权利承担义务，独立承担民事责任，具有事实上的法人人

---

[1] 参见国家宗教局研究中心："深入调研　推进宗教活动场所法人资格问题的解决"，载《中国宗教》2013 年第 4 期。

格"。[1]另一方面，由于宗教活动场所的财产所有权归属未得到法律上的确认，现实中普遍存在着宗教团体、宗教活动场所和相关利益主体间的纠纷，财产所有权归属主体不清，管理上欠缺法定性和可持续性，最终体现为宗教活动场所财产的保护缺位和被滥用。[2]此外，宗教组织内部监管不力导致诸多问题也迫切需要健全宗教法人制度。例如，有些宗教活动场所的负责人家长作风盛行，肆意侵吞场所财物，中饱私囊；有些宗教活动场所资金流向混乱；有些单位和个人侵占宗教活动场所的合法财产；等等。[3]围绕以上两方面问题，近年来推动解决宗教组织特别是宗教活动场所"法人资格"的呼声越来越高。

我国宗教法人制度建设实践表明"宗教治理的方向是逐渐放弃管理型取向，向以确权立法型为主，辅之以适度管制的混合型立法模式迈进"。[4]将宗教组织改造为法人的条件也逐渐成熟，为了进一步规范宗教组织及其活动，维护宗教组织的合法权益，建立并健全宗教法人制度势在必行。

一、藏传佛教寺庙权属的历史演变和寺庙法人登记现状

众所周知，藏传佛教于公元 10 世纪末叶正式形成，是佛教与藏族地区的原始宗教苯教等相互融合形成的。公元 8 世纪第一座佛、法、僧俱全的山南桑耶寺建成，西藏地方才有了真正意义上的寺院。桑耶寺创建之后特别是藏传佛教正式形成之后，藏区的寺庙开始大量涌现，不同的历史时期，寺庙权属问题是不同的。

（一）从吐蕃时期到民国时期多种形式并存

纵观吐蕃时期到民国时期的藏传佛教寺庙，其权属以多种形式并存，大体有如下几种情况：

1. 政府建造的寺庙

如吐蕃时期，松赞干布出资建造了大小昭寺、昌珠寺等，赤松德赞建造了桑耶寺等。元朝政府不仅在大都等地建造了大量的官寺，如大护国仁王寺、大圣寿万安寺、大天寿万宁寺等，而且还支持八思巴建造了西藏萨迦县的萨迦南寺等著名寺院。明朝政府在北京建造了五塔寺、宝集寺、大慈恩寺等寺院，还拨款建造

---

〔1〕 参见华热·多杰："宗教组织法人化探析"，载《青海民族学院学报》2006 年第 1 期。

〔2〕 参见蓝希峰："宗教事务的法治建设之路"，载 http://www.mzb.com.cn/html/report/13124772 - 1.htm，最后访问时间：2013 年 12 月 10 日。

〔3〕 参见"国家宗教事务局政法司负责人就《宗教活动场所财务监督管理办法（试行）》接受媒体采访"，载《中国宗教》2010 年第 3 期。

〔4〕 参见华热·多杰："宗教组织法人化探析"，载《青海民族学院学报》2006 年第 1 期。

了青海藏区的瞿昙寺等寺院。清朝政府也在北京等地兴建了永安寺、雍和宫、宝相寺、大报恩延寿寺、宗镜大昭之庙等大量寺院。这些由中央政府或地方政府建造的寺院，有的以皇家寺院形式存在，有的成为地方政府直接管辖的寺院，可以是国有的寺院。另外，像布达拉宫、雍布拉康等宫殿，后来也变成了宗教活动场所，也可以视作是国有的寺院。

2. 地方政治势力或有名望的家族建造的寺庙

如著名萨迦派的祖寺的萨迦北寺即是著名的萨迦款氏（昆氏）家族的贡却杰布建造的，帕竹噶举的祖寺今桑日县的丹萨替寺是当地著名的朗氏家族建造的，这些家族也是当地著名的地方政治势力，依托这些寺庙形成了统治一方的政教合一的地方政权。四川的德格土司建造了著名的六大家庙，分别是宁玛派的噶陀寺、竹庆寺、协庆寺、白玉寺、噶举派的八邦寺和萨迦派的更庆寺。青海河南蒙旗王察罕丹津出资建造了著名的甘南拉卜楞寺，该寺最初即是河南蒙旗王的家庙。甘南的卓尼土司建造了著名的卓尼大寺，并成为其政教合一统治的重要中心。这些寺院的权属可以说是属于地方政治势力或家族所有。

3. 由当地各部落、部族、家族信教群众集资建造的寺庙

如青海玉树地区的二十五族集资建造了结古寺，互助地区的土族各部落集资建造了佑宁寺，青海著名的塔尔寺也主要是由周边六个部落集资建造的。这些寺庙虽有寺主活佛，但主要以周边部落、家族等为施主，并为这些部落等信众服务，受制于这些部落等，故名义上虽属于寺主活佛，但实际上属于周边部落等集体所有。

4. 由个人出资或集资建造的寺庙

像格鲁派的拉萨三大寺，后藏的扎什伦布寺，宁玛派的敏珠林寺，等等，这类寺庙在藏传佛教中属于大多数，在活佛转世制度形成之后，开创寺庙者一般都被尊为活佛而成立转世系统，并被冠以"寺主活佛"的名义。因此，此类寺庙多数属于个人所有性质，即属于寺主或寺主活佛。

但历史上藏传佛教寺庙的权属问题十分复杂，有两种情况应该值得注意。一是历史上藏传佛教寺庙形成了母子寺关系，一些大的主寺在形成强大的势力之后，派人到各地建立属寺，形成了以主寺为中心的庞大的寺院集团势力，像拉萨三大寺、拉卜楞寺、塔尔寺等都有大量的属寺存在。这些属寺大都与主寺保持密切关系，主寺可向属寺派驻堪布、经师和管理人员等，并进行相应的管理，属寺从形式上属于主寺。但有些属寺也形成了自己的活佛转世系统，也有发展子寺的

权利，同时也可以视为是相对独立的寺庙，名义上也是属于该寺的寺主活佛的，并对其下属子寺行使管理权。二是1751年，乾隆皇帝令七世达赖喇嘛和驻藏大臣共同执掌西藏地方政权后，西藏形成了以格鲁派寺院集团为主的政教合一制度，寺院、管家和贵族成为三大领主之一，对农奴和奴隶进行统治。寺院上层统治者不仅拥有寺院，而且占有大量的土地、牧场、庄园、牲畜等生产资料。同时，像拉萨三大寺、扎什伦布寺等还成为政教合一统治的重要中心，拥有了大量的属寺。在一定程度上，格鲁派寺院集团的主寺，又成为西藏地方政府的一部分，既有地方政府的权属性质，也有寺院上层统治者的权属性质。

（二）新中国成立后以社会共有或集体所有为主

新中国成立后，随着土地改革和社会主义改造的进行，土地等所有制关系发生了改变，成为国有或集体所有，这也影响到了寺庙权属问题。1952年12月，中共中央转发《中央宣传部　中央统战部关于成立佛教协会的指示》，宣布"寺庙为社会共有"政策，即"关于寺庙产权问题：寺庙为社会所共有，僧尼一般有使用权，但不论僧尼或佛教团体均无处理寺庙财产之权"。这就是寺庙社会共有的由来，这为新中国成立后藏传佛教寺庙的权属问题奠定了基调。1959年藏区实施的宗教改革废除寺庙的封建特权和剥削压迫制度，没收叛乱寺庙的土地、房屋、耕畜、农具和粮食，寺庙由僧众民主管理，实际上已经宣布寺庙的权属从根本上发生了改变，已经变为由社会共有或僧尼集体所有。1961年3月，国务院公布西藏大昭寺、昌珠寺、萨迦寺、布达拉宫、甘丹寺、扎什伦布寺和青海塔尔寺为第一批全国重点文物保护单位。因此，这些寺庙也就成为国有寺庙。以后，陆续有大量藏传佛教寺庙成为各级文物保护单位，这些寺庙也都有了国有性质。

"文革"时期，藏区同全国各地一样经历了"十年浩劫"，藏传佛教寺庙被作为"四旧"而大量拆除，几乎除文物保护单位之外，都遭到了不同程度的毁坏。"文革"结束后，特别是十一届三中全会后，随着改革开放新时期的到来，拨乱反正，落实宗教政策，藏传佛教寺庙得到恢复和重建。

1983年《国务院批转国务院宗教事务局〈关于确定汉族地区佛道教全国重点寺观的报告〉的通知》指出："名单所列寺观包括所属碑、塔、墓以及附属园林等（一般以'文化大革命'前的范围为界限），应在当地政府宗教事务部门领导下，由佛道教组织和僧道管理、使用，其产权属社会共有（即国家所有）。"这实际上也规定了藏传佛教寺庙的权属性质。因此，进入改革开放新时期以来，藏传佛教寺庙的权属性质主要保持着国有和集体所有两种形式。

（三）藏传佛教寺庙法人登记现状

1986年4月第六届全国人民代表大会第四次会议审议通过的《中华人民共和国民法通则》以法律形式确立了法人制度，并对法人作了统一的完整的规定。从此，中国有了法人制度。实行法人制度之后，主要是在企业、机关、事业单位和社会团体中实行。宗教活动场所因不具备法人资格而未及时实行法人制度。但随着依法管理宗教事务的不断深化和寺庙经济活动的开展，寺庙法人资格和法人地位问题被提上日程。

目前，在西藏和四省（青海、四川、甘肃、云南）藏区，只有青海藏区的藏传佛教寺庙办理了法人登记，发放了法人证书。1992年，青海省政府办公厅下发《青海省宗教活动场所管理规定》，要求所有寺庙必须报经政府批准登记。因此，有很多藏传佛教寺庙进行了法人登记。

在西藏自治区，2008年"3.14"事件发生后，有关管理部门从依法管理的角度出发，依据《宗教事务条例》等法规，为藏传佛教寺庙办理了法人登记，但未发放法人证书。由于在法律依据等方面存在不足，加之实际管理中的效用问题，实际上法人制度并未真正实行。目前，对于寺庙权属问题，自治区有关管理部门强调寺庙的土地和文物属于国家所有，除文物保护单位外，寺庙属集体所有，寺庙财产也属集体所有，个人只有使用权，而没有所有权和处置权等。对于法人登记问题，自治区有关管理部门正积极探索依据《宗教事务条例》等法规，首先创造条件办理寺庙土地使用证，在此基础上办理寺庙房屋所有权证，强调房屋所有权属寺庙集体所有；在办理土地使用证和房屋所有权证的基础上办理法人登记事宜。

在甘肃藏区，目前正在依据《宗教事务条例》《中华人民共和国土地法》《中华人民共和国城乡规划法》等法律和国家宗教事务局的有关法律规章等，在寺庙中开展办理"七证一户"活动。所谓"七证一户"即建设用地规划许可证、土地使用证、消防安全许可证、建筑质量安全证、房屋所有权证、宗教活动场所登记证、组织机构代码证和银行专户。但这项活动在甘南藏传佛教寺庙中进展不快。目前，四川藏区和云南藏区尚未开展确认寺庙权属和法人登记的有关工作。

（四）当下藏传佛教法人制度建设的主要任务

根据目前藏传佛教寺庙的管理实际，笔者以为，鉴于当下藏传佛教寺庙财产和法律权属不明的现状，藏传佛教寺庙法人制度建设亟需开展如下几个方面的工作。

1. 依法明确寺庙权属问题

根据目前藏传佛教寺庙的实际情况，属于文物保护单位的，依法明确为国家所有。根据《中华人民共和国文物保护法》的有关规定精神，古文化遗址、石窟寺和国家指定保护的古建筑、石刻、壁画、近现代代表性建筑等不可移动文物属于国家所有。

对于一般寺庙，可立法明确为集体所有。根据相关宗教政策，寺庙不得恢复已被废除的封建特权和压迫剥削制度。通过民主改革，已经废除了藏传佛教寺庙的封建特权和压迫剥削制度等，实行政教分离、民主管理，实际上已经确立了寺庙归广大僧尼集体所有的性质，并被延续下来。因此，可以通过有关立法活动，明确寺庙为集体所有。

2. 依法确立寺庙法人资格

目前，尚未有明确的法律规定确立寺庙法人资格。要确立寺庙的法人资格首先必须明确寺庙的组织性质。从有关组织形式的实际情况来看，寺庙应当属于非营利性社会组织。非营利性社会组织是指不以营利为目的的组织，它的目标通常是支持或处理个人关心或者公众关注的议题或事件。非营利组织所涉及的领域非常广，包括艺术、慈善、教育、政治、宗教、学术、环保，等等。具备法人资格的非营利组织即成为非营利法人。世界上的法系目前主要包括大陆法系、英美法系等，从大陆法系来看，非营利法人属于私法人，可以分为社团法人和财团法人。我国的法律体系是社会主义法律体系，与大陆法系有类似的地方，但还没有将法人划分为公、私法人。

我国的《民法通则》中将法人分为企业法人、机关法人、事业单位法人和社会团体法人。而社团法人则是专指非营利性社会组织。但非营利组织则实际上实行双重管理，除业务主管部门外，各级民政部门则成为非营利组织的登记管理机关。同时，根据《社会团体登记管理条例》规定，社会团体须具有 50 个以上的个人会员或 30 个以上的团体会员、有一定活动资金并具备法人资格等多种条件才能申请成为合法社团。这些显然不符合藏传佛教寺庙的实际。藏传佛教寺庙法人地位还需要放在大陆宗教法人制度建设的整体进程中加以解决。目前，中国大陆学界、政教乃至宗教界都在积极呼吁推动宗教法人制度建设。

二、完善宗教法人制度建设的路径思考

（一）理论界的相关主张

近年来大陆理论界围绕宗教财产法律权属问题展开宗教法人制度登记的讨

论，提出诸多宗教组织法人类型规制方案，主要观点有宗教社团法人、宗教活动场所财团法人、单独的宗教法人三大类。

主张宗教社团法人观点认为，我国大陆宗教活动场所可以参照宗教团体法人登记取得法人资格。理由是：团体法人登记要具备的名称、独立财产、内部规章制度等要件，宗教活动场所大体具备。宗教活动场所虽然应由一系列建筑物、构筑物和其他设施所构成，本身并不包含社会组织的含义。但由于《宗教事务条例》及其他宗教法规都明确将其作为宗教组织加以规定，对于以宗教场所为重心、不强调其作为人的集合体的宗教及民间宗教来说，似无不可。以宗教活动场所为重心的宗教组织主要包括佛教的寺院、道教的宫观、伊斯兰教的清真寺、天主教的教堂、会所以及某些民间宗教的庙宇如东部沿海地区的妈祖庙。当然，只有具备组织形态的宗教活动场所才属于宗教组织，那些尚未移交给宗教界，由文物、园林等部门占有管理的宗教活动场所，荒废的寺观及无具体管理人员的宗教设施如土地庙，由于缺乏相应的组织属性，不能视为宗教组织，仅仅是个物的集合体。

主张把宗教活动场所界定为财团法人，主要依据是宗教活动场所是具有捐赠性的"物"的集合。如梁慧星教授认为包括房产在内的一切宗教财产，都属于作为财团法人的宗教活动场所。理由是：宗教财产系由各方面捐助形成，是捐助财产的集合，而不是人的集合；将宗教财产所有权赋予作为宗教财团法人的寺庙宫观，符合捐助人的主观意愿，也符合我国各种宗教的宗教戒律；我国现行《民法通则》承认财团法人享有财产所有权。由于我国现有法人制度中没有财团法人类型，所以持这种主张的学者或者主张增设财团法人类型，或者主张修改民法典现有四种法人的类型设计，采取社团法人和财团法人的法人分类模式，以此为主轴设计法人制度的相关规则，为不同类型的组织取得法人资格提供概括性指引。在两大类法人下允许宗教组织根据自身需要，自由选择登记为宗教财团法人（宗教活动场所的集合）或宗教社团（人的集合）法人。

也有许多学者认为宗教组织法人既不同于财团法人，也不同于社团法人，是介于二者之间的一种独特的法人，应在现有民法典的法人类型中增设单独的宗教法人类别。理由是：一方面，宗教组织具有人和组织的某些特征，但是宗教组织所谓"人"的集合，并不能如同社团的社员一般，看作是全部相等的个体，他们的产生方式及身份、权力并非靠选任而产生，因宗教之不同而有别。另一方面，宗教团体同时也有财产捐助的行为存在，但是这些财产的捐助却不同于普通财团法人，宗教团体财产的取得，有可能是创立者在初创时的捐助，也可能是后加入成员的捐助，也可能是与宗教组织没有任何组织关系的社会主体的捐助。学者仲崇玉指出，"首先，中国大陆的各种宗教组织都拥有一定的财产，并且是其得以设立的重要条件和承担法律责任的基础。其次，宗教组织也要考虑人的因素。但是，宗教组织并不因此成为一般的社团法人，根据成员与宗教组织的关系，可以分为信徒和职业宗教人员两类。信徒与宗教组织的关系并非团体与成员的关系，虽然《宗教事务条例》第 17 条规定宗教活动场所应当成立管理组织，实行民主管理，但是信徒大多处于宗教组织外部，无法成为制度化的管理者。对于一个制度化的宗教组织而言，职业宗教人员不可或缺，他们既是宗教场所和财产的管理者，又是实际上的使用者、受益者。不论将宗教组织设计为何种法人，实际上宗教财产的管理者和维持者最终依然是这部分人。此外，考虑到宗教教派教义与组织方式之不同，如基督教、天主教等西方宗教教派，更多地体现了团体法人的特征，而我国传统的佛教和道教寺庙，则往往更多地体现出财团法人的特征。因此，无法以单一的法人类型来规范所有的宗教组织。将宗教组织设计为宗教法人比较适合我国的国情，至于宗教法人之下，是社团法人型还财团法人型，乃是宗教组织内部自治的问题，可以由该宗教组织依据其所属宗教教制进行选择，无需法律硬性规定"。至于如何登记，持这种观点的人有的主张取消现有宗教团体登记时需要宗教管理部门先行批准的设计，让宗教团体直接向政府民政部门登记，取得宗教法人地位，即备案制，有的主张取消审核制，改为证明制。

（二）笔者的观察：循序渐进推进宗教法人制度建设

毫无疑问，大陆当下推动的宗教法人制度建设要与大陆法人制度建设、社会组织建设和宗教治理法治化建设的形势、任务和总体进程相衔接。鉴于此，应该首先寻求在现有法人类别中对宗教组织进行相应登记，与此同时，根据社会组织发展需要在一般法中完善法人制度建设，在这一大框架下推动宗教法人制度规制的完善。目前，宗教团体社团法人登记工作已经进行，部分宗教活动场所也已经按宗教团体进行了登记。宗教法人制度建设也应在现有公法、私法框架下，在现有法人制度体系中努力解决这一问题，并在法人制度建设的进程中逐步完善宗教法人制度建设。基于这一认识，笔者认为，第一步，宗教团体和宗教活动场所可以按照《社会团体登记管理条例》和《民办非企业单位登记管理暂行条例》进行登记，宗教团体可以登记为社团法人，宗教活动场所可以登记为民办非企业单位法人，或者根据各自实际结构和性质，选择在两种类别中登记。

宗教团体社团性质自不必言，多数宗教活动场所具备登记为社团法人的要件。因为宗教活动场所既是房屋土地财产性场所，也是僧团集体，可以通过健全宗教活动场所民主管理章程来把它纳入社团法人类规制，这一点澳门的宗教活动场所社团法人登记模式可以借鉴。宗教活动场所也可以登记为"民办非企业单位"法人。1998年国务院颁布的《民办非企业单位登记管理暂行条例》规定企业事业单位、社会团体和其他社会力量以及公民个人利用非国有资产举办的，从事非营利性社会服务活动的社会组织，这种非营利性社会组织可以采取个体工商户、合伙和法人三种形式。这里的法人形式即为法人型民办非企业单位。宗教活动场所同时兼有"财的集合"与"人的集合"的非营利性特征，可按民办非企业单位（社会事业单位）法人的相关要求登记，只需适度调整《宗教事务条例》第三章宗教活动场所的相关规则即可。这种登记方案既可以解决宗教活动场不是法人面临的现实困扰，又能与现有《民法通则》的规制对接。至于是采取审核式登记还是备案制登记、证明式登记，都需与我国社会组织特别是社团登记相关规制改革和发展相衔接。

下一步是推动民法典中对法人类型进行实质分类，即确立财团法人类别，法律确定财团法人制度后，可按照财团法人制度规制宗教组织。目前我国的法人制度虽然进行了形式分类，但没有实质分类，各类法人的特征和差异性不明确、权利义务也不明确。从实践层面看，随着各类捐赠性基金会的发展，法律确认基金会（财团）法人势在必行。与此同时，通过与港澳等地区交流，我们也注意到，财团法人制度、社团法人制度的发展演变趋势是内部差异趋于模糊。社团法人和财团法人都可以是人和财产的集合；财团法人和社团法人都可以为公益或私益，社团法人和财团法人的存续同样不因人的变更而变更；财团法人的董事会和社团法人的董事会具有基本类似的职能，即对外代表法人，对内执行法人事务。这也说明，无论何种方式的法律登记，关键是确定法人履行民事主体地位的权利和义务。对于宗教组织法人而言，关键是保证宗教信仰自由权利的同时，确保宗教组织履行社团法人和财团法人应尽的义务。也就是说，宗教法人登记与管理的实质意义应该是非营利性社会组织的规制。

许多国家的法律规定，登记后的宗教团体要围绕宗旨、按照章程开展活动，不能违反宪法、法律，要接受国家有关部门的监督管理。监督的内容包括宗教团体的财务状况、宗教团体是否围绕其章程开展活动。监管的措施包括报告、质问、调查、审计、访问等。处罚的措施包括可以基于法定理由给予警告、勒令改正、罚款、终止其活动、取缔等。因而，我国宗教法人制度建设的价值取向应该是：其一，规范宗教内部关系，确保信教公民的合法权益。通过法人制度规范，在有关宗教的人事、教务、财务上按照法人制度的相关规则进行内部管理和社会监管，从而使宗教团体在社会上受到群众的监督、行业内部的监督、新闻媒体的监督，同时还要使其受到法律的监督和约束，通过这些规范和监督，确保信教公民的合法权益。其二，赋予宗教组织履行相应的法律权利和义务的能力。通过确认宗教团体的名称、身份，审查其从事民事活动的行为能力，使宗教组织获得从事相应民事活动的主体资格，以便更切实地保障公民宗教信仰自由和结社自由的行使。同时，法人制度也要求宗教团体在减少纠纷、预防违法犯罪、维护相应领域内的社会秩序、保护相关他人的平等权益乃至社会的公共利益方面尽相应民事活动的义务。其三，明确宗教组织财产权的归属和使用，划清宗教财产上的公私权限。其四，建立宗教财产监察人制度，强化对宗教财产目的性使用的内部监督。这就需要赋予主管机关一系列主动权限，变目前的主管机关对宗教财产的消极性监督为积极性监督。科予宗教财产管理人向社会公众公开宗教财产相关信息的义务，发挥社会监督作用，弥补政府监督之不足，减轻主管机关的监督责任，从而形成宗教财产管理人的良性竞争。

在未来的发展中还应考虑宗教团体与宗教活动场所职能分工与协调。就社会组织的性质来说，宗教团体与宗教活动场所都是属于民间非营利组织，都是独立的民事主体，在法律上的地位是平等的，它们之间无隶属关系，没有领导与被领导的关系。同时，由于宗教团体是由本宗教信教公民自愿组成的社会组织，代表宗教活动场所、宗教教职人员和信教群众的合法权益，是党和政府联系宗教教职人员和信教群众的桥梁和纽带，因而它对本宗教的教务活动（包括宗教活动场所的教务活动）具有一定的指导、协调的职责。

总之，全面推进宗教法治，是依宪治国和依宪执政在宗教事务治理上的必然要求，而宗教法人制度建设属于宗教治理法治化的底层设计。通过宗教法人制度建设，赋予宗教组织法人人格，使其获得独立的法律地位，独立运作，政教分离，有力保障宗教组织合法权益，使宗教信仰真正成为公民个人的私事。但宗教法人制度建设是涉及宗教组织目的和宗旨、宗教组织内涵及其功能、宗教法人的类型设计以及宗教法人登记的实体与程序设计以及登记后的管理等方面的系统的、复杂的工程，需有力推进，循序渐进。

宗教法人制度的若干问题研究

仲崇玉 *

【摘　要】　要系统构建宗教法人制度，必须既要做好顶层设计，又要仔细解决其中的法律技术问题。具体而言，应当解决好以下五个方面的基本问题：一是宗教法人制度的任务和宗旨，这是构建宗教法人制度的法理前提，也是政策前提。二是宗教组织内涵与外延的确定，这是建立宗教法人制度的社会学基础，如果不考察现实社会中的宗教组织类型、结构和特征，宗教法人制度将失去实践上的针对性和有效性。三是宗教法人的类型设计，不仅包括宗教法人内部亚类型设计，而且还包括宗教法人作为整个民法法人体系中的子体系如何定位的问题，这是将宗教法人制度纳入民法总体法人制度的必经之路，同时也涉及各类宗教组织的功能、结构的规范以及监督方式等诸多方面。四是法人登记的实体与程序设计，这是实践中当前登记程序被诟病较多的，必须结合宗教法人制度的顶层设计重新构建。五是善后问题，即未登记宗教组织的法律地位问题，包括其政治合法性的获得方式和团体权益的行使和保护问题。

【关键词】　宗教法人　制度　问题研究

一、宗教法人制度的宗旨

中共十八届四中全会作出的《中共中央关于全面推进依法治国若干重大问题的决定》明确提出要在法治框架下妥善处置宗教问题，以促进宗教关系和谐。2015 年 5 月 20 日，习近平总书记在中央统战工作会议上的讲话更是明确指出要

---

* 仲崇玉，男，法学博士后，青岛科技大学法学院教授，山东省弱势群体司法与社会保护研究基地研究员，主要从事民商法研究。

"依法管理宗教事务","必须提高宗教工作法治化水平"。[1]2015年3月5日,李克强总理在第十二届全国人民代表大会第二次会议上所作的《政府工作报告》更进一步确立了"维护宗教界合法权益"这一目标。宗教界、学界和实务界普遍认识到,要提高宗教工作法治化水平,维护宗教界合法权益,首先要解决的问题就是建立完善的宗教法人制度。[2]

宗教法人制度是一项基础性法律制度。从世界各国情形来看,尽管各国宗教政策各异,但宗教法人制度却都是一项必不可少的前提性制度,它不仅是宗教组织参与民事活动、进入市民社会的前提条件,更是国家将宗教组织纳入公私法治轨道的必由之路,是提高宗教工作法治水平的前提条件。具体来说,包括以下几个方面:

第一,从宪法角度来说,它是从微观领域落实公民宗教信仰自由的一项宪政制度,是落实我国当前宗教政策的基础性法律制度。宗教法人制度不仅应当保护公民的宗教信仰自由、结社自由,还为宗教法人的内部自治提供了保障和空间,从而承载着实现政教分离的基本功能。

第二,从私法方面来说,它使得宗教法人可以作为一个法律上的主体与其他社会主体在平等自愿的基础上建立各种社会关系,有效地解决宗教法人与其他平等社会主体间的各种纠纷,明确宗教组织财产权的归属和使用,划清宗教财产上

---

[1] 参见"习近平在中央统战工作会议上强调:巩固发展最广泛的爱国统一战线,为实现中国梦提供广泛力量支持",载《人民日报》,http://military.people.com.cn/n/2015/0521/c172467-27034028.html,最后访问时间:2015年5月21日。

[2] 宗教界观点参见释传印:"佛教寺院需明确法人地位",载 http://www.mzb.com.cn/html/Home/report/378270-1.htm,最后访问时间:2013年3月5日;释永信:"明确宗教财产归属 促进宗教健康发展的建议",载 http://www.shaolin.org.cn/templates/T_newS_list/index.aspx? nodeid=23&page=ContentPage&contentid=11429,最后访问时间:2014年3月12日。学界观点请参见孙宪忠:"财团法人财产所有权和宗教财产归属问题初探",载《中国法学》1990年第4期;梁慧星:《〈中华人民共和国物权法〉草案建议稿》,社会科学文献出版社2000年版,第225~226页;王利明主编:《中国民法典学者建议稿及立法理由·物权编》,法律出版社2005年版,第178~179页;华热·多杰:"宗教组织法人化探析",载《青海民族学院学报》2006年第1期;刘子平:"中国宗教财产权研究",载梁慧星主编:《民商法论丛》(第35卷),法律出版社2006年版,第33~34页;刘玉管:"宗教法人制度探析",载《法制与社会》2008年第4期;冯玉军:"中国宗教财产的范围和归属问题研究",载《中国法学》2012年第6期;董慧凝:"解决宗教活动场所法人资格 保护宗教界合法权益",载《中国宗教》2014年第11期;张建文:《宗教财产立法研究》,中国民主法制出版社2015年版,第212页。实务界观点请参见国家宗教局研究中心:"深入调研推进宗教活动场所法人资格问题的解决",载《中国宗教》2013年第4期;广东省宗教活动场所法人资格调研课题组:"宗教活动场所法人资格调研与思考 以广东省为例",载《中国宗教》2013年第10期。

的公私权限，因此它具有重要的私法价值。

第三，从公法方面来说，它使得法人组织成为一个公法上的主体，必须接受公法约束，如刑法上的单位犯罪、行政法上针对法人的各种管理制度等，从而将宗教组织作为一个团体或整体纳入到公法秩序之中。因此，它同时也是现代国家通过间接方式管控监督宗教事务的法律工具，具有重大的公法意义。

另外，对于国家而言，宗教法人制度是实现社会管理法治化的前提和基础。就宗教事务管理而言，就是要由行政调节为主逐渐过渡到法律调节为主，由直接管理回归到间接管理，由他主管理过渡到自主管理，培养社会组织的自主管理能力，为服务型政府的建立打下坚实的制度基础。

第四，从社会效果来说，宗教法人制度应有利于在信教群众自治和宗教人士自治的基础上实现宗教组织的自我管理和自我服务功能，实现我国宗教事业的良性发展；应有利于顺应宗教需求多样化的社会趋势，有利于通过社会自身的良性运作化解相关社会矛盾；应有利于国家实现间接地治理宗教事务，有效降低国家的社会治理成本。

二、宗教组织的内涵和外延

（一）宗教组织的内涵

要确定宗教组织的内涵，应当首先对其进行社会学意义上的考察。社会学或宗教学学者有如下几种界定，有人将宗教组织界定为社会群体，如吕大吉指出，所谓宗教组织"是宗教信仰者在其中过宗教生活、进行宗教活动的机构、团体、社会或其他形式的群体"。[1]戴康生和彭耀认为，"宗教组织是一种与统一的宗教信仰目标与行为体系相联系的、共同遵照一定的制度规范的信奉者所结成的社会群体"。[2]不过，多数人认为宗教组织应当是一种建制化的团体或机构，如时光、王岚认为："宗教组织是宗教群体内宗教徒的相互结合及其结构，是在特定的宗教目标下构成的完成特定宗教任务的专门性集团，它包括宗教徒在其中进行宗教活动的机构、团体、会社、社区及其他形式的团体。"[3]有人还明确区分了宗教群体与宗教组织的区别，如我国台湾地区学者郑志明认为："宗教群体是指具有共同信仰感情、行为规范与价值取向的民众，过着同样的宗教生活而形成的整合

---

〔1〕 参见吕大吉：《宗教学通论新编》，中国社会科学出版社2010年版，第274页。

〔2〕 参见戴康生、彭耀主编：《宗教社会学》，社会科学文献出版社2007年版，第88页。

〔3〕 参见时光、王岚编写：《宗教学引论》，中央民族大学出版社2003年版，第131页。

体。"而宗教组织则"是宗教制度化发展的结果,用来统一宗教的信仰目标与行为规范,是具有神圣性的社会组织"。[1]西方学者大多也持此观点,如波普诺认为,"今天,绝大多数社会学家把宗教组织分为三种类型:教会、分裂出来的教派和宗派"。[2]我国学者吕大吉总结道:"西方社会学家在对基督教深入研究的基础上,为宗教组织类型设定了不同的变量标准模式,然而宗教组织的基本类型却是雷同的,即教会、教派、宗派和膜拜团体。"[3]

笔者赞同后一种观点,宗教组织应区别于宗教群体,它是建制化地进行宗教活动的社会组织,具体而言是指以传播宗教教义、教化宗教信徒、实践宗教信仰、开展宗教活动为目的的社会组织。宗教组织应当符合以下特征:其一,从设立和运作的目的上来说,是为了建制化地、持续性地进行宗教活动,教化和培养信徒。其二,从组织结构上来说,具有相对稳定、分工明确的内部机关。其三,有区别于其他社会组织和宗教组织的名称及其他标志。其四,有固定的活动场所和其他财产。

(二)宗教组织的外延

宗教组织的范围和外延实际上就是宗教组织的社会学类型问题。[4]关于我国宗教组织的社会学类型,华热·多杰教授认为有三类:第一类为各种宗教及其教派,如藏传佛教及其内部教派红教、白教、黑教、花教、黄教;伊斯兰教及其内部教派老教、新教等。第二类为各种宗教活动的场所,包括寺院、宫观、清真寺、教堂及其他村庙、祠堂和其他野外场所。第三类为各种宗教协会和宗教性社会团体,包括全国性爱国宗教组织和地方性宗教社会团体。[5]张建文教授则认为宗教团体(宗教组织)具体可分为下列三种组织形态:①宗教活动场所,如寺院、宫观、清真寺、教堂、庙宇以及宗族祠堂;②宗教社会团体;③宗教基金会。[6]

---

〔1〕 参见郑志明:《宗教组织的发展趋势》,大元书局2005年版,第2~3页。

〔2〕 参见[美]戴维斯·波普诺著,刘云德、王戈译:《社会学》,辽宁人民出版社1987年版,第153页。

〔3〕 参见吕大吉主编:《宗教学通论》,中国社会科学出版社1989年版,第325~328页。

〔4〕 宗教组织的社会学类型与法律类型相对,前者是事实上的类型,而后者则是法律规范后形成的类型,如德国的宗教公法人,日本的宗教法人,美国的社会法人、独体法人等。

〔5〕 参见王连合、华热·多杰:"宗教组织的内涵与外延——宗教组织财产所有权性质研究之一",载《青海民族研究》2005年第2期。

〔6〕 参见张建文:《宗教财产立法研究》,中国民主法制出版社2015年版,第212页。

笔者不同意多杰教授的第一类宗教组织,诸如藏传佛教内部各教派如红教、白教、黑教、花教、黄教,伊斯兰教内部教派如老教、新教,汉传佛教内部教派如禅宗、净土宗、天台宗、华严宗、律宗等,道教的正一派和全真派等。因其没有统一的内部机关,未能形成统一的组织体,应当属于宗教群体而不属于宗教组织。

对于张建文教授主张的宗教基金会和宗族祠堂,笔者认为也没必要纳入宗教组织范畴。宗教基金会是宗教组织发起设立的从事公益慈善事业的专门性组织,从宗教财产的规制角度考量,宗教基金会不宜纳入宗教组织的范畴。虽然我国台湾地区"宗教团体法草案"第 4 条规定了宗教基金会,[1]但其主要原因是台湾地区"监督寺庙条例"并未明确规定寺庙的法人地位,为了享有充分的法人资格,有些寺庙虽然按照"监督寺庙条例"取得了寺庙登记证,但还是另外以基金会法人形式取得了完整的法人地位。[2]从这个意义来说,该基金会并非单纯从事公益慈善事业,而是主要从事宗教活动,故而不得不规定在《宗教团体法草案》中。就我国大陆的情形而言,我国已经颁布了《基金会管理条例》,宗教组织发起设立的基金会也应当纳入该条例调整范围。而从宗教财产的法律规制实践角度而言,宗教基金会的财产占有、使用、收益以及处分等方面并不存在需要改革现行制度的问题,也不存在像宗教活动场所无法登记为法人那样的问题。退一步说,即使有些实践问题,那也是基金会法人制度的问题,而不是宗教法人制度的问题。从宗教公益慈善实践领域的国际发展趋势来看,越来越倾向于淡化宗教公益慈善组织的宗教色彩,从而与普通的公益慈善组织差别越来越小,在法律上,宗教基金会也没有特殊性,既不因其宗教性而承担更多的负担,也不因其宗教性而享有更多的特权,故有人提出"宗教性非营利组织"[3]的概念,明确区别于宗教组织。宗族祠堂也不应纳入宗教组织之内,原因有二,一是宗族祠堂是否属于宗教活动场所不无疑问,祠堂往往是祭祀祖先之所,而非崇拜神灵之地,另外祠堂也不具备宗教所必备的系统的教义。二是祠堂本身并无宗教组织所必须具备的

---

〔1〕 参见许育典:《宗教自由与宗教法》,元照出版有限公司 2005 年版,第 241 页。

〔2〕 参见林本炫:"试论宗教法人的属性和定位",载台湾"内政部"编印:《宗教论述专辑第七辑》(2005 年版),第 33 页。

〔3〕 参见黄海波:《宗教非营利组织的身份建构研究:以(上海)基督教青年会为例》,上海社会科学院出版社 2013 年版,第 180 页。刘芳:"中国宗教性公益组织发展模式刍议",载《世界宗教文化》2012 年第 2 期。

组织性，本身并不具有内部分工明确的组织形态，其应当是作为一种纯粹的财产和场所归属于其宗族所有或各家庭共有。

从现行法律规定来看，《宗教事务条例》在确认宗教团体[1]和宗教活动场所[2]的组织属性的同时，还将宗教院校也界定为宗教组织。[3]许多地方宗教法规也规定了这三种宗教组织形态，如1995年12月公布的《上海市宗教事务条例》第二章的标题是宗教团体，第四章是宗教活动场所，第六章则是宗教院校。该条例于2005年4月修正后，仍然保留这一立法格局，并为其他许多地方性宗教事务法规所借鉴。可见，我国宗教立法上的宗教组织应当包括宗教团体、宗教活动场所和宗教院校。

综上，笔者认为，从社会学意义上来说，我国现有的宗教组织应当包括以下三类：宗教社会团体、以宗教活动场所为重心的宗教组织和宗教院校。具体分述如下：

宗教社会团体包括全国性爱国宗教组织、地方性爱国宗教组织和教会组织。全国性爱国宗教组织即中国佛教协会、中国道教协会、中国伊斯兰教协会、中国天主教爱国会、中国天主教主教团、中国基督教"三自"爱国运动委员会和中国基督教协会。

地方性爱国宗教组织，是指与前述全国性爱国宗教组织相对应的地方性爱国宗教组织。[4]教会组织包括基督教的各级教会[5]、天主教的教区和堂区[6]以及所谓的"家庭教会"[7]，因其从历史上看一直强调教会为教职人员和普通信徒的

---

〔1〕 参见《宗教事务条例》第6条，载 http://www.gov.cn/test/2006 - 02/24/content_210351.htm，最后访问时间：2006年2月24日。

〔2〕 参见《宗教事务条例》第12、14、18条，载 http://www.gov.cn/test/2006 - 02/24/content_210351.htm，最后访问时间：2006年2月24日。

〔3〕 参见《宗教事务条例》第9条，载 http://www.gov.cn/test/2006 - 02/24/content_210351.htm，最后访问时间：2006年2月24日。

〔4〕 其中，中国天主教主教团在地方的对应组织为天主教教务委员会。

〔5〕 参见《中国基督教教会规章》第7条，载 http://www.sara.gov.cn/zcfg/qgxzjttxgjgzd/6351.htm，最后访问时间：2010年12月20日。

〔6〕 参见《中国天主教教区管理制度》第5、9、57条，载 http://www.sara.gov.cn/zcfg/qgxzjttxgjgzd/6407.htm，最后访问时间：2010年12月20日。

〔7〕 家庭教会都未取得官方的登记许可，但其存在和事实上的社团性却不容置疑。参见俞马："何谓'家庭教会'"，载《四川统一战线》2013年第10期；刘澎："家庭教会：问题与解决方案"，载《领导者》2011年第3期。

集合体。

以宗教活动场所为重心的宗教组织，宗教活动场所这一概念，从其字面上来看，应当是由一系列建筑物、构筑物和其他设施所构成的专门从事宗教活动的物理空间，本身并不包含社会组织的含义。但由于《宗教事务条例》及其他宗教法规都明确将其作为宗教组织加以规定，对于以宗教场所为重心、不强调其作为人的集合体的宗教及民间宗教来说，似无不可，尽管宗教活动场所一词不无行政管理的意味。以宗教活动场所为重心的宗教组织主要包括佛教的寺院、道教的宫观、伊斯兰教的清真寺、天主教的教堂、会所以及某些民间宗教的庙宇如东部沿海地区的妈祖庙。[1]当然，只有具备组织形态的宗教活动场所才属于宗教组织，那些尚未移交给宗教界，由文物、园林等部门占有管理的宗教活动场所，荒废的寺观及无具体管理人员的宗教设施如土地庙，由于缺乏相应的组织属性，不能视为宗教组织，仅仅是个物的集合体。

宗教院校包括各宗教培养宗教教职人员和其他宗教专门人才的全日制院校。之所以将宗教院校单列为一类宗教团体，是基于以下几个考虑：首先，就国外情形而言，在西方教会历史上就出现过修道院、神学院独立于教堂之外的传统，甚至可以单独取得法人资格。而在西方现代社会中，修道院和神学院虽然也隶属于普世教会，但其在具体目的、功能和组织机构方面，有别于普通宗教活动场所，因而也是独立的宗教组织。就我国情形而言，新中国成立以前就已经形成了许多著名的宗教院校。按照现行宗教法规，设立宗教院校应当由宗教团体提出申请，但是由于宗教团体财力有限，设立后的宗教院校往往需要依托经济实力雄厚的宗教活动场所运行，但是二者互不隶属，组织上相互独立。同时，宗教院校与申请设立其的宗教团体在功能、财产以及组织机构等方面也有明显的区别，当然，不同宗教中，按照其教义和组织方式之不同，宗教院校与宗教团体的内部关系也有所不同，但是其社会学意义上的区别仍然不能否认。

三、宗教法人的类型设计

把宗教组织设计为何种法人类型，各主要发达国家的做法不尽相同。在美国，宗教组织可以选择会员制法人实体（其下又可分为宗教性非营利法人社团、非营利法人社团以及营利法人社团）、信托法人、独体法人以及非法人社团等类

---

[1] 参见《中国天主教教区管理制度》第 60 条，载 http://www.sara.gov.cn/zcfg/qgxzjttxgjgzd/6407.htm，最后访问时间：2010 年 12 月 20 日。

型。[1]而在大陆法系国家，有些国家设计为社团法人或公法法人，如德国；[2]也有国家制定专门的"宗教法人法"，如日本，在宗教法人中，有些是财团法人，有些则是社团法人。

关于宗教活动场所法人类型的定位，许多学者认为应当界定为财团法人。如梁慧星教授认为包括房产在内的一切宗教财产，都属于作为财团法人的寺庙宫观所有。他列举的理由是：①宗教财产系由各方面的捐助而形成的，宗教财产是捐助财产的集合，而不是人的集合。②宗教组织独立参与民事活动，形成了事实上的法人人格。③将宗教财产所有权赋予作为宗教财团法人的寺庙宫观，符合捐助人的主观意愿，也符合我国各种宗教的宗教戒律。④我国现行《民法通则》承认财团法人享有财产所有权。[3]王利明教授也认为：宗教财产在民法上是经捐助形成的独立财产，宗教财产能独立参加民事活动，因此是财团法人。[4]孙宪忠教授在讨论财团法人所有权时，也认为应当将宗教组织界定为财团法人。[5]

当然也有人主张将宗教组织定位为社团法人类型。如徐国栋教授即采宗教团体概念，并将宗教组织界定为公法人和社团法人，并将宗教团体与社会团体置于其主持的民法典草案的同一章节之中。[6]

但也有人认为应当借鉴日本经验，将宗教组织界定为一种特殊的法人类型——宗教法人。例如，华热·多杰教授既反对将宗教组织界定为社团法人，也反对界定为财团法人，他认为将宗教组织设计为专门的独特的宗教法人比较适合我国的国情。[7]刘玉管也认为宗教法人是一种兼具社团与财团属性的特殊法人，其理由是：一方面，宗教组织具有人合组织的某些特征，但是宗教组织所谓"人"的集合，并不能如同社团的社员一般，看作是全部相等的个体，他们的产生方式及身份、权力并非靠选任而产生，因宗教之不同而有别。另一方面，宗教

〔1〕 参见［美］小 W. 科尔·德拉姆、布雷特·G. 沙夫斯著，隋嘉滨等译：《法治与宗教——国内、国际和比较法的视角》，中国民主法制出版社 2012 年版，第 425 页。

〔2〕 参见［美］科尔·杜尔汉："宗教和信仰团体注册类别比较研究"，载刘澎主编：《国家·宗教·法律》，中国社会科学出版社 2006 年版，第 387 页。

〔3〕 参见梁慧星：《〈中华人民共和国物权法〉草案建议稿》，社会科学文献出版社 2000 年版，第 225～226 页。

〔4〕 参见王利明主编：《中国民法典学者建议稿及立法理由·物权编》，法律出版社 2005 年版，第 303 页。

〔5〕 参见孙宪忠："财团法人财产所有权和宗教财产归属问题初探"，载《中国法学》1990 年第 4 期。

〔6〕 参见徐国栋主编：《绿色民法典草案》，社会科学文献出版社 2004 年版，第 181 页。

〔7〕 参见华热·多杰："宗教组织法人化探析"，载《青海民族学院学报》2006 年第 1 期。

团体同时也有财产捐助的行为存在，但是这些财产的捐助却不同于普通财团法人，宗教团体财产的取得，有可能是创立者在初创时的捐助，也可能是后加入成员的捐助，也可能是与宗教组织没有任何组织关系的社会主体的捐助。因此，宗教法人的机关并非单纯接受捐助者的委托而管理宗教财产。[1]台湾学者林本炫先生认为：宗教法人在人的方面或财产的方面与一般社团或财团都不同。宗教组织如基督教会即使只有成员而没有财产，它们在人的方面的关系也不同于一般社团。而某些宗教组织如规模较小的寺庙即便只有财产而没有成员，它们在财产方面的关系也不同于一般财团。因此有必要将宗教组织单列为宗教法人，并且宗教法人的组织设计应当兼顾到上述"人"的集合和"财产"的集合这两种属性，只有这样，才能摆脱当前以财团法人类型设计所带来的问题。[2]

从我国实践情况来看，首先，我国大陆的各种宗教组织都拥有一定的财产，并且是其得以设立的重要条件和承担法律责任的基础。其次，宗教组织也要考虑人的因素。但是，宗教组织并不因此成为一般的社团法人，根据成员与宗教组织的关系，可以分为信徒和职业宗教人员两类。信徒与宗教组织的关系并非团体与成员的关系。虽然《宗教事务条例》第17条规定宗教活动场所应当成立管理组织，实行民主管理，但是信徒大多处于宗教组织外部，无法成为制度化的管理者。对于一个制度化的宗教组织而言，职业宗教人员不可或缺，他们既是宗教场所和财产的管理者，又是实际上的使用者、受益者。不论将宗教组织设计为何种法人，实际上宗教财产的管理者和维持者最终依然是这部分人。此外，考虑到宗教教派教义与组织方式之不同，如基督教、天主教等西方宗教教派，更多地体现了团体法人的特征，而中国传统的佛教和道教寺庙，则往往更多地体现出财团法人的特征，因此，无法以单一的法人类型来规范所有的宗教组织。总之，笔者认为，将宗教组织设计为宗教法人比较适合我国的国情，至于宗教法人之下，是社团法人型还是财团法人型，乃是宗教组织内部自治的问题，可以由该宗教组织依据其所属宗教教制进行选择，无需法律硬性规定。

四、宗教组织法人登记程序

目前，更加便于宗教组织取得法人资格已成为世界宗教立法的主流趋势，各

〔1〕 参见刘玉管："宗教法人制度探析"，载《法制与社会》2008年第2期。
〔2〕 参见林本炫："试论宗教法人的属性和定位"，载台湾"内政部"编印：《宗教论述专辑第七辑》(2005年版)，第51页。

国大都改变对于宗教组织的不信任感，纷纷放弃以赋予法人资格来作为宗教组织服从政府提出的某些条件的筹码，普遍降低宗教组织法人登记的门槛，甚至以在法人资格之外另行赋予某些特权如免税资格等，以鼓励吸引宗教组织积极申请登记。从而由事前监督转向事后监督，即通过民法、刑法等其他法律事后性地规制宗教法人的具体行为。[1]

就我国情况而言，尽管民事部门已经发出通知，对于商会行业协会等四类社会组织已经实行了直接登记，取消了登记前的业务主管部门的行政审批，同时，有关部门也正在修订《社会团体登记管理条例》，拟在立法层面确认直接登记制度。但是目前在法律、人权、政治、宗教等领域完全放弃《社会团体登记管理条例》规定的双重审批制难以为立法者所接受。因此，笔者认为应当软化当前的双重审批制，具体包括以下几个方面：

第一，从法人登记的性质上来说，应当将法人登记定位于行政确认，而非行政审批，法人资格并非政府对于宗教组织的赐予，是对宗教组织事实上的民事能力即权利能力和行为能力的客观审查过程，而不是主观政治判断过程，是对登记宗教组织组织合法性与主体资格的社会公示，而不是对没有登记的宗教组织存在合法性的否认，因此不应当实行强制登记原则，申请登记应当是宗教组织的权利和自由。

第二，放宽登记条件，申请登记为宗教社团法人的宗教组织应当具备以下条件：有一定数量的成员；有其成员遵守的教义；有必要的财产；有固定的办公场所；有组织机构和代表人；有符合法律规定的章程；按照其教义或章程规定，申请登记为法人须经其上级宗教团体同意者，应当提交同意证明。申请登记为宗教财团法人的宗教组织应当具备以下条件：有必要的财产；有固定的宗教活动场所（针对宗教活动场所）或宗教教育设施（针对宗教院校）；有组织机构、代表人和宗教教职人员；有符合法律规定的章程；按照其教义或章程规定，申请登记为法人须经其上级宗教团体同意者，应当提交同意证明。

第三，登记制度作为宗教组织事实人格的认证制度，而非行政许可程序，无论是前置行政审批程序还是登记程序，都应当贯彻准则主义原则，尽量降低审查部门和官员的自由裁量权。此外，宗教团体属于外国团体不应成为拒绝登记的理由，政府不去判断宗教信仰和教义的合法性及合理性，登记官员遵循中立原则，

---

〔1〕 参见［美］科尔·杜尔汉："宗教和信仰团体注册类别比较研究"，载刘澎主编：《国家·宗教·法律》，中国社会科学出版社 2006 年版，第 392 页。

登记不应该构成对宗教组织内部事务的干涉，国家尊重各教派教规规定的组织结构。至于审查方式，目前学界并未形成一致意见，有形式主义、实质主义和折中主义三种观点。笔者认为登记审核主要目的在于确定宗教组织是否具有事实人格。因此不能完全排除实质审查，采折中审查模式当属无疑，但关键的问题是如何界定形式审和实质审的范围。笔者认为，形式审应适用于：①国家机关依照法定程序制成的文件，如法院的裁判文书、身份证原件等；②经过国家机关认定的材料，如盖有政府档案馆印章的复印材料等；③经过公证机构公证的材料。实质审应适用于：①申请人自己或者通过第三人制作的材料；②公证机构以外的其他中介组织出具的材料；③发现有明显疑点或者第三人提出异议的登记材料。[1]

第四，程序透明简化，完善救济程序。登记申请人应当是宗教组织本身或其委托的人，申请人按照法律要求提交相应的文件即为完成申请。前置审批机关是各级宗教事务管理部门，登记机关应当是各级民政部门。申请登记程序应当尽量简短并有明确时间限制，超出时限而审查或登记部门未作出同意或不同意表示的，视为同意。宗教组织认为审批登记行为存在违反法律情形的，可以申请行政复议或者直接提起行政诉讼。

第五，法人变更和终止也应当实行准则制，并实行以形式审查为主、实质审查为辅的审查规则。宗教法人注销登记前，应当进行清算，未经清算不得终止。对于宗教团体法人终止后的财产归属，各国的规定各不相同，这主要与宗教团体法人的类型有关，同时也受到各国的历史文化传统和各宗教的组织特点的影响。国外宗教团体法人终止后的财产处置主要分为以下几种形式：继承；归还财产所有人或法人创设人；交由其他相关宗教团体处理；收归国有。对于我国而言，《宗教事务条例》第37条规定：宗教团体、宗教活动场所注销或者终止的，应当进行财产清算，清算后的剩余财产应当用于与该宗教团体或者宗教活动场所宗旨相符的事业。笔者认为，建立宗教法人制度后，宗教法人终止后剩余财产的处分，除合并及破产外，应当依照该法人的章程执行；若无章程规定，则由其他相近的宗教组织或公益事业组织继受其财产，如果无法依上述两项规定处分的财产，则收归国库。

五、未登记宗教组织的法律地位

未登记宗教组织包括未申请登记和虽然申请登记但最终未能得到登记的宗教

---

〔1〕 参见仲崇玉："从他治到自治：论我国法人人格制度改革——从法人本质理论出发"，载《法学论坛》2011年第3期。

组织。未登记宗教组织也是法律必须面对的问题，因为无论法人的门槛如何降低，总有一些宗教组织基于这样那样的原因而拒绝登记，但其合法民事权益仍然值得保护，而这应当与政治合法性无关。正如一个被剥夺政治权利的罪犯，其民事权益仍然受到保护一样。所以从某种意义上来说，未登记宗教组织的地位和财产权利更关系到宗教自由政策的落实程度。按照我国《合同法》和《民事诉讼法》的规定，未登记宗教组织应当属于其他组织。《合同法》承认了其他组织的法律主体地位。[1]因此，已经成立的宗教组织具有合同法上的民事主体地位，其合同法上合法权益可以得到保护。《民事诉讼法》第48条关于其他组织的界定，未登记宗教组织也可以成为诉讼当事人，享有起诉和应诉的权利。[2]关于未登记宗教组织的物权，《物权法》最相近的条文是第69条，该条规定："社会团体依法所有的不动产和动产，受法律保护。"有人认为该条规定的是"依法所有"，因此这里的社会团体应当是有法人资格的社团组织。[3]笔者认为，《物权法》第68条既然规定了企业法人和非企业法人的物权问题，则第69条应当不以法人为限，否则该条完全为第68条所覆盖，没有必要单列，因此第69条规定的社会团体应当特指未取得法人地位的社会团体。但是，即使这样解释，该条适用于未登记宗教组织也仍然存在障碍，这就是宗教活动场所和宗教院校是否属于社会团体的问题。特别应当指出的是，上文讨论的行政法规和政府规章，都没有明确宗教组织属于其他组织，并以其他组织的名义保护其权益。[4]笔者认为，应对之策有如下思路：一是应当对《物权法》第69条进行扩张解释，明确社会团体包括宗教活动场所和宗教院校。二是修改《物权法》，明确规定未登记为法人的宗教活动场所和宗教院校的物权受法律保护。三是制定单行的《宗教法》或者《宗教法人法》，明确规定未登记为法人的宗教活动场所和宗教院校的财产权利受法律保护，这是最理想的解决方式。

---

〔1〕 参见《中华人民共和国合同法》第2条：本法所称合同是平等主体的自然人、法人、其他组织之间设立、变更、终止民事权利义务关系的协议。

〔2〕《民事诉讼法》第48条规定："公民、法人和其他组织可以作为民事诉讼的当事人。"

〔3〕 参见孙宪忠主编：《中国物权法：原理释义和立法解读》，经济管理出版社2008年版，第223页。

〔4〕 据笔者梳理，比较重要的法律法规中，只有《基金会管理条例》明确承认了其他组织的法律地位。参见该法第2条："本条例所称基金会，是指利用自然人、法人或者其他组织捐赠的财产，以从事公益事业为目的，按照本条例的规定成立的非营利性法人。"

藏传佛教现行财产"习惯法"与
现代法治的协调

莫世健 *

一、引言

藏传佛教是中国佛教体系中一个具有特色的分支。我们目前使用的藏传佛教一词是一个泛指的概念，代表所有西藏自治区和其他地区存在的藏语系佛教。据统计在 2016 年，我国藏传佛教的喇嘛和尼姑共约 12 万人，活佛 1700 余人，寺院 3000 余座。[1]这个数字的重要性可以与当年我国佛教总体数据比较而见。同期，我国有佛教寺院共 3.3 万余座，出家僧尼约 20 万人。[2]由此可见，目前，藏传佛教僧尼总数占全国僧尼总数的60%，而寺院总数占全国总数的10%。按照此数据，藏传佛教每个寺院平均约 40 位僧尼，而汉传佛教寺院则平均每个寺院约 3 位僧尼。藏传佛教的兴盛可见一斑。

对藏传佛教内教派分支历来有争议。一种观点认为藏传佛教实际上包括五个大的分支：宁玛派、噶举派、萨迦派、格鲁派和苯教。[3]苯教是藏族的原始宗教，但有人将它也视为现代的藏传佛教分支。另一种观点认为藏传佛教五大主要派别为：宁玛派、噶当派、萨迦派、噶举派和格鲁派。[4]也有学者认为藏传佛教分为四派，即格鲁派、萨迎派（萨迦派）、噶举派、宁玛派。[5]格鲁派是所有教

---

* 莫世健，法学博士，曾在香港城市大学、中国政法大学和澳门大学任教。
〔1〕 参见全国政协民族和宗教委员会编：《中国宗教概况》，中国文史出版社 2008 年版。
〔2〕 参见全国政协民族和宗教委员会编：《中国宗教概况》，中国文史出版社 2008 年版。
〔3〕 参见嘉益·切排："藏传佛教各教派称谓考"，载《内蒙古社会科学》（汉文版）2003 年第 S1 期。
〔4〕 参见完德才让："浅谈藏传佛教五大派别"，载《学理论》2010 年第 28 期；王森：《西藏佛教发展史略》，中国藏学出版社 2010 年版，第 39~204 页。
〔5〕 参见况浩林："近代藏族地区的寺庙经济"，载《中国社会科学》1990 年第 3 期。

· 239 ·

派中的大派，占所有僧侣人数 1/2 左右，约有 1400 座寺院。[1] 达赖喇嘛是格鲁派的领袖，但其影响力覆盖所有教派。本论文采取尽可能广义的藏传佛教概念。当然，比较有争议的问题是苯教是否应当被纳入藏传佛教范围。但就藏传佛教财产问题而言，至少笔者目前看到的资料不涉及苯教，故苯教是否属于佛教的理论争议目前不涉及本论文研究。如果出现采取苯教案例作为研究对象情况的话，笔者一定会作出特别说明，以尽可能客观地反映藏传佛教财产习惯法的内容和实践。

中国目前对宗教财产问题没有明确的法律规定，当然也没有对藏传佛教寺庙和僧侣财产的专门法律规定。藏传佛教财产概念应当包括两个部分的问题，即以寺院作为一个虚拟法律主体所拥有的财产和以僧尼（包括活佛和高级僧侣）作为自然人所拥有的财产。这两个问题需要分别讨论。我国目前的宗教管理法规禁止寺院建立上下级隶属关系，故历史上可能存在过的以教派为财产法律主体的习惯法在现代中国是不存在的。虽然现在某些藏区寺院仍然存在分院的情况，但这些分院理论上只能以自己名义注册为法律主体。由于我国法律中关于宗教法人的规定模糊且存在很多灰色地带，如果几个寺院存在主庙和分庙或者分寺情况是否可以视为同一法人还是只能分别注册为法人尚待明确。与宗教财产相关的法律主要有《宪法》《民法通则》和《物权法》。与藏传佛教财产相关的主要行政法规包括《宗教事务条例》《藏传佛教寺庙管理办法》和西藏自治区实施的《宗教事务条例办法（试行）》等。

《宪法》是所有法律的母法，当然也应当是规范宗教财产和藏传佛教财产问题法律的上位法。《宪法》第 26 条规定：中华人民共和国公民有宗教信仰自由。第 13 条规定：公民的合法的私有财产不受侵犯。此外，《宪法》约 7 处提及社会团体一词，但没有规定社会团体的概念。寺院或者宗教组织团体是否能够纳入《宪法》社会团体概念是一个尚待论证的问题。由此可见，中国《宪法》并没有对宗教财产和藏传佛教财产作出特别规定。僧尼个人一般同时也是法律意义上的公民和自然人（法律上的外国人成为僧尼的情况除外）。他们因此也有权主张《宪法》所赋予的个人财产权。但寺院和宗教团体则无明确的宪法地位，故至少目前不能直接以《宪法》为依据主张财产权。

---

〔1〕 参见曾传辉："藏区宗教现状概述——藏区宗教现状考察报告之一"，载《世界宗教研究》2003年第 4 期。

《民法通则》于1987年实施，为民事活动和民事行为提供基础法律原则，其中多处涉及财产问题。与藏传佛教财产相关的主要有5项条款。第2条规定：民法调整平等主体的公民之间、法人之间、公民和法人之间的财产关系和人身关系。如前所述，中国籍僧侣个人可以纳入公民范围。第71条规定：财产所有权是指所有人依法对自己的财产享有占有、使用、收益和处分的权利。这个条款适用于自然人和具有法律人格的虚拟主体。第72条规定：财产所有权的取得，不得违反法律规定。第75条规定：公民的个人财产，包括公民的合法收入、房屋、储蓄、生活用品、文物、图书资料、林木、牲畜和法律允许公民所有的生产资料以及其他合法财产。第75条规定：公民依法享有财产继承权。第77条规定：社会团体包括宗教团体的合法财产受法律保护。显然第77条是希望对宗教团体的合法财产提供保护的。以上条款显示，《民法通则》提供了保护藏传佛教寺院和僧侣财产的原则。但这些原则是否能够直接适用于藏传佛教财产，并提供有效的保护或者处理问题规则是需要研究的问题。目前的问题是宗教团体法律定义的缺少，且实施第77条司法解释的缺少。

《物权法》规范权利人对特定的动产或不动产享有的直接支配和排他的权利，包括所有权、用益物权和担保物权。[1]《物权法》没有明确定义权利人的概念，但第4条列举了"国家、集体、私人的物权和其他权利人的物权"四类权利人。自然人显然可以成为权利人。《物权法》对宗教组织和寺院没有作出特别规定。第69条规定：社会团体依法所有的不动产和动产，受法律保护。关键问题就是寺院和宗教组织，即藏传佛教寺院作为一种组织是否能够纳入社会团体的概念。根据《民法通则》第77条规定的原则，宗教团体应当属于社会团体。而法律适用中面对的问题则可能有不确定性，包括寺院是否就是宗教团体，或者每种宗教的全国组织或者地区组织，例如佛教协会，才是宗教团体。《宗教社会团体登记管理实施办法》第2条规定："由中华人民共和国公民在本国境内组织的各宗教县级范围（含县级）以上区域性和全国性的宗教社会团体，均应依照本办法的规定，向政府民政部门申请登记。"由此可见，宗教团体是指依法登记的县级以上的宗教社团。此意义上的宗教团体不是以寺院为单位。因此，藏传佛教寺院一般不能满足此要求。当然，除非某寺院恰巧与某县登记的宗教社团重叠，否则不能纳入《物权法》第69条的保护范围。由于《物权法》旨在为物权关系和

---

〔1〕 参见《物权法》第2条。

交易提供原则，本论文尚未以具体的财产交易或者纠纷作为研究对象，故本论文不再详细讨论《物权法》与藏传佛教财产习惯法的冲突和协调。同时，笔者相信，在现实生活中，一定会出现一些与藏传佛教寺院或者僧侣相关的物权纠纷。如果当事人能够协商解决，法律规定不会成为关注对象。只有当案件诉诸法庭，《物权法》的解读和适用，以及法律规定与习惯法的关系才会成为关注对象。至少目前笔者尚未发现相关案例。

《宗教事务条例》采取了宗教团体和宗教活动场所并行的概念，允许宗教团体和宗教活动场所使用土地和从事其他与财产相关的活动。宗教活动场所是否等于寺院是一个尚待明确的问题。《宗教事务条例》相关条款将在本文后面相关部分深入讨论。

《藏传佛教寺庙管理办法》由国家宗教事务局于 2010 年颁布。该《办法》主要规范藏传佛教寺院的管理，对于财产问题没有明确规定。该《办法》第 11 条第 5 款赋予寺庙组织管理本寺庙财产和文物的权利和义务，但没有其他具体规定。就藏传佛教财产而言，这个管理办法最重要的作用是承认寺院为单位成为管理其财产的主体，但这种承认是否能够满足《物权法》关于社会团体和宗教团体的概念要求则是尚待论证的问题。

《西藏自治区实施〈宗教事务条例〉办法（试行)》提及宗教团体和宗教活动场所，但没有对财产问题作出特别规定。故对于研究藏传佛教财产问题没有特别重要意义。

以上是我国现行的关于藏传佛教财产相关法律规定的概述。本文的目的是在现有的法律框架下研究藏传佛教财产处理的习惯做法和实践。在此基础上，讨论如何协调现有法律与实践协调的途径和选择方案。

二、藏传佛教财产习惯法的理论争议

（一）习惯法的概念争议：习惯与习惯法的博弈

在国内法和国际法研究层面，习惯法都不是一个生疏的概念。例如，联合国《国际法院章程》第 38 条第 1 款就明确规定，法院适用的法律包括国际习惯法，即已经为一般国家实践所接受为法律的国际习惯。[1]此规定强调的是国家实践的

---

〔1〕 Statute of the International Court of Justice, Art 38. 1 states as follows: The Court, whose function is to decide in accordance with international law such disputes as are submitted to it, shall apply: …b. international custom, as evidence of a general practice accepted as law; …

接受,并以习惯被国家接受为法律作为确定是否构成习惯法的标准之一。而如何判断某习惯已经被国家一般实践接受为"法律"则是一个法庭在个案中作出判断的问题。由此可见,《国际法院章程》只是陈述了识别国际习惯法的标准原则,而具体规则或者习惯是否已经成为国际习惯法则是由法官和法庭根据具体案件情况,在现有的对国际习惯法的共识和认知基础上作出判断。由于本论文仅关注国内法语境下的习惯法,故对于国际习惯法概念相关争议及其问题不再赘述。

习惯法是中国学界一个热门话题之一。国内学者梁治平和高其才的研究都受到了广泛关注,[1]但习惯法概念的理论探讨不是本论文重点关注,故在此不作专门讨论。

有研究显示,国内至少已经发表过上千篇与习惯法相关的学术论文。[2]虽然有人将中国习惯法研究分为三种观点,即国家承认的习惯法,以风俗习惯方式存在的习惯法和在社会生活中形成且具有社会强制力的行为规范,[3]笔者认为习惯法概念研究一般分为两个大的学派或者观点。一个学派可能是以法律人或者受传统法律训练的学者为主,且以法的强制约束力为判断习惯法存在的主要标志。例如,《法学大辞典》认为:习惯法是国家对某些社会习惯予以认可并赋予法律效力后的产物。[4]《中华法学大辞典·法理学卷》也认为:习惯法是由国家认可而具有法律效力的习惯或惯例。[5]类似定义亦见于商务印书馆出版的《现代汉语词典》。该词典称:习惯法是经国家承认的,具有法律效力的社会习惯。[6]这些定义的共同特点是认为作为法律的"习惯法",其效力或者强制力一定来自国家的承认或者认可。有人将此类观点描述为法律中心主义。[7]这些定义强调习惯与习惯法不同,只有在习惯获得国家权力机关认可或者承认后方能获得法律地位和性质。所以,有学者认为按照此模式定义的习惯法具有三个特点:社会习惯、强制

---

〔1〕 参见梁治平:《清代习惯法:社会与国家》,中国政法大学出版社 1996 年版;高其才:《中国习惯法论》,中国法制出版社 2008 年版。

〔2〕 参见胡兴东:"习惯还是习惯法:习惯在法律体系中形态研究",载《东方法学》2011 年第 3 期。

〔3〕 参见韩立收:"纠缠于习惯与国家法之间——习惯法概念刍议",载《山东科技大学学报(社会科学版)》2015 年第 3 期。

〔4〕 参见曾庆敏主编:《法学大辞典》,上海辞书出版社 1998 年版,第 739 页。

〔5〕 参见孙国华主编:《中华法学大辞典·法理学卷》,中国检察出版社 1997 年版,第 452 页。

〔6〕 参见中国社会科学院语言研究所词典编辑室编:《现代汉语词典》,商务印书馆 2002 年版,第 1348 页。

〔7〕 参见常丽霞:《藏族牧区生态习惯法文化的传承与变迁研究——以拉卜楞地区为中心》,民族出版社 2013 年版,第 45 页。

力和国家承认。[1]认同习惯法效力来自国家承认的学者进而认为：所谓民族习惯法也是一种民族习惯的法律化，即民族习惯经国家立法或者司法等形式的认同而向法律规范转化。[2]概言之，此类学派不认为未经国家承认或者认可的习惯构成习惯法，即未经国家认可的"习惯法"最多构成习惯，而习惯只能通过国家认可或者承认转化为法。[3]显然，马克思主义的法学观，即法律由国家权力机关制定，并代表统治阶层的意志是此类观点的最主要的理论基础。

另一个学派可能主要依据社会学或者哲学研究原理作为定义习惯法的基础。所以，有学者认为习惯法未经国家承认或者授权之前，或者独立于国家承认和认可之外，本身就具有一定的拘束力、强制力或者裁判力。[4]有学者称此类观点为法律多元主义。[5]但是此类学者从来没有明确地解读此类习惯法的约束力、强制力或者裁判力的概念，以及这些概念间是否存在区别。根据部分学者所表述的观点判断，此类习惯法所主张的约束力或者强制力是以相关社会群体的自愿服从或者接受为前提的。因此，也有学者将未经国家认可或者承认即已存在的习惯法效力归咎为特定社会群体人的恐惧心理或者模仿本能。[6]同时，作为一种社会现象，群体成员自愿接受的原因还可以通过血缘关系、群体共同利益和个人荣誉感进行解释。[7]同样以社会团体成员的自愿接受为前提，也有人认为经验主义的哲学观点能够解释习惯法的渊源，即习惯和自治都是经验的集合，是对业已形成的制度的尊重。[8]此类观点同时也可能受到了部分西方学者对于习惯法概念的影响。例如 *Black's Law Dictionary*，将习惯法定义为：Law consisting of customs that are accepted as legal requirements or obligatory rules of conduct; practices and beliefs that are so vital and intrinsic a part of a social and economic system that they are treated

---

〔1〕 参见喻中："论习惯法的诞生"，载《政法论丛》2008 年第 5 期。

〔2〕 参见唐贤秋："论民族习惯法的生活伦理特性"，载《广西民族研究》2014 年第 6 期。

〔3〕 参见胡兴东："习惯还是习惯法：习惯在法律体系中形态研究"，载《东方法学》2011 年第 3 期。

〔4〕 参见王芳："习惯法与制定法的悖论——兼议中国法律自治的制度性重构"，载《哈尔滨学院学报》2008 年第 5 期。

〔5〕 参见常丽霞：《藏族牧区生态习惯法文化的传承与变迁研究——以拉卜楞地区为中心》，民族出版社 2013 年版，第 45~46 页。

〔6〕 参见喻中："论习惯法的诞生"，载《政法论丛》2008 年第 5 期。

〔7〕 参见喻中："论习惯法的诞生"，载《政法论丛》2008 年第 5 期。

〔8〕 参见王芳："习惯法与制定法的悖论——兼议中国法律自治的制度性重构"，载《哈尔滨学院学报》2008 年第 5 期。

as if they are law.[1] 以此为例的话，此定义并没有直接说明习惯法的强制力。它提到习惯法作为法律规范要求和行为义务的特点，但并没有直接说明接受是以自愿为基础还是基于外界压力，抑或基于自愿与外界压力双重原因。当然，对外界权威或者权力的省略，当然可以推断出习惯法不需要外界强制力的解读。但读者不认为这样的定义明确排除了外界权威或者压力作为习惯法必要前提的可能。从字面上看，该定义仅提交接受（accept），并未说明如何接受或者导致接受的原因。

在现实中，此类观点的最重要特点之一是认为自愿接受或者自发尊重可以成为"法"的基础。因此，也有学者认为约束力来自特定群体的"公认"。[2] 显然，这些学者自己也清楚，他们所定义的习惯法概念中没有建立强制执行机构或者权力的空间。反之，第一种观点显然认为法律的强制力和执行力必须来自具有执行力的权威之授权，否则任何规则、行为准则或者法律仅凭自愿服从或者尊重是不能获得法律效力的。

以上争论涉及深层次的法理和哲学问题，即习惯法在获得国家承认之前的约束力或者强制力是来自社会成员自愿接受还是来自社会中具有一定权威或者影响力的利益团体的压力或者强制力。同样重要的是另一个法律问题，即未经国家认可或者承认的习惯法是否存在。认为习惯法不需要国家承认即具有法律效力的学者提出了这样的观点：在国家产生之前，人类社会是无序的，人们为了彼此和平相处，需要循序一定的行为规则，而这些规则就是人类行为所慢慢演变而来的习惯法。[3] 这种观点以习惯法存在于国家出现之前为依据，力图证明习惯法可以独立于国家权力机关的背书而独立存在。此观点的最核心问题是"法"的定义，即在国家权力机关形成之前，人类社会的行为规则是否是"法"。进而，这种观点导致的另一个问题是，如果我们将国家存在之前人类社会的行为规则视为习惯法的话，此语境下的习惯法是否与当今社会所使用的习惯法具有同样涵义。笔者没有看到此类学者成功地论证国家存在前的所谓习惯法与当今社会存在的所谓习惯法具有同样涵义。事实上，即使我们通俗地使用过习惯法在国家存在前就存在过的表述，但在国家权力产生之前的人类社会习

---

〔1〕 Bryan A. Garner ed. , *Black's Law Dictionary*, Thomson West, 1999, p. 413.

〔2〕 参见王芳："习惯法与制定法的悖论——兼议中国法律自治的制度性重构"，载《哈尔滨学院学报》2008 年第 5 期。

〔3〕 参见刘桂丽："论习惯法的概念与作用"，载《温州大学学报（社会科学版）》2015 年第 4 期。

惯性行为规则，与国家权力存在下的人类社会习惯性行为规则是否是同类性质的规则尚待论证。

概言之，无论从法学、社会学、人类学还是哲学角度看，不同观点博弈的重点在于两个要点：其一，法律是否是以国家强制力为基础，即没有强制力的规则是否构成法律。其二，国家存在之前，习惯法的强制力是否存在，即是否当时存在人类个体自愿接受和遵守以外的某些具有强制力的个体或者群体。笔者无意就此作出全面论证，但就法律的基本特性而言，笔者认为，国家存在前的习惯法，如果可以称为法律的话，某些个体自愿和服从外的具有一定强制力的群体或者个体所行使的强制力一定存在，即在习惯法或者习惯性规则被违反的情况下，某特定群体内一定会产生一个具有一定共识的权力群体或者能够控制群体的个人意志，而这些共识群体或者能被群体接受的个人意志就习惯法所作出的解读和实施，构成与国家权力同样性质的强制力，因而确保习惯法的权威和效力。否则，仅仅凭借个人的遵守和服从，习惯法是不可能存在效力的。换言之，如果人类社会发展到一个完美人的理性阶段，每个个体的判断力、价值取向和道德水准都达到了理性和公平至上阶段时，当每个个体都是无私和公正时，法律就不需要外力的执行，而变成了自我执行的行为规则体系。原始社会和国家存在前的社会不是这样的理想社会。可想而知，人类的群体意识和个人意识，以及与个人和群体相关的权利/权力意识都是随着人类文明的发展不断丰富、提高和复杂化的。在早期的人类社会，某些简单社会行为规则或者道义价值判断可能因为人类的单纯和无知得以遵守和执行。但正因为人类的单纯和无知，他们同样不具有平权和自主概念，因而对所谓权威的接受很可能就是接受综合压力的必然而不是自愿选择的结果。因而，不论国家存在前是否存在习惯法，习惯法通过自愿遵守和服从获得效力是一种缺乏说服力的假说。显然，笔者基本上同意习惯法效力需要外力授予或者执行的观点，但希望在习惯法概念中加入国家权力机关认可或者承认外的，在特定社会团体存在以非官方（或者类似官方）的个体或者集体形式存在的强制执行力。当然，在当今社会中，这种集体或者个体的强制执行力必须是直接或者间接被国家权力机关认可或者默许才得以存在。这是因为当今的人类社会治理模式是以国家权力和国家管理作为框架和基础的。

有研究藏族法律文化的学者是这样定义藏族习惯法的，"藏族习惯法是藏族原始社会的习惯、禁忌、图腾崇拜及特定的宗教信仰发展衍生而来的一种行为规范，它是指藏族人们在日常生活中加以确认或制定，并通过部落组织赋予其强制力或赋予法律效力，有藏区各部落强制保证实施并靠部落盟誓约定的方式调解部落内外关系的具有法律效力的社会规范"。[1]该定义考虑了西藏生活方式、文化和宗教对习惯法生成的影响，也特别强调了部落组织作为一种权力机构或者权力象征对西藏习惯法强制力的重要作用。当然，也有学者强调群体的自律在习惯法中的作用，以及宗教信仰作为自律的文化基础之重要。按照这种逻辑，西藏的习惯法可以被理解为：在先民的原始宗教万物有灵的信仰理念基础上，逐步形成的敬天、敬地、敬人的行为规范，进而形成人们群体生活所共同遵守的习惯和风俗。[2]相比之下，笔者认为第一个定义合理，因为该定义面对了习惯法的约束力和执行力问题，且第二个定义实质是将"习惯"与"习惯法"等同。因此，笔者是比照第一个定义的逻辑研究和解读藏传佛教的财产习惯法的。

鉴于以上讨论，笔者在本论文中所采取的习惯法概念是指在某特定社会群体内存在，通过长期群体实践逐步形成的，由特定群体接受的权威个人或者机构的强制力支撑的，能够对相关群体个人和组织的社会行为产生一定约束力的行为规范。该行为规范具有一定的执行力，该执行力也许不需要或者仅部分需要国家权力机关的直接授权而存在，但至少为国家权力机关和国家法律所默许。执行力是一个综合概念，包括社会个体的自觉遵守和服从，也包括社会群体中的某些个人或者利益体通过为群体所接受的权威所行使的强制性权力。笔者是在此基础上解读本论文所研究的藏传佛教财产习惯法的。

（二）藏传佛教财产习惯法的概念

在现有的研究成果中，笔者尚未找到关于藏传佛教财产习惯法的专门研究，当然也没有任何藏传佛教财产习惯法的概念。藏传佛教财产，即藏传寺院财产和僧尼财产处置、转移、继承和使用是一个现实问题。尽管没有已经完成的研究，但作为一种独立的财产类型，藏传佛教财产确实存在。寺院作为一个宗教活动场所和一个宗教机构，有自己的土地、房屋以及其他不动产和动产。活佛、高教僧侣和普通僧尼都有自己的私有财产。这些私人财产在实践中也会发生流转和处置。笔者希望从研究与寺庙和僧侣活动相关的习惯法、寺院规则和寺庙经济活动

---

〔1〕 参见隆英强：《社会主义法治建设与藏族法律文化的关系研究》，中国社会科学出版社2011年版，第43页。

〔2〕 参见杨士宏："吐蕃法律的文化渊源"，载喜饶尼玛、周润年、韩觉贤主编：《藏族传统法律研究论辑》，中央民族大学出版社2015年版，第1页。

中寻找与藏传佛教财产相关的习惯和实践做法，以确定藏传佛教财产习惯法的内容。

在研究各种不同的实践之前，有必要澄清和明确本论文所采用的藏传佛教财产习惯法的概念。根据前文笔者对于习惯法概念的定义，本文的藏传佛教财产习惯法是指，在藏传佛教寺院和僧侣社群中所共同遵守的，对于特定寺院和僧侣群具有约束力的，并且由特定寺院和僧侣群所接受的特定权威个人或者群体代表所执行的社会（群体）行为规则和习惯。特别需要说明的是，由于不存在一个普遍适用的藏传佛教财产习惯法体系，特定寺院和特定僧侣群体的习惯和行为规则可能不同。再者，必须强调，所有佛教财产习惯法或者习惯做法只有在我国法律的主动承认或者被动默认（或许可）两个前提下才得以存在。因此，就现有的藏传佛教财产习惯法而言，笔者否认任何自然法要素，或者自然正义要素的存在。笔者认为，在现有的中国法律和政治体系中，任何形式或者内容的藏传佛教财产习惯法只能在国家制定的成文法和法律原则没有明确禁止的前提下存在。这里的明确禁止必须采取狭义的解读，即针对某特定习惯做法的明确和直接禁止。如果法律条文和原则的解读能够产生不同涵义或者结果的，只要直接或者间接地允许某特定习惯做法存在空间的，都应当解读为法律没有明确禁止的情形。这就是本文强调狭义解读的原因。

如前所述，寺院财产所有权和使用权的规则与活佛和其他僧侣个人财产的所有权与使用权判断是两个问题。寺院是一个独立于僧侣群体的法律主体。我国现行法规中关于宗教活动场所的概念可以适用于藏传佛教寺院，但藏传佛教寺院是否此外还有自己特别的习惯法则是一个需要专门研究的问题。活佛和藏传佛教僧侣一般都有出家人和公民的双重身份。这在法理层面是没有异议的。例如，1987年上海高级人民法院曾经就市民钱某某是否有权继承其出家为僧的叔父由寺院代管的存款和国库券问题请示全国最高人民法院。最高人民法院同意关于和尚同时具有公民身份，因而不能否定其亲属所主张的继承权的观点，建议上海法院对俗界市民与寺庙间的遗产纠纷调解解决。[1]中国法律对于出家人、僧侣和其他宗教神职人员个人财产归属没有特别规定，故该司法解释所体现的原则仍然有效。因此，藏传佛教活佛和其他僧尼个人财产处置，已经成为习惯法的内容也必须按照

---

〔1〕 参见《最高人民法院民事审判庭关于钱伯春能否继承和尚钱定安遗产的电话答复》，1987年10月16日，〔1986〕民他字第63号。

同一原则判断。但藏传佛教活佛和僧尼个人财产习惯法的内容也必须依我国对西藏自治区的相关法律判断。简言之,由于西藏自治区自治权力的存在,以及西藏文化与汉族文化的差别,活佛和僧尼个人财产习惯法内容可能与汉区佛教僧尼个人财产习惯法存在一定差别。这种差别也可能由于特定藏传佛教僧尼群的差别发生变化。以下将分别讨论寺院财产归属习惯法和活佛与僧尼财产归属习惯法内容。

　　研究藏传佛教财产习惯法的另一个现实问题就是习惯法存在和延续时间的不确定性。众所周知,在中华人民共和国成立之前,西藏地区基本采取的是政教合一的行政和宗教制度。那个时期的寺院具有相当大的权力。1951 年签署的《关于和平解放西藏办法的协议》(《十七条协议》)建立了和平过渡西藏政权的基础,但基本保持了西藏原有的宗教和政治制度。[1] 1959 年西藏实施民主改革,取消了原有的政教合一制度。[2] 由于参与叛乱,很多寺院、活佛和高级僧侣的财产被没收。[3] 有资料显示,截至 1961 年,西藏有寺庙 2676 座,僧尼 11 万余人,其中上层僧侣 500 余人。[4] 除参与叛乱的寺庙和僧侣财产被没收外,没有参与叛乱的 1167 座寺庙和相关僧侣的多数土地和牲畜等财产通过赎买方法转移,同时给他们保留了一定数量的土地和牲畜。[5] 此后藏传佛教在藏区失去了其原有的政治地位和权力。作为习惯法存在的藏传佛教财产制度也受到了影响。改革后的寺院失去了其原有的地位和财产。20 世纪 80 年代后藏传佛教寺院逐步重新恢复。新的寺院当然无法延续 1959 年前的财产习惯法。但作为一个世俗社会以外的宗教社会,寺院作为一种组织结构和行为主体当然需要有自己的处理寺院财产的行为规则,这样逐步形成新的习惯和习惯法。同期,僧尼个人作为单独的行为主体,在藏传佛教体系中也必须重新建立其个人财产的处分习惯和习惯法。鉴于这种习惯法断代的现实,本论文研究的习惯法是在综合考虑 1959 年前的部分相关习惯或习惯法以及寺院和僧尼的自 20 世纪 80 年代后逐步积累的习惯和习惯法为

---

〔1〕 参见曾传辉:《20 世纪 50 年代西藏的政治与宗教》,社会科学文献出版社 2011 年版,第 91 ~ 173 页。

〔2〕 参见曾传辉:《20 世纪 50 年代西藏的政治与宗教》,社会科学文献出版社 2011 年版,第 472 ~ 488 页。

〔3〕 参见邱熠华:"论西藏近代史上的拉萨三大寺——以政治活动与影响为中心(1911 ~ 1951)",中央民族大学 2012 年博士学位论文。

〔4〕 曾传辉:《20 世纪 50 年代西藏的政治与宗教》,社会科学文献出版社 2011 年版,第 487 页。

〔5〕 曾传辉:《20 世纪 50 年代西藏的政治与宗教》,社会科学文献出版社 2011 年版,第 487 页。

基础的。

三、寺院财产归属习惯法

(一) 寺院财产的概念

笔者尚未找到学者关于历史上如何解读寺院财产的讨论。但有学者是这样定义现代意义上的寺院财产的:[1]

广义上讲,它包括寺院组织体系内的一切财产。包括宗教性建筑和非宗教建筑;个人财产、家庭财产、拉章财产和寺院公共财产;动产和不动产等。狭义上说,寺院财产单指寺院公共占有、使用和可支配的那部分财产,包括部分宗教建筑和非宗教建筑,以及寺院公共占有、使用和可支配的其他动产和不动产。之所以作如此区分,是因为寺院的财产中,有些个人、僧人家庭和活佛拉章财产,表面上构成寺院的一部分,但在所有权性质上归属于不同的民事权利主体,并不能为寺院民主管理委员会所能完全支配和处置。这种状况,既是历史传统,也是客观现实。

由此可见,藏传佛教寺院财产历史意义上的定义与现代意义上的定义差别不大。特别需要强调的是,上述学者研究结论就反映了藏传佛教习惯或者习惯法的存在,即活佛拉章财产与寺院财产的区别。拉章是活佛生活和修行的场所,可能包括宗教和非宗教建筑,且经常是寺院建筑机构之部分。但拉章财产在习惯上不视为寺院财产。这样的习惯获得国家法律的直接承认或者默许后,则具有法律意义上的效力和约束力。当然,拉章财产和其他部分财产认定和处分习惯也反映了藏传佛教习惯法的传承。通过研究1959年以前寺院财产状况的资料可以看出,当时寺院的高级僧侣、活佛或者寺主等应当比现在具有更大的独立财产权利,即他们既是寺院宗教机构之构成部分,同时又享有独立的处理貌似与寺院相关的财产的极大权力/权利。在此意义上,历史上寺院作为独立法人的概念是不存在的。因此,寺院财产概念所可能涵盖的范围在历史上可能小于现在的概念。现在所有寺院均采取民主管理委员会的管理方式,从客观上压缩或者限制了高级僧侣在寺院体制内扩展和积聚自己私人财产的能力。

由于本论文分别讨论寺院财产和僧侣财产问题,笔者自然采取前文所指的狭义寺院财产概念。为了便于讨论,笔者将寺院财产定义为:由寺院作为一个宗教

---

[1] 参见华热·多杰:"藏传佛教寺院的财产关系及其规范化管理——以曲桑寺和色科寺为例",见本书。

组织或者场所或者法人所能够独立享有和行使权利的各种动产和不动产，包括知识产权的所有财产总和。具体地讲，寺院财产包括寺院有权使用和获益的土地、宗教建筑、住房、可以从事商业经济活动的建筑和其他类型的不动产、寺院公有的宗教用品和集体生活用品，以及其他各类以寺院名义持有的动产、文物、财务和现金等。区分寺院财产和僧侣财产的关键是以谁的名义持有，以及谁依法享有所有权或者使用权，以及处分和收益权利。所谓依法，当然包括现有法律框架下存在和使用的习惯法。

活佛拉章是转世活佛在寺院的府邸，历史上一直独立于寺院经济体制之外。现在的拉章延续了以前的制度，仍然独立于寺院的民主管理委员会权力之外。因此，活佛拉章被视为僧侣个人财产。这种习惯法就是历史存在的习惯法的延续。但需要说明的是，活佛拉章相对于寺院而言是活佛个人府邸，归活佛个人享用。但拉章并不属于特定的活佛，而是作为一个通过转世延续的活佛体系的专用财产。[1] 转世概念在民法中并不存在。如果适用民法的话，民法只能将每个转世的活佛视为每个独立的民事主体，而活佛转世后对拉章的使用只能是民法的继承制度。但就藏传佛教的转世而言，活佛仍然为虚拟的同一灵魂主体。因此，拉章就是通过转世永远存在的同一灵魂或者宗教主体的私人财产。

（二）西藏民主改革前的寺院财产习惯法

藏传佛教寺院财产习惯法至少应当被分为两个阶段研究，即 1959 年民主改革前的习惯法和民主改革以后，特别是自 20 世纪 80 年代藏传佛教再兴后形成的习惯法。在民主改革之前，寺院财产制度应当由成文法和习惯法共同组成。所以，寺院财产习惯法的内容必须在当时西藏寺院财产制度或者三大领主财产制度中考查。

藏传佛教财产制度，包括习惯法，是西藏延续了约 800 年的领主庄园制度之部分。在公元 8 世纪，赤松德赞主政吐蕃时期，吐蕃王朝就规定：出家僧人生活所需从国库支出，且免除杂役。[2] 这种规定为寺院和僧侣财产独立和特殊财产规则体系的形成建立了基础。其后的西藏地方政权也基本延续了同一传统。例如，西藏地区颁布的"藏巴汗"或《十六法》就对保护僧侣和寺院财产部分问题作出了

---

〔1〕 参见嘎·达哇才仁："西藏活佛的拉章及拉章经济"，见本书。

〔2〕 参见杨士宏："吐蕃法律的文化渊源"，载喜饶尼玛、周润年、韩觉贤主编：《藏族传统法律研究论辑》，中央民族大学出版社 2015 年版，第 8 页。

明确规定。其中的《十三法》规定：若有人出家为僧，其家庭需提供炊具及其农业收入应得份额，并提供僧装，同时僧人仍然享有家庭财产分割应有份额。[1]这样的规定显示僧人与俗人享有类似的财产权。[2]如果按照同样的原则推论的话，对于现行的活佛家人继承活佛全部或者部分财产的习惯法或者习惯是可以理解的。[3]

1959年前，西藏地区的绝大部分的不动产和动产都掌握在官府、贵族和寺院三大领主手中。[4]以实耕地为例，寺院当时占有约1/3之一的份额，即100万克实耕地。[5]在当时的卫藏地区，寺院与僧人组成一个重要的社会群体。例如，民主改革前，以拉萨为中心的西藏地区"共有寺庙2676座，僧众114 925人，其中大小活佛等上层僧侣约500人，掌握经济实权的僧侣共4000余人。当时西藏大约有1/4的男子出家为僧。哲蚌、色拉、甘丹三大寺僧人人数一度超过1.6万人，共占有庄园321个、土地14.7万多克（1克相当于1亩）、牧场450个、牲畜11万头，占有农牧奴6万多人"。[6]另一个例子是改革前的甘孜藏族自治州。据史料记载，在1956年，"全州共有寺院（包括喇嘛寺和觉母寺）495座，喇嘛、扎巴和觉母共约64 000人。喇嘛、扎巴和觉母占总人口的比例，全州约13%，北路高于南路，东路最低，以县而论，最高的是甘孜33%和理塘31%，最低的是丹巴3.5%和康定4.9%（按，这里没有把还俗了的人计算进去，要是计算进去的话，比例就更大了）"。[7]由此可见，当时西藏地区佛教非常流行，僧侣代表了大约1/3或者1/4藏民群体。

作为一个独立的社会群体，寺院和僧侣也必须享有相应的财产权利，才能维持这个群体的社会地位和可持续发展。出租土地，卖粮食或者放粮债，信众捐赠和馈赠，做法事收入，以及政府的补贴是寺院和僧人收入的主要来源。例如，清

---

〔1〕 参见杨士宏："论藏族僧尼的法律地位"，载喜饶尼玛、周润年、韩觉贤主编：《藏族传统法律研究论辑》，中央民族大学出版社2015年版，第128页。

〔2〕 参见杨士宏："论藏族僧尼的法律地位"，载喜饶尼玛、周润年、韩觉贤主编：《藏族传统法律研究论辑》，中央民族大学出版社2015年版，第128页。

〔3〕 参见杨士宏："论藏族僧尼的法律地位"，载《青海民族学院学报》1997年第2期。

〔4〕 参见华热·多杰："我国历史上各宗教组织的财产所有权状况——宗教组织财产所有权性质研究之二"，载《青海民族研究》2006年第2期。

〔5〕 参见华热·多杰："我国历史上各宗教组织的财产所有权状况——宗教组织财产所有权性质研究之二"，载《青海民族研究》2006年第2期。

〔6〕 参见中国国务院新闻办公室发表的《西藏民主改革五十年》（白皮书），转载至中国网。

〔7〕 参见四川省编写组：《四川省甘孜州藏族社会历史调查》，四川省社会科学出版社1985年版。

朝时设立在北京的雍和宫在北京地区的 29 个县持有香灯地，年入地租近万两白银。[1]雍和宫是官庙。除寺院获得政府封赏的土地和其他财产外，高级僧侣同时也会收到政府的俸禄和各类财政支持。[2]其他在藏区的官庙都会享有类似的待遇。以位于云南西部地区的松赞林寺为例，在民主改革前，政府每年给该寺院发放口粮青稞 255 677.5 千克，衣单银 346.5 元，供品银 80 元，酥油 1232.22 千克，铁斧 16 把，土纸 9000 张等。[3]而当时松赞林寺每年放出粮债约 150 万千克青稞，年收回利息 27.5 万千克左右，约合当时的半开龙元 125 382 元。[4]有研究是这样描述拉萨寺院财产状况和制度的：[5]

> "拉萨三大寺是西藏寺庙领主的典型代表，共占有溪卡（庄园）321 个，耕地面积 174 535 克；占有牧场 261 个，农牧奴 9591 户，集约 75 334 人；有牲畜 111 093 头。这些只是三大寺的寺产，是宗教财产的主要存在形态。此外，三大寺的上层喇嘛个人的财产更为惊人。如哲蚌寺功德林活佛拉章就有溪卡 50 个，实耕土地 1500 克，牧场 3 个，大小牲畜 8000 余头（只），高利贷本粮 4 万秤，商业资本 4000 秤，农奴 3.5 万人，农具 450 套，农村房屋 1000 间，城市房屋 16 所 650 间，汽车 3 辆，马车 5 辆。类似的拉章仅属于三大寺的不下 10 个。"

可见，宗教财产当中私产的数量也非常可观。寺院作为三大领主之一，拥有藏族社会 1/3 的社会财富，毋庸置疑是财产所有权的重要主体。但宗教财产所有权的性质，以及行使方式因各地寺院组织的不同而存在细微差异。

按照当时的寺院制度，各个教派都有自己的管理体系，寺院之间的管理结构会产生不同。一般采取的是三级财产管理机构，即拉吉、扎仓和康参。[6]也有人

---

〔1〕 参见胡芮："藏传佛教寺院管理模式的现代转型"，中央民族大学 2016 年硕士学位论文。

〔2〕 参见胡芮："藏传佛教寺院管理模式的现代转型"中央民族大学 2016 年硕士学位论文。

〔3〕 参见胡芮："藏传佛教寺院管理模式的现代转型"中央民族大学 2016 年硕士学位论文。

〔4〕 参见勒咱·扎拉：《康藏名：寺噶丹松赞林寺》，云南民族出版社 1997 年版，第 17～18 页。

〔5〕 参见华热·多杰："我国历史上各宗教组织的财产所有权状况——宗教组织财产所有权性质研究之二"，载《青海民族研究》2006 年第 2 期。

〔6〕 参见华热·多杰："我国历史上各宗教组织的财产所有权状况——宗教组织财产所有权性质研究之二"，载《青海民族研究》2006 年第 2 期。

将"拉吉"翻译为"拉基","康参"为"康村"。[1]拉吉又称为措钦,级别最高的机构,掌管全寺。[2]也有人将这个位置解读为"磋钦",即大经堂或者正殿。[3]扎仓是中级机构,管理本扎仓的行政、财务、属民和对外关系,具有独立的经济地位,[4]且各扎仓的堪布组成拉吉(拉基)。[5]一个拉吉下面可能根据需要设立几个拉仓,一般根据藏传佛教派别设立,例如显宗扎仓和密宗扎仓。[6]康参是基层组织,管理一般事务,同时也管理本康参部分财产。[7]康参或者康村按照僧众籍贯所属区域划分。[8]虽然多数寺院都遵循类似制度,具体安排也会因寺而异。例如,位于云南西北地区的松赞林寺就采取了略显不同的三层级机构,即扎仓(以活佛、堪布、格西等高僧组成的"拉西会议")作为最高权力机构;第二层是洛张(掌教官)、觉夏和扎西(内务部和财务部);最底层是康参。[9]这些安排显示,当时的寺院是具有强大的经济地位和财产管理职能的。

针对当时的制度,有学者认为,1959年以前西藏寺院财产所有权制度在习惯上具有多层次性和多元性特点,即:[10]

所谓层次性,在名义上,全藏区的宗教财产属于原西藏地方政教合一制政府所有,实际上,这些财产分别属于各地各教派的宗教头人。所谓多元性,从财产的利用制度和财产收益的去向(支出)上看,这些财产分别属于各地各教派的

---

〔1〕 参见施东颖:"藏传佛教格鲁派六大寺院及其管理",载《西南民族大学学报(人文社科版)》2007年第2期。

〔2〕 参见华热·多杰:"我国历史上各宗教组织的财产所有权状况——宗教组织财产所有权性质研究之二",载《青海民族研究》2006年第2期。

〔3〕 参见施东颖:"藏传佛教格鲁派六大寺院及其管理",载《西南民族大学学报(人文社科版)》2007年第2期。

〔4〕 参见华热·多杰:"我国历史上各宗教组织的财产所有权状况——宗教组织财产所有权性质研究之二",载《青海民族研究》2006年第2期。

〔5〕 参见施东颖:"藏传佛教格鲁派六大寺院及其管理",载《西南民族大学学报(人文社科版)》2007年第2期。

〔6〕 参见施东颖:"藏传佛教格鲁派六大寺院及其管理",载《西南民族大学学报(人文社科版)》2007年第2期。

〔7〕 参见华热·多杰:"我国历史上各宗教组织的财产所有权状况——宗教组织财产所有权性质研究之二",载《青海民族研究》2006年第2期。

〔8〕 参见施东颖:"藏传佛教格鲁派六大寺院及其管理",载《西南民族大学学报(人文社科版)》2007年第2期。

〔9〕 参见胡芮:"藏传佛教寺院管理模式的现代转型",中央民族大学2016年硕士学位论文。

〔10〕 参见华热·多杰:"我国历史上各宗教组织的财产所有权状况——宗教组织财产所有权性质研究之二",载《青海民族研究》2006年第2期。

宗教领主私人和寺院集体。也就是说，一部分土地掌握在宗教头人（如寺主、活佛、管家）手中，由其负责管理，主要用于私人生活，包括用于本拉章（改哇、囊欠）全体僧人的日常生活。一部分财产掌握在寺院管理组织手中，这部分财产在性质上属于寺主私有，还是寺院集体所有并不明确。由寺院的管理机构统一掌管经营、收益，并将收入之主要部分用于僧侣生活、寺舍维修、传教、教育和佛事活动、慈善事业等方面。这种财产权模式的特点是：其一，从寺院内部的财产关系看，寺院集体所有权和僧人个人所有权并存；其二，僧人生活实行家庭制。财产权属私有性质。

以上描述反映了当时藏传佛教寺院和僧侣财产的性质。如果我们用现在通用的法律概念解读这些制度的话，我们可以得出这样的结论：其一，寺院作为当时政教合一权力机构的一个组成部分，独立享有自己的财产和财产制度。其二，如果用宗教财产一词描述当时寺院财产的话，我们会发现藏传佛教的宗教财产实际分为寺院集体所有和僧侣个人（包括高级僧侣）所有两类。其三，集体所有部分按照前面所述的三级管理机构管理，而个人部分则由个人支配。其四，宗教头人，即寺主，活佛和其管家和部分高级僧侣个人掌握的财产与一般僧侣个人财产差别很大，且均以家庭财产制为基础产生权利。由于缺乏足够的研究和相关资料，笔者无法判断这些做法的哪些部分是以成文法为依据，哪些是习惯法的作用。但鉴于当时西藏的政治制度和社会文明程度，习惯法一定是相关制度的重要组成部分。当然，这个问题的进一步研究还是产生出当时西藏的成文法认定问题。由于西藏的三大领主制度是当时西藏介于奴隶社会和封建社会之间的政治经济基础的产物，当时的成文法概念也不同于当今的成文法概念。所以，区分当时的成文法和习惯法还有许多理论层面需要深层次探讨的问题。

寺规应当是藏传佛教习惯法之部分。从概念上讲，寺规可以被理解为在佛教戒律基础上，为规范寺院僧侣集体生活而制定规则，是调整寺院内部人身关系和财产关系的行为规范的总称。[1] 笔者将寺规视为习惯法的一种形式，因为寺规是寺院作为一个宗教组织自己制定的，且寺规是由寺院或寺院的管理机构作为一种僧侣共同认可的权力机构执行的。虽然寺规多数为约束僧侣行为的规范，但其中应当有部分与个人财产使用和处置相关的规则。笔者虽然没有搜集到过去的旧寺规对财产的规定，但过去寺规所可能作出的财产规定可以从现代的寺规中寻找踪

---

〔1〕 参见华热·多杰、位长城："藏传佛教寺院寺规研究"，载《青藏高原论坛》2014 年第 4 期。

迹。例如，对雍和宫与松赞林寺现代管理模式的研究显示，这两个寺院寺规都有关于寺院财产管理和僧侣收入等规定。[1]所以，笔者推断，过去的寺规一定会有零散的直接或者间接关于寺院和僧侣财产的处置规范。

根据以上资料判断，藏传佛教习惯法允许寺院作为一个主体享有自己的财产。但由于寺院的性质不同，例如，官建、领主所建和牧民或者村民集资所建，寺院的主管或者最高决策人对于寺院财产的控制和处理能力也会产生差别。因此，虽然具体财产使用和管理规定或者实践在不同寺院和教派之间会产生差别，但寺院财产作为一个独立于僧侣个人财产外的习惯法财产体系是存在的。笔者称相关规定为习惯法，因为这些习惯做法独立于当时的法律之外存在，且只能在法律明示或者默示认可的前提下才能存在。

（三）民主改革后寺院财产习惯法的发展和状况

民主改革和后期的社会主义改造对西藏佛教寺院和僧侣冲击很大。根据1965年的统计，当时在西藏自治区境内只保留了553座寺院和6913名僧尼。[2]1966~1976年"文化大革命"期间，藏区同全国其他地区一样，宗教信仰自由政策遭到了破坏，藏传佛教宗教活动场所及设施也遭到破坏，除极少数僧人外，大部分僧人离开寺院，寺院宗教活动基本停止。[3]由此可见，20世纪80年代前的20年，对藏传佛教的负面影响很大。就寺院财产制度和习惯法而言，现在所能够证实存在的习惯法主要是近30年发展形成。当然今天的习惯法一定会直接或者间接地传承了过去800年积累的部分与当今社会不冲突的习惯和做法。

随着我国20世纪70年代末的改革开放，佛教在全国逐步恢复，藏传佛教也在20世纪80年代开始恢复。以四川甘孜地区为例，地方政府落实中国的宗教政策，在30年前逐步"恢复和建立了州佛教协会和各县佛教协会。对在历次政治运动中被占用的佛教界的僧舍、财产、宗教用品等，按国务院和省人民政府的有关规定，进行了清退，开放了40座具有代表性的藏传佛教寺庙和康定清真寺，为信教群众提供了宗教活动场所"。[4]宗教自由政策得以实施后，在改革开放的

---

〔1〕 参见胡芮："藏传佛教寺院管理模式的现代转型"，中央民族大学2016年硕士学位论文。袁晓文："藏传佛教寺院经济运行与财产管理相关问题现状调查——以四川甘孜州A寺和阿坝州B寺为例"，见本书。

〔2〕 参见尕藏加："藏传佛教寺院内部管理体制的演进"，载《世界宗教研究》2007年第2期。

〔3〕 参见豆格才让："藏传佛教寺院内部管理体制的演变"，见本书。

〔4〕 参见《甘孜藏族自治州概况》，民族出版社2009年版。

带领下藏区的寺院慢慢地得以修复、僧人陆续回到寺院。1984 年四川藏语佛学院成立，地址设于四川省甘孜县斯俄乡。1986 年 9 月 28 日青海省藏语佛学院成立，地址设在青海省湟中县塔尔寺。除每隔一年招收正式学僧外，还开办不定期的活佛培训班。[1]甘孜地区的变化是整个藏传佛教在过去 30 年恢复和重兴的缩影。

在过去 30 年，藏传佛教的重兴取得了重要成果。如前所述，在 2016 年，中国藏传佛教的喇嘛和尼姑共约 12 万人，活佛 1700 余人，寺院 3000 余座。[2]藏传佛教僧尼总数占全国僧尼总数的 60%，而寺院总数占全国总数的 10%。相比而言，藏传佛教重兴的速度和规模远远超过了全中国佛教重兴的速度和规模。藏传佛教在我国宗教领域的影响力和地位可想而知。

恢复后的藏传佛教寺院一般都采取了管委会的管理形式。其实藏传佛教寺院在民主改革后就是通过寺庙管理委员会管理的。[3]只是国家近期通过行政立法方式统一规范了寺庙管理委员会机构。国家宗教局于 2010 颁布了《藏传佛教寺庙管理办法》。该专门制定的办法，是藏传佛教现有管理体制的基础。该办法是依据国务院于 2004 年颁布的《宗教事务条例》和国家宗教局自己于 2005 年颁布的《宗教活动场所设立审批和登记办法》（以下简称《办法》）形成的。该《办法》第 8 条规定："寺庙应当通过协商成立民主管理组织。管理组织的成员一般由本寺庙的教职人员组成，也可以吸收所在地信教公民代表和当地村委会（居委会）代表参加。"该《办法》没有明确规定管理人员的分类、名称等涉及僧侣级别的问题。为了落实国家宗教局的管理办法，藏区地方政府也制定了本地的实施细则。在该办法的原则基础上，藏传佛教寺院管委会的框架、职能和管理人员的称谓在不同地区和寺院可能存在差别。但大致的结构和框架都与我国现行的《宗教事务条例》为蓝本设置。以位于康巴区的扎什伦布寺为例，[4]该寺"民管会有 20 多名委员，下设 6 个小组：佛事组、政治学习组、文物保护组、财经组、生产组、治保组。各组长都是由民管会成员担任组长。各组都有一套严格的规章制

〔1〕 参见曾传辉："试论当代藏区宗教机构和制度的变迁——藏区宗教现状考察报告之三"，载《宗教与世界》2003 年第 6 期。

〔2〕 参见全国政协民族和宗教委员会编：《中国宗教概况》，中国文史出版社 2008 年版。

〔3〕 参见豆格才让："藏传佛教寺院内部管理体制的演变"，见本书。

〔4〕 康巴地区主要包括四川甘孜藏族自治州、西藏昌都地区、云南迪庆藏族自治州以及青海玉树藏族自治州。

度。佛事组在民管会的统一领导下，安排一切宗教活动，按照班禅大师的教导，进行教务管理，负责教规的执行"。[1]另一个例子是四川省甘孜地区的寺院管理。按照《甘孜州藏传佛教事务条例实施细则》的规定，由僧尼和政府工作人员共同组建管理委员会班子；僧尼成员由寺院内部民主协商推选产生，政府工作人员由政府委派；寺院管理委员会（局）为县政府派出机构，受县政府委托，行使相应宗教事务管理执法权，业务上接受同级宗教工作部门的指导和监督。[2]就具体寺院而言，寺院僧尼人数在 300 人以内的，寺管会班子由 7 人组成，设主任 1 名、副主任 1 名、成员 5 名；寺院僧尼人数在 300 ~ 500 人的，寺管会班子由 9 人组成，设主任 1 名、副主任 2 名、成员 6 名；寺院僧尼人数在 500 人以上的，寺管会班子成员由 11 人组成，设主任 1 名、副主任 3 名、成员 7 名。[3]拉萨的尼木县对寺庙实行社区管理，以"村委会主任兼任寺庙民管会主任"作为寺庙管理的基本模式，牢牢掌握寺庙的财产管理权和僧尼管理权。[4]相比之下，扎什伦布寺的管理体制更体现了寺院和僧侣的自治。该寺建立了民管会主任办公会制度、民管会全体成员会议制度、民管会下属各职能小组的工作制度、会议制度和请示报告制度、全寺僧众大会制度、财务管理体制、文物保护制度、寺庙安全保卫制度、生产管理和分配制度，等等。[5]与前面各寺院不同，松赞林寺采取了一个将过去的扎仓制度和现在的管理委员会制度综合的结构。在此制度下，松赞林寺管理局与扎仓（拉西会议）并存，而活佛也担任管理局的局长。[6]以上范例显示了对国家宗教事务局所颁布办法执行中的差别，但都是以该办法所设立的原则为基础。

关于藏传佛教寺院的管理，本书中多篇文章都有详细介绍，[7]不再赘述。

寺院应当有自己的财产，包括动产和不动产。按照中国法律规定，土地只有

---

〔1〕 参见曾传辉："试论当代藏区宗教机构和制度的变迁——藏区宗教现状考察报告之三"，载《宗教与世界》2003 年第 6 期。

〔2〕 参见沈桂萍："国家关于藏传佛教事务的法律规制"，见本书。

〔3〕 参见《甘孜藏族自治州藏传佛教事务条例实施细则（试行）》（甘孜藏族自治州人民政府令第 31 号）（2014 年 1 月 26 日审议通过），载《甘孜日报》，http://paper. kbcmw. com/html/2014 - 07/04/content_45287. htm，最后访问时间：2014 年 7 月 4 日。

〔4〕 参见豆格才让："藏传佛教寺院内部管理体制的演变"，见本书。

〔5〕 参见豆格才让："藏传佛教寺院内部管理体制的演变"，见本书。

〔6〕 参见胡芮："藏传佛教寺院管理模式的现代转型"，中央民族大学 2016 年硕士学位论文。

〔7〕 参见沈桂萍："国家关于藏传佛教事务的法律规制"，见本书。豆格才让："藏传佛教寺院内部管理体制的演变"，见本书。

两种性质，或者国有或者集体所有。因此，寺院对土地仅有使用权，没有所有权。寺院的房屋可能是寺院所有，也可能是地方佛教协会所有，也可能是当地居民集体所有（如果寺院是当地居民修建的话）。除土地和房屋外，藏传佛教寺院还可能拥有草场使用权、寺院附属建筑和设施所有权或使用权以及法器、文物、宗教收入、各类捐赠以及其他合法财产、收益等佛教财产。

寺院的财产问题与寺院所从事的经济活动相关。藏传佛教寺院体系的一个特点就是寺院事实上也是一个经济活动的主体。如前所述，在民主改革之前，寺院曾经将土地出租给他人，以收取地租。寺院也从事或放粮债的活动，以获得利润。当然寺院提供的法事也是有回报的。过去30年藏传佛教寺院特别提倡以寺养寺的经济自主方式。不少寺院不仅通过与佛教相关的活动获得经济回报，也直接从事纯粹商业的运作获得经济利益。所以，有学者将寺院从事的经济活动分为两类：宗教性经济和世俗性经济。[1]宗教性经济是指寺院通过信众捐赠，政府补贴和佛教仪式活动获取的经济收入和回报。世俗性经济则指寺院作为一个普通的民事主体所从事的各类以营利为目的的经济活动，但这些经济活动的目的多数与寺院维持自身的经济需要相关。例如，耕种、旅游、旅馆、餐饮服务、运输和贸易等商业行为。有学者通过调查采访20多个位于西藏、青海、甘肃和云南的寺院发现，这些寺院都在从事这样两类经济活动，以维持寺院的正常运转。[2]根据现有的以寺养寺经济模式判断，适用于藏传佛教的财产习惯法和法律规则应当分为两类。一类是适用于宗教性经济的规则，而另一类则是适用于世俗性经济的规则。由于法律对于宗教性经济没有明确和详细规定，这个部分的规则多数应当属于习惯法范畴。而世俗性经济就是普通的商业行为，故应当以世俗法律为主。但是否因为寺院的特殊地位，在发生这些行为时也会产生了部分习惯法规则，这个问题需要更深入的调查和研究才能确定。

寺院财产的管理使用情况是个敏感的问题，笔者目前还没有搜集到任何深度和全面的研究。除了部分与法器和宗教祈福活动相关的寺院习惯做法外，寺院使用和处分其财产的许多做法不向外界披露。这样，寺院财产相关习惯做法仅能够通过现有的法规原则和间接的研究推断。概言之，藏传佛教能够独立拥有和行使财产权利。在现有的管理委员会体制下，重大的和制度方面的财产管理和使用决

---

〔1〕 参见沈桂萍、姜娜："藏传佛教寺院经济与财产监管问题研究"，见本书。
〔2〕 参见沈桂萍、姜娜："藏传佛教寺院经济与财产监管问题研究"，见本书。

定均应当由管理委员会作出。在缺乏具体的法律规范的前提下，管理委员会的决定和管理委员会认可的各种财产管理，使用和处置方式都构成特定寺院习惯法之部分。这些具体习惯和做法只能在出现了纠纷或者成为公众问题后向成为可以获取的公众信息之部分，否则没有寺院愿意向外界详细介绍自己的财产习惯法规则和做法。如前所述，除了从事宗教性经济行为外，多数寺院也从事世俗性经济行为。可以想象，寺院从事这些行为时必须遵守普通的世俗法律，即与普通的民事主体一样承担民事责任，享有民事义务。因此，这类民事活动中的习惯法空间较小，最多仅在寺院内部决定与世俗性经济相关活动时可能对寺院内部僧侣或相关人员作出与寺院外部人员不同的约定。但实质上，即使有此类习惯法存在，这些不同于普通民事法律的习惯法也不具有强制力或只具有极有限的强制力。因为从事世俗性经济活动的僧侣都具有俗人和僧侣的双重身份，按照现有法律判断，僧侣个人的世俗身份，即作为宪法所规定的自然人是不能被任何习惯法剥夺的。因此，可以推断，现有的与寺院财产相关的习惯法应当主要存在于寺院宗教性经济活动之中，且与所谓的宗教建筑、设施和宗教物品相关。所有的宗教建筑、设施和宗教物品，包括动产、不动产和知识产权都可以成为宗教财产，以区别与世俗性经济产生的寺院财产。在此意义上，宗教财产与非宗教财产（世俗财产）相对而言，不等同于寺院财产。寺院财产应当由宗教财产和非宗教财产（世俗财产）组成。

四、活佛和僧尼财产归属习惯法

（一）民主改革前的私人财产习惯法

藏传佛教分成五大主要派别，即宁玛派、噶当派、萨迦派、噶举派和格鲁派。[1]也有学者将其分为四派，即格鲁派、萨迎派（萨迦派）、噶举派、宁玛派。[2]每个派别的组织结构和高级僧侣设置不同。一般地讲，寺院中的僧侣大致可以分为两类，高级僧侣和普通僧侣。高级僧侣包括活佛、住持、堪布、吉索、协敖、知事僧官等其他类型的僧官。[3]目前最有影响力的达赖和班禅都是格

〔1〕 参见完德才让："浅谈藏传佛教五大派别"，载《学理论》2010 年第 28 期；王森：《西藏佛教发展史略》，中国藏学出版社 2010 年版，第 39～204 页。

〔2〕 参见况浩林："近代藏族地区的寺庙经济"，载《中国社会科学》1990 年第 3 期。

〔3〕 关于藏传佛教等级结构，参见许德存："西藏佛教寺院内部的等级结构"，载《西藏民族学院学报（哲学社会科学版）》2006 年第 1 期；王辅仁编著：《西藏佛教史略》，青海人民出版社 2005 年版，第193 页。

鲁派。

在藏传佛教历史中,寺院的产生出现多种形式,有官庙,私庙,当地集体筹建和僧人个人筹建等。高级僧侣个人财产状况与寺院性质有关系。高级僧侣获得的政府赏赐和薪俸高,信众多,当然个人积累的财富就会多。吐蕃王朝早期有政府供养僧侣的先例,后来演变成三户养僧制,即以寺院为单位,相关寺院的每个僧人由指定的三户藏人家庭供养。[1]后来随着格鲁派在藏区地区地位的强大,寺院能够控制藏区约1/3的经济资源。当然随着藏传佛教政治势力的强大,民主改革强制向牧民摊派宗教活动费用是寺院经济来源的主要方式之一。由此导致的普通藏民经济压力也被视为宗教压迫的证据。[2]普通僧侣则没有这些经济收入来源,故积累的个人财富就很少。例如,"在民主改革前,普通僧人完全依附于寺院,其独立所拥有的财产少之又少,除了一些炊具、衣物和学习用具、佛经以外,似乎再无其他财产。僧人只是作为家庭、拉章和寺院的一分子而存在"。[3]根据此类情况判断,民主改革前的僧侣私人财产习惯法内容应当主要与高级僧侣的私人财产处置相关。

对雍和宫的研究可从一定角度说明民主改革前高级僧侣个人财产状况和相关习惯法。清朝时期,雍和宫内学艺喇嘛的开销由其所属的旗按月缴纳,其余的喇嘛的开销按照不同级别由政府统一发放。[4]一般僧人的待遇每人每月粮米七斗五升以及数量不等的银钱,每人有进宫念经时穿戴的黄蟒袍等法衣14套,另有各种特赏、布施。级别较高的呼图克图、堪布,除了这些钱粮,清廷还会赏赐他们寺院及庙产、牧场、牛羊、白银、金玉珠宝、古玩字画,等等,这些都是他们个人所有。[5]因此当时还有"驻京喇嘛不亚于王爷"这样的说法。[6]关于高级僧侣个人财产的处置,还没有研究说明当时遵循的习惯法是什么。由于拉章财产有比较明确的规定,同时考虑到部分可以查到的寺院规定,可以推断,高级僧侣的个

[1] 参见穆赤·云登嘉措:"藏传佛教信众宗教经济负担的历史与现状",载《西藏研究》2002年第1期。

[2] 参见穆赤·云登嘉措:"藏传佛教信众宗教经济负担的历史与现状",载《西藏研究》2002年第1期。

[3] 参见华热·多杰:"藏传佛教寺院的财产关系及其规范化管理——以曲桑寺和色科寺为例",见本书。

[4] 参见胡芮:"藏传佛教寺院管理模式的现代转型",中央民族大学2016年硕士学位论文。

[5] 参见胡芮:"藏传佛教寺院管理模式的现代转型",中央民族大学2016年硕士学位论文。

[6] 参见牛颂主编:《雍和宫》,当代中国出版社2002年版,第157页。

人财产一般分为两类：法器和个人用品。法器应当归寺院或者其他僧人继续使用，而个人用品的处理没有统一规定，多数会传给其他僧侣。但是，部分藏传佛教僧侣允许结婚和建立家庭，这种情况下的除法器外的个人财产就很可能传给其家人了。

有学者通过对松赞林寺的调查发现，民主改革前，一般僧人的收入主要由政府供给、家庭供给和自己从商组成。[1]每年政府供给寺院的口粮、衣单银、酥油、纸张都会分配给寺院里所有的僧人。此外，僧人的家属还会提供给僧人青稞、酥油灯生活用品，如果僧人要修建僧舍，家人也会提供部分的资金帮助。[2]清朝时期，松赞林寺僧人私人经商的也屡见不鲜，资本在万元以上的有 60 户，资金雄厚的可达 40 万元。[3]就普通僧侣而言，他们获得的基本上都是生活必需品，故圆寂后一般由寺内其他僧侣继承使用。

（二）民主改革后的私人财产习惯法

民主改革以后 20 多年，藏传佛教处于低迷状态。保留的寺院很少，僧侣也很少。当时的僧侣一般由其家人供养。当时的寺院和僧侣已经采取了所谓的以寺养寺政策。僧侣从事一定的劳动，同时当地政府会提供有限的经济补助。

自 20 世纪 80 年代全面恢复藏传佛教以来，"以寺养寺"仍然是主要的寺院和僧侣生存策略，但经济形式多样化和范围扩大。僧人的收入主要由寺院定期发放补助、寺院外的佛事活动、农村低保以及从事商业活动组成。例如，在松赞林寺，僧侣个人收入在开放旅游景点后大幅提高。[4]此外，寺院每月有 3～5 天有佛事活动，为了鼓励僧人参加，民管会会给参加活动的僧人每人 50 元钱。[5]而僧人在外出做法事时也会收到信众的额外布施。有调查发现，少数僧侣还从事其他商业活动，如开办藏药厂和销售宗教用品等。这些活动提高了僧侣的个人收入水平，且僧侣在收入增加后还获得了资助其家人的能力。[6]这些现象说明了僧侣个人财产的双重性。僧侣通过宗教活动获得的财产和生活必需品不具有商业性，而僧侣通过从事商业活动获得的财产则明显带有俗人或者自然人的商业属性。长

---

〔1〕 参见胡芮："藏传佛教寺院管理模式的现代转型"，中央民族大学 2016 年硕士学位论文。
〔2〕 参见胡芮："藏传佛教寺院管理模式的现代转型"，中央民族大学 2016 年硕士学位论文。
〔3〕 参见勒咱·扎拉：《康藏名寺：嘎丹松赞林寺》，云南民族出版社 1997 年版，第 18 页。
〔4〕 参见胡芮："藏传佛教寺院管理模式的现代转型"，中央民族大学 2016 年硕士学位论文。
〔5〕 参见胡芮："藏传佛教寺院管理模式的现代转型"，中央民族大学 2016 年硕士学位论文。
〔6〕 参见胡芮："藏传佛教寺院管理模式的现代转型"，中央民族大学 2016 年硕士学位论文。

期存在的僧侣个人和家人在经济上相互支持的做法说明了僧侣个人财产习惯法的存在，即僧侣个人有权处分其私人财产，且能够按照相关寺规将法器外的私人财产交给其家人处置。但僧侣的财产继承则需要看相关寺院的规定或者习惯。

藏传佛教僧侣个人财产已经成为一个愈来愈重要的问题。随着寺院和僧侣经济活动的增加和寺院影响力的扩大，僧人的财产拥有量也处于上升趋势。活佛和高级僧侣个人财产的数目无法判断，但有些大活佛和高级僧侣的个人财产应当相当可观。活佛的个人财产应当与拉章一起对待。在缺乏公开资料的前提下，高级僧侣的个人财产只能按照普通僧侣的个人财产变化推论，同时他们处置个人财产的方式也可以比照普通僧侣的做法推论。目前，普通僧侣个人主要财产包括房屋、汽车、洗衣机、电视、冰箱冰柜等和少量个人存款。[1]例如，有学者调查发现色科寺和曲桑寺各有汽车8辆，同时这些寺院的年轻僧侣几乎都会开车。[2]这些现象说明藏传佛教普通僧侣个人财产已经成为一个现实问题。他们是否有独立的处理私人财产的机会以及他们是否只能在寺院内处置自己的财产已经成为一个现实问题。

藏传佛教僧侣个人财产处置也必须考虑藏传佛教寺院所实行家庭生活和集体生活相结合的二元体制。就寺院的集体生活而言，僧侣都是寺院集体之部分。同时，在一个寺院内，由师傅一人和徒弟数人组成的僧人家庭是寺院最基本的生活单位和最初的学习场所。[3]除了拉章形式以外，普通僧人家庭的财产关系是一种家庭成员共有关系，主要体现在分家析产和财产继承权方面。[4]僧人家庭财产，因家庭类型的不同，其差异较大。普通僧人家庭，其财产数额小，主要是继承下来的房屋或师傅个人出资修建的房屋，至于生活用品、宗教用品，价值不大。[5]但如果普通僧人家庭持有比较奢侈的现代生活用品的，按照继承原则上应当在家

---

〔1〕 参见华热·多杰："藏传佛教寺院的财产关系及其规范化管理——以曲桑寺和色科寺为例"，见本书。

〔2〕 参见华热·多杰："藏传佛教寺院的财产关系及其规范化管理——以曲桑寺和色科寺为例"，见本书。

〔3〕 参见华热·多杰："藏传佛教寺院的财产关系及其规范化管理——以曲桑寺和色科寺为例"，见本书。

〔4〕 参见华热·多杰："藏传佛教寺院的财产关系及其规范化管理——以曲桑寺和色科寺为例"，见本书。

〔5〕 参见华热·多杰："藏传佛教寺院的财产关系及其规范化管理——以曲桑寺和色科寺为例"，见本书。

庭成员间传承。

根据以上现象判断，高级僧侣和普通僧侣个人财产都是独立于寺院财产外的财产，属于相关僧侣个人使用的处分的财产范围。在缺乏明确的统一习惯法和法律标准的前提下，笔者认为一般的确认标准应当是按照相关的寺院管理委员会的规则或者决定判断。活佛和高级僧侣都有获得信众慷慨捐献和馈赠的机会。如果信众明确捐赠是给活佛或者高级僧侣个人的，他们当然有权自己处理和持有相关财产。这一点与寺院从事宗教活动时会收到统一的法事费用，与同时普通僧侣也会收到信众发给僧侣个人的布施是一个道理。至于活佛和僧侣如何认定他们私人获赠财产的性质是藏传佛教群体自己的问题，俗界不应用自己的理念作出所谓的道德判断。根据藏传佛教过去的习惯做法和正在发生的现状，笔者认为藏传佛教僧侣不论地位高低，都享有拥有和处分私人财产的宗教权利。当然，他们作为自然人和俗人所享有的法律权利并不会因为其宗教身份而消失，但他们如果愿意按照他们认为合适的藏传佛教体制内的习惯和理念处理其个人财产的话，除非法律明文禁止，他们的习惯或者习惯法应当受到法律的认可和保护。因此，在出现争议或者模糊地带时，了解相关寺院的相关规则，寺院群体内存在的习惯和做法是处理僧侣个人财产的首要原则。

（三）拉章财产习惯法

拉章是活佛居住和生活的私人场所。但由于活佛制度特有的同一活佛轮回转世的现象，具体活佛可能去世，但新的转世活佛继续居住在他前世的拉章。因此，拉章财产是一种私人财产性质但与具体自然人权利脱钩的财产。在大部分寺院，除了寺院建筑外，寺内修建规模大而豪华的建筑，都属于活佛拉章。以往，大部分活佛拉章中都有相应的经堂，但对外开放的范围是十分有限的，原则上依然属于拉章财产。[1]

在西藏历史上形成了不成文的规矩，拉章财产的继承权利，往往属于下一位转世活佛，"无论大活佛、小活佛，其寺产和自身财产及声誉可以通过转世的形式继承"。[2]因此，一旦活佛圆寂，拉章财产不能被所属寺院和直系亲属占用，而拉章强佐或者管家有义务临时代管拉章财产。[3]而拉章强佐在理论上没有权利

[1] 参见华热·多杰："藏传佛教寺院的财产关系及其规范化管理——以曲桑寺和色科寺为例"，见本书。

[2] 参见丹珠昂奔：《藏族神灵论》，中国社会科学出版社1990年版，第124页。

[3] 参见嘎·达哇才仁："西藏活佛的拉章及拉章经济"，见本书。

私用拉章财产。当寻访找到新转世灵童并举行坐床仪式后，新活佛有权直接继承历辈转世活佛留下的拉章及拉章财产。[1]在世活佛有权使用拉章财产，但理论上无权利将拉章财产转移到自家。在童年活佛未成人前，强佐以拉章管家名义支配拉章财产，例如，"当策墨林活佛年幼时，由大管家全权负责策墨林拉章的各项事务"，[2]直到活佛有独立决策能力后，活佛直接可以过问和支配拉章财产。之后，拉章老强佐和新活佛进入磨合期。一般而言，老强佐和新活佛相处和谐和配合默契，新活佛继续用老强佐来管理拉章经济。[3]但是，如果老强佐和新活佛出现摩擦或者不和，新活佛会寻找新的亲信来替代老强佐管理拉章财产。[4]就此种活佛和强佐关系而言，他们关系的建立、维持和变化完全符合人之常情。这个层次的关系似乎没有多少宗教因素。

在西藏历史上著名的涉及活佛拉章财产的纠纷是18世纪时六世班禅圆寂后导致的财产纠纷。[5]六世班禅于1780年因病在北京圆寂。他的拉章在扎什伦布寺。他去世时的大管家是他同父异母的哥哥，仲巴呼图克图洛桑金巴（洛桑金巴）。[6]据说六世班禅逝世后洛桑金巴全面掌管了扎什伦布寺，将六世班禅和拉章的许多财产据为己有，且拒绝分给六世班禅的其他亲属。由此引起了六世班禅的另一位同母异父的哥哥确珠嘉措（沙玛尔巴活佛）不满。后者愤而出走，投奔了位于今尼泊尔一代的廓尔喀王朝，引领廓尔喀军队两次入侵西藏。最后清朝军队击败了廓尔喀军队，结束了所谓的"廓尔喀战争"。[7]这个案例说明虽然历史上已经形成了拉章财产管理和继承的习惯法，但由于个案中缺乏有效的监管机制，违反习惯法的情形会出现。这个案例仅说明18世纪拉章财产的监管状况。在现有的寺院和活佛管理体制下，大管家的权利会受到较大的限制。再者，根据这个案例判断，此案活佛的拉章就代表寺院，或者和寺院是同一概念。在过去实践中，寺院和拉章财产多数是分别管理的。所以，历史上，拉章的权力和地位很可能与活佛本人的地位和影响力有决定性关系。

---

〔1〕参见嘎·达哇才仁："西藏活佛的拉章及拉章经济"，见本书。
〔2〕参见达次："拉萨策墨林寺历史及现状研究"，中央民族大学2008年硕士学位论文。
〔3〕参见嘎·达哇才仁："西藏活佛的拉章及拉章经济"，见本书。
〔4〕参见嘎·达哇才仁："西藏活佛的拉章及拉章经济"，见本书。
〔5〕参见苏发祥："从六世班禅圆寂后的财产之争看清代藏传佛教寺院寺产之构成"，见本书。
〔6〕参见苏发祥："从六世班禅圆寂后的财产之争看清代藏传佛教寺院寺产之构成"，见本书。
〔7〕参见苏发祥："从六世班禅圆寂后的财产之争看清代藏传佛教寺院寺产之构成"，见本书。

藏传佛教经过 20 多年的复兴，活佛和拉章财产又成为藏传佛教的一个独特现象。如前所述，活佛和拉章财产在藏传佛教历史上一直处于重要地位，且财产数额很大或者较大。例如，1959 年，宗教改革前，曲桑寺的五大囊谦，色科寺的各个活佛拉章，不仅拥有大规模的建筑，而且拥有大量的土地、草原和牛羊，但土地改革、宗教改革和"文化大革命"后，活佛拉章的财产变成了零。[1]在过去 20 多年，活佛和拉章财产开始飞速增长，不少活佛家中添置了汽车、电视等现代电气化家庭用品。譬如，色科寺的寺主，赞布拉章拥有寺院为其购置的小车 1 辆，房屋 7 间；曲桑寺的寺主，曲桑拉章除了房屋数十间外，寺院为其购置小车 1 辆。[2]恢复初期，曲桑拉章财产和寺院财产一体制管理，拉章权力过大，由此引发不少矛盾。后来，经过商议，按照传统实行拉章财产和寺院财产分司制，从而减少了内部因财产关系而引发的矛盾。[3]此案例研究说明，现在的活佛和拉章财产基本上又恢复到以前的活佛和拉章财产习惯法范围。同时，可以想象，由于各寺院和教派的独立且各寺院存在民主管理委员会的事实，各拉章财产的具体权利或者做法可能存在差别。这种现象可以理解，在缺乏藏传佛教统一的活佛和拉章财产法律规范和习惯法的前提下，各具特色的习惯或者习惯法是唯一能够解决活佛和拉章财产各类矛盾的可行方案。

拉章财产的独立性和存在方式完全是藏传佛教习惯法的产物。拉章可能作为一个机构或者法人存在，但拉章本身不具有拥有财产的能力，只有活佛才能拥有、使用和处分拉章的财产。而活佛的存在也超出了自然人个体法律能力范畴。自然人的财产权属于自然人本身，其能力随着其本身的民事能力变化而变化。但活佛制度创造了一个虚拟但实在的永恒自然人个体。当然，如果社会民事法律和财产法律勉强适用的话，活佛之间财产的延续一定需要通过继承、赠予和没有完全行为能力的自然人等机制解读和区别拉章财产的延续。这样做也许能够解决拉章财产部分或者大部分问题，但确实也非常繁琐，且民事行为的形式要件很难满足。故此，如果让活佛和拉章制度按照习惯法方式存在的话，除非个别与宪法和

---

〔1〕 参见华热·多杰："藏传佛教寺院的财产关系及其规范化管理——以曲桑寺和色科寺为例"，见本书。

〔2〕 参见华热·多杰："藏传佛教寺院的财产关系及其规范化管理——以曲桑寺和色科寺为例"，见本书。

〔3〕 参见华热·多杰："藏传佛教寺院的财产关系及其规范化管理——以曲桑寺和色科寺为例"，见本书。

相关宗教管理法规有直接冲突部分，活佛和拉章制度的多数或者绝大多数问题能够有藏传佛教群体内接受的、较有效的解决方案。所以，活佛和拉章财产制度是现在藏传佛教财产习惯法的典型代表之一。

五、模糊的宗教法人概念及导致的问题

如前所述，我国法律对于宗教法人没有明确定义。尽管《民法通则》第77条显然能够保护宗教团体的财产权益，但宗教团体的概念是个灰色地带。宗教团体的概念是什么，寺院是否是宗教团体，这是实践中的灰色地带。宗教事务局于1994年颁布的《宗教活动场所登记办法》第9条规定，"依法登记的宗教活动场所，根据《民法通则》的规定，具备法人条件的，同时办理法人登记，并发给法人登记证书。宗教活动场所法人依法独立享有民事权利和承担民事责任"。依此办法，部分省市宗教活动场所取得了法人资格。[1]事实上，部分地方政府，例如青海省政府自1988年起已经陆续按照当地行政法规规定，将一些寺院登记成为法人。[2]自2005年《宗教事务条例》生效后，《宗教活动场所登记办法》和其他类似地方规定都已经失效。这些已经登记的法人是否能够在法律上继续享有法人地位是一个尚未经过司法案例验证的命题。如果它们可以继续作为法人，不仅与现行法律不符，且会引起那些不能成为法人的寺院的不满。如果不能继续成为法人，则政府用何种程序取消它们的法人登记也是一个含糊不清的问题。当然，不能成为法人则给寺院的正常运作造成很多困难。

我国的立法者似乎至今仍然没有决心明确何为宗教法人，并承认其地位。例如，2016年颁布的《民法通则（草案）》（以下简称为《草案》）第86条规定：依法设立的宗教活动场所，具备法人条件的，可以申请法人登记，取得捐助法人资格。该条款同时也定义了捐助法人概念，即"具备法人条件，为实现公益目的，以捐助财产设立的基金会等，经依法登记成立，取得捐助法人资格"。该《草案》条款显示立法者已经注意到我国宗教法人概念的缺失和模糊以及其导致的问题。但他们仍然没有准备明确承认寺院的宗教法人地位。该《草案》试图创立一个新的捐助法人概念，宗教法人纳入捐助法人类别管理。根据《草案》第86条所陈述的标准，不是所有宗教场所都是捐助法人，而只有符合法人条件的才能成为所谓的捐助法人。同时，该条款也显示，成为此类捐助法人的前提必

---

〔1〕 参见沈桂萍、李德成："藏传佛教寺庙法人制度建设研究"，见本书。
〔2〕 参见沈桂萍、李德成："藏传佛教寺庙法人制度建设研究"，见本书。

须是一个宗教场所，由此将此类捐助法人与一般法人区分。相对于现有的法律，该《草案》至少明确承认了部分宗教场所注册为法人的可能性。但笔者认为第86条的规定仍然可能给佛教寺院和其他宗教场所导致不确定性。例如，第86条定义的捐助法人要求此类法人为实现公益目的而设立。但事实上，以公益目的衡量宗教场所的目的有些牵强。难道宗教就一定必须以公益为目的吗？如果公益目的是必要条件的话，许多佛教的信仰和理念，特别是修行方法等，是否都必须包装成公益？如果将所谓普度众生视为公益目的的话，佛教寺院，特别是藏传佛教寺院的活动都需要这样牵强解读吗？僧侣的个人修行也必须以公益目的作为前提或者包装吗？如果僧侣个人修行可以不以公益为目的，那么僧侣的集体行为或者集体生活的寺院（宗教活动场所）如何能够，或者为什么能够一定为公益目的而存在呢？再者，第86条显然强调了捐助财产的概念。藏传佛教寺院财产来源多样化，是否都能纳入捐助财产的范围是有疑问的。例如，寺院做法事的收入也必须纳入捐助的概念范围吗？捐助与馈赠如何区别？捐助与施舍如何区别呢？藏传佛教现有的以寺养寺的多种经济来源都能纳入捐助吗？如果不能，藏传佛教寺院还是捐助法人吗？捐助法人能够从事一般法人的活动吗？捐助法人可以同时注册双重身份吗？即同时为捐助法人和普通法人。显然，《草案》第86条没有为现有的宗教法人概念缺失和模糊导致的各种不确定性和困境提供有效的解决方案。

宗教法人概念缺失或者寺院是否能够成为法人问题的模糊导致的现实问题是，寺院或者其他宗教的宗教场所无法独立从事民事法律行为。如前所述，藏传佛教寺院持有独立的财产权益。如果它不是法人，它从事的法律行为的法律后果处于不确定性。寺院可以持有用于宗教目的的土地、房屋、法器、宗教活动用品和其他与宗教活动相关的动产和不动产。同时，寺院也可以从事一般的商业活动，特别是销售宗教纪念品、艺术品和经营旅店、饭店甚至运输活动。这样产生的问题是如果寺院从事宗教相关活动产生的财产权益无法确定的话，它从事其他普通经济行为产生的财产权益将面临两个选择：其一，与其他宗教活动相关财产一样处于不确定地位；其二，寺院获得一个独立的世俗法人身份，作为寺院机构的一部分，以确保其在从事普通商业行为时的财产权益。两个选择都有缺点。第一个选择导致寺院在处理寺院内部和寺院与外部的财产关系时缺乏主体资格，当然也无法适用任何法律。第二个选择能够解决寺院从事普通商业活动产生的财产权益，但使寺院世俗化，且世俗化法律在处理寺院从事商业活动获得财产与寺院宗教活动需求互动时缺乏有效规则可循。就现状而言，如果寺院或者宗教活动场所不能注册为法人，它们将无法保持独立的银行账户，且也许无法正式登记为持有的不动产和动产所有人。当然，如果发生法律纠纷，它们的诉讼地位也只能在个案里认定和解决，这导致了法律后果的不可预见性。

现有的《民法通则（草案）》（以下简称《草案》）仍然没有令人满意地解决寺院的法人地位问题。如前所述，该《草案》第86条建立了将宗教活动场所注册为捐助法人的可能性。但这个条款进一步派生出如下几个问题：

第一，宗教活动场所显然只能依据《宗教事务条例》（以下简称《条例》）判断，而《条例》没有明确定义宗教活动场所。就文字涵义而言，宗教活动场所可以直白地定义为从事宗教活动的场所。但《条例》第14条规定了宗教活动场所获得登记的条件，主要包括依法从事宗教活动，不受外国势力支配，信众活动需要，有符合条例规定的神职人员，有必要资金和不影响周围社会生活等。由此可见，寺院必须首先符合《条例》登记为宗教活动场所后才可能获得《草案》第86条捐助法人的资格。

第二，捐助法人与《条例》下的宗教场所如何协调是个问题。按照《条例》设立的法律框架，注册登记的宗教场所是能够独立享有财产所有权和使用权的。虽然中国内地法律在宗教场所是否是法人问题上没有明确规定，且各地实践有差别，但《草案》第86条所规定的捐助法人是否要全面取代宗教场所是一个需要面对的问题。如果不取代，寺院将继续持有宗教场所和捐助法人双重身份。现在第86条的措辞显然是要求寺院首先注册为宗教场所，然后再获得捐助法人身份。如果是这样，将来如何协调宗教场所按照《条例》第五章所享有的宗教财产权利与其按照《草案》第86条所享有的捐助法人权利是个问题。前文所提及的捐助法人财产性质是否包括宗教财产和非宗教财产是个现实问题。如果继续沿用宗教财产，那宗教财产的法律定义是什么呢？

第三，《草案》第86条没有客观反映我国藏传佛教寺院现状。就藏传佛教而言，以寺养寺已经成为国家宗教政策一部分，而捐助法人强调的是公益目的和捐助资金的存在。显然捐助法人是以各种慈善基金为规范对象的，将宗教场所和寺院与慈善基金等同是一种错误的、非科学的解决方案。既然我国宪法保护宗教自由，为什么我国法律不能承认宗教法人的独立存在呢？

综上所述，我国法律框架下宗教法人概念的缺少导致了藏传佛教寺院法律地位的模糊。事实上，其他宗教团体和群体都面临同一困境。在此种情况下，习惯法的存在更具有正当性和迫切性。

六、习惯法与民法相关原则的冲突与兼容

（一）寺院财产相关问题

如前所述，寺院是否可以登记为法人在现有的民法框架下存在不确定性。现行的《民法通则》第50条允许社团法人登记为法人，且第77条明确说明社团法人包括宗教团体。由此看来，宗教团体登记为法人没疑问，但寺院很可能不是宗教团体。所以，《宗教事务条例》设立了宗教团体和宗教活动场所（即宗教场所）概念，并进而规定登记的宗教场所依法享有使用不动产和动产并获得收益的权利。《条例》不能弥补《民法通则》具体规定的缺少导致的困境。《条例》规定导致的法律争议主要包括：其一，该《条例》的上位法是什么，如果没有上位法，《条例》的法律效力存在争议。其二，《条例》规定的使用和享有部分财产的权利与《民法通则》规定的法人权利不同，即使法院承认《条例》的效力，该《条例》是否能够设立宗教场所的法人地位存在争议。其三，《条例》是行政法性质。因此，行政法能够设立哪些或者多数民事权益或者财产权益也存在争议。截至2016年10月，全国最高人民法院对于《民法通则》规定的宗教团体是否可以适用于寺院，以及《条例》的宗教场所是否可以视为法人未作出明确的司法解释，故寺院的法人地位存在争议和不确定性。

由于法律的空白和灰色地带，藏传佛教寺院的财产权益和权利仍然处于不确定状态，这样就为习惯法的存在提供了空间。因此，只要是现有法律没有直接禁止的习惯，都可能获得习惯法地位。

如前所述，藏传佛教体系内尚未建立统一的寺院财产习惯法。各教派和寺院的实践和习惯做法会存在一定差异，且普遍缺乏透明。但所有寺院都有自己使用的土地、建筑、宗教物品、资金及其他各类与宗教直接或者间接的动产和不动产是社会现实。不论是否公开，寺院内部一定存在一些寺院体制和僧侣群内部认同和接受的习惯做法或者习惯法。事实上，寺院的管理委员会自主决定各类问题，包括财产问题，也是习惯法存在的形式。当然，这方面的深入研究需要时间和机遇。

（二）僧侣财产相关问题

相对于寺院财产，僧侣个人财产有简单性和复杂性两个矛盾面。如果说简单，僧侣也是法律的自然人。除了法律行为能力受限制者外，僧侣都能享有和使用作为自然人的财产权利。这就是说，如果需要，至少相关的法律可以解决部分或者大部分僧侣个人面临的财产法律问题。如果说复杂，则必须面对僧侣同时也是宗教人士或者"僧侣"的双面性。作为宗教群体中的一员，世俗界处理个人财产的各种规定也许不符合僧侣的部分需求或者其个人的愿望。所以，如何在僧侣的自然人属性和僧侣属性间建立和谐和平衡是一个必须面对的问题。

作为自然人，僧侣个人享有法律规定的财产权益，其家庭和亲人间的血缘关系并未因为出家而解除或者变为无效。由此产生两个具体问题：其一，他们作为自然人占有、使用和处分私人财产的权益不会因为出家而受到法律限制或者改变；其二，其家庭和有法定继承权的人的权利也不会因此受到限制。这两个基本事实对僧侣个人财产的处置在部分情况下可能造成宗教群体和世俗社会的矛盾。前文所提及的钱某某遗产继承案就是一个世俗社会和佛教群体间的与僧侣个人财产处置相关的矛盾。[1]这种矛盾是否会出现在藏区和藏传佛教寺院与藏区居民之间尚且不知。如前所述，作为一种生活方式，藏传佛教僧人出家后可能由师徒组成僧侣家庭，僧侣家庭成员间可能相互享有私人财产的使用和继承权利。但这种权利是以藏传佛教群体内习惯法方式存在。就现行的相关民法和财产法原则而言，僧侣家庭成员间的财产共享和财产继承最多能够用自然人间的赠予进行解释。但世俗法律的赠予具有特定的法律涵义和形式要求。如果世俗社会适用严格的法律赠予要件作为维持僧人家庭和僧人间处置其私人财产的基础的话，藏传佛教群体间所建立和适用的习惯将会被不合理和不必要的限制所破坏。所以，除非涉及与世俗社会的法律争议，世俗法律不应当干预佛教群体个人间的财产处置安排，即承认藏传佛教（该原则也适用于其他宗教群体）僧侣间按照其愿意接受的习惯或者习惯法适用，分享和处置私人财产的做法。

概言之，在佛教僧侣群体间所自愿遵守和逐渐形成的习惯法应当受到尊重和承认。如果僧侣个人财产纠纷涉及世俗社会的话，则必须平衡僧侣群体的习惯法与世俗社会个人依法所主张的权利。我国法律现在对此无明确规定。最高人民法院在1986年钱某某继承案中也提倡将调解作为解决争议方式。笔者认为，作为解决世俗和僧侣群体间私人财产处分和继承纠纷的最好方式是为僧侣个人处分财产，以及僧侣个人间所形成的赠予和共有关系作出符合僧侣宗教信仰和他们生活方式的司法解释，即制定特殊的僧侣个人间财产共有和赠予的规则。此类规则必

---

〔1〕 参见《最高人民法院民事审判庭关于钱伯春能否继承和尚钱定安遗产的电话答复》，1987 年 10月 16 日，〔1986〕民他字第 63 号。

须考虑到藏传佛教（和其他宗教）群体现行的习惯或者习惯法，在与宪法和民法原则不直接冲突的基础上存在。

（三）拉章财产相关问题

拉章财产是完全建立在藏传佛教习惯法之上的。拉章是活佛的活动场所，兼宗教活动场所、居所和官邸的性质，它具有独立和持续持有拉章财产的能力。虽然法律对此类虚拟主体没有规定，或者可以说拉章不符合现行法律中有独立持有财产资格和能力的法人和组织的定义，但法律必须承认和保护拉章作为一个虚拟主体的财产权益。只有拉章享有此权利，活佛体系才得以维持。活佛的认定和去世是一个作为自然人的活佛特定个人主体资格的成立和灭失，但以转世方式永生的活佛是不会也不能灭失的。鉴于作为个体人身或者肉体存在的活佛必须经过一个出生和死亡的自然过程，且认定转世活佛的时间具有不确定因素，创立独立的拉章法律地位以确保转世活佛有安全的生活保障，延续其前世的功德是活佛制度的理性选择。但拉章作为一种特殊的法律所没有承认和规定的权利/权力主体，也对现行法律提出了挑战。

鉴于拉章财产制度是藏传佛教制度的一个组成部分，且也是藏传佛教实践之部分，可以推定，拉章财产制度已经成为藏传佛教财产习惯法之部分。法律已经以默许方式承认和允许拉章财产制度的存在和运作。由于拉章不能满足宗教组织、宗教活动场所和新民法通则草案中关于捐赠法人的概念，故拉章财产制度的存在只能通过习惯法解释。可以推论，如果将来拉章财产出现纠纷的话，法庭可能会将纠纷分为宗教群体内纠纷和群体与世俗社会的纠纷。如果是群体内的，则完全会按照藏传佛教习惯法处理。如果涉及世俗社会，则世俗主体按照现行法律所享有的权利也必须适当考虑。在多大程度上法院会支持拉章依据习惯法所获得的权利只能在相关案件的具体语境下讨论和判断。

七、结论

藏传佛教财产习惯法是一个法学研究的处女地，多重原因的共同作用导致了此问题研究的滞后，同时也构成了展开研究的障碍。笔者认为主要有以下原因所致：

第一，国家宗教法人方面立法的滞后和保守，导致了诸多与寺院和僧侣相关的财产问题缺乏法律依据。这是一个所有宗教面临的普遍性问题。

第二，藏传佛教本身的神秘性，以及维持藏传佛教内部寺院之间、寺院和僧侣之间，以及僧侣直接关系所需要的隐私和保密性，导致清楚地研究藏传佛教财产问题的困难。宗教和佛教内部所需要的隐私和保密性不是藏传佛教所特有的，所有宗教都有需要对外界保密的信息。汉传佛教的财产习惯法同样具有保密性和不透明的特点，只是因为藏传佛教的组织体系和现有的僧侣人数相对大于很多汉传佛教寺院，藏传佛教财产习惯法问题就更显得突出。

第三，藏族文化中显存的许多与世俗法律不同的习惯法，为藏传佛教财产习惯法的存在和系统发展提供了空间。藏族所享有的民族自治，部分习惯所获得的法律地位，许多已经在自治基础上发展的藏传佛教管理办法都说明藏传佛教不同于汉传佛教的地位和特点。因此，藏传佛教财产习惯法一定有诸多不同于汉传佛教习惯或者习惯法的地方。

第四，藏传佛教和寺院的组织严密，僧侣人数众多所形成的群体特点，为习惯法的发展提供了基础和环境。在组织内部和群体内部一定会出现符合藏传佛教教义和发展需要的习惯法规则体系。这些习惯法已约定和习惯做法的方式点滴积累，最终将会成为具有体系和特殊的完整习惯法体系。届时，藏传佛教财产习惯法的研究将更透明和容易。

第五，对于不讲藏语的学者而言，语言也是研究藏传佛教的障碍。而既精通法律又精通藏语学者很少。由此导致藏传佛教财产习惯法研究滞后也是可想而知的。

除以上原因外，藏传佛教在藏区以外的蓬勃发展，影响力的扩大，以及藏传佛教吸引信众参与和信众捐赠能力的展现，在近30年已经大大地提高了藏传佛教在全国的地位。藏传佛教的迅速发展加强了研究藏传佛教财产习惯法的必要。同时，藏传佛教吸金能力本身也增加了藏传佛教神秘特点。恰恰是这种将宗教社会和世俗社会的高度结合，使财产问题成为一个更加敏感的话题。但笔者认为将此问题作为一个法律现实研究与窥探藏传佛教隐私有根本区别。由于藏传佛教本身发展的需要，世俗的财产法律不可能全面适用于藏传佛教寺院和僧侣。如果藏传佛教期望世俗社会理解和尊重其群体内部的习惯法，它也必须接受世俗社会对藏传佛教习惯和习惯法的认知和研究。因此，研究藏传佛教习惯法是一个对各方有益的活动。在此意义上，研究任何宗教的习惯法都是同一道理。

藏传佛教是一种将佛教引入藏族文化后的产物。藏传佛教的发展受到了中原佛教、印度佛教和其他亚洲地区佛教的影响。但是，现在的藏传佛教是佛教本土化的结果，已经形成独立特色体系。对于任何民众自愿接受且有文化基础的宗教，世俗社会都应当采取包容和理解的态度。因此，对于藏传佛教财产习惯法的研究也必须以包容和理解作为基础，世俗社会不应当将自己的价值判断纳入藏传佛教习惯法的研究中。如果我们承认藏传佛教的独立性，承认藏传佛教习惯法的存在，我们只能力求理解和协调习惯法与世俗法律的共存。如前所述，习惯法的概念本身就包涵了法律承认和认可的因素，且习惯法只有在与世俗法律不存在明显或者直接冲突的前提下才能存在。因此，笔者相信，在众多学者的参与和努力下，对藏传佛教财产习惯法的研究一定会逐步取得进步。藏传佛教财产习惯法也一定能在我国法律的框架内建立自己的独立体系，为协调佛教群体内的财产关系以及群体与世俗社会的财产关系做出积极的贡献。

藏族牧区刑事纠纷解决模式之重构与嬗变

李哲*　　杨晋**

一、藏族牧区刑事纠纷的特点：以草场资源争夺为例

受地理环境影响，在藏区的大部分藏民以畜牧业为主要生产方式，逐草而居，草场资源对牧民至关重要，草场资源的多寡直接关系到本部落的生存。草场不可增长及扩大的特性决定了其稀缺性，稀缺性的资源则容易引发因争夺资源导致的纠纷。草场资源往往事关部落整体利益，特别是经济利益，有关草场资源争夺的纠纷往往呈现群体性及暴力性的特点。如果纠纷发生严重的伤亡或者解决不当，就可能导致冲突双方的仇恨延续数代乃至整个部落都会参与这种复仇轮回。

（一）以部落为单位，往往受到经济利益驱动

由于藏区牧区传统生产模式的特点以及草场是由一定的生产组织集体占有，其存无、大小、优劣与生活在其中的每一个成员休戚相关，[1]因而草场资源问题归属不仅关系到牧民个人利益而且涉及整个部落利益，因而纠纷往往是以部落为单位的冲突。

而且，由于草场资源对于畜牧业来说是最基本的生产资料之一，其归属问题关乎所在地区牧民的最基本的经济利益。尤其是近几年来，由于对于虫草需求较大而导致虫草价格逐年上涨，挖虫草也成了当地牧民很重要的一份经济收入，关乎个人乃至整个家庭的经济利益，因而在部分牧区也会因为草场拥有丰富的虫草资源而引发纠纷。例如藏区 A 县贝村和朵村在 2001 年就因属于朵村行政管辖的

---

　　* 李哲，澳门大学法学院副教授，法学博士，博士生导师。
　　** 杨晋，澳门大学法学院硕士生。
　　〔1〕 参见扎洛："草场资源纠纷及其调解"，载杨春学、朱玲主编：《排除农牧民的发展障碍：青藏高原东部农牧区案例研究》，社会科学文献出版社 2014 年版，第 55 页。

具有丰富虫草资源的"海绒"草场归属问题发生暴力冲突。[1]

（二）往往呈现群体暴力性特点

由于草场归属事关部落整体利益，而牧区又缺乏及时解决问题的机制，因而当草场资源纠纷发生时，因同一个部落成员都有"出兵义务"[2]，加上群体冲突行为表现出比个体行为更多的不规则、破坏欲和激情的滥用性，使得其难以得到有效控制并约束，因而更易引发严重后果。所以草场纠纷往往表现为群体性武装冲突，而双方携带的腰刀等致命性武器又加剧了人员伤亡。[3]据史料记载，1939年，夏河县甘加草原上作海部落和八角城之间发生的一次大规模草山纠纷造成作海死 5 人，八角城死 2 人，损失牛羊不计其数。[4]

（三）纠纷和纠纷所引发的血亲复仇的延续性

由于纠纷的群体性暴力特点和藏族血亲复仇的传统，使得纠纷一旦发生伤亡事件，就会导致冲突双方的仇恨延续数代乃至整个部落都会参与这种复仇轮回，正如《西康图经》中所述："番人（指藏族人）仇杀之事甚多，其规矩亦极有趣。凡同村中有一人为他村所杀，则全村人皆须为之报仇；遇他村人即杀之，不问其是否仇家，及与凶手有无关系也。"[5]而纠纷也无法永久解决。例如甘加仁青部落与青海岗察部落间的界限争端为例，新中国成立以来发生大规模草场资源纠纷就不下 4 次（分别发生在 1954、1979、2004 和 2006 年），中间虽经过多方调解，但是调了打，打了调，反反复复，树欲静而风不止。[6]

二、刑事纠纷的传统解决机制及其成因

虽然我国历史上曾经建立权威的国家法统治，但在藏区的纠纷解决仍然以调解为主要方式，并排斥国家法的适用。例如在明清时代，虽然曾经出现《大明律》《大清律》等全国性法律，并且明清两代中央政权力图将国家法渗透到藏区

---

〔1〕 参见扎洛："草场资源纠纷及其调解"，载杨春学、朱玲主编：《排除农牧民的发展障碍：青藏高原东部农牧区案例研究》，社会科学文献出版社 2014 年版，第 59 页。

〔2〕 参见扎洛："草场资源纠纷及其调解"，载杨春学、朱玲主编：《排除农牧民的发展障碍：青藏高原东部农牧区案例研究》，社会科学文献出版社 2014 年版，第 55 页。

〔3〕 参见熊征："甘南牧区藏族民间纠纷的解决研究"，兰州大学 2013 年博士学位论文。

〔4〕 参见熊征："甘南牧区藏族民间纠纷的解决研究"，兰州大学 2013 年博士学位论文。

〔5〕 参见任乃强：《西康图经》，西藏古籍出版社 2000 年版，第 317～318 页；扎洛："草场资源纠纷及其调解"，载杨春学、朱玲主编：《排除农牧民的发展障碍：青藏高原东部农牧区案例研究》，社会科学文献出版社 2014 年版，第 55 页。

〔6〕 参见熊征："甘南牧区藏民族民间纠纷的解决研究"，兰州大学 2013 年博士学位论文。

民间树立国家法权威，但是均以失败告终。因此，明代开始改变策略，用"因俗以论，用僧化导"的方式加强对藏区的治理。清代则是在吸收了民族习惯的基础上制定了《番律》，在一定程度上认可了传统纠纷解决机制。到了清末民初，由于鞭长莫及和出于藏区稳定大局的考虑，中央政府实际上默认了传统纠纷解决机制的作用。也正是在这样一个地理环境中，藏族传统纠纷解决手段直到今天还有强大的渗透力，被牧区藏民世代认可。[1] 在藏区民主改革前，部落间的械斗进行到一定阶段，就需要各部落的牧主、头人、活佛出面调解。以西康理塘地区为例，其纠纷解决依下列程序进行：群众之间发生口角等纠纷，由威信较高的老人和活佛出面调解，事后向头人报告。有关人命、冤家械斗等大案，则必须由头人会议判处，对头人或头人会议判决不服的，可上诉到理塘寺木拉孔村处；对木拉孔村处判决仍不服，则可向理塘寺调解委员会上诉。调解委员会的调解书当事人必须执行。[2]

总体来说，藏区保持其传统的以调解为主要特点的刑事纠纷解决方式，主要是基于以下几点现实的原因。

（一）交通、信息不便导致国家法难以有效推行

藏区位于我国西部边远地区，地势高耸，有世界屋脊之称，周围大山环绕，整个藏区被山脉分割成许多盆地、宽谷，交通不便、信息闭塞，导致"山高皇帝远"，历朝历代都采取"因俗而治"的办法，法律供给不足。[3] 况且，在这样的偏远地区，如用国家法来处理这些民间纠纷，不仅会导致较大的人力、物力和财力的浪费，而且会拖延对纠纷的及时审结，而藏族习惯法正好填补了国家法的空白与缺陷。[4]

（二）牧区的高流动性需要快速灵活解决纠纷的机制

藏区位于西部高原地区，藏区海拔大多在 3500 以上，大部分地区热量不足，高于 4500 米的地方最热月份平均温度不足 10 度，没有绝对无霜期，谷物难以成熟，但是因光照充足，光合作用旺盛，营养价值极高，因此适宜放牧，发展畜牧

---

〔1〕 参见苏永生："中国藏区刑事和解问题研究——以青海藏区为中心的调查分析"，载《法制与社会发展》2011 年第 6 期。

〔2〕 参见徐晓光：《藏族法制史研究》，法律出版社 2001 年版，第 351～352 页。

〔3〕 参见吕志祥：《藏族习惯法及其转型研究》，中央民族大学出版社 2014 年版，第 21～26 页。

〔4〕 参见吕志祥：《藏族习惯法及其转型研究》，中央民族大学出版社 2014 年版，第 26 页。

业，因而藏区经济是以游牧业为主，以农耕经济为辅。[1]对于牧民而言，游牧的高流动性使得牧民无法适应国家法繁琐的程序，对于官方而言，则面临着这种高流动性所导致的国家法贯彻成本高且难以贯彻的困境，而纠纷的传统解决模式具有较高的灵活性，可以满足牧民快速解决争议的诉求，从而填补了国家法的空白。

（三）藏传佛教的世俗性及"政教合一"的体制决定了以宗教人士为主体的调解机制的权威性和可执行性

1000 多年来，寺庙、僧侣、教义、教规、信仰、道德规范，以及宗教感情等宗教层面的东西，逐渐渗透到藏族人民的生活中，因而藏区解决纠纷的传统模式有着深刻的宗教背景。[2]藏区宗教观念浓厚，对神灵尤其尊崇、敬畏。自佛教在公元 7 世纪松赞干布时期传入藏区后，基于维护政权需要，藏传佛教逐渐成了具有统治地位的宗教。与汉传佛教不同，藏传佛教不仅涉足世俗，更要对教徒间的纷争进行化解。藏传佛教化解纠纷的体现是多方面的，除体现在教义中外，藏传佛教体现在纠纷解决的参与主体中，在藏区群众之间的纠纷通常会寻求宗教力量进行解决。[3]这不是偶然的，而是有历史依据的。因为藏族部落均是政教合一的体制，寺院的寺主或游牧部落头领既是地方政治单位的首领，也是当地的宗教领袖，在"政教合一"政治制度统治下的藏区地区，法律与宗教戒律没有什么明显的区别，某些佛教戒律就是法律；[4]此外，以宗教信仰为基础而形成的习惯、禁忌也融入传统的法律之中，与法律规范交叉在一起。[5]这样的体制足以使宗教在全藏族心目中的地位越来越高，无论政权如何更迭都不能影响到佛教在民众思想上的统治地位。至高的信仰地位使得信教群众认为佛教无所不能，因此也就赋予藏传佛教解决纠纷的功能。[6]

另外，藏族文字在其产生时主要用于翻译佛经和创作经典，文字及文化在应用中也就被寺院所垄断。经典被深藏于寺院中，只有僧人才有机会专门和系统地学习和研究。可以说，藏族的一切文化知识起源于宗教，僧人曾经是唯一有文化的人，而广大的藏族群众更是崇拜僧侣们。当群众在生活中遇到不能自行解决的

---

〔1〕 参见吕志祥：《藏族习惯法及其转型研究》，中央民族大学出版社 2014 年版，第 21～26 页。
〔2〕 参见卫绒娥、孙文革："论西藏地方法制区域性特征"，载《西藏研究》2008 年第 4 期。
〔3〕 参见拉毛扬措："藏民族内部纠纷及解纷模式之转型"，西南政法大学 2010 年硕士学位论文。
〔4〕 参见卫绒娥、孙文革："论西藏地方法制区域性特征"，载《西藏研究》2008 年第 4 期。
〔5〕 参见卫绒娥、孙文革："论西藏地方法制区域性特征"，载《西藏研究》2008 年第 4 期。
〔6〕 参见拉毛扬措："藏民族内部纠纷及解纷模式之转型"，西南政法大学 2010 年硕士学位论文。

纠纷时，求助于僧侣也是很自然的。[1]

最后，此种纠纷解决机制的权威性还体现在纷争化解后的效力上。任何活佛主持解决的纠纷都具有一个共同的特点，即处理终局性。这种纠纷解决的终局性源自群众对解纷主体的信仰和崇拜。在藏传佛教中，活佛是神、佛的化身，因此藏族群众在拜见活佛时有摘帽、下马，愿意接受活佛摩顶赐福。这种对佛的信仰，让纠纷当事人在向活佛陈述自己的观点时，会尽可能保证客观而偏激，让纠纷当事人在得到活佛主持解决后能不再提出异议，让纠纷当事人在接受活佛主持解决后能自觉履行而不需任何的强制措施。正是活佛在信教民众中不可动摇的地位，让宗教行为更容易被群众接受和认可，同时也正是因为宗教与藏族生活形影不离，为宗教能处理信徒间纠纷的功能奠定了基础。[2]

三、新中国成立后藏族刑事纠纷的解决模式及其成因

与历史上的部落、土司制度不同，新中国成立后，尤其是藏区民主改革后，国家已经在藏区建立完备的基层政权。民主改革对于在藏区的历史发展来说，具有里程碑意义，它以异常激烈的方式彻底改变了藏区的传统社会结构。从那时起，平息社会冲突和维护地方治安不再依靠寺院僧人和民间权威，而被政府管理部门取代，传统纠纷解决模式被废止，新型国家法成为唯一的救助渠道。

在集体经济时代，生产资料公有化解了引发草场纠纷的现实动力，随着20世纪80年代经济体制改革，国家权力从基层逐步回撤，并通过村民自治等方式激活了民间传统的解决机制。乡土社会的重建和再现，唤起了人们对原有群体的认同感和归属感，而这种认同是与他们原有的生产、生活空间联系在一起的。[3]

改革开放后，国家的民族政策逐渐宽松起来，20世纪80年代还制定了"两少一宽"的刑事政策，明确要求"对于少数民族中的犯罪分子要求少捕少杀，在处理上一般要从宽"。[4]由于少数民族地区司法机关对群体性事件处理方式表现出相对的谨慎，面对带有民族性的群体性事件，司法实践中往往会采取息事宁人的态度，只要当事人双方达成谅解，在处理上尽量从宽。在一些案件中甚至出

---

〔1〕 参见拉毛扬措："藏民族内部纠纷及解纷模式之转型"，西南政法大学2010年硕士学位论文。
〔2〕 参见拉毛扬措："藏民族内部纠纷及解纷模式之转型"，西南政法大学2010年硕士学位论文。
〔3〕 参见扎洛："草场资源纠纷及其调解"，载杨春学、朱玲主编：《排除农牧民的发展障碍：青藏高原东部农牧区案例研究》，社会科学文献出版社2014年版，第88页。
〔4〕 参见周欣宇："藏区赔命价习惯法与国家法的冲突与协调"，载《河南财经政法大学学报》2015年第4期。

现量刑畸形的情况，致使藏族部落传统纠纷解决机制适用范围无原则扩大。[1]在这种宽松的环境中，传统纠纷解决机制，在与国家法的博弈中"借尸还魂"了。[2]

（一）目前藏族牧区刑事纠纷解决的基本方式

目前藏族牧区的刑事纠纷解决仍然严重依赖传统的藏族习惯法，尤其是"赔命价""赔血价"等纠纷解决方式。对于重大的刑事纠纷，往往采取由政府部门派驻工作组的方式进行调解。工作组前往现场调查取证，查清事件的责任、起因以及争议草场的历史归属；同时听取双方的说法与意见以及主张，并协调双方进行调解。随后，将所有资料上报，由主管部门进行调解并作出裁决，再下发给冲突双方。[3]

例如：藏区德村和吉村是 D 县的两个村子，分属于该县雅乡、竹乡。两村在交界处的高山牧场——"吉龙"的归属问题上一直存在争议，2001 年 7 月 30 日，双方因草场归属问题发生大规模武装冲突。冲突共造成吉村 3 人死亡，4 人重伤，8 人轻伤，死伤牲畜 8 只。为解决这一问题县政府迅速派出工作组赶赴现场，疏散双方村民，处理死伤人员。为了彻底解决纠纷，县里分别征求各方意见，特别是要求冲突双方提出各自的处理方案，以便参考确定最后的裁决方案。2002 年 4 月，D 县以县委、县政府名义颁布《关于竹乡吉村与雅乡德村"吉龙"草场利用及"7.30"事件补偿决定》，作出德村向吉村赔偿各种损失共计 37 万元为主要内容的裁决。[4]

再如：甘南地区 A 县 E 村、B 市 G 村与 C 县 H 乡的草场纠纷由来已久。1997～2003 年多次爆发冲突，造成多人伤亡，巨大财产损失。直至 2003 年九月，甘南州边界办在广泛征求意见、权衡群众利益的基础上，提出了《关于隆地草山纠纷的裁决意见》以及 2004 年甘南州政府针对《关于隆地草山纠纷的裁决意见》制定了具体执行办法并作出善后事宜处理决定，划分边界埋设界桩，要求 C 县 H 乡在合地放牧的群众每年支付草场使用费给 A 县 E 村，两县政府监督执行

---

〔1〕 参见张鹏飞："藏族部落习惯法对司法实践消极影响的考察——以青海省海南藏族自治州为例"，兰州大学 2011 年硕士学位论文。

〔2〕 参见周欣宇："藏区赔命价习惯法与国家法的冲突与协调"，载《河南财经政法大学学报》2015 年第 4 期。

〔3〕 参见扎洛："草场资源纠纷及其调解"，载杨春学、朱玲主编：《排除农牧民的发展障碍：青藏高原东部农牧区案例研究》，社会科学文献出版社 2014 年版，第 83 页。

〔4〕 参见扎洛："草场资源纠纷及其调解"，载杨春学、朱玲主编：《排除农牧民的发展障碍：青藏高原东部农牧区案例研究》，社会科学文献出版社 2014 年版，第 71～73 页。

情况，三方群众在历次冲突中造成人员死亡的相互给每个死者家属一次性死亡赔偿和安置费 40 000 元，每个重伤者伤害补偿费 2000 元，每个轻伤者伤害补偿费 1000 元。针对财产损失确定赔偿标准为：摩托车每辆 3000 元，畜力车每辆 200 元；马每匹 1200 元，牛每头 1100 元，羊每只 300 元。此后，虽有零星纠纷，但三方再无大规模冲突。[1]

（二）当前刑事纠纷解决模式的特点及成因

从上述两个案例可以看出，藏族牧区因经济利益而引发的大规模刑事纠纷，仍然无法严格按照国家法的形式予以定罪量刑。虽然纠纷的调解主导力量是国家各级政府部门，但在纠纷解决的结果上，仍然是传统的以经济赔偿来代替刑事责任。对于刑事犯罪，根据双方的意愿和客观效果进行裁决，倾向于采取经济惩罚方式，即支付所谓的"赔命价""赔血价"，并且"从无论抵之事"。[2]

而且，刑事纠纷的解决仍然需要依靠宗教的力量。有相当一些案件的调解，都会吸收当地宗教人士以及民间长老参与。一般来讲，寺院僧人出面参与更为常见，这主要是因为僧人作为人们宗教上信仰对象，被视为公正与公平的化身，他们的裁决被视为神的意志。而僧人也将平息纠纷、化解矛盾视为积德行善，救助众生脱离苦海的功德之举，因此也经常以介入纠纷调解为己任，久而久之，相沿成规。[3]虽然这些宗教界人士是在国家法的法律框架下进行调解，说明政府的政策和方案，而不是另起炉灶，但其能够成功完成调解，更多地还是依赖其在宗教上的影响力。[4]例如：甘肃省甘南藏族自治州玛曲县尼玛乡与青海省海南藏族自治州河南蒙古族自治县柯生乡，围绕前滩和后山两处共约 4 万公顷的草山，历史上曾多次发生争斗。1984 年 7 月，甘肃、青海两省领导在西宁会晤并决定，8 月在兰州由双方群众代表协商解决两乡草山争议解决问题。甘肃省人民政府《关于甘南藏族自治州玛曲县尼玛乡雨黄南藏族自治州蒙古族自治县柯生乡前摊草山划界的协议》中说：根据国务院〔1984〕国函字 66 号批复的精神和两乡群众的要

---

〔1〕 参见熊征："甘南牧区藏民族民间纠纷的解决研究"，兰州大学 2013 年博士学位论文。

〔2〕 参见扎洛："社会转型期藏区草场纠纷调解机制研究——对川西、藏东两起草场纠纷的案例分析"，载《民族研究》2007 年第 3 期。

〔3〕 参见扎洛："草场资源纠纷及其调解"，载杨春学、朱玲主编：《排除农牧民的发展障碍：青藏高原东部农牧区案例研究》，社会科学文献出版社 2014 年版，第 56 页。

〔4〕 参见扎洛："草场资源纠纷及其调解"，载杨春学、朱玲主编：《排除农牧民的发展障碍：青藏高原东部农牧区案例研究》，社会科学文献出版社 2014 年版，第 56 页。

求，两省省委、省政府分别委托青海省人大常委会副主任夏茸尕布和甘肃省政协副主席贡唐大师主持，由双方群众代表进行协商。两省代表从有利于社会安定，有利于民族团结，有利于发展生产的大局出发，从 8 月 11 日至 9 月 1 日，经过 20 多天的反复磋商，充分交换意见，最后取得了一致认识，并签订了协议书。[1]在本次争议的解决过程中，青海省人大常委会副主任夏茸尕布和甘肃省政协副主席贡唐大师发挥了重要的作用。

虽然国家法具有强制执行力，但在藏区牧民的刑事纠纷中，仍然存在以习惯法代替或弱化国家法，以经济赔偿代替刑事制裁的情况。究其成因，主要是两个方面。

第一，是国家法的权威尚没有完全树立。政府权威并不因为它们的存在而自然生成，这需要通过政府的公共服务和信誉来逐渐积累。而事实是干部的年轻化原则和频繁调动，使他们缺乏时间、热情与农牧民生活在一起，导致他们缺乏对辖区内具体案件的历史，处理纠纷的规则等所谓"地方性知识"的掌握，缺乏处置纠纷事件的经验。[2]

第二，藏族传统的牧业文明与体现现代工业文明的刑事纠纷解决机制不协调，导致了牧民们仍然信奉原有的纠纷解决机制。藏族传统纠纷解决机制并不是孤立存在的，藏族的传统纠纷解决机制则体现出与传统文化的相适应。民主改革以来，虽然藏区已经建立了工业文明下的政治机制，但是牧业区传统的生产模式没有改变，传统的纠纷解决机制在历史与传统文化的惯性推动下，在宽松的政治环境下，依靠传统牧业文明仍然存在一定的影响力，这一切的背后是工业文明下的机制与传统农牧业文明之间功能性水土不服导致其无法取代传统农牧业文明的纠纷解决机制。

四、当前刑事纠纷解决方式的利弊分析

从对藏区牧民的刑事纠纷解决方式来看，目前的方式无疑具有其优点，是在目前的情况下最大限度地解决纠纷、维护稳定的权益之策。然而，这种解决，也使得国家法处于极其尴尬之境地，以国家法的形式容忍了习惯法的存在，并作出了重要的，甚至是原则性的让步。正如有学者所言，"对属于因宗教、草原、山

---

〔1〕 参见拉毛扬措："藏民族内部纠纷及解纷模式之转型"，西南政法大学 2010 年硕士学位论文。
〔2〕 参见扎洛："草场资源纠纷及其调解"，载杨春学、朱玲主编：《排除农牧民的发展障碍：青藏高原东部农牧区案例研究》，社会科学文献出版社 2014 年版，第 86 页。

林、水利、土地等纠纷引起的群众性械斗而酿成的杀人、伤害案件，要采取冷处理的方法。一般由政府或统战部门出面，邀请当地有关领导及上层代表人士协商，联合调查处理"。[1] 根据某位研究者在藏区的田野调查，藏区发生重大血案、命案后，当地就会启动"大调解"机制，几十人组成工作组赶往事发地点，而当地的群众几百人，特别是受害人家族团团围住工作组，要求先偿付血价、命价，否则就不让抓走犯罪嫌疑人。工作者需要邀请当地部落头人、宗教权威耐心、细致地先就血价、命价部分达成调解协议，最后才涉及由司法机关解决刑事部分的问题。[2]

目前藏区牧民的刑事纠纷解决方式，仍然倚仗的是宗教权威的力量。纠纷最后能够化解，起决定性作用的不是国家法的威慑力，更多的是宗教的影响力和来自世俗社会的无形约束。虽然纠纷解决的形式主体是政府派驻的工作组，但真正发挥作用的权威则来自当地的部落头人或宗教权威。例如，1998年，塔公乡格日马村与相邻的道孚县发生抢夺牛羊和争夺草山的械斗，双方打了将近1个月，最后双方乡长是身穿喇嘛服装进入这一区域调解的。尽管双方政府干部是被攻击对象，但都不打喇嘛。[3]可见，宗教权威仍然在藏区具有支配性、决定性的重要作用。

以实体规范为导向的纠纷解决方式无法实现现代社会对程序正义的要求。从总体来看，藏族传统纠纷解决机制为实体规范导向而非程序规范导向。也就是说藏族传统的部落纠纷解决手续是极其简便，从起诉到执行，在纠纷解决过程中，具体采用什么方式去解决，每一种方式应遵循什么规则，明文规定很少，而且大多位于习惯做法，也不重视解决纠纷时实际应遵循的程序。它所追求的仅仅是解决纠纷的结果，而非过程，也不重视解决的结果是否体现公正精神，也不问解决结果是否使当事人心悦诚服。[4]

而且，在民族融合、信息传播发达的现代社会，藏民之间的变通性解决刑事

---

〔1〕 参见张济民、张竹萍、孙明轩："对少数民族中的犯罪分子必须实行'两少一宽'政策"，载张济民主编：《诸说求真——藏族部落习惯法专论》，青海人民出版社2002年版，第12页。

〔2〕 参见魏晓欣、李剑："宗教权威型纠纷解决机制的运作实践——以西部少数民族地区为例"，载《甘肃政法学院学报》2015年第4期。

〔3〕 参见中共塔公乡党委、塔公乡人民政府文件，塔委发〔1998〕12号；魏晓欣、李剑："宗教权威型纠纷解决机制的运作实践——以西部少数民族地区为例"，载《甘肃政法学院学报》2015年第4期。

〔4〕 参见陈玮等："依法治国背景下青海藏区'习惯法'治理研究"，载《青海社会科学》2015年第5期。

纠纷的方式不断扩大，甚至突破民族范围，适用于藏民族与其他民族事件发生人身伤害案件的情况。[1]由于如今藏区不再封闭，各地区之间联系不断增强，各地区人员的流动、生产关系的复杂化导致传统纠纷解决机制的适用群体范围不断扩大，各民族在交流过程中，藏族传统纠纷解决机制的一些理念也为其他民族所认知，尤其是有利于被害人一方传统纠纷解决机制。[2]藏区传统纠纷解决机制为牧民所带来的巨大利益，对其他民族的影响显而易见，在法治建设相对落后地区，习惯法的适用方式可以很容易为其他乡民所模仿、借鉴。[3]例如：2008年6月，海南藏族自治州共和某某镇发生一起交通肇事案，四川籍一名男子（汉族），驾驶一辆康明斯工程车与一辆复康牌小轿车相撞，造成两死一伤的严重后果。死者均为当地镇民，被害人家属因长期在当地生活，受藏族习惯法影响，聚集家属十多人按照藏族习惯法的方式"出兵"向肇事司机所在公司提出"命价"，共索赔58万元。[4]这就是一个习惯法影响扩散的典型案例。

有鉴于上述弊端，目前藏区牧民解决刑事纠纷的方式应当有所改变，以树立国家法的权威，实现法治国家的目标。

五、制度重构：以认可"赔命价""赔血价"为前提的特别诉讼程序及特别缓刑制度

从历史上《大明律》《大清律》的强势推行与新中国成立后藏区牧民对刑事纠纷的解决态度来看，强势推行国家法，坚持有法必依，彻底摒弃传统的"赔命价""赔血价"制度，在目前的情况下是不现实的。但是，如果依从现有的做法，披国家法之外衣，行习惯法之实，也会使得国家法无法实质推行，国家法及政府和法院地位弱化，法治的权威让位于宗教权威。因此，如何在尊重宗教权威和习惯法的前提下，实质性地将习惯法融入国家法的范畴，将是我国下一步解决藏区牧民之间刑事纠纷的重要课题。

---

〔1〕 参见张鹏飞："藏族部落习惯法对司法实践消极影响的考察——以青海省海南藏族自治州为例"，兰州大学2011年硕士学位论文。

〔2〕 参见张鹏飞："藏族部落习惯法对司法实践消极影响的考察——以青海省海南藏族自治州为例"，兰州大学2011年硕士学位论文。

〔3〕 参见张鹏飞："藏族部落习惯法对司法实践消极影响的考察——以青海省海南藏族自治州为例"，兰州大学2011年硕士学位论文。

〔4〕 参见张鹏飞："藏族部落习惯法对司法实践消极影响的考察——以青海省海南藏族自治州为例"，兰州大学2011年硕士学位论文。

（一）当前的刑事和解和刑罚减轻制度不足以满足藏民在赔付"命价""血价"后对实体结果的期待

从目前情况看，如果仅仅将现行的"赔命价""赔血价"制度纳入刑事和解的渠道，还不足以解决目前存在的习惯法优先适用并架空国家法的问题。单纯适用刑罚减轻的条款，对于支付了"命价""血价"的被告人予以刑罚上的减免，也无法满足藏民对实体结果的期待。

对于优化当前藏区牧民刑事纠纷的解决，已经有学者提出利用我国当前的刑事和解制度，将"赔命价"制度纳入现行的刑事和解制度，有条件地实行重罪和解。[1]根据我国 2013 年新修订的《刑事诉讼法》，刑事和解仅适用于因民间纠纷引起的，涉嫌侵犯公民人身权利、民主权利罪和侵犯财产罪的案件，可能判处 3 年有期徒刑以下刑罚的；除渎职犯罪外可能判处 7 年有期徒刑以下刑罚的过失犯罪案件。从我国目前藏区牧民之间的刑事纠纷看，相当多数纠纷均涉及人身伤亡，甚至大规模的人身伤亡，不属于《刑事诉讼法》有关刑事和解的案件范围。即便我国将来设立重罪和解制度，和解也仅仅是一种恢复性司法的实现方式，对于重罪案件和解的，可以在量刑时予以从轻考虑，但仍然需要按照重罪定罪量刑。因此，虽然刑事和解意在通过被害人与被告人的有效沟通，让被害人受到抚慰，被告人能够充分认识到自己行为的危害，修复被犯罪破坏的社会关系等，这些价值目标与藏族的"赔命价""赔血价"均具有相似之处。但是，在对实体结果的期待上差距甚大。根据习惯法，藏民期待的是刑罚的免除或极大幅度地减轻，而刑事和解能够做到的，仅仅是在法定刑犯罪内从轻处罚。

而且，我国现有的刑罚政策也无法满足藏民对刑事实体结果的期待。根据 2014 年最高人民法院《人民法院量刑指导意见》第 9 条和第 10 条，对于积极赔偿被害人经济损失并取得谅解的，综合考虑犯罪性质、赔偿数额、赔偿能力以及认罪、悔罪程度等情况，可以减少基准刑的 40% 以下；积极赔偿但没有取得谅解的，可以减少基准刑的 30% 以下；尽管没有赔偿，但取得谅解的，可以减少基准刑的 20% 以下。但是，这一标准并不适用于杀人案件，对于抢劫、强奸等严重危害社会治安犯罪的也应从严掌握。从本质上说，"赔命价""赔血价"制度是以大量的民事赔偿和一定的宗教仪式来解决刑事纠纷，而国家法则是通过判处

---

〔1〕 参见杨堃："刑事和解制度再探析——以藏族'赔命价'习惯法为视角"，载《河南司法警官职业学院学报》2013 年第 4 期。

刑事处罚与民事赔偿的方式处理刑事案件。根据藏民传统，在赔付了"命价"或"血价"后，无需再承担刑事责任，否则就是"一羊剥两皮"。有学者指出，"在刑事责任和民事责任并存的现代法治观念面前，藏民需要对'一羊剥两皮'的提法重新理解。即，支付"赔命价"只是偿付刑事案件的民事责任、消除两家仇恨、避免冲突进一步升级，但不能替代加害人的刑事责任"。[1]然而，此种说法对藏民并不公平。藏民所赔付的"命价"或"血价"，其范围远远大于刑事附带民事诉讼的赔偿。不仅仅需要赔偿因为刑事犯罪行为所造成的物质损失，还包括精神损害赔偿、给被害人家庭的抚恤金、支付参与调和的亲友的费用，以及送给当地寺庙作为死者诵经超度亡灵的费用。[2]因此，"赔命价"和"赔血价"的数额可能会远远高于普通的刑事附带民事诉讼的赔偿数额。"命价""血价"往往需要整个家庭、家族或者整个部落倾其所有来赔偿，根据以往的习惯，赔偿之后就不再追究刑事责任。如果强行将"命价""血价"等同于现代刑事诉讼中的民事赔偿，对藏民而言，无疑是很难接受的。在赔付了大量的"命价""血价"之后，藏民期待的结果是刑事责任的免除，至少是大幅度地减轻。从我国目前能够提供的刑罚减轻或者免除的途径来看，是不足以满足这一期望的。

（二）制度重构：以"赔命价""赔血价"为基础的特别诉讼程序

鉴于上述，我国目前的刑事和解制度和以赔付为前提的从轻量刑规定均无法满足藏民在赔付了"命价""血价"之后对实体结果的期待。在无法强制性取缔习惯法实施的情况下，改革国家法，重构有关的实体和程序法律规范，以适应特定地区的情况，就成为许多国家和地区的选择，比如加拿大和澳大利亚的原住民法院等。从我国的实际情况看，立法在完善《刑法》和《刑事诉讼法》的同时，也应当考虑少数民族地区的特殊情况，构建一些适用于特别地区的特别程序。限于研究所限，本文在此仅讨论藏区牧民以赔付"命价""血价"为前提的特殊程序。

虽然我国《宪法》第115、116条，《区域自治法》第19、43、44条和《刑法》第90条均赋予民族自治地方在不与法律相抵触的情况下结合本民族特点制定变通或补充的规定。但是，《立法法》第66条第2款也明确规定，属于中央专

---

〔1〕 参见王林敏："藏区赔命价习惯法与国家刑事法制的冲突与消解"，载《甘肃政法学院学报》2014年第6期。

〔2〕 参见辛国祥、毛晓杰："藏族赔命价习惯与刑事法律的冲突及立法对策"，载《青海民族学院学报（社会科学版）》2001年第1期。

属立法权限范围的事项不能变通，例如《立法法》第10条规定的各级人民政府、人民法院和人民检察院的产生、组织和职权；犯罪和刑法；诉讼和仲裁制度等。因此，如果想要设立以"赔命价""赔血价"为前提的特别诉讼程序，不能由民族自治地方自行立法，只能由中央统一立法。

我国2013年新修订的《刑事诉讼法》考虑到我国的具体国情，设置了未成年人犯罪案件诉讼程序；当事人和解的公诉案件诉讼程序；犯罪嫌疑人、被告人逃匿、死亡案件违法所得的没收程序；对实施暴力行为的精神病人的强制医疗程序等。可以考虑按此思路，在刑事诉讼中增加一个新的特别诉讼程序，以"赔命价""赔血价"为前提的特别诉讼程序。

具体设想如下：对于习惯上以"赔命价""赔血价"作为主要纠纷解决方式的地区，可以设立特别调解法庭。该调解法庭可以由审判员和人民陪审员共同组成，而人民陪审员可以邀请当地的宗教权威或者部落首领担任。对于习惯上采取"赔命价""赔血价"解决的刑事案件，在开立刑事卷宗后仍然需要调查必要的证据。如果双方邀请的调解员能够在生效裁判作出前达成有关"命价""血价"的赔偿协议的，原则上应当认可该协议。对于因为涉嫌罪行严重而被审前羁押的，负责羁押的机关应当对上述调解提供必要的条件，包括会见的场所及保证必要的会见时间等。当然，上述程序也应当设置若干例外，以免该程序被无端滥用。例如，该程序不应适用于累犯，不能适用于藏民与其他民族人民之间的纠纷等。

在实体处理结果上，笔者建议构建特别缓刑制度来解决刑罚适用的难题。从目前习惯法与国家法的冲突来看，目前的刑事裁判无法满足藏民对实体结果的期待是其主要原因。笔者建议，在现有的缓刑制度的基础上，增加以"赔命价""赔血价"为前提的特别缓刑制度。原则上，经过上述特别调解法庭审理的案件，仍然应当依据我国《刑法》的规定定罪量刑，并考虑其和解及赔付的情节予以相关的量刑减免。在此基础上，对于已经达成"赔命价""赔血价"协议的案件，可以判处特别缓刑。所谓特别缓刑，是指突破现行《刑法》的规定，对被告人判处与原判刑期相等的缓刑，并可酌情判处一定的附加义务。如果被告人在缓刑期间不遵守附加的条件要求或者重新故意犯罪的，经法院裁决撤销该特别缓刑，执行原来的刑罚。

主要参考文献

一、藏传佛教类

1. 尕藏加：《藏区宗教文化生态》，社会科学文献出版社 2010 年版。

2. 吕澂：《印度佛学源流略讲》，上海人民出版社 2005 年版。

3. 何周德、索朗旺堆编著：《桑耶寺简志》，西藏人民出版社 1987 版。

4. 拔塞囊：《拔协》，四川民族出版社 1990 年版。

5. 朱晓明主编：《建立健全藏传佛教寺庙管理长效机制专题研究》，中国藏学研究中心 2010 年版。

6. 李德成：《藏传佛教史研究·当代卷》，中国藏学出版社 2014 年版。

7. 梅进才主编：《中国当代藏族寺院经济发展战略研究》，甘肃人民出版社 2000 年版。

8. 青海省社会科学院塔尔寺藏族历史文献研究所编：《塔尔寺概况》，青海人民出版社 1987 年版。

9. 牛颂主编：《雍和宫》，当代中国出版社 2002 年版。

10. 常少如主编：《藏传佛教古寺雍和宫》，北京燕山出版社 1996 年版。

11. 勒咱·扎拉：《康藏名寺：噶丹松赞林寺》，云南民族出版社 1997 年版。

12. 谢佐、格桑木、何玲编：《青海的寺院》，青海文物管理处 1986 年版。

13. 罗莉：《寺庙经济论——兼论道观清真寺教堂经济》，宗教文化出版社 2004 年版。

14. 洛周：《拉布政教史》（藏），中国藏学出版社 2010 年版。

15. 江札诺桑、根噶曲桑：《萨迦组织结构》（藏），北京民族出版社 1991 年版。

16. 陈庆英、高淑芬主编：《西藏通史》，中州古籍出版社 2003 年版。

17. 拉科·益西多杰：《塔尔寺史话》，民族出版社 2001 年版。

18. 索代编著：《拉卜楞寺佛教文化》，甘肃民族出版社 1992 年版。

19. 西藏自治区文物管理委员会编著：《布达拉宫简介》（藏），西藏人民出版社 1987 年版。

20. 多杰才旦主编：《西藏封建农奴制社会形态》，中国藏学出版社 2005 年版。

21. 冉光荣：《中国藏传佛教寺院》，中国藏学出版社 1994 年版。

22. 西藏昌都地区地方志编纂委员会编：《昌都地区志》，方志出版社 2005 年版。

23. 姚兆麟：《西藏的民主改革》，五洲传播出版社 1999 年版。

24. 中共中央文献研究室、中共西藏自治区委员会、中国藏学研究中心选编：《毛泽东西藏工作文选》，中央文献出版社、中国藏学出版社 2001 年版。

25. 湟中县情调查组编：《中国国情丛书——百县市经济社会调查·湟中卷》，中国大百科全书出版社 1996 年版。

26. 西藏自治区党史资料征集委员会编：《西藏的民主改革》，西藏人民出版社 1995 年版。

27. 陈庆英、丁守璞主编：《蒙藏关系史大系·政治卷》，西藏人民出版社、外语教学与研究出版社 2002 年版。

28. 丹珠昂奔：《藏族神灵论》，中国社会科学出版社 1990 年版。

29. 西藏自治区文物局、扎什伦布寺民管会编：《扎什伦布寺》，中国大百科全书出版社 1998 年版。

30. 牙含章编著：《班禅额尔德尼传》，西藏人民出版社 1987 年版。

31. 东嘎·洛桑赤列著，陈庆英译：《论西藏政教合一制度》，民族出版社 1985 年版。

32. 王森：《西藏佛教发展史略》，中国社会科学出版社 1987 年版。

33. 吴从众编：《西藏封建农奴制研究论文选》，中国藏学出版社 1991 年版。

34. 丹珠昂奔等主编：《藏族大辞典》，甘肃人民出版社 2003 年版。

35. 《西藏研究》编辑部编辑：《西藏志·卫藏通志》，西藏人民出版社 1982 年版。

36. 嘉木央·久麦旺波著，许德存、卓永强译：《六世班禅洛桑巴丹益希传》，西藏人民出版社 1990 年版。

37. 中国第一历史档案馆、中国藏学研究中心合编：《六世班禅朝觐档案选编》，中国藏学出版社 1996 年版。

38. 陈庆英、陈立健：《活佛转世及其历史定制》，中国藏学出版社 2010 年版。

39. 吕大吉主编：《宗教学通论》，中国社会科学出版社 1989 年版。

40. 吕大吉：《宗教学通论新编》，中国社会科学出版社 2010 年版。

41. 戴康生、彭耀主编：《宗教社会学》，社会科学文献出版社 2007 年版。

42. 时光、王岚编写：《宗教学引论》，中央民族大学出版社 2003 年版。

43. 郑志明：《宗教组织的发展趋势》，大元书局 2005 年版。

44. 廓诺·迅鲁伯著，郭和卿译：《青史》，西藏人民出版社 1985 年版。

45. 达察·次旺杰：《洛绒史籍》，西藏藏文古籍出版社 1994 年版。

46. 唐景福：《藏传佛教格鲁派史略》，甘肃人民出版社 2006 年版。

47. 王辅仁、索文清编著：《藏族史要》，四川民族出版社 1981 年版。

48. 甘肃省图书馆书目参考部编：《西北民族宗教史料文摘》（甘肃分册），甘肃省图书馆 1984 年版。

49. 杨曾文主编，世界宗教研究所佛教研究室编：《中国佛教基础知识》，宗教文化出版社 1999 年版。

50. 才让：《藏传佛教信仰与民俗》，民族出版社 1999 年版。

51. 仲布·次仁多杰：《新思维浪潮——探求藏传佛教的思考》（藏），西藏人民出版社 1999 年版。

52. 易夫编著：《佛界诸神》，大众文艺出版社 1999 年版。

53. 李向平：《智慧与慈悲》，上海人民出版社 1999 年版。

54. 马吉祥、阿罗·仁青杰编著：《中国藏传佛教白描图集》，北京工艺美术出版社 1999 年版。

55. 甘肃藏学研究所编：《贡唐洛智嘉措大师因明论集》（藏），甘肃民族出版社 1999 年版。

56. 热·益西森格著，多识·洛桑图丹琼拂译：《大威德之光——密宗大师热罗多吉扎奇异一生》，甘肃民族出版社 1999 年版。

57. 多钦则·红格尔多吉仁波切：《佛陀教诲心之明镜》，四川民族出版社 1999 年版。

58. 甘肃藏学研究所编：《贡唐洛智大师作品拾零》（藏），甘肃民族出版社 1999 年版。

59. 林世田、李德范编：《佛教经典精华》，宗教文化出版社 1999 年版。

60. 丁福保、孙祖烈编：《佛学精要辞典》，宗教文化出版社 1999 年版。

61. 才旺瑙乳编著：《圣行与妙果——藏传佛教密宗奇迹》，甘肃民族出版社 1999 年版。

62. 达仓泽师：《佛门诸宗论本注》（藏），民族出版社 1999 年版。

63. 黄夏年、俞学明、赵怡平：《佛光普照——佛教》，世界知识出版社 1999 年版。

64. 耳东、英呐、笑呐编著：《高僧传奇》，宗教文化出版社 1999 年版。

65. 仁钦多吉、祁继先编著：《雪山圣地卡瓦格博》，云南民族出版社 1999 年版。

66. 王尧主编：《贤者新宴》，北京出版社 1999 年版。

67. 乳毕坚瑾：《米拉日巴传及道歌》（藏），青海民族出版社 1999 年版。

68. 宗喀巴：《宗喀巴文集》（藏文版第 6 ~ 7 卷），青海民族出版社 1999 年版。

69. 周润年、刘洪记编著：《中国藏族寺院教育》，甘肃教育出版社 1998 年版。

70. 赖永海：《中国佛教文化论》，中国青年出版社 1999 年版。

71. 迦那伽罗编著：《年龙上师父母传——智悲双运之法轮》，民族出版社 1999 年版。

72. 更登旦增等：《藏传因明思路方法》，甘肃民族出版社 1999 年版。

73. 久美丹切嘉措：《辨了不了义论释难》（藏），中国藏学出版社 1999 年版。

74. 马继典、罗桑益世：《女儿国诞生的活佛——罗桑益世活佛回忆录》，云南民族出版社 1999 年版。

75. 白山：《西藏僧尼的生活》，五洲传播出版社 1999 年版。

76. 王月清：《中国佛教伦理研究》，南京大学出版社 1999 年版。

77. 赤美雍仲：《赤美雍仲道歌汇编》（藏），民族出版社 1999 年版。

78. 晋美平措：《觉囊派颂词汇编》，民族出版社 1999 年版。

79. 夏玛巴：《菩提道讲义》，甘肃民族出版社 1999 年版。

80. 赵朴初：《佛教常识答问》（插图本），上海辞书出版社 1999 年版。

81. 旦增朱札：《大乘觉悟雍仲苯教常识》（藏），民族出版社 1999 年版。

82. 郑伟宏：《因明正理门论直解》，复旦大学出版社 1999 年版。

83. 王惕：《释迦牟尼传》，宗教文化出版社 1999 年版。

84. 程刚编著：《佛教入门》，宗教文化出版社 1999 年版。

85. 顾建华编：《中国藏传佛教唐卡艺术》，宗教文化出版社 1999 年版。

86. 许德存：《藏传佛教研究》，宗教文化出版社 2008 年版。

87. 国家宗教事务局党组理论学习中心组编：《中国特色社会主义宗教理论学习读本》，宗教文化出版社 2013 年版。

88. 七耀祖、西洛嘉初："中甸噶丹松赞林（归化寺）志略"，载政协迪庆藏族自治州委员会文史资料研究委员会编：《迪庆州文史资料选辑》（第 3 辑），政协迪庆藏族自治州委员会文史资料研究委员会 1990 年版。

89. 梅龙·C. 高尔德史泰恩著，陈乃文译："西藏庄园的周转——活佛转世制度下的土地与政治"，载《中国藏学》1988 年第 4 期。

90. 结古乃·桑杰："甘肃藏区寺院经济探析"，载《西藏研究》1997 年第 2 期。

91. ［英］约翰·马歇尔著，许建英译：《犍陀罗佛教艺术》，新疆美术摄影出版社 1999 年版。

92. ［美］戴维斯·波普诺著，刘云德、王戈译：《社会学》，辽宁人民出版社 1987 年版。

93. Christopher S. Queen, *Engaged Buddhism in the West*, Wisdom Publications, 2000.

二、宗教政策类

1. 《宗教事务条例》

2. 《宗教教职人员备案办法》

3. 《宗教活动场所主要教职任职备案办法》

4. 《宗教活动场所设立审批和登记办法》

5. 《宗教院校设立办法》

6. 《关于我国社会主义时期宗教问题的基本观点和基本政策》

7. 《藏传佛教寺庙主要教职任职办法》

8. 《藏传佛教寺庙管理办法》

9. 《藏传佛教教职人员资格认定办法》

10. 《藏传佛教活佛转世管理办法》

11. 《中华人民共和国境内外国人宗教活动管理规定》

12. 《宗教院校聘用外籍专业人员办法》

13. 《中华人民共和国境内外国人宗教活动管理规定实施细则》

14. 《宗教活动场所财务监督管理办法（试行)》

15. 《宗教活动场所年度检查办法》

三、法学类

1. 帅峰、李建主编：《宗教事务条例释义》，宗教文化出版社 2005 年版。

2. 王作安：《中国的宗教问题和宗教政策》，宗教文化出版社 2010 年版。

3. 国家宗教事务局政策法规司编：《宗教事务条例相关法律法规及政策手册》，宗教文化出版社 2010 年版。

4. 国家宗教事务局政策法规司编：《宗教法规规章制度汇编》，宗教文化出版社 2010 年版。

5. 梁慧星：《〈中华人民共和国物权法〉草案建议稿》，社会科学文献出版社 2000 年版。

6. 王利明主编：《中国民法典学者建议稿及立法理由·物权编》，法律出版社 2005 年版。

7. 张建文：《宗教财产立法研究》，中国民主法制出版社 2015 年版。

8. 许育典：《宗教自由与宗教法》，元照出版有限公司 2005 年版。

9. 黄海波：《宗教非营利组织的身份建构研究：以（上海）基督教青年会为例》，上海社会科学院出版社 2013 年版。

10. 徐国栋主编：《绿色民法典草案》，社会科学文献出版社 2004 年版。

11. 孙宪忠主编：《中国物权法：原理释义和立法解读》，经济管理出版社 2008 年版。

12. ［美］小 W. 科尔·德拉姆、布雷特·G. 沙夫斯著，隋嘉滨等译：《法治与宗教——国内、国际和比较法的视角》，中国民主法制出版社 2012 年版。

13. 林本炫："试论'宗教法人'的属性和定位"，载台湾"内政部"编印：《宗教论述专辑第七辑》（2005 年版）。

图书在版编目（CIP）数据

当代法治视域下的藏传佛教/莫世健主编. —北京：中国政法大学出版社，2021.1

ISBN 978-7-5620-9800-3

Ⅰ.①当… Ⅱ.①莫… Ⅲ.①喇嘛宗－文集②宗教事务－行政法－中国－文集

Ⅳ.①B946.6-53②D922.154-53

中国版本图书馆CIP数据核字（2021）第006614号

出 版 者	中国政法大学出版社
地　　址	北京市海淀区西土城路 25 号
邮寄地址	北京 100088 信箱 8034 分箱　邮编 100088
网　　址	http://www.cuplpress.com（网络实名：中国政法大学出版社)
电　　话	010-58908285(总编室)　　58908334(邮购部)
承　　印	北京中科印刷有限公司
开　　本	720mm×960mm　1/16
印　　张	18.75
字　　数	316 千字
版　　次	2021 年 1 月第 1 版
印　　次	2021 年 1 月第 1 次印刷
定　　价	66.00 元